高等院校"十二五"规划教材

河南省高等学校特色专业建设点项目教材

西方经济学基础教程

主　编　王　菲　李庆利

副主编　李学锋　李　梅　徐　晓　王　雷

ZHEJIANG UNIVERSITY PRESS

浙江大学出版社

图书在版编目(CIP)数据

西方经济学基础教程/王菲,李庆利主编.—杭州:
浙江大学出版社,2013.11(2020.7重印)
ISBN 978-7-308-11787-6

Ⅰ.①西… Ⅱ.①王…②李… Ⅲ.①西方经济学
Ⅳ.①F091.3

中国版本图书馆 CIP 数据核字(2013)第 147322 号

西方经济学基础教程

王　菲　李庆利　主编

责任编辑	吴昌雷	
封面设计	续设计	
出版发行	浙江大学出版社	
	(杭州市天目山路 148 号　邮政编码 310007)	
	(网址:http://www.zjupress.com)	
排　　版	杭州林智广告有限公司	
印　　刷	虎彩印艺股份有限公司	
开　　本	787mm×1092mm　1/16	
印　　张	21.5	
字　　数	550 千	
版 印 次	2013 年 11 月第 1 版　2020 年 7 月第 3 次印刷	
书　　号	ISBN 978-7-308-11787-6	
定　　价	59.00 元	

前　言

　　"经济"一词在我国古代一般被赋予"经邦济世"之意,即管理国家和救助百姓,而西方国家对这一概念的解释则最早可追溯至古希腊社会。在当时,西方先哲苏格拉底及其门徒对经济的内涵进行了阐述,囿于生产力发展水平限制以及自然经济的绝对主导地位,他们毫无例外地认为建立在"家庭管理"基础上的农业是一个国家或地区的经济基础,手工业和商业则不属于经济范畴。随着资本主义制度的建立和发展,商品经济取代自然经济成为了经济发展的主导形态,经济的外延也相应地由农业扩展至工业和服务业,同时,经济全球化趋势也极大地增强了各国的相互融合与依赖。在当代,绝大多数的国家都确立了以市场为主要资源配置方式的经济发展制度,经济学开始成为社会关注度最高、影响领域也最为广泛的重要学科。

　　作为经济学的入门教材,本书将为读者初步介绍西方经济学的主要概念和相关理论,从而帮助读者掌握基本的经济分析工具用以研究实际经济现象。本书根据"项目导向、任务驱动"的教学改革需要,为了方便学生学习,采用了项目式的编写结构。同时书中引用了相关的典型案例以提高可读性和实践性。

　　本书主要内容分为两大部分——微观经济学和宏观经济学,共十七个项目。其中项目一为西方经济学概述,主要介绍了西方经济学发展过程和基本知识;项目二至项目十一为微观经济学部分,分别介绍了均衡价格理论、弹性理论、消费者行为理论、生产者行为理论、市场理论、分配理论、一般均衡与福利经济学、博弈论简介及其应用、市场失灵及其矫正的相关知识;项目十二至项目十七为宏观经济学部分,分别介绍了国民收入核算理论、简单国民收入决定理论、产品市场均衡与货币市场均衡、宏观经济政策、经济波动中的失业与通货问题、经济增长与经济周期等有关原理。

　　本书由王菲、李庆利担任主编,李学锋、李梅、徐晓、王雷担任副主编。具体分工如下:项目二、项目十二、项目十七由王菲(郑州华信学院管理科学研究所、郑州大学西亚斯国际学院)编写;项目四、项目七、项目九由李庆利(郑州大学西亚斯国际学院)编写;项目五、项目六、项目八由李学锋(郑州华信学院)编写;项目三、项目十三、项目十四由李梅(郑州大学西亚斯国际学院)编写;项目十五、项目十六由徐晓(郑州大学西亚斯国际学院)编写;项目一、项目十、项目十一由王雷(郑州大学西亚斯国际学院)编写。

　　本书既可以作为高等院校的非经济类专业及高职高专教学用书,也可以作为在职人员岗位培训教材,还可以作为广大工商企业人员及其他管理人员的参考用书。

　　由于编者水平有限,书中难免有疏漏之处,恳请同行专家、读者批评和指正,以便再版时修订完善。

编者
2013 年 6 月

目　录

·微 观 篇·

·宏 观 篇·

项目一　西方经济学概述

【项目目标】

1.掌握西方经济学的研究对象；
2.理解西方经济学的研究内容；
3.掌握西方经济学的研究方法；
4.掌握西方经济学的发展历程。

【引导案例】

案例1 ● **理性成就快乐:像经济学家那样思考** ●

　　在日常生活中,每个人其实都在自觉不自觉地运用着经济学知识。比如在自由市场里买东西,我们喜欢与小商小贩讨价还价;到银行存钱,我们要想好是存定期还是活期。经济学对日常生活到底有多大作用,有一则关于经济学家和数学家的故事可以参考。

　　故事说的是三个经济学家和三个数学家一起乘火车去旅行。数学家讥笑经济学家没有真才实学,弄出的学问还摆了一堆诸如"人都是理性的"之类的假设条件;而经济学家则笑话数学家们过于迂腐,脑子不会拐弯,缺乏理性选择。最后经济学家和数学家打赌看谁完成旅行花的钱最少。三个数学家于是每个人买了一张票上车,而三个经济学家却只买了一张火车票。列车员来查票时,三个经济学家就躲到了厕所里,列车员敲厕所门查票时,经济学家们从门缝里递出一张票说,买了票了,就这样蒙混过关了。三个数学家一看经济学家们这样就省了两张票钱,很不服气,于是在回程时也如法炮制,只买了一张票,可三个经济学家一张票也没有买就跟着上了车。数学家们心想,一张票也没买,看你们怎么混过去。等到列车员开始查票的时候,三个数学家也像经济学家们上次一样,躲到厕所里去了,而经济学家们却坐在座位上没动。过了一会儿,厕所门外响起了敲门声,并传来了查票的声音。数学家们乖乖地递出车票,却不见查票员把票递回来。原来是经济学家们冒充查票员,把数学家们的票骗走,躲到另外一个厕所去了。数学家们最后还是被列车员查到了,乖乖地补了三张票,而经济学家们却只掏了一张票的钱,就完成了这次往返旅行。这个故事经常被经济学教授们当做笑话讲给刚入门的大学生听,以此来激发学生们学习经济学的兴趣。但在包括经济学初学者在内的大多数人看来,经济学既枯燥又乏味,充满了统计数字和专业术语,远没有这则故事生动有趣;而且经济学总是与货币有割舍不断的联系,因此,人们普遍以为,经济学的主题内容是货币。其实,这是一种误解。经济学真正的主题内容是理性,其隐而不彰的深刻内涵就是人们理性地采取行动的事实。经济学关于理性的假设是针对个人而不是团体。经济学是理解人们行为的方法,它源自这样的假设:每个人不仅有自己的目标,而且还会主动地选择正确的方式来实现这些目标。这样的假设虽然未必总是正确,但很实用。在这样的假设下发展出来的经济学,不仅有实用价值,能够指导我们的日常生活,而且这样的学问本身也由于充满了理性而足以娱人心智,令人乐而忘返。尽管我们在日常生活中时常有意无意地运用了一些经济学知识,但如果对经济学知识缺乏基本的了解,就容易在处理日常事务时理性不足,给自己的生活平添许多不必要的烦扰。比如,刚刚买回车子,没过两天,这款车子却降价了,大部分人遇到这种情况的时候都会垂头丧气,心里郁闷得很;倘若前不久刚刚买了房子,该小区的房价最近却上涨了,兴高采烈是一般购房者的正常反应。这些反应虽然符合人之常情,但却是错误的。

经济学认为,正确的反应应该是:无论是跌价,还是涨价,都应该感觉更好。经济学认为,对消费者而言,最重要的是你消费的是什么——房价、车价是多少以及其他商品的价格是多少。在价格变动以前,你所选择的商品组合(房子、车子加上用收入余款购买的其他商品)对你来说就是最好的东西。如果价格没有改变,你会继续这样的消费组合。在价格变化以后,你仍然可以选择消费同样的商品,因为房子、车子已经属于你了,所以,你不可能因为价格变化而感觉更糟糕。但是,由于房子、车子与其他商品的最佳组合取决于房价、车价,所以,过去的商品组合仍然为最佳是不可能的。这就意味着现在还有一些更加吸引人的选择,因此,你的感觉应该更好。新的选择虽然存在,但你却更钟情于原来的最佳选择(原来的商品组合)。

在日常生活中,我们还常常烦恼于别人为什么挣得比我多,总是觉得自己得到的比应得的少,而经济学却告诉我们这样的感觉是庸人自扰,也是错误的。经济学认为别人比自己挣得多是正常的,自己得到的就是应得的,如果自己不能理性地坦然面对,只会给自己的生活带来不必要的烦恼和忧愁。

任务1　相关概念

西方经济学是一个内容相当广泛而松散的名词,它可以泛指大量与经济问题有关的各种不同文献、资料和统计报告,总结起来至少包括三种领域的文献:

第一,企事业的经营管理的经验和方法总结。如企业质量管理分析,强调完整的研究体系而非一个具体操作方法。特点:偏重于纯粹的管理技术。

第二,对某一领域(部门)专题研究成果。如环境经济学、资源经济学等。特点:仅涉及经济生活中的某一特定领域,技术分析较上一类少,经济理论成分较上一类多些。

第三,经济理论的研究。主要内容为经济理论及根据经济理论指定的经济政策和有关问题的解决途径。包括:对经济的历史性研究、对经济问题的研究方法论体系、对经济现象的纯理论研究。这里涉及的主要是纯理论研究中的微观经济学与宏观经济学,且是占主导地位的。本书所指的西方经济学就是这一类。

一般来说,现代西方经济学是指:1930年代以来特别是第二次世界大战后在西方经济理论界有重要影响的(主流的)经济学家的经济学说或基本理论。

任务 2 西方经济学的研究对象

一、稀缺性

西方经济学里面有著名的大炮与黄油问题。经济学家们常谈论"大炮与黄油的矛盾"，这是指一个社会为了保卫本国的安全所需要的大炮是无限的；为了提高本国人民的生活水平，所需要的黄油也是无限的。但任何一个社会都只拥有一定量的资源，并用于生产各种物品。由于资源的有限性，用于生产某一种物品的资源多了，用于生产其他物品的资源就会减少。多生产大炮就要少生产黄油，多生产黄油也就要少生产大炮。这种大炮与黄油不可兼得的情况就是"大炮与黄油的矛盾"。希特勒在战争年代曾经叫嚣：宁肯要大炮，也不要黄油。但是在和平年代，我们需要更多的黄油，同时保有一定数量的大炮。

生产大炮和黄油需要各种资源（资本、人力、自然资源等）。如果这些资源是无限的，那么，能生产出来的大炮和黄油也是无限的，就没有"大炮与黄油的矛盾"，也就不需要经济学了。

但是，大家都知道，人类社会的资源永远是有限的。在经济学中，这种资源的有限性被称为稀缺性。我们可以给稀缺性下这样一个定义：相对于人类社会的无穷欲望而言，经济物品，或者说生产这些物品所需要的资源总是不足的。这种资源的相对有限性就是稀缺性。值得注意的是，经济学上所说的稀缺性是指相对稀缺性。是指相对于人类欲望的无限性而言，再多的资源也是不足的。

二、生产可能性边界

"大炮与黄油"这一对物品常被用来说明：资源在国防和民用支出之间进行选择的问题。任何一个社会所拥有的资源都是有限的，多生产大炮就要少生产黄油，多生产黄油就要少生产大炮。

存在两种极端的情况：一种是所有资源都用于生产大炮（像希特勒所希望的），即使这样，其产量也是有限的。比如最大产量为 18 万门。另一种是所有资源都用于生产黄油，其产量也是有限的。比如最大产量为 5 万吨。

真实的情况是介于两者之间。在这两种极端的可能性之间，还存在着大炮与黄油的不同数量的组合。假设该经济社会在决定大炮与黄油的生产时，共提出了 A、B、C、D、E、F 六种组合方式。如表 1-1 所示。

表 1-1 生产可能性

可能性	黄油（万吨）	大炮（万门）
A	0	18
B	1	15
C	2	11

续表

可能性	黄油（万吨）	大炮（万门）
D	3	8
E	4	4
F	5	0

生产可能性边界表示在资源既定的条件下所能达到的大炮与黄油最大产量的组合。它还表明，多生产一单位大炮要放弃多少黄油。比如，原来生产状况位于 E 组合，即生产 4 万门大炮和 4 万吨黄油。现在由于国防需要，要多生产大炮，将生产状况移到 D 组合。此时，大炮多了 4 个单位，而黄油少了 1 个单位。平均而言，多生产一单位大炮要放弃 1/4 单位的黄油。反之亦然。

三、经济学研究的三个基本问题

（一）生产什么物品以及生产多少（WHAT）

经济社会要进行抉择：生产大炮还是黄油；或者生产多少大炮，多少黄油，即在大炮与黄油的各种可能组合中选择哪一种。

何谓生产呢？生产是将投入转为产出的活动。投入又被称之为资源。西方经济学家将资源分为四种类型：①土地，又称自然资源，它包括土地、森林、矿藏和河流等一切自然资源。狭义的土地则是指土地本身。②劳动，它是指人类拥有的体力和脑力劳动的总和。③资本，亦称资本货物（或资本品），它是指人类所生产出来的且用于生产其他产品所需的一切工具、机器设备、厂房等的总称；④企业家才能，这是指企业家组织生产、经营管理、努力创新和承担风险的能力总和，有时将之简称为"企业家"或"管理才能"。以上四种经济资源又被称为"生产四要素"。

（二）如何生产（HOW）

经济社会要进行抉择：用什么方法来生产上述选定的物品组合。生产方法实际上就是如何对各种生产要素进行组合，是多用资本，少用劳动，即用资本密集型方法来生产；还是少用资本，多用劳动，即用劳动密集型方法来生产。

（三）为谁生产（FOR WHOM）

生产出来的产品如何分配，即全社会生产出来的所有商品和劳务按什么原则在所有社会成员之间分配。

稀缺性是人类社会在各个时期面临的永恒问题，所以，"生产什么"、"生产多少"和"为谁生产"就成为人类社会必须解决的三个基本问题。这三个问题也被称为资源配置问题。

经济学是为解决稀缺性问题而产生的，因此，经济学的研究对象就是由稀缺性而引起的选择问题，即资源配置问题。

四、经济学与资源利用

现实中的各种资源除了是稀缺的之外，还面临另外一个难题：稀缺的资源得不到充分利用。隔一段时间就要爆发的经济危机使大量的人失业，国内生产总值急剧下降，很多工厂处于停产、半停产状态，大量资源处于过剩和闲置状态。

资源利用就是人类社会如何更好地利用现有的稀缺资源,使之生产出更多的物品和劳务满足人类无限的欲望。

五、经济体制和三大基本经济问题的解决

(一)传统经济

传统经济(traditional economy),亦称"习惯性经济"(customary economy)是指生产方式、交换、收入分配都遵循其习惯的一种经济。生产什么、如何生产以及为谁生产的问题有可能是由世代相传的传统所决定的。

(二)计划经济

计划经济(planned economy),亦称"指令性经济"(command economy),是以计划调节作为资源配置主要工具的一种经济。在计划经济中,所有的经济决策,包括资源利用的水平、生产的组合和分配以及生产的组织形式都是由中央或地方政府计划部门所决定的。企业归政府所有,并按政府的指令进行生产,即由政府计划决定企业生产什么,如何生产以及为谁生产的问题。

(三)市场经济

在西方学者看来,市场经济(market economy)有很多别名,包括自由放任型经济(laissez-faire ecomomy),自由企业经济(free enterprise economy)等,甚至一度也曾把市场经济等同于资本主义经济(capitalistic economy)。

诺贝尔经济学奖得主、美国麻省理工学院经济学教授萨缪尔逊和诺德豪斯在全世界发行量最大的《经济学》(第16版)教材中对市场经济作了如下简明定义:"市场经济是这么一种经济,在这一经济中,(生产)'什么'、'如何'(生产)以及'为谁'(生产)有关资源配置问题主要是由市场供需所决定的"。市场经济是由市场调节作为资源配置主要手段或工具的一种经济。

市场经济如何解决三大基本经济问题:

第一,生产什么的问题是消费者的"货币选票"所决定的。消费者选择购买某种商品,就是用货币投这种商品及其商品生产者一票。同时,消费者所支付的货币又成为该企业支付生产要素所有者的工资、租金、利息和利润的来源。

第二,企业之间的竞争决定着如何生产的问题。对生产者来说,迎接价格竞争、实现利润极大化的最佳方法就是采用最为有效的生产手段使之成本极小化。

第三,为谁生产的问题是由生产要素的价格所决定的。要素市场的供需联合决定着工资、租金、利息和利润——它们被称为生产要素的价格。将所有的要素收益加总便得到了总收入。因此,人们的收入分配取决于所拥有的要素数量、质量以及要素的价格。

(四)混合经济

以市场调节为基础,又有政府适当干预的经济制度称为混合经济。混合经济其本质是市场经济,也被称为现代市场经济。

任务3　西方经济学的研究内容

经济学的研究内容划分为微观经济学和宏观经济学。微观经济学(micro-economics)与

宏观经济学(macro-economics)是两种不同的数量分析方法。微观经济学采用个量分析法，以市场价格为中心，主要研究特定经济单位的经济活动及其经济变量(如单个消费者、生产者、要素所有者的经济行为，单个物品或产业的需求、供给、价格等)。它"只看树木，不看森林"。宏观经济学采用总量分析法，以国民收入为中心，主要研究整个国民经济的经济活动及其经济变量(如总需求、总供给、总就业、物价水平等)。它"只看森林，不看树木"。微观是在资源总量利用程度既定的前提下，研究各种资源的最优配置，宏观则是在各种资源配置既定的前提下，研究资源总量的充分利用。由于分析方法不同，从微观角度来看是正确的决策，从宏观的角度来看未必正确。例如，个别企业降低工资，可以增加利润，但如果所有企业都降低工资，势必造成社会的购买力下降，有效需求不足，反过来影响企业的利润。

一、微观经济学

(一)微观经济学的涵义

微观经济学以单个经济单位为研究对象，通过研究单个经济单位的经济行为和相应的经济变量单项数值的决定来说明价格机制如何解决社会的资源配置问题。

微观经济学的特点是：

第一，研究的对象是单个经济单位的经济行为。单个经济单位指组成经济的最基本的单位：居民户、厂商。居民户又称家庭，是经济中的消费者。厂商又称企业，是经济中的生产者。

在微观经济学的研究中，假设居民户与厂商经济行为的目标是实现最大化。即居民户要实现效用(满足程度)最大化；生产者要实现利润最大化。微观经济学研究居民户如何把有限的收入分配给各种物品的消费，以实现效用最大化。厂商如何把有限的资源用于各种物品的生产，以实现利润最大化。单个经济单位还包括单个市场(只有一种商品的市场)。

第二，中心理论是价格理论。在市场经济中，居民户和厂商的行为要受价格的支配，生产什么、如何生产和为谁生产都由价格决定。价格像一只看不见的手，调节着整个社会的经济活动，使社会资源的配置实现了最优化。

第三，解决的问题是资源配置。解决资源配置问题就是要使资源配置达到最优化，即在这种资源配置下能给整个社会带来最大的经济福利。微观经济学从研究单个经济单位的最大化行为入手，来解决社会资源的最优配置问题。因为如果每个经济单位都实现了最大化，那么，整个社会的资源配置也就实现了最优化。

第四，研究方法是个量分析。个量分析是研究经济变量的单项数值决定的，即微观经济学的研究对象单个经济行为主体所决定的。例如，微观经济学中提高的价格、产量、效用和成本等，都是该经济变量的单项数值。微观经济学分析这类个量的决定、变动及其相互关系。

(二)微观经济学的基本假设

(1)市场出清。简言之，就是在价格的自动调节下，供求可以达到均衡。既没有供给过剩，也没有需求过剩，市场正好"出清"。

(2)完全理性。消费者与生产者都是理性人或者经济人。所谓理性人或者经济人是对在经济社会中从事经济活动的所有人的基本特征的一个一般性抽象。这个被抽象出来的一般特征就是：每一个从事经济活动的人都是利己的。也就是说，每一个从事经济活动的当事人所采取的经济行为都是力图以自己的最小代价去获得自己的最大经济利益。

(3)完全信息。消费者与生产者可以免费而迅速地获得各种市场信息。

(三)微观经济学的基本内容

微观经济学包括的内容相当广泛,主要有:(1)均衡价格理论。(2)消费者行为理论。(3)生产理论。(4)分配理论。(5)一般均衡理论与福利经济学。(6)市场失灵与微观经济政策等。

二、宏观经济学

(一)宏观经济学的涵义

宏观经济学以整个国民经济为研究对象,通过研究经济中各有关总量的决定及其变化,来说明资源如何才能得到充分利用。

(二)宏观经济学的特征

第一,研究的对象是整个经济系统。这样,宏观经济学要研究整个经济的运行方式与规律,从总体上分析经济问题。

第二,中心理论是国民收入决定理论。宏观经济学把国民收入作为最基本的变量,以国民收入的决定为中心来研究资源利用问题,分析整个国民经济的运行。国民收入决定理论被称为宏观经济学的核心,其他理论则运用这一理论来解释整体经济中的各种问题。

第三,解决的问题是资源利用。宏观经济学把资源配置作为既定的前提,研究现有资源未能得到充分利用的原因、达到充分利用的途径,以及如何增长等问题。

第四,研究方法是总量分析。总量是指能反映整个经济运行情况的经济变量。这种变量有两类:一类是个量的总和。例如,国民收入是组成整个经济的各个单位的收入之和。总消费是各个家庭居民的消费之和。总投资是经济系统之中各个企业和个人的投资之和等等。另一类是平均量。例如,物价水平是各种物品与劳务的平均价格。

(三)宏观经济学的基本假设

(1)市场机制是不完善的。(2)政府有能力调节经济,纠正市场机制的缺点。

三、微观经济学与宏观经济学的联系

(一)互相补充

西方经济学是解决资源配置问题和资源利用问题的一门学科。资源配置即生产什么,如何生产和为谁生产的问题,微观经济学从研究单个经济单位的最大化行为入手,来解决社会资源的最优配置问题。因为如果每个经济单位都实现了最大化,整个社会的资源配置也就实现了最优化。宏观经济学解决的问题是资源利用,宏观经济学把资源配置作为既定的,研究现有资源未能得到充分利用的原因,达到充分利用的途径,以及如何实现增长等问题,如失业,通胀是资源利用的问题。微观经济学把资源的充分利用作为既定的前提,但是20世纪30年代的大危机打破了这个神话。这样,资源利用就被作为经济学的另一个组成部分——宏观经济学所要解决的问题。

(二)微观经济学是宏观经济学的基础

整个经济是以单个经济单位作为其组成部分的,微观经济学应该成为宏观经济学的基础。经济学界公认应该以微观经济学为基础构建宏观经济学的理论大厦。

任务 4　西方经济学的研究方法

以研究的目的为标准，经济学可分为实证经济学与规范经济学。实证经济学要解决"是什么"的问题，即要确认事实本身，研究经济本身的客观规律与内在逻辑，分析经济变量之间的关系，并用于进行分析与预测。

规范经济学要解决"应该是什么"的问题，即要说明事物本身是好是坏，是否符合某种价值判断，或者对社会有什么意义。这一点也就决定了实证经济学可以避开价值判断，而规范经济学必须以价值判断为基础。微观经济学与宏观经济学都是实证分析。

现代经济学有一套以数量分析为特征的分析方法。主要有：实证分析法、边际分析法、均衡分析法、静态分析法、比较静态分析法、动态分析法、长期与短期分析法、个量与总量分析法等。

一、实证分析法

经济学中的实证分析法来自于哲学上的实证主义方法。实证分析是一种根据事实加以验证的陈述，而这种实证性的陈述则可以简化为某种能根据经验数据加以证明的形式。在运用实证分析法来研究经济问题时，就是要提出用于解释事实的理论，并以此为根据作出预测。这也就是形成经济理论的过程。

二、边际分析法

是利用边际概念对经济行为和经济变量进行数量分析的方法。所谓边际，就是额外或增加的意思，即所增加的下一个单位或最后一个单位。在经济学分析中，简单地说，边际是指对原有经济总量的每一次增加或减少。严格地说，边际是指自变量发生微小变动时，因变量的变动率。

三、均衡分析法

均衡本来是物理学概念。引入经济学后均衡是指经济体系中各种相互对立或相互关联的力量在变动中处于相对平衡而不再变动的状态。对经济均衡的形成与变动条件的分析，叫做均衡分析法。分为局部均衡分析法和一般均衡分析法。局部均衡分析法，是在不考虑经济体系某一局部以外的因素的影响的条件下，分析这一局部本身所包含的各种因素相互作用中，均衡的形成与变动的方法。一般均衡分析法，是相对于局部均衡分析法而言的。它是分析整个经济体系的各个市场、各种商品的供求同时达到均衡的条件与变化的方法。

四、静态分析法、比较静态分析法、动态分析法

静态分析法指的是完全抽象掉时间因素和经济变动过程，在假定各种条件处于静止状态的情况下，分析经济现象的均衡状态的形成及其条件的方法。比较静态分析法是对个别经济现象的一次变动的前后，以及两个或两个以上的均衡位置进行比较而撇开转变期间和变动过程本身的分析方法。动态分析法是考虑到时间因素，把经济现象的变化当做一个连

续过程,对从原有的均衡过渡到新的均衡的实际变化过程进行分析的方法。

任务5　西方经济学的起源和发展

经济学从孕育、诞生到现在经历了四个阶段:

一、重商主义:经济学的早期阶段

重商主义产生于15世纪,终止于17世纪中期。这是资本主义生产方式的形成与确立时期。主要代表人物有英国经济学家约翰·海尔斯、威廉·斯塔福德、托马斯·曼,法国经济学家安·德·孟克列钦、让·巴蒂斯特·柯尔培等人。其代表作是托马斯·曼的《英国得自对外贸易的财富》。其基本观点是:金银形态的货币是财富的唯一形态,一国的财富来自对外贸易,增加财富的唯一方法就是扩大出口,限制进口。这一阶段没有系统的理论。

二、古典经济学:经济学的形成时期

从17世纪中期开始,到19世纪70年代之前为止。主要代表人物包括英国经济学家亚当·斯密、大卫·李嘉图、西尼尔、约翰·穆勒、马尔萨斯,法国经济学家让·巴蒂斯特·萨伊等人。古典经济学的最重要代表人物是亚当·斯密,其代表作是1776年出版的《国富论》。

《国富论》的出版被称为经济学史上的第一次革命,即对重商主义的革命。这次革命标志着现代经济学的诞生。以亚当·斯密为代表的古典经济学的贡献是建立了以自由放任为中心的经济学体系。

《国富论》集当时一切经济思想之大成,形成了统一和完整的科学体系,亚当·斯密被尊称为经济学的"鼻祖"。

亚当·斯密提出"看不见的手的原理"。每个人都在力图应用他的资本,来使其生产品能得到最大的价值。一般地说,他并不企图增进公共福利,也不知道他所增进的公共福利为多少。他所追求的仅仅是他个人的安乐,仅仅是他个人的利益。在这样做时,有一只看不见的手引导他去促进一种目标,而这种目标绝不是他所追求的东西。由于追逐他自己的利益,他经常促进了社会利益,其效果要比他真正想促进社会利益时所得到的效果大。

三、新古典经济学:微观经济学的形成与建立时期

新古典经济学从19世纪70年代的"边际革命"开始,到20世纪30年代结束。这一时期经济学的中心仍然是自由放任。在这种意义上说,它仍是古典经济学的延续。但是,它又用新的方法、从新的角度来论述自由放任思想,并建立了说明价格如何调节经济的微观经济学体系,所以,在新古典经济学前加一"新"字,以示其与古典经济学的不同之处。

19世纪70年代奥地利学派经济学家K.门格尔,英国经济学家W.S.杰文斯,瑞士洛桑学派的法国经济学家L.瓦尔拉斯分别提出了边际效用价值论,引发了经济学上的"边际革命",从而开创了经济学的一个新时期。

1890年英国剑桥学派经济学家A.马歇尔出版了《经济学原理》,这本书综合了当时的各种经济理论,被称为新古典经济学的代表作。作为一个理论体系,微观经济学是由新古典经

济学派所建立的。

四、当代经济学:宏观经济学的建立与发展

当代经济学是以20世纪30年代凯恩斯主义的出现为标志的。分三个阶段:

第一阶段:凯恩斯革命时期。这一时期从20世纪30年代到50年代之前。新古典经济学论述了市场调节的完善性,但20世纪30年代的大危机打破了这种神话。英国经济学家J. M.凯恩斯在1936年发表了《就业、利息和货币通论》(简称《通论》)一书。

这本书把产量与就业水平联系起来,从总需求的角度分析国民收入的决定,并用有效需求不足来解释失业存在的原因。在政策上则提出了放弃自由放任,主张国家干预经济。凯恩斯被称为现代宏观经济学之父。

第二阶段:凯恩斯主义发展时期。这一阶段从20世纪50年代到60年代。战后西方国家都加强了对经济生活的全面干预,凯恩斯主义得到了广泛的传播与发展。美国经济学家P.萨缪尔森等人把凯恩斯主义的宏观经济学与新古典经济学的微观经济学结合在一起,形成了新古典综合派。

新古典综合派全面发展了凯恩斯主义,并把这一理论运用于实践,对各国经济理论与政策都产生了重大影响。可以说,直至今日为止,新古典综合派仍然是经济学的主流派。

第三阶段:自由放任思潮的复兴时期。这一时期是在20世纪70年代之后。战后西方各国对经济生活的全面干预一方面促进了经济的巨大发展,另一方面也引起了许多问题。20世纪60年代末出现在西方国家的滞胀(即经济停滞与通货膨胀并存)引起了凯恩斯主义的危机。

以美国经济学家M.弗里德曼为首的货币主义是自由放任的拥护者。他去世时说:"现在我们都是凯恩斯主义者了!"。后来又出现了以美国经济学家R.卢卡斯为首的理性预期学派。这一派以更为彻底的态度拥护自由放任。

除以上三个学派以外,较有影响的还有以拉弗为首的供给学派。20世纪80年代里根的经济政策就是以此为基础的。而克林顿的经济政策是以新凯恩斯主义(斯蒂格里茨为代表)为基础的。

经济学是为现实服务的,经济学的发展与演变正是现实经济发展的反映。一部经济学发展史说明了一个平凡的真理:存在决定意识。

任务6 本书的逻辑框架和特点

本书从西方经济学的概述开始,接下来介绍均衡价格理论、弹性理论、消费者行为理论、生产者行为理论(包括生产论和成本论)、市场理论、分配理论、福利经济学、博弈论及其应用、市场失灵及矫正。以上属于微观经济学部分。之后是宏观经济学部分:从国民收入核算理论开始,之后是简单国民收入决定理论、产品市场均衡与货币市场均衡、宏观经济政策、经济波动中的失业与通货问题和经济增长与经济周期。

微观经济学的逻辑框架和特点是从供给需求理论(包括均衡价格理论和弹性理论)开始,先介绍市场的需求者即买方(消费者行为理论),再介绍市场的供给者即卖方(包括生产

论和成本论),然后是整个产品市场(市场理论),接下来是除了产品市场之外的生产要素市场(分配理论),然后是整个社会达到资源配置的最优化即帕累托最优(福利经济学)。鉴于博弈论分析方法在经济学之中的广泛应用,所以接下来介绍博弈论及其应用。以上内容合在一起可以称为市场机制高效率的调节和配置资源。但是,市场总会有失灵的时候,所以微观经济学部分最后介绍市场失灵及矫正。

宏观经济学的逻辑框架和特点是从国民收入核算体系开始,接下来是最简单的经济体即两部门经济社会的国民收入决定理论,然后是三部门、四部门国民收入决定理论,即按照由简单到复杂、一步一步接近社会现实这样的方法来研究问题。之后进一步扩展到产品市场和货币市场的一般均衡。宏观经济学里面除了市场这一只看不见的手之外,还有政府这一只看得见的手。所以,接下来介绍政府的经济政策。然后是失业与通货膨胀、经济波动、经济周期和经济增长。

【案例分析】

案例2 ● 搭建经济学的大厦——数学分析 ●

经济学虽然用数学方法但与自然科学所采用的方法也有所不同。自然科学所采用的方法是比较严谨与准确的。比如说,人造卫星围绕地球转一圈所带来的误差也许仅仅只有几十米的误差,与地球周长比较起来是微不足道的。但是,再高明的经济学家预测一个国家的经济增长速度也达不到"微不足道",而是相对比较大。所以在我们学习经济学的时候,不要过多地去强调某个数学公式的准确程度,只要这个数学公式确实反映了现实经济变动的主要特征就可以了。

由于经济学已经被经济学家竭尽全力地武装成一门真正的"科学",这科学的门面主要是数学描述、几何图形、函数坐标,再套上英文字母和阿拉伯数字。一般而言,当一门知识变成深奥的"科学"时,就会渐渐地远离大众,使大多数人不知其所云。这在自然科学领域内是没问题的,因为自然科学的深奥的符号公式本身是工具也是研究的目的和内容。而经济学不是自然科学,自然科学是发现科学,经济学应该是讲道理的科学,对不是专业的经济学家的我们来说只要明白道理,使用什么工具,是无所谓的。

分析:

在简单了解了西方经济学的导论之后,我们就可以对以上案例进行分析。关于案例1我们提两个问题:(1)为什么学习经济学?(2)如何学好经济学?

在日常生活中,我们还常常烦恼于别人为什么挣得比我多,总是觉得自己得到的比应得的少,而经济学却告诉我们这样的感觉是庸人自扰,也是错误的。经济学认为别人比自己挣得多是正常的,自己得到的就是应得的,如果自己不能理性地坦然面对,只会给自己的生活带来不必要的烦恼和忧愁。

我们之所以在日常生活中遇到这样那样的烦恼,主要还是因为对经济学有一些误解,这可能是经济学说起来比较简单的缘故。"供给与需求"、"价格"、"效率"、"竞争"等都是大家耳熟能详的经济学词汇,而且这些词汇的意思也是显而易见的,因此,很多时候,似乎人人都是经济学家。人们不敢随便在一个物理学家或数学家面前班门弄斧,但在一个经济学家面前,谁都可以就车价跌了该高兴还是该郁闷等实际问题随意发表自己的见解。其实,经济学中有许多并非显而易见的内容,并不是每个人想象的那么简单。在经济学领域,要想从"我听说过"进入到"我懂得"的境界并不是件轻而易举的事情。

因此,掌握正确的经济学知识,将经济学思考问题的方法运用到日常生活中来,使我们能够更加理性地面对生活中的各种琐事,小到油盐酱醋,大到谈婚论嫁,就会减少生活中的诸多郁闷和不快,多一些开心,多一些欢笑。

关于案例 2 我们也提了两个问题:(1)数学与经济学的联系与区别是什么?(2)为什么说经济学是社会科学的皇后?理解数学与经济学的关系是本和用的关系,数学是研究经济学的工具,如果把经济学比作大楼,数学就是盖大楼的脚手架。有的同学看到数学问题就感到头疼,其实我们教材里运用的数学是非常简单的,即便你掌握不了数学这个工具,你只要构建经济学的大厦就可以了。

【项目小结】

本项目作为西方经济学的导论介绍了西方经济学的相关概念、西方经济学的研究对象、西方经济学的研究内容、西方经济学的研究方法、西方经济学的起源和发展和本书的逻辑框架和特点。

1.现代西方经济学是指:1930 年代以来特别是第二次世界大战后在西方经济理论界有重要影响的(主流的)经济学家的经济学说或基本理论。

2.经济学是为解决稀缺性问题而产生的,因此,经济学的研究对象就是由稀缺性而引起的选择问题,即资源配置问题。

3.西方经济学的研究内容包括微观经济学和宏观经济学。

4.现代经济学有一套以数量分析为特征的分析方法。主要有:实证分析法、边际分析法、均衡分析法、静态分析法、比较静态分析法、动态分析法、长期与短期分析法、个量与总量分析法等。

【实训练习】

一、名词解释
1.稀缺性　　　　2.资源配置　　　　3.经济学
二、简答题
1.怎么理解西方经济学是一门考察稀缺资源如何得到合理配置的科学?
2.西方经济学的理论体系是由哪两部分构成的?它们之间的关系怎样?

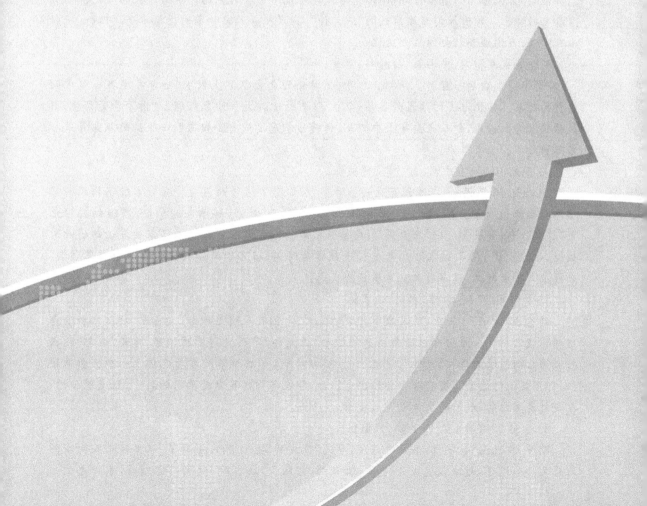

微观篇

WEIGUANPIAN

项目二 均衡价格理论

【项目目标】

1. 掌握需求和供给的含义；
2. 理解需求量变动和需求变动；供给量变动和供给变动；
3. 掌握需求和供给的变动对均衡价格的影响；
4. 掌握均衡价格理论的应用。

【引导案例】

案例1 ● **结婚"三大件"的历史变迁** ●

结婚"三大件"，这个略带怀旧的词，承载着几代中国人的梦想。不同时代的"三大件"有着各自的特色。作为人们津津乐道的"三大件"，其代表着不同时期的生活水平，同时也折射出60年来我国经济社会的巨大变化。

新中国成立初期：中山装、白衬衫、旗袍。

"新中国成立后一直到20世纪60年代，结婚就是大家穿上新衣，一家人坐在一起吃顿像样的饭菜。"回忆过去的结婚必备品，今年83岁的王坤大爷印象颇深。"由于物资紧缺，当时结婚没什么仪式，新人只要穿上中山装、白衬衫或是旗袍去照相馆照一张结婚照就算是非常不错的了。"王大爷说。

20世纪70年代：手表、自行车、缝纫机。

20世纪70年代末，在改革开放的推动下，人们有了消费的欲望。当时家境不错的人家结婚时已开始准备手表、自行车、缝纫机"三大件"。"'上海'牌手表、'蜜蜂'牌缝纫机、'永久'牌自行车，如果有了这"三大件"，那姑娘出嫁的时候是很有面子的。"家住友谊路的叶阿姨说，当时凡戴了手表的人喜欢卷起袖子经常看时间，家里的缝纫机还会做个布套罩起来，只要是自行车骑过，总会引来一片美慕的目光。

20世纪80年代：冰箱、彩电、洗衣机。

到了20世纪80年代，随着改革开放的深化，人们收入明显增加，自行车、缝纫机和手表这些曾经让一代人为拥有它们而倍感骄傲的"三大件"早已变得不再稀罕，冰箱、彩电、洗衣机成为人们追求的新"三大件"。"在上世纪80年代，如果谁家的客厅能摆上一个彩色电视机，那可是太时髦了。"省府路小学的冉老师说，即便当初冰箱只是单门的，洗衣机是双缸的，电视机是黑白的，人们的生活也是比蜜甜。

20世纪90年代：空调、电脑、录像机。

到了20世纪90年代，条件更好了，于是"三大件"也就水涨船高了，家庭建设又向新的现代化目标迈进，大件又变成了空调、录像机、电脑。"在当时，空调只能制冷，家用电脑是

'286'、'386'的,速度慢得像蜗牛,网络也没有现在那么便捷,不像现在都'双核'了,录像机更是,当初火得不得了,现在却被 DVD 所代替。"公务员洪先生说。

21 世纪:房子、车子、票子。

跨入 21 世纪,进入新时代,家庭消费也随之向科技化和高消费迈进。现在,"三大件"没有一个公认的版本,但说得最多的当数"房子、车子、票子"这三样了。"随着人们生活水平的提高和消费观念的变化,新的'三大件'也在不断地变化。现在,尤其是房子,更是重中之重,没有一套像样的婚房,结婚日期就得推一推了。"今年 10 月即将结婚的程小姐说。

(摘自《贵阳日报》2009 年 9 月 22 日)

在以上案例中,是什么原因导致了结婚"三大件"的历史性变迁呢?在本项目中,我们将就此问题从经济学角度进行讨论,在这之前,我们很有必要了解有关经济分析的两个重要概念——需求和供给。这正如一位学者所言:"你甚至可以使鹦鹉成为一个博学的政治经济学者——它所必须学的就是'需求'与'供给'两个名词。"

任务1　需求理论

一、需求、需求表和需求曲线

需求是指在一定的时期,在各种可能的价格水平下,消费者愿意并且能够购买的商品数量。它是消费者购买欲望和有支付能力的统一。在此,愿意表示一种主观的愿望,而能够则表示一种客观的能力,要构成一种需求,二者缺一不可。例如:在 1840 年鸦片战争后,英国企业界为开辟了中国这样一个大市场而兴奋不已,他们将大量的棉布、棉纱,以至于吃饭的刀叉、娱乐的钢琴运往中国,从购买能力来看,当时的中国一些富人是完全有能力购买这些产品的,但由于当时中国人还没有消费这样的东西的习惯和愿望,因而在当时的市场并不存在对这些产品的需求。又例如:曾经有一段时期,我国部分企业盲目引进、生产空调机,因为他们根据外国经验认为在彩电、冰箱等普及后,就该是"空调热"了。殊不知这是一个错误的需求预测,因为人们尽管有使用空调的欲望,也许还有一部分人能买得起空调,但当时空调由于技术原因耗电太多,而且对住房的密封性能等均有很高的要求,绝大多数国人不具备消费空调机的条件。

需求表是指一张某种商品的各种价格和与各种价格相对应的该商品的需求量之间关系的数字序列表。例如,某地区的冰箱需求表,如表 2-1 所示。通过表格将冰箱的价格与在每一价格水平时所对应的冰箱的需求量联系起来,就构成了冰箱的需求表。

表 2-1　冰箱的需求表

	A	B	C	D	E
价格(元/台)	2600	2400	2200	2000	1800
需求量(台)	1000	1200	1450	1750	2100

从表 2-1 中,我们可以清晰地看到冰箱价格和冰箱需求量之间的函数关系,譬如:当冰箱价格为 1800 元/台时,冰箱需求量为 2100 台;当冰箱价格为 2000 元/台时,冰箱需求量为

1750 台;当冰箱价格继续上升至 2200 元/台时,冰箱需求量则减少为 1450 台;等等。

需求曲线是根据需求表中商品的不同价格与需求量的组合,在平面上拟合的一条曲线。需求曲线主要有两种基本表现形式:(1)价格需求曲线:是一条从左上方向右下方倾斜的曲线。(2)收入需求曲线:是一条从右上方向左下方倾斜的曲线。例如可依据冰箱的需求表绘制冰箱的需求曲线,如图 2.1 所示。

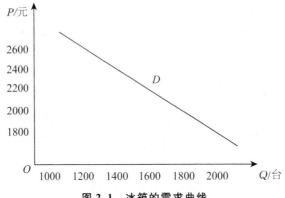

图 2.1　冰箱的需求曲线

图 2.1 中,横轴表示商品需求量,它作为因变量;纵轴表示商品价格,它作为自变量。之所以与数学中自变量和因变量位列方式有所差异,其原因在于经济学家分析的习惯性。同时,图 2.1 中的需求曲线仅仅表示需求函数为线性时才成为直线形式,而通常需求曲线是非线性的凸向原点且向右下方倾斜的曲线形式。需求曲线向右下方倾斜与需求表所揭示的需求量同价格成反向变动关系一样,其具体原因将在后面的消费者行为理论中运用效用论加以解释。

二、影响需求的因素:需求函数

需求函数反映了影响商品需求量的诸因素同商品需求量之间的一种函数关系,其形如:

$D = Q^d = f(Pri, Inc, Pri', Pre, Exp, Allo, Pop, Pol)$

$D = Q^d = $ Quantity of Demand(商品需求量)

$Pri = $ Price(商品本身价格)

$Inc = $ Income(消费者的收入水平)

$Pri' = $ Price of Related Product(相关商品的价格)

$Pre = $ Preference(消费者的偏好)

$Exp = $ Expectation(消费者对未来商品的价格预期)

$Allo = $ Allocation(社会收入分配的平等程度)

$Pop = $ Population(人口数量规模与结构的变动)

$Pol = $ Policy(政府政策)

这些因素的具体影响作用是:

(1)商品本身价格。一般而言,商品的价格与需求量成反方向变动,即价格越高,需求越少;反之亦然。

(2)消费者的收入水平。对于多数正常商品来说,当消费者的收入水平提高时,就会增加对商品的需求量。相反,当消费者的收入水平下降时,就会减少对商品的需求量。然而,一些低档商品却不符合此规律,对它们而言,消费者的收入与低档商品需求量呈现反向变动关系。例如:当生活用品分为高档品和低档品时,随着人们生活水平的逐步提高,人们显然会逐渐减少对低档生活品的购买,转而更多地去购买高档生活品。

(3)相关商品的价格。相关商品之间的关系有两种:互补关系和替代关系。互补关系是指两种商品互相补充共同满足人们的同一种欲望,如录音机与磁带,羽毛球与羽毛球拍;替代关系是指两种商品可以互相代替来满足同一种欲望,如猪肉与牛肉,茶与咖啡。由于商品之间的不同关系,导致了相关商品价格的变动引起某种商品需求的变动方向亦不同。对于互补品,一种商品(录音机)的价格上升,消费者对另一种商品(磁带)的需求就会减少;反之亦然。即一种商品的价格与其互补品的需求量呈反方向变动。对于替代品,一种商品(猪肉)的价格上升,消费者对另一种商品(牛肉)的需求就会增加;反之亦然。即一种商品的价格与其替代品的需求量呈同方向变动。因为作为理性的消费者总在追寻用最小的成本来满足同一欲望。如图2.2所示。

图 2.2 相关商品价格变化与需求的关系

(4)消费者的偏好。消费者对某种商品的偏爱程度会对该商品的需求量产生影响,偏爱程度越高,需求量越大;相反,偏爱程度越低,需求量越小。当许多人对某一商品产生相同的偏爱倾向时,就形成了某种消费风尚,将促使消费者在商品价格未发生变化的情况下增加或减少对该商品的需求。例如,西方人较东方人更偏爱喝咖啡,人均咖啡的需求量大于东方,而东方人较西方人则更偏爱喝茶,人均茶叶的需求量大于西方。

(5)消费者对未来商品的价格预期。当消费者预期某种商品的价格即将上升时,社会增加对该商品的现期需求量,因为理性的人会在价格上升以前购买产品。反之,就会减少对该商品的预期需求量。例如:在 2007 年,由于太湖蓝藻突然爆发所致的水质严重变坏,导致无锡市民无法饮用自来水,人们普遍开始预期淡水资源短缺而只能购买纯净水解决饮水问题,于是无锡纯净水从平时六元一桶飙升到了十元,还停止了送货上门业务。

(6)社会收入分配的平等程度。通常,社会收入分配越是失衡,贫富差距越是恶化,社会消费需求就越少;而社会收入分配越是公平,贫富差距越小,社会消费需求就越多。其原因在于社会将同样的一元钱分配给穷人所引致的消费会远大于社会将之分配给富人后所引致的消费。

(7)人口数量规模与结构的变动。一般来讲,人口数量的增减会使需求发生同方向变动。人口结构的变动主要影响需求的结构,例如:人口老龄化的国家,时髦服装、滑雪等刺激性运动项目的需求会减少,而保健品和老年常用药的需求会增加。

(8)政府政策。主要是指利率政策和社保政策。在不考虑通货膨胀条件下,当基准利率水平较高时,人们会倾向于储蓄而减少消费,从而对商品的需求相应减少,但当利率水平较低时,人们会更倾向于增加消费从而增加需求。就社保政策而言,若社保政策能够打消消费者对未来不确定性的预期,则将会产生更多商品消费需求;反之,则会减少商品消费需求而增加储蓄。

在实际分析中为了简化分析,假定其他条件保持不变,仅仅分析商品价格变化对该商品需求量的影响,即把一种商品的需求量仅看成是这种商品的价格的函数,这样,需求函数的抽象简化形式为:$D=Q^d=f(P)$,其中,P 表示商品价格,D 表示商品需求量。对于线性需求函数,其具体形式为 $D=Q^d=\alpha-\beta \cdot P$,其中,$\alpha$ 和 β 为常数,且 α、$\beta>0$。

三、需求定律

需求定律:在其他条件不变的情况下,某商品的需求量与价格成反方向变动,即商品的需求量随价格的上涨而减少,随价格的下降而增加。对于需求定律的理解,要注意两个方面:

(1)其他条件不变。它主要是指商品自身价格以外的其他因素等不发生变化。离开这一个前提,需求定律就不能成立。例如:如果收入在增加,商品本身的价格与需求量就不一定成反方向变动。

(2)炫耀性商品和吉芬商品例外。炫耀性商品是用来显示人的社会身份的商品,例如首饰、豪华型轿车就是这种商品。这种商品只有在高价时才有显示人的社会身份的作用,因此,价格下降时需求反而减少。吉芬商品就是指一些低档生活必需品,在某些特定条件下,由于价格上涨而导致需求量增加的商品。如马铃薯、粮食之类的生活必需品。在某种特定条件下,这些商品的价格上升,需求量反而增加。现实例子比如英国经济学家吉芬发现,在1845 年爱尔兰大灾荒时,马铃薯的价格上升,需求量反而增加,这被称为"吉芬之谜"。

四、需求量变动与需求变动

(1)需求量变动的含义:需求量变动是指在其他条件不变情况下,商品本身价格变动所引起的需求量的变动,它表现为需求曲线上点的变动。例如,当商品自身价格上涨时,商品需求量减少,而当商品自身价格下降时,商品需求量增加,但无论如何,这种变化始终不会脱离固定不变的需求曲线。

(2)需求变动的含义:需求变动是指商品本身价格不变的情况下,其他非自身价格因素变动所引起的需求的变动,它表现为需求曲线的平行位移。当非商品自身价格因素促使商品需求增加时,则需求曲线向右方平行移动;当非商品自身价格因素促使商品需求减少时,则需求曲线向左方平行移动。

五、从单个消费者需求到市场需求

一种商品的市场需求是指在一定时期内,在各种不同的价格水平下,市场中所有消费者对某种商品的需求数量。一种商品的市场需求不仅依赖于每一个消费者的需求函数,还依赖于该市场中所有消费者的数目。市场需求曲线就是单个独立决策的消费者需求曲线的叠加。因此,从市场需求曲线形态上来看,它也是一条向右下方倾斜的曲线。

任务2 供给理论

一、供给、供给表和供给曲线

供给是指在一定的时期,在各种可能的价格水平下,生产者愿意并且能够生产的商品数量。它是生产者供给欲望和供给能力的统一。同需求定义一样,在这里,愿意仍表示一种主观的愿望,而能够则仍表示一种客观的能力,要构成一种需求,二者缺一不可。例如:我国高度重视大型客机制造项目,温家宝总理曾表示,造大飞机是国家意志,是战略考虑,是国家兴旺发达的标志,也有很直接的科技意义和经济效益。然而,由于我国缺乏大飞机发动机的关键技术以及复合材料的研究实力,故我国在大飞机商品领域还不能构成供给。又例如,西方发达国家在某些高能耗、高污染环境产业商品生产中已经处在劣势,因而都开始陆续将生产企业搬至发展中国家进行本地化生产。在此情况下,尽管发达国家有能力在本国生产此种商品,但环境和能耗问题使得其不再愿意投资生产,因此,这不构成供给。

供给表是一张某种商品的价格与对应的供给量之间关系的数字序列表。同需求一样,供给可用供给表、供给曲线较为直观地表示。

将价格与供给量相对应所列出的表格即供给表,如表 2-2 所示。

表 2-2　冰箱的供给表

	A	B	C	D	E
价格(元/台)	2600	2400	2200	2000	1800
供给量(台)	2000	1700	1450	1200	1000

在表 2-2 中,我们可以看到,当冰箱价格为 1800 元/台时,冰箱供给量为 1000 台;当冰箱价格上升为 2000 元/台时,冰箱供给量增加为 1200 台;当冰箱价格继续上升至 2200 元/台时,冰箱供给量继续增加至 1450 台;等等。

将表 2-2 所列的价格与供给量之间的关系用图示法表示出来即得到供给曲线。商品的供给曲线是根据供给表中的商品的价格——供给量组合在平面坐标图上所绘制的一条曲线。如图 2.3 所示。

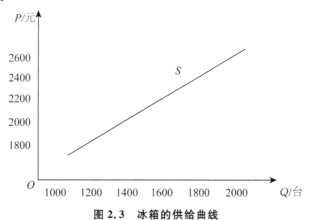

图 2.3　冰箱的供给曲线

在图 2.3 中,横轴表示商品供给量,它作为因变量,纵轴表示商品价格,它作为自变量。如前所述,之所以与数学中自变量和因变量位列方式有所差异,其原因在于经济学家分析的习惯性。同时,图 2.3 中的供给曲线仅仅表示供给函数为线性时才成为直线形式,而通常供给曲线是非线性且向右上方倾斜的曲线形式。供给曲线向右上方倾斜与供给表所揭示的供给量同价格成同向变动关系一样。

二、影响供给的因素:供给函数

供给函数反映了影响商品供给量的诸因素同商品供给量之间的一种函数关系,其形如:

$S = Q^s = f(\text{Pri}, \text{Cos}, \text{Tec}, \text{Pri}', \text{Exp}, \text{Pol})$

$S = Q^s = \text{Quantity of Supply}$(商品供给量)

$\text{Pri} = \text{Price}$(商品本身的价格)

$\text{Cos} = \text{Cost}$(生产的成本)

$\text{Tec} = \text{Technology}$(技术水平)

$\text{Pri}' = \text{Price of Related Product}$(相关商品的价格)

$\text{Exp} = \text{Expectation}$(生产者对未来商品的价格预期)

$\text{Pol} = \text{Policy}$(政府政策)

这些因素的具体影响作用是:

(1)商品本身的价格。一般而言,一种商品的价格越高,生产者提供的产量就越大,相反,商品的价格越低,生产者提供的产量就越小。

(2)生产的成本。在商品价格不变的条件下,生产成本的提高会减少利润,从而使得商品生产者不愿意生产,进而减少供给量。例如:在 2007 年和 2008 年,我国猪肉价格曾一度飞涨,其原因在于美国玉米产量占世界总产量 40%,出口量占到世界玉米总贸易量 70%(世界粮食出口总量的 1/4),在世界粮食经济中占有重要地位,但美国把 20% 的玉米用于提炼生物能源,这必然减少其玉米年出口量,进而引起国际市场玉米期货价格的大幅波动,而玉米恰恰是猪等家禽家畜饲料的主要原料,其价格上涨不仅会影响其他粮食作物价格,还会对包括牛奶、鸡蛋、奶酪、黄油、家禽、猪肉、牛肉、酸奶以及冰淇淋等与玉米紧密相关的食品造成影响。

(3)技术水平。一般而言,技术水平的提高可以降低生产成本,增加生产者的利润,生产者愿意提供更多的产量。例如,随着电脑和手机等生产技术的日趋成熟,生产者的生产成本大幅降低,同时,生产标准化的实现使得批量生产成为可能,电脑和手机的供给量也就大幅增加。

(4)相关商品价格。当一种商品的价格不变,而其能生产的其他商品的价格发生变化时,该商品的供给量会发生变化,如在玉米价格不变、小麦价格上升时,农户就可能多生产小麦而减少玉米的供给量。

(5)生产者对未来商品的价格预期。如果生产者对未来的预期看好,如价格上升,则制订生产计划时就会增加产量供给,反之如果生产者对未来的预期是悲观的,在制订生产计划时,就会减少产量供给。

(6)政府政策。该政策主要是指政府的增减税政策和产业政策等。通常,政策环境越是利好于生产,商品供给量就会越多,而政策环境越是不利于生产,商品供给量就会减少。例如当政府宣布减少企业的税收负担时,企业经营成本会有所降低,企业便会迅速作出响应以增加商品供给,但当政府宣布增加企业税负时,企业经营成本则会有所上升,企业就会减产甚至停产。又例如在 2009 年产业政策调整中,中国开始进行煤矿企业的整合重组,大批私营煤矿被迫关闭,"国进民退"的煤炭产业政策使得私营矿主的煤炭供给量大幅削减。

同需求一样,在实际分析中为了简化分析,假定其他条件保持不变,仅仅分析商品价格变化对该商品供给量的影响,即把一种商品的供给量仅看成是这种商品的价格的函数,这样,供给函数的抽象简化形式为:$S=Q^s=f(P)$,其中,P 表示商品价格,S 表示商品供给量。对于线性供给函数,其具体形式为 $S=Q^s=-\delta+\gamma\cdot P$,其中,$\delta$ 和 γ 为常数,且 δ、$\gamma>0$。

三、供给定律

供给定律:在其他条件不变的情况下,某商品的供给量与价格之间呈同方向变动,即供给量随着商品本身价格的上升而增加,随着商品本身价格的下降而减少。对于供给定律的理解,同样要注意两个方面:

(1)其他条件不变。它主要是指商品自身价格以外的其他因素等不发生变化。否则,供给定律将不成立。例如:如果厂商生产某种产品的目的不是追求利润最大化,而是为了某种社会公益和人道目的,那么,商品本身的价格与供给量就不一定成同方向变动。

(2)劳动供给曲线和古董等艺术品例外。劳动力供给曲线与其他商品供给曲线不同,它是向后弯曲的。对于此问题的解释需要用到本书后面所讲到的知识,在此,我们仅仅简单的将其原因归结为:当工资较低时,随着工资的上升,消费者为较高的工资吸引将减少闲暇,增加劳动供给量,在这个阶段,劳动供给曲线向右上方倾斜;但工资上涨对劳动供给的吸引力是有限的,当工资涨到一定程度时,消费者的劳动供给量达到最大,这时如果继续追加工资,劳动供给量不增反减,这是因为当工资的提高使人们富足到一定的程度以后,人们会更加珍视闲暇。就古董等艺术品而言,其价格的上升绝对不会引起古董等艺术品供给量的增加,否则,增加的将只是赝品。

四、供给量变动与供给变动

(1)供给量变动的含义:供给量变动是指其他条件不变情况下,商品本身价格变动所引起的供给量的变动,它表现为供给量在供给曲线上点的变动。例如,当商品自身价格上涨时,商品供给量增加,而当商品自身价格下降时,商品需求量减少,但无论如何,这种变化始终不会脱离固定不变的供给曲线。

(2)供给变动的含义:供给的变动是指商品本身价格不变的情况下,其他非自身价格因素变动所引起的供给的变动,它表现为供给曲线的平行位移。当非商品自身价格因素促使商品供给增加时,则供给曲线向右方平行移动;当非商品自身价格因素促使商品供给减少时,则供给曲线向左方平行移动。

五、从单个生产者供给到市场供给

一种商品的市场供给是指在一定时期内,在各种不同的价格水平下,市场中所有生产者对某种商品的供给数量。一种商品的市场供给不仅依赖于每一个生产者的供给函数,还依赖于该市场中所有生产者的数目。市场供给曲线就是单个独立决策的生产者供给曲线的迭加。因此,从市场供给曲线形态上来看,它也是一条向右上方倾斜的曲线。

任务 3 均衡价格

一、均衡的含义

在经济体系中,一个经济事务处在各种经济力量的相互作用之中,如果有关该经济事务各方面的各种力量能够相互制约或者相互抵消,那么该经济事务就处于相对静止状态,并将保持该状态不变,此时我们称该经济事务处于均衡状态。在市场上,市场供求达到平衡时的状态称之为市场均衡。在微观经济分析中,市场均衡可以分为局部均衡和一般均衡。局部均衡是就单个市场或部分市场的供求与价格之间的关系和均衡状态进行分析,一般均衡是就一个经济社会中的所有市场的供求与价格之间的关系和均衡状态进行分析。一般均衡假定各种商品的供求和价格都是相互影响的,一个市场的均衡只有在其他所有市场都达到均衡的情况下才能实现。

二、均衡价格

(一)均衡价格与均衡数量

均衡价格(equilibrium price)是商品的供给曲线与需求曲线相交时的价格。也就是商品的供给量与需求量相等,商品的供给价格与需求价格相等时的价格。或者说,均衡价格就是消费者为购买一定商品量所愿意支付的价格与生产者为提供一定商品量所愿意接受的供给价格一致的价格。对应于均衡价格的商品数量被称为均衡数量(equilibrium quantity)。在市场上,由于供给和需求力量的相互作用,市场价格趋向于均衡价格。如果市场价格高于均衡价格,则市场上出现超额供给,超额供给使市场价格趋于下降;反之,如果市场价格低于均衡价格,则市场上出现超额需求,超额需求使市场价格趋于上升直至均衡价格。因此,市场竞争使市场稳定于均衡价格。

均衡价格是在市场上供求双方的竞争过程中自发地形成的。均衡价格的形成也就是价格决定的过程。因此,价格也就是由市场供求双方的竞争所决定的。需要注意的是,均衡价格形成,即价格的决定完全是自发的,如果有外力的干预(如垄断力量的存在或国家的干预),那么,这种价格就不是均衡价格。均衡价格在一定程度上反映了市场经济活动的内在联系,对企业的生产经营决策有重要实用价值。

(二)均衡价格表与均衡价格图

均衡价格的形成过程可从均衡价格表 2-3 和均衡价格图 2.4 中看出。

表 2-3 某商品的均衡价格表

价格(元)	需求量(台)	供给量(台)
6	200	800
5	300	600
4	400	400
3	500	200
2	600	0

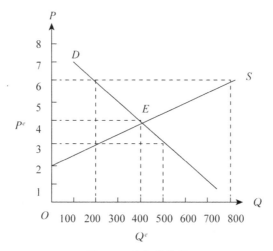

图 2.4　均衡价格图

在表 2-3 和图 2.4 中，当商品价格为 6 元时，其需求量为 200 台，供给量为 800 台，此时供给大于需求，供过于求的局面会迫使厂商竞相削价来增加市场对自身商品的需求，于是价格下跌至 5 元；当商品价格为 5 元时，在需求定律和供给定律作用下，其需求量增加为 300 台，供给量减少为 600 台，此时仍为供过于求，厂商继续减价以刺激消费需求，直至价格降至 4 元；当价格为 4 元时，其需求量增加为 400 台，供给量减少为 400 台，供给等于需求，经济即达到了均衡状态，故此，均衡价格为 4 元，均衡数量为 400 台。同理，当商品价格为 2 元时，其需求量为 600 台，供给量为 0 台，此时市场需求无法被满足，导致市场对该商品需求过旺，商品价格开始上升，直至升至 3 元；当商品价格为 3 元时，在需求定律和供给定律作用下，其需求量减少为 500 台，供给量增加为 200 台，此时仍然供不应求，商品价格继续上升，直至 4 元，达至均衡经济状态，均衡价格为 4 元，均衡数量为 400 台。需要说明的是，在上述过程中，经济从非均衡状态到均衡状态的形成过程完全是自发的，这便是市场经济体制当中的价格形成机制。那么，当经济处于均衡状态时，它是否会稳定于此呢？答案是肯定的，除非有来自系统以外的作用力迫使该均衡状态被打破为止。同时，在经济学当中，我们一般把供过于求的市场状态称为买方市场，因为在此市场环境中，买方拥有是否购买商品的主动权；相反，我们一般把供不应求的市场状态称为卖方市场，因为在此市场环境中，卖方拥有是否出售商品的主动权。

最后，对均衡价格的理解，我们应当注意以下三点：

第一，均衡价格的含义。正如我们在介绍均衡的概念时所讲过的，均衡是指经济中各种对立的、变动着的力量处于一种力量相当、相对静止、不再变动的状态。均衡一旦形成之后，如果有另外的力量使它离开原来的均衡位置，则会有其他力量使之恢复到均衡。由此可见，均衡价格就是由于需求与供给这两种力量的作用使得价格处于一种相对静止、不再变动的状态。

第二，决定均衡价格的是需求与供给。这里要强调的是，在一个完全竞争，不存在垄断的市场中，只有需求和供给决定价格，它们就像一把剪刀的两边一样起作用，不分主次。因此，需求和供给的变动都会影响均衡价格的变动。

第三，市场上各种商品的均衡价格是最后的结果，其形成过程是在市场背后依靠价格机制由"看不见的手"来支配的。

（三）均衡价格模型

设需求函数为：$D=Q^d=a-b \cdot P$，供给函数为：$S=Q^s=-c+d \cdot P$，当需求等于供给时 $D=S$，则有均衡价格：$P^e=(a+c)/(b+d)$。把计算出来的均衡价格（P^e）代入到需求函数中或供给函数中就可计算出均衡数量。例如有如下经济模型：假定 $Q^d=800-100 \cdot P$ 和 $Q^s=-400+200 \cdot P$，求解均衡价格和均衡数量。根据均衡价格定义，我们可以直接令 $Q^d=Q^s$，则有 $800-100 \cdot P=-400+200 \cdot P$，解得 $P=4$，$Q^d=Q^s=400$。

任务4　供求变动与均衡价格

一、需求变动与均衡价格

在任务 1 中，我们已经区分了需求量变动与需求变动的差异，这里，我们将继续分析需求变动与均衡价格之间的相互作用关系。如前所述，需求变动是指非价格因素变动对需求产生影响，进而对均衡价格和均衡数量所带来的变化。在图 2.5 中，我们可以清晰地看到需求变动对均衡的影响。

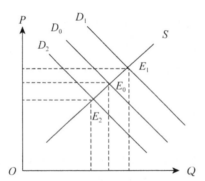

图 2.5　需求变动对均衡价格的影响

假设需求曲线最开始处于 D_0 位置，此时其与供给曲线 S 相交于均衡点 E_0，E_0 分别对应于初始状态的均衡价格和均衡数量。当某一影响需求的非价格因素对需求产生影响时，这种影响一般可分为刺激需求的影响和抑制需求的影响两个方面，并进一步假定其影响使得需求增加，那么需求曲线 D_0 平行移动到 D_1 位置，在供给曲线保持不变的情况下，新的均衡点移动到 E_1，此时，均衡价格相对于初始状态 E_0 的均衡价格有所上升，而其均衡数量亦相对增加。同理，当某一影响需求的非价格因素对需求产生抑制影响时，那么需求曲线 D_0 平行移动到 D_2 位置，在供给曲线保持不变情况下，新的均衡点移动到 E_2，此时，均衡价格相对于初始状态 E_0 的均衡价格有所下降，而其均衡数量亦相对下降。

例如：我们以收入水平这一非价格因素作为例子，就其变动对需求进而对均衡状态的影响加以分析。当国民收入水平增加时，它会对需求产生影响，由于国民收入水平属于非价格因素，故其变动所引致的需求数量变动应当是需求变动，而又由于通常国民收入水平增加会引起需求数量增加，所以需求曲线是向右方平行移动的，如同图 2.5 中需求曲线 D_0 平行移

动到 D_1 位置,此时,市场中商品的均衡价格和均衡数量均上升。同理,当国民收入水平下降时,它引起需求曲线向左方平行移动,如同图 2.5 中需求曲线 D_0 平行移动到 D_2 位置,此时,市场中商品的均衡价格和均衡数量均下降。

上述需求变动对均衡价格的影响可以总结为:在供给不变的情况下,需求变动引起均衡价格和均衡数量同方向变动。

二、供给变动与均衡价格

与需求变动类似,供给变动是指非价格因素变动对供给产生影响,进而对均衡价格和均衡数量所带来的变化。在图 2.6 中,我们可以清晰地看到供给变动对均衡的影响。

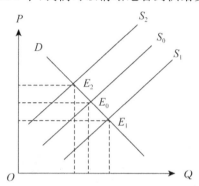

图 2.6 供给变动对均衡价格的影响

假设供给曲线最开始处于 S_0 位置,此时其与需求曲线 D 相交于均衡点 E_0,E_0 分别对应于初始状态的均衡价格和均衡数量。当某一影响供给的非价格因素对供给产生影响时,这种影响一般可分为刺激供给的影响和抑制供给的影响两个方面,并进一步假定其影响使得供给增加,那么供给曲线 S_0 平行移动到 S_1 位置,在需求曲线保持不变情况下,新的均衡点移动到 E_1,此时,均衡价格相对于初始状态 E_0 的均衡价格有所下降,而其均衡数量相对增加。同理,当某一影响供给的非价格因素对供给产生抑制影响时,那么供给曲线 S_0 平行移动到 S_2 位置,在需求曲线保持不变情况下,新的均衡点移动到 E_2,此时,均衡价格相对于初始状态 E_0 的均衡价格有所上升,而其均衡数量则相对下降。

例如:我们以政府税收政策这一非价格因素作为例子,就其变动对供给进而对均衡状态的影响加以分析。当政府对企业税收水平下降时,它会对供给产生影响,由于政府税收政策属于非价格因素,故其变动所引致的供给数量变动应当是供给变动,而又由于企业税负下降会引起供给数量增加,所以供给曲线是向右方平行移动的,如同图 2.6 中供给曲线 S_0 平行移动到 S_1 位置,此时,市场中商品的均衡价格下降而均衡数量上升。同理,当政府对企业税收水平上升时,它引起供给曲线向左方平行移动,如同图 2.6 中供给曲线 S_0 平行移动到 S_2 位置,此时,市场中商品的均衡价格上升而均衡数量下降。

上述供给变动对均衡价格的影响可以总结为:在需求不变的情况下,供给变动引起均衡价格反方向变动,而引起均衡数量同方向变动。

三、供求定理与供求的同时变动

在前面,我们分别分析了需求变动和供给变动对均衡价格和均衡数量所产生的影响,由此,我们可以将这两个方面的影响归结为经济学中著名的供求定理。

供求定理:在其他条件不变的情况下,需求的变动分别引起均衡价格和均衡数量同方向的变动;供给变动分别引起均衡价格的反方向变动和均衡数量的同方向变动。

然而,供求定理仅仅揭示了当需求(或供给)保持不变情况下,供给(或需求)变动所引起的均衡价格和均衡数量变动,而现实中,更为复杂的情况是需求和供给的同时变动。对于这样复杂的变动,我们大体上可分为四种类型,它们分别是:

情况一:需求和供给同时增加

当非价格因素引起需求和供给同时增加时,需求曲线和供给曲线将同时向右方进行平移,此时,新的均衡点可能与初始均衡点在同一水平线,或者新的均衡点低于初始均衡点水平线,或者新的均衡点高于初始均衡点水平线,其具体相对位置取决于需求曲线和供给曲线的斜率及移动幅度。但无论是哪种情况,新的均衡点始终位于初始均衡点的右方。这样,在新的均衡点处,均衡价格的变化情况是不确定的,但均衡数量是一定增加的。

情况二:需求和供给同时减少

当非价格因素引起需求和供给同时减少时,需求曲线和供给曲线将同时向左方进行平移,此时,新的均衡点可能与初始均衡点在同一水平线,或者新的均衡点低于初始均衡点水平线,或者新的均衡点高于初始均衡点水平线,其具体相对位置仍然取决于需求曲线和供给曲线的斜率及移动幅度。但无论是哪种情况,新的均衡点始终位于初始均衡点的左方。这样,在新的均衡点处,均衡价格的变化情况是不确定的,但均衡数量是一定减少的。

情况三:需求增加而供给减少

当非价格因素引起需求增加而同时供给减少时,需求曲线向右方进行平移,而供给曲线则向左方进行平移,此时新的均衡点可能与初始均衡点在同一纵向线,或者新的均衡点位于初始均衡点纵向线左侧,或者新的均衡点位于初始均衡点纵向线右侧,其具体相对位置取决于需求曲线和供给曲线的斜率及移动幅度。但无论是哪种情况,新的均衡点始终位于初始均衡点的上方。这样,在新的均衡点处,均衡数量的变化情况是不确定的,但均衡价格是一定增加的。

情况四:需求减少而供给增加

当非价格因素引起需求减少而同时供给增加时,需求曲线向左方进行平移,而供给曲线则向右方进行平移,此时新的均衡点可能与初始均衡点在同一纵向线,或者新的均衡点位于初始均衡点纵向线左侧,或者新的均衡点位于初始均衡点纵向线右侧,其具体相对位置仍取决于需求曲线和供给曲线的斜率及移动幅度。但无论是哪种情况,新的均衡点始终位于初始均衡点的下方。这样,在新的均衡点处,均衡数量的变化情况是不确定的,但均衡价格是一定下降的。

对上面四种情况,我们以下面一个例子加以说明。

假设某一夏季,天气特别炎热,并且台风摧毁了部分甘蔗田,使得糖的价格上升,这些事件如何影响冰激凌市场呢?

该例子中,天气特别炎热说明了人们对冰激凌的需求会显著增加,因为人们希望借此消暑,而由于天气属于非价格因素,故其使得需求曲线向右平移。而台风摧毁了作为制糖来源的甘蔗田,糖价上升,这也就意味着冰激凌成本上升,显然,冰激凌生产商受非价格因素——成本的影响会减少供给,这使得供给曲线开始向左平移。对照前面的四种情况,我们很容易识别出这是情况三——需求增加而供给减少。其结论也是显然的,那就是:在新的均衡点处,均衡数量的变化情况是不确定的,但均衡价格是一定增加的。换句话说就是:上述事件对冰激凌市场的影响表现为冰激凌的均衡数量变化情况不确定,它取决于天气炎热程度和台风对蔗田的破坏程度,但冰激凌的均衡价格一定是增加的。

任务5　价格机制与价格政策

一、价格机制

价格机制是市场机制中的基本机制,是价格调节社会经济生活的方式与规律,其具体内涵为在竞争过程中,与供求相互联系、相互制约的市场价格的形成和运行机制。价格机制包括价格形成机制和价格调节机制。

（一）价格机制与市场机制的关系

价格机制与市场机制的关系表现为以下三个方面:

第一,价格机制是市场机制的重要组成部分。在市场机制形成的同时也形成价格机制。市场机制形成的前提条件,必须是社会上存在众多的经济上独立的直接依赖于市场的商品生产经营者。同时,社会上有众多有支付能力和能自由购买的需求者,以及较为完善的市场体系,包括商品市场、劳务市场、资本市场、技术市场、信息市场、房地产市场等等。在这三者作用下,形成供求机制、价格机制、激励机制、竞争机制、风险机制,组成统一的市场机制。具体言之,这些机制的形成是这样的:生产经营者和消费需求者为了实现各自的目的,即生产经营者为了实现利润最大化,消费需求者为了实现效用最大化,必须在各种市场上进行交换,以满足各自的需要。这样,供求双方在市场上就形成供求机制。市场上供求双方不断交换,必须以货币作为媒介,才能达成交易,形成价格机制。各种交易价格在市场上形成后,就会发出供求变动的信号,价格上涨说明供不应求,价格下跌说明供过于求,这就给供求双方形成激励机制。

第二,价格机制在市场机制中居于核心地位。有市场就必然有价格,如商品价格、劳务价格、资本价格、信息价格、技术价格、房地产价格等等。同时,各种价值形式,诸如财政、税收、货币、利润、工资等,都从不同方面和不同程度上与价格发生一定的相互制约和依赖关系。财政的收支状况直接影响价格。收大于支可以稳定价格,支大于收将促使价格上涨。价格变动又会影响财政收支。税收、利润、利息和工资是价格的组成部分,它们的变动直接影响着价格水平,而且在一定的价格水平下,价格又制约着税收、利息、利润、工资的变动,价格的变动直接取决于货币价值的变动,如人民币贬值会促使价格上涨,反之则促使价格下跌。价格相对的稳定,又会制约着货币的发行量。所以价格的变动,不仅直接影响其他价值形式的变动,而且也是其他价值形式变动的综合反映。从价格机制与其他机制的关系来看,虽然各种机制在市场机制中均处于不同的地位,但价格机制对其他机制都起着推动作用,在市场机制中居于核心地位。供求机制是市场机制的保证机制。在市场机制中,首先必须有供求机制,才能反映价格与供求关系的内在联系,才能保证价格机制的形成,保证市场机制的正常运行。但价格机制对供求机制起着推动作用,价格涨落推动生产经营者增加或减少供给量,推动消费需求者减少或增加需要量,不断调节供求关系。竞争机制是市场机制的关键机制。在市场经济中,有竞争,才会促进社会进步、经济发展。价格机制又对竞争机制起着推动作用,价格涨落促进生产经营者开展各种竞争,推进产品创新、技术创新、管理创新,以取得更大利润。激励机制是市场机制的动力机制。企业生产经营要以利益为激励,推动企业开展竞争,讲求经济效益。价格机制能影响激励机制,价格变动发出信号,激励企业决定生产经营什么,不生产经营什么。风险机制是市场机制的基础机制。在市场经营中,任何企业在从事生产经营中都会面临着盈利、亏损和破产的风险。价格机制能影响风险机制,价格涨落能推动企业敢冒风险,去追逐利润。

第三,市场机制通过价格机制发挥作用。市场机制要发挥调节作用,必须通过价格机制才能顺利实现。这是因为:(1)价格是经济信息的传播者。从社会生产的一切领域,从社会生活的各个方面,提供和传递着各种经济信息,价格变动情况是反映社会经济活动状况的一面镜子,是市场经济运行的晴雨表。(2)价格是人们经济交往的纽带。社会产品在各个经济单位、个人之间的不停流转,必须通过价格才能实现。(3)价格是人们经济利益关系的调节者。在市场经济中,任何价格的变动,都会引起不同部门、地区、单位、个人之间经济利益的重新分配和组合。

(二)价格机制调节经济的条件

价格机制调节经济的条件也包括三个方面:

第一,各经济单位作为独立的经济实体存在。经济中的基本单位是居民户和厂商,居民户又称消费者或买方,是能作出独立消费决策的经济单位。厂商又称生产者或卖方,是能作出独立生产决策的经济单位。它们作为独立的经济单位有权拥有并使用自己的资源(或收入)。它们根据最大化的原则(即居民户消费的唯一目的是满足程度最大化,厂商生产的唯一目的是利润最大化)而作出自己的消费或生产决策。在改革开放以前,中国作为高度计划经济体制下的国家,其市场微观主体长期处于缺失状态,也正是因为此,西方国家当时均不承认中国的市场经济地位。而时至今日,尽管中国的改革开放取得了世界瞩目的成就,但仍有一些发达国家出于政治目的而仍不愿承认中国是市场经济国家。

第二,存在市场。市场是各经济单位发生关系进行交易的场所。各经济单位都是独立经营的,它们之间的联系只有通过市场来实现。只有在市场交易过程中才能形成调节经济的价格。这里所说的市场包括劳动市场、商品市场和金融市场。价格对经济的调节作用正是通过市场来实现的。例如,在改革开放以前的中国,自由交易的市场被认为是资本主义的典型特征,因而在那个时代,自由交易的市场是不存在的,人们即使想通过市场进行交易来满足个人需求也只能是偷偷摸摸进行的。即便到了改革开放初期,由于中国对同一产品有两个价格,即计划内部分产品实行国家统配价格,同时企业超计划自销产品按照市场价格出售。当时,市场价格往往要比国家统配价格高一两倍,这种特殊的"价格双轨制"使得在商品短缺时代中投机倒把十分盛行。因此,那时的市场从严格意义上说也并不能使价格机制充分发挥作用。

第三,市场竞争的完全性。这就是说,市场上的竞争不应受到任何限制或干扰,特别是价格只由市场上的供求关系所决定,而不受其他因素的影响。换句话来说,也就是没有垄断或国家干预市场活动,特别是干预价格的形成及其作用。在存在垄断或国家干预的情况下,价格机制的正常作用就会受到某种限制。

（三）价格机制调节经济的作用

价格机制调节经济的作用包括四个方面：

第一，价格的变动可以调节供给。厂商为了实现利润最大化，一定要按价格的变动来进行生产与销售。当某种商品的价格下降时，厂商会减少产量；当这种商品的价格上升时，厂商又会增加产量。在市场经济中，厂商享有完全的生产自由，他们的生产行为只受价格的支配。因此，提价可以增加供给，降价可以减少供给。价格的这种作用也是其他东西所不能代替的。

第二，价格的变动可以调节需求。消费者为了实现效用最大化，一定要按价格的变动来进行购买或消费。当某种商品的价格下降时，人们会增加对它的购买；当这种商品的价格上升时，人们会减少对它的购买。在市场经济中，消费者享有完全的消费自由，他们的购买行为只受价格的支配。因此，提价可以减少需求，而降价则可以增加需求。价格的这种作用也是其他东西所不能代替的。

第三，作为指示器反映市场的供求状况。市场的供求受各种因素的影响，每时每刻都在变化。这种变化是难以直接观察到的，但它反映在价格的变动上，人们可以通过价格的变动来确切了解供求的变动。这正如锅炉中水的温度是无法知道的，只能反映在温度计上，人们正是通过温度计了解锅炉中的水的温度一样。价格受供求的影响而迅速变动。某种商品的价格上升，就表示这种商品的需求大于供给；反之，这种商品的价格下降，就表示它的需求小于供给。价格这种作为供求状况指示器的作用是其他任何东西都不能代替的。

第四，价格可以使资源配置达到最优状态。通过价格对需求与供给的调节，最终会使需求与供给相等。当需求等于供给时，消费者的欲望得到了满足，生产者的资源得到了充分利用。社会资源通过价格分配于各种用途上，这种分配使消费者的效用最大化和生产者的利润最大化得以实现，从而这种配置就是最优状态。

（四）价格机制调节经济的方式

如同均衡价格理论中所讲述的那样，当市场上某种商品的供给大于需求时，这种商品会出现供给过剩，供给过剩说明资源配置不合理。供给大于需求的情况会使该产品的价格下降。这样，一方面刺激了消费，增加了对该商品的需求，另一方面又抑制了生产，减少了对该商品的供给。价格的这种下降，最终必将使该商品的供求相等，从而资源得到合理配置。同理，当某种商品供给小于需求时，也会通过价格的上升而使供求相等。价格的这一调节过程，是在市场经济中每时每刻进行的。价格把各个独立的消费者与生产者的活动联系在一起，并协调他们的活动，从而使整个经济和谐而正常地运作。

（五）价格机制调节经济的具体内容

价格机制调节经济的具体内容包括三个方面：

第一，价格机制能解决社会生产什么，生产多少；如何生产；为谁生产这三大基本问题。

（1）企业生产什么，生产多少，首先必须以市场为导向，即以市场供求状况为导向，而市场供求状况，又必须看市场价格情况。如市场上某种产品相对于其用途过于稀缺，其价格过高，说明供不应求，生产经营者就有多生产经营该产品的动机，而消费者就有少用或不用该产品的动机，这将引起价格下落，直到其稀缺程度符合其用途为止。如果某种产品相对于其用途过于丰裕，说明供过于求，其价格又过低，消费者就具有多使用该产品的动机，而生产经营者则具有少生产或不生产该种产品的动机。这将带来价格上涨，直至其稀缺程度符合其用途为止。因此,生产经营者决定生产什么,生产多少,是以市场价格信号为根据作出决策的。

(2)企业在决定生产什么和生产多少以后,就必须解决如何生产问题,也就是如何配置资源问题。是多用劳动力,还是多用资本(包括机器设备);是用普通材料,还是用高档材料;是用一般技术,还是采用较高技术。关键是要看其成本价格是高还是低。如果使用资本比使用劳动力成本较低,那就采取多用资本少用劳动力;如果采用一般技术比采用较高技术成本高,那就采用较高技术。企业在决定如何生产问题时,必须通过成本核算,选择成本最低的方案进行生产。通过竞争,促使提高效率,降低成本,以提高市场占有率,取得更多利润。

(3)产品生产出来之后,如何在人们之间进行分配,也就是为谁生产问题。企业最关心的问题,是谁能买得起他们所生产的产品,它决定于市场上各种集团、家庭、个人的收入情况。产品价格的变动,和作为收入的生产要素价格的变动,将决定人们对产品愿意支付的价格水平及支付结构,使产品在资源所有者之间进行分配,那些拥有资源较多,或昂贵资源的人,是富裕的,并能购买大笔数量的产品;那些拥有资源较少的人,是不富裕的,只能购买较少的产品。所以,价格能将产品的产量在资源所有者之间进行分配。

第二,价格能调节多次收入分配。

(1)市场价格能决定各个产业之间的收入不同。如过去第一产业的产品价格相对较低,而第二产业的产品价格相对较高,则第一产业获得的收入比第二产业要少。以后价格经过不断调整,第一产业的产品的价格逐渐提高,第二产业的产品的价格相对稳定,有些还有下降,第一产业收入增加,第二产业收入有所下降。这是价格对产业部门之间的收入分配,是第一次分配。

(2)市场价格能决定行业间、企业间的收入不同。如在第二产业中,电子产品价格高、利润大,行业、企业收入较多。其他有些行业、企业产品价格相对较低,其收入也较少,这是价格对行业、企业间的收入分配,是第二次分配。

(3)市场价格对分给企业的那部分收入,又必须通过工资、利息和利润进行再分配,这是第三次分配。

第三,价格机制还直接影响消费者购买行为。

消费者在收入不变的情况下,某种产品价格上涨,而相关产品价格稳定或下跌,将促使消费者多购买相关产品,少购买或不购买某种产品。某种产品价格下跌,而相关产品价格上涨,将促使消费者多购买某种产品,而少买或不买相关产品。消费者收入增加,价格相对稳定,将促使消费者增加消费量。消费者收入增幅低于价格涨幅,则消费者实际收入减少,会影响消费水平,相应减少消费量,但生存资料不会减少,而享受资料和发展资料会相应减少,消费者收入增幅高于价格涨幅,消费者实际收入增加,会相应提高消费水平,增加消费量。除了增加一些生存资料消费,还会增加享受资料和发展资料的消费。生存资料价格稳定,享受资料和发展资料价格下跌,将促使消费者提高消费结构,增加享受资料和发展资料的消费。生存资料价格上涨或下跌,由于生存资料的需求弹性较小,购买消费生存资料不会发生很大变化。如享受资料和发展资料价格上涨或下跌,由于其需求弹性较大,其需求量将会相应减少或增加。

(六)价格机制的缺陷

价格机制尽管存在上面所讲的种种优势,但其本身也存在着固有的缺陷,这种缺陷是由

市场经济的本质所决定了的,其具体表现在:

首先,价格机制对经济调节的特点是其自发性与盲目性。这样,就使价格机制在调节经济的同时也会具有某种破坏性。在以上关于价格机制作用的论述中有一个暗含的假设:信息的传递是迅速的、无代价的。但实际上,信息的收集与传递需要时间与金钱。价格并不能迅速而准确地反映社会市场上供求关系瞬息万变的情况,居民户和厂商也无法迅速而免费地获得必要的市场信息。生产的不足或过剩,资源配置的失误都难免会发生。供求的均衡往往是通过强制性的破坏来实现的。从 19 世纪就已经开始的无数次经济危机正是价格机制失灵的标志,而 20 世纪 30 年代资本主义世界的空前大危机宣告了价格机制神话的破产。价格机制的特点在于其自发性与盲目性,而这种特点又导致了它的破坏性。

其次,正如前面所指出的,价格机制的充分发挥作用是以完全竞争为前提的。但是,现实中很难存在不受任何干扰与阻碍的完全竞争。生产的集中与积聚必然出现垄断,由完全竞争向垄断的过渡是一个历史的必然。在出现了垄断,或者竞争与垄断并存的情况下,价格机制的作用就会受到不同程度的限制。这时,价格并不完全是由市场的供求关系所决定的,并不能完全迅速而准确地反映供求状况的变动,也就无法使资源配置达到最优化,资源的浪费成为必不可免的。这也就是说,在现实中价格机制难以起到它应有的作用,这是由于价格机制发挥作用的条件不充分而引起的。

最后,价格机制调节的结果不一定是合意的。一种情况是,从短期来看,这种供求决定的均衡价格也许是合适的,但从长期来看,对生产有不利的影响。例如,当农产品过剩时,农产品的价格会较大幅度下降,这种下降会抑制农业生产。从短期看,这种抑制作用有利于供求平衡。但农业生产周期较长,农产品的低价格对农业产生抑制作用之后,将会对农业生产的长期发展产生不利影响,当农产品的需求增加后,农产品并不能迅速增加,这样就会影响经济的稳定。特别是当农业中的基本生产要素土地用作它用(如改为高尔夫球场或建房)后,再无法用于农业。这就会从根本上动摇农业,使之陷入无法恢复的衰落。因此,供求关系引起的农产品价格波动,从长期来看不利于农业的稳定。农业的发展需要一种稳定的价格。另一种情况是,由供给与需求所决定的价格会产生不利的社会影响。例如,某些生活必需品严重短缺时,价格会很高。在这种价格之下,收入水平低的人无法维持最低水平的生活,必然产生社会动乱。这就是某些西方经济学家所说的,当牛奶的价格很高时,富人可以用牛奶喂狗,而穷人的儿子却喝不上牛奶,能说这种价格是合理的吗?可见,价格是无人性的,社会当然不能容许这种价格维持下去。

二、价格政策

价格政策是指国家为达到一定的宏观目标而在商品价格上所采取的一系列方针、措施的总称。不同的社会制度有不同的价格政策。

资本主义国家的价格,是自发地由价值规律和市场供求决定的。但在一定的社会历史条件下,国家也制订价格政策,对某些商品价格进行干预,以此参与国民收入的分配和再分配。如对某些农产品制订高于市价的优待价格、作为价格变动上限的目标价格和防止外部低价冲击的入境价格,以及制订旨在占领国外市场的低于国际市场价格水平的倾销价格等等。资本主义国家的价格政策从根本上说在于维护资产阶级的利益,是资本家用来剥削劳动人民并在资产阶级之间瓜分剩余价值的一种手段。社会主义国家的价格政策,是国家为了发展社会主义经济,对国民收入进行有计划地分配和再分配的经济手段。国家利用价格调节各个社会集团之间的经济利益,体现了国家、集体和个人之间在根本利益上相一致的社会主义关系。

在中国,价格政策是根据社会主义基本经济规律、国民经济有计划按比例发展规律和价值规律的要求,按照社会主义建设各个历史时期的具体情况及路线、方针制定的。大体上可以分为两类:①全局性、长期性的总的价格政策;②局部性的各类商品价格的具体政策和短期性的适应当时需要的价格政策。具体包括:商品等价交换或近乎等价交换政策;保持市场物价基本稳定和合理调整政策;逐步缩小工农业产品交换价格剪刀差的政策;农产品收购价格政策;工业品出厂价格政策;小商品作价政策;议购议销价格政策;若干主要产品加价政策;价格补贴政策;等等。

价格政策大体包括两种,即:支持价格和限制价格。

(一)支持价格政策

支持价格也称最低价格,它是政府为了扶植某一行业的生产而规定的该行业产品的最低价格。支持价格一定高于均衡价格。由于高于均衡价格,供给量将大于需求量,该商品市场将出现过剩(见图2.7)。为维持支持价格,政府就应采取相应措施。这类措施有:一是政府收购过剩商品,或用于储备,或用于出口。在出口受阻的情况下,就必将增加政府财政开支。二是政府对商品的生产实行产量限制,但在实施时需有较长的指令性且有一定的代价。

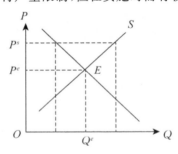

图 2.7　支持价格

许多国家都通过不同的形式对农产品实行支持价格政策,这种政策一般有两种形式。一种是缓冲库存法,即政府或其代理人按照某种平价收购全部农产品,在供大于求时增加库存,或出口,在供小于求时减少库存,以平价进行买卖,从而使农产品价格由于政府的支持而维持在某一水平上。另一种是稳定基金法,也是由政府或其代理人按照某种平价收购全部农产品,但并不是建立库存,进行存货调节,以平价买卖,而是供大于求时以低价出售,供小于求时以高价出售。这种情况下,收购农产品的价格也是稳定的,但销价不稳定,同样可以起到支持农业生产的作用。各国对农产品平价,即支持价格的确定方法也不完全相同。美国是根据平价率来确定支持价格。平价率是指农场主销售农产品所得收入与购买工业品支付价格(包括利息、税款和工资等)之间的比率,即工农业产品的比价关系。它反映了农民购买力的变动情况。美国以1910—1914年间的平价率作为基数来计算其他各年的平价率,并按平价率的变动来调整支持价格。法国是建立由政府官员、农民、中间商和消费者代表组成的农产品市场管理组织,由这一组织制定目标价格(能得到的最高价格)、干预价格(能保证的最低价格,即支持价格)和门槛价格(农产品最低进口价格)。当农产品低于干预价格时,由政府按这一价格收购全部农产品,当农产品高于目标价格时,则由政府抛出或进口农产品。法国95%左右的农产品都受到这种价格干预。

美国政府自20世纪30年代开始对农业实行支持价格政策以稳定农场主的收入,硬性规定小麦、玉米、棉花、稻米等最低的支持价格,按支持价格出售不掉的剩余由政府收购。应该说,这种支持价格稳定了农业生产,保证了农民的收入,促进了农业投资,整体上对这些国家的农业发展起过积极作用。但是这种支持价格也引起了一些问题。首先是政府背上了沉重的财政包袱,许多国家用于支持价格的财政支出都有几百亿美元左右。其次是形成农产品长期过剩,这正是欧美之间或欧洲国家之间经常为农产品贸易发生争论的重要原因。

我国实行的"保护价敞开收购"实际也是一种支持价格的做法。在我国目前的情况下采取对农业的支持价格政策是有必要的,对于稳定农业经济的发展有着积极的意义。第一,稳定了农业生产,减缓了经济波动对农业的冲击;第二,通过对不同农产品的不同支持价格,可以调整农业结构,使之适应市场的变动;第三,扩大农业投资,促进了农业现代化的发展和劳动生产率的提高。

支持价格只是治标,而且在支持价格下会掩盖农业中的各种问题。要从根本上改变我国农业的落后状况,改变农民收入低的状况,并使我国农业能进入世界与发达国家农业竞争,关键还在于提高农业本身的竞争能力。靠保护成长起来的东西都是缺乏生命力的。而且,不是把资金用于支持价格,而是用于加强农业本身也是符合乌拉圭回合农业协议中的绿箱政策的。绿箱政策是不引起贸易扭曲的政府农业支持措施,包括加强农业基础设施、实现农业结构调整、保护环境等政府支出。

(二)限制价格政策

限制价格也称最高价格,它是政府为了限制某些生活必需品的物价上涨而规定这些产品的最高价格。限制价格的目的是为了稳定经济生活,但由于限制价格一定低于均衡价格,因而,需求量将大于供给量,该商品市场将出现短缺(见图2.8)。这样,市场就可能出现抢购现象或是黑市交易。为解决商品短缺,政府可采取的措施是控制需求量,一般采取配给制,发放购物券。但配给制只能适应于短时期内的特殊情况,否则,一方面可能使购物券货币化,还会出现黑市交易,另一方面会挫伤厂商的生产积极性,使短缺变得更加严重。

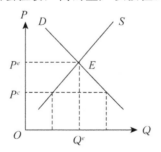

图2.8　限制价格

限制价格政策一般是在战争或自然灾害等特殊时期使用。但也有许多国家对某些生活必需品或劳务,长期实行限制价格政策。例如,法国在第二次世界大战后对关系国计民生的煤炭、电力、煤气、交通与邮电服务等,都实行了限制价格政策。在英国、瑞典、澳大利亚等国,则对房租实行限制价格政策。还有一些国家,对粮食等生活必需品实行限制价格政策。

尽管限制价格的实行有利于社会平等的实现,也有利于社会的安定,但也有不利作用,这表现在:

第一,价格水平低不利于刺激生产,从而会使产品长期存在短缺现象。比如改革开放前广东鱼价低、市场缺鱼就是这种情况。再如,低房租政策是各国运用较多的一种限制价格政策,这种政策固然使低收入者可以有房住,但却会使房屋更加短缺。所以,有的经济学家说,破坏一个城市建筑的方法,除了轰炸之外,就是低房租政策了。

第二,价格水平低不利于抑制需求,从而会在资源缺乏的同时造成严重的浪费。例如,埃及的大部分粮食依靠进口,但却对面包实行相当低的限制价格,每个面包仅两皮阿斯特(皮阿斯特为埃及的一种货币单位,两皮阿斯特相当于1美分。)这样,面包的价格比动物饲料还便宜,饲料的价格10倍于面包。用宝贵外汇进口小麦制成的面包有30%～40%被用作饲料。

第三,价格水平不合理所引起的供给不足是社会风气败坏,官员腐朽等不良风气的经济根源之一。在限制价格下,政府被迫实行配给制,而配给制之下会产生黑市交易,会出现"走后门"的权力寻租现象。有权者会利用他们手中的权力套购低价物资进行倒卖,无权者只有通过贿赂等方法,以得到平价的短缺物资。

【案例分析】

案例2 ● "海归"贬值的尴尬困惑 ●

如果从1874年第一位中国留学生容闳随传教士赴美留学算起,中国人的留学史已逾百年,但真正形成规模是改革开放之后的事。

20世纪90年代以来,新一波留学热潮显示出明显的时代特征:出国热持续不断,归国潮来势凶猛。但当人们真诚期待海归回来的欢呼声还犹在耳际之时,"海龟"们却变成"海带"(海外归来待业)的尴尬,"海归"创业问题已引起社会的关注。

据有关资料统计显示,自1978年至2003年底,我国出国留学人员总数达70.02万人,留学回国人员达17.28万人。过去人们都公认,"海外镀层金、回国拿高薪",但时移势易,这一理念毫不留情地发生变化:近年"海归"的年薪行情由过去的几十万跌到3～4万。据报道,在北京近期举办的一次留学人员招聘会上,中关村有家软件公司报出月薪2500元人民币的条件,居然引得海归硕士们争相竞聘,这与以前几十万元年薪的行情简直不可同日而语。

那么对于那些拥有海外学位光环的莘莘学子,为何其薪水待遇与其付出不成正比呢?

分析:

在具备了以上有关需求和供给的相关知识后,我们便可以分析本项目的两个案例了。在案例1中,结婚"三大件"的历史性变迁原因一方面在于随着生产技术的进步和生产效率的提高,先前的奢侈品开始成为标准化商品,供给量的增加使得商品价格开始下降。同时,由于人们生活水平的提高,人们开始放弃对传统结婚"三大件"这些低档商品的购买,转而购买高档商品作为新的结婚"三大件"。在案例2中,近些年来,随着出国留学人员的日益增多和国内的高等教育招生规模扩大,加之宏观经济受全球性金融危机的影响,用人单位对海归人员的认识也逐渐趋于理性,毕业生人数的增加量与就业岗位增加量之间存在较大缺口,毕业生市场中供过于求开始成为常态,毕业生市场进行买方市场。故此,海外毕业生的薪酬待遇开始下降。

【项目小结】

本项目介绍了微观经济学分析的基本工具,它被分为需求理论、供给理论、均衡价格、供求变动与均衡价格、价格机制与价格政策五个任务。

需求理论的内容包括需求的定义、需求表、需求曲线、需求函数及其影响因素、需求定律、需求量变动与需求变动、市场需求曲线,其要点是:需求是指在一定的时期,在各种可能的价格水平下,消费者愿意并且能够购买的商品数量;需求表是指一张某种商品的各种价格和与各种价格相对应的该商品的需求量之间关系的数字序列表;需求曲线是根据需求表中商品的不同的价格与需求量的组合,在平面上拟合的一条曲线;需求函数反映了影响商品需求量的诸因素同商品需求量之间的一种函数关系,其影响因素包括商品自身价格因素和非自身价格因素两类;需求定律是指在其他条件不变的情况下,某商品的需求量与价格成反方向变动,即商品的需求量随价格的上涨而减少,随价格的下降而增加,但需求定律有适用条件和例外情况;需求量变动与需求变动的区别在于引起需求数量变动的是否为商品自身价格因素,前者为商品自身价格因素所引起,需求曲线本身不发生位移,而后者为非商品自身价格因素所引起,它会引起需求曲线的平行移动;市场需求曲线就是单个独立决策的消费者需求曲线的迭加。

供给理论的内容包括供给的定义、供给表、供给曲线、供给函数及其影响因素、供给定律、供给量变动与供给变动、市场供给曲线,其要点是:供给是指在一定的时期,在各种可能的价格水平下,生产者愿意并且能够生产的商品数量;供给表是一张某种商品的价格与对应的供给量之间关系的数字序列表;供给曲线是根据供给表中的商品的价格——供给量组合在平面坐标图上所绘制的一条曲线;供给函数反映了影响商品供给量的诸因素同商品供给量之间的一种函数关系,其影响因素也包括商品自身价格因素和非自身价格因素两类;供给定律是指在其他条件不变的情况下,某商品的供给量与价格之间呈同方向变动,即供给量随着商品本身价格的上升而增加,随着商品本身价格的下降而减少,但供给定律也有适用条件和例外情况;供给量变动与供给变动的区别在于引起供给数量变动的是否为商品自身价格因素,前者为商品自身价格因素所引起,供给曲线本身不发生位移,而后者为非商品自身价格因素所引起,它会引起供给曲线的平行移动;市场供给曲线就是单个独立决策的生产者供给曲线的迭加。

均衡价格理论的内容包括均衡的含义和均衡价格,其要点是:在市场上,市场供求达到平衡时的状态称之为市场均衡,它可以分为局部均衡和一般均衡,前者是就单个市场或部分市场的供求与价格之间的关系和均衡状态进行分析,后者是就一个经济社会中的所有市场的供求与价格之间的关系和均衡状态进行分析。均衡价格(equilibrium price)是商品的供给曲线与需求曲线相交时的价格,也就是商品的供给量与需求量相等,商品的供给价格与需求价格相等时的价格,或者说,均衡价格就是消费者为购买一定商品量所愿意支付的价格与生产者为提供一定商品量所愿意接受的供给价格一致的价格,而对应于均衡价格的商品数量被称为均衡数量(equilibrium quantity)。

供求变动与均衡价格理论的内容包括需求变动与均衡价格、供给变动与均衡价格、供求定理与供求的同时变动,其要点是:在供给不变的情况下,需求变动引起均衡价格和均衡数量同方向变动;在需求不变的情况下,供给变动引起均衡价格反方向变动,而引起均衡数量同方向变动;上述两定理可归结为供求定理,即在其他条件不变的情况下,需求的变动分别引起均衡价格和均衡数量同方向的变动,而供给变动分别引起均衡价格的反方向变动和均衡数量的同方向变动;当需求和供给同时增加时,在新的均衡点处,均衡价格的变化情况是不确定的,但均衡数量是一定增加的;当需求和供给同时减少时,在新的均衡点处,均衡价格的变化情况是不确定的,但均衡数量是一定减少的;当需求增加而供给减少时,在新的均衡点处,均衡数量的变化情况是不确定的,但均衡价格是一定增加的;当需求减少而供给增加时,在新的均衡点处,均衡数量的变化情况是不确定的,但均衡价格是一定下降的。

价格机制与价格政策的内容包括价格机制的内涵和支持价格与限制价格两种价格政策,其要点是:价格机制是市场机制中的基本机制,是价格调节社会经济生活的方式与规律,其具体内涵为在竞争过程中,与供求相互联系、相互制约的市场价格的形成和运行机制;价格机制是市场机制的重要组成部分,且在市场机制中居于核心地位,而市场机制是通过价格机制发挥作用的;价格机制调节经济的条件包括各经济单位作为独立的经济实体存在、存在市场和市场竞争的完全性三个方面;价格机制调节经济的作用包括价格的变动可以调节供给、价格的变动可以调节需求、作为指示器反映市场的供求状况以及使资源配置达到最优状态四个方面;价格机制调节经济的方式是在供求规律的作用下自发进行的;价格机制调节经济的具体内容包括它能解决生产的三大基本问题、多次调节收入分配和直接影响消费者购买行为;价格机制也存在着对经济调节的自发性与盲目性、现实中不存在完全竞争以及调节结果不一定具有合থ性三大缺陷;价格政策是指国家为达到一定的宏观目标而在商品价格上所采取的一系列方针、措施的总称,它主要包括支持价格和限制价格两大政策;支持价格也称最低价格,它是政府为了扶植某一行业的生产而规定的该行业产品的最低价格;限制价格也称最高价格,它是政府为了限制某些生活必需品的物价上涨而规定这些产品的最高价格;无论是支持价格还是限制价格,都存在着一定的积极作用和消极作用。

【实训练习】

一、名词解释

1.需求　　　　　2.供给　　　　　3.需求量变动

4.需求变动　　　5.供给量变动　　6.供给变动

7.均衡价格　　　8.支持价格　　　9.限制价格

二、简答题

1.影响需求和供给的因素分别有哪些?

2.什么是需求定律?

3.什么是供给定律?

4.什么是供求定理?

三、论述题

1.请阐述价格机制调节经济的条件、作用、方式、内容和缺陷。

2.请阐述不同价格政策的优缺点。

项目三　弹性理论

【项目目标】

1. 掌握需求价格弹性的含义；
2. 掌握需求价格弧弹性的含义、计算方法和分类；
3. 了解需求价格点弹性的含义和计算方法；
4. 掌握需求价格弹性和厂商销售收益之间的关系；
5. 理解影响需求价格弹性的因素；
6. 理解需求交叉价格弹性的含义、替代商品及互补商品的含义；
7. 理解需求收入弹性的含义、正常商品和低档商品的含义；
8. 理解供给价格弹性的含义和计算方法。

【引导案例】

案例1 ● **新一轮农产品价格上涨的特征、影响与调控建议** ●

　　2007年中国居民消费价格持续上涨，全年涨幅达到4.8%。前期CPI上涨的直接诱因是食品价格大幅上涨，而非食品和服务价格涨幅保持在较低水平，因此具有典型的结构性特征。其中，猪肉价格上涨推动作用较为明显，猪肉价格每上涨10%，就会推动CPI上涨0.5%。但目前农产品价格上涨仍处于合理范围，对促进农民增收具有重要意义。

　　分析显示，如果农产品价格不上涨，2007年上半年农村居民人均现金收入为1894元，而国家统计局发布的上半年农村居民实际人均现金收入为2111元，这意味着，农产品价格上涨使农村居民人均增收217元，增长11.5%。若通过直补等措施使农民人均增收217元，需要中央财政转移支付1600亿元，相当于2006年国家财政用于农业支出的一半(2006年国家财政用于农业的支出为3173亿元)。相比而言，2006年上半年农村居民人均现金收入1800元，比2005年同期增长12%。如果农产品价格不上涨，2007年上半年农村居民人均现金收入仅1894元，比2006年同期只增长5.6%。显然，这一轮农产品涨价，使农民在2007年上半年比上年同期增收17%。

　　　　　　　　　　(本案例来源于 http://agritrade.blog.sohu.com/79206019.html)

　　在上述案例中，为什么猪肉价格的上涨会导致农民收入增加？根据上一章我们学过的供求原理，一种商品价格的上涨会带来该商品需求量的减少，那么猪肉价格上涨会使得居民对猪肉的需求量减少，但为什么农民的收入又增长了呢？要解释这个问题的原因，就必须了解"弹性"这个概念。虽然猪肉价格的上涨导致其需求量下降，但下降的幅度有多大呢？这就是我们本章要研究的重点问题。

在市场上,各商家经常展开"挥泪大甩卖"、"赔本跳楼价"等价格战来促销。一家安全帽专卖店的促销策略有些新意。该店打出这样的广告——"旧帽换新帽一律八折"。店家的意思是,如果你买安全帽时交一顶旧安全帽的话,当场打八折;如果直接买新帽,只能按原价买。

(案例来源:张淑云.经济学——从理论到实践.北京:化学工业出版社,2004.9)

本案例中店家的这种策略我们常常可以在生活中遇到,这体现了经济学中的什么原理呢?想要弄清楚这种策略的涵义和目的就有必要搞清楚经济学中的弹性原理。

在 20 世纪 70 年代,石油输出国组织(OPEC)的成员决定提高世界石油价格,以增加其收入。他们采取减少石油产量的方法实现了这个目标。1973 年到 1974 年,石油价格(根据总体通货膨胀率进行了调整)上升了 50%,1979 年上升了 14%,1980 年上升了 34%,1981年上升了 34%。

但 OPEC 发现要维持高价格是困难的。从 1982 年到 1985 年,石油价格一直每年下降10%左右。1986 年 OPEC 成员之间的合作完全破裂了,石油价格猛跌了 45%。1990 年石油价格又回到了 1970 年的水平,而且 20 世纪 90 年代的大部分年份都保持在这个低水平上。

(案例来源:曼昆.经济学原理.北京:北京大学出版社,1999)

任务1 需求价格弹性

一、弹性和弹性系数的概念

弹性的概念来自于物理学:弹性即物体受到外力挤压发生形变的敏感程度,受到相同外力的挤压发生形变大的物体弹性大,发生形变小的物体弹性小。最先将弹性概念引入经济学分析的是英国经济学家马歇尔。我们已经知道,当一种商品的价格发生变化时,这种商品的需求量会发生变化。除此之外,当消费者的收入水平或者相关商品的价格等其他因素发生变化时,这种商品的需求也会发生变化。同样的,当一种商品的价格发生变化,或者这种商品的生产成本等其他因素发生变化时,这种商品的供给量会发生变化。由此,我们会很自然地想知道,比如说,音响和面粉这两种商品的价格都下降1%,那么音响和面粉的需求量究竟分别会变化多少呢?假定音响的需求量增加了 2%,而面粉的需求量增加了 0.5%,这说明音响的需求量随价格变化的幅度较大,或说需求量相对价格变动较为敏感,即弹性大,而面粉的变化幅度较小,或不敏感,即弹性小。

弹性系数可以用来表示弹性的大小。一般来说,只要两个经济变量之间存在着函数关系,就可以用弹性系数来表示因变量对自变量变化的反应的敏感程度。具体来讲,弹性系数是当一个自变量 X 发生 1% 的变动时,由它引起的因变量 Y 的变动的百分比。其表达式为:

$$弹性系数 = \frac{因变量变动的比率}{自变量变动的比率}$$

用 e 表示弹性系数,则上述公式可写为:

$$e = \frac{\frac{\Delta Y}{Y}}{\frac{\Delta X}{X}} = \frac{\Delta Y}{\Delta X} \cdot \frac{X}{Y} \tag{3.1}$$

或者,当 $\Delta X \to 0$,且 $\Delta Y \to 0$ 时,那么弹性公式为:

$$e = \lim_{\Delta X \to 0} \frac{\frac{\Delta Y}{Y}}{\frac{\Delta X}{X}} = \frac{\frac{\mathrm{d} Y}{Y}}{\frac{\mathrm{d} X}{X}} = \frac{\mathrm{d} Y}{\mathrm{d} X} \cdot \frac{X}{Y} \tag{3.2}$$

其中,Y 是 X 的函数,X 是自变量,Y 是因变量。ΔX 是 X 的改变量(增量),ΔY 是 Y 的改变量(增量)。通常将(3.1)式称为弧弹性公式,将(3.2)式称为点弹性公式。

二、需求价格弹性

(一)需求价格弹性的定义

需求方面的弹性主要包括需求价格弹性、需求交叉价格弹性和需求收入弹性。其中,需求价格弹性又被简称为需求弹性(或价格弹性)。

需求价格弹性表示在一定时期内某一种商品的需求量变动对于该商品的价格变动的反应程度。或者说,表示在一定时期内当一种商品的价格变化 1% 时所引起的该商品的需求量变化的百分比。其公式为:

$$需求价格弹性系数 = -\frac{需求量变动的比率}{价格变动的比率}$$

需求价格弹性可以分为弧弹性和点弹性。

需求价格弧弹性表示某商品需求曲线上两点之间的需求量的变动对于价格的变动的反应程度。简单地说,它表示需求曲线上两点之间的弹性。假定需求函数为 $Q = f(P)$,ΔQ 和 ΔP 分别表示需求量的变动量和价格的变动量,以 e_d 表示需求价格弹性系数,则需求价格弧弹性的公式为:

$$e_d = -\frac{\frac{\Delta Q}{Q}}{\frac{\Delta P}{P}} = -\frac{\Delta Q}{\Delta P} \cdot \frac{P}{Q} \tag{3.3}$$

需要注意的是,由于商品的需求量和价格是成反方向变动的,即 $\frac{\Delta Q}{\Delta P}$ 为负值,所以,为了便于比较,在公式(3.3)中加了一个负号,以使需求价格弹性系数 e_d 取正值。

当需求曲线上两点之间的变化量趋于无穷小时,需求价格弹性要用点弹性来表示。也就是说,它表示需求曲线上某一点上的需求量变动对于价格变动的反应程度。其公式为:

$$e_d = \lim_{\Delta P \to 0} \left(-\frac{\Delta Q}{\Delta P}\right) \cdot \frac{P}{Q} = -\frac{\mathrm{d} Q}{\mathrm{d} P} \cdot \frac{P}{Q} \tag{3.4}$$

(二)需求价格弹性的计算

1.弧弹性的计算

例:假定某商品的价格从 4 元上升到 5 元,使买者 A 的购买量从 800 个减少为 400 个。根据弧弹性的计算公式,该商品的弹性为:

$$e_d = -\frac{\frac{\Delta Q}{Q}}{\frac{\Delta P}{P}} = -\frac{\Delta Q}{\Delta P} \cdot \frac{P}{Q} = -\frac{400-800}{5-4} \times \frac{4}{800} = -\frac{-400}{1} \times \frac{4}{800} = 2$$

试想,如果该商品的价格是从5元下降到4元,而此时的买者Λ的购买量是从400个增加到800个,那么弹性还是2吗?

$$e_d = -\frac{\frac{\Delta Q}{Q}}{\frac{\Delta P}{P}} = -\frac{\Delta Q}{\Delta P} \cdot \frac{P}{Q} = -\frac{800-400}{4-5} \times \frac{5}{400} = -\frac{400}{-1} \times \frac{5}{400} = 5$$

此时,我们发现对同一商品而言,涨价和降价的策略不同,需求价格弧弹性就不一样。不过,在上面两步计算中,ΔQ 和 ΔP 的比值是相同的,决定弹性系数不同的关键因素在于 P 和 Q 所取的基数不同。这样一来,在需求曲线的同一条弧上,涨价和降价产生的需求价格弹性系数值便不相等。所以,一定要根据涨价和降价的具体情况,来求得不同的弹性值。

但是,如果仅仅是一般地计算需求曲线上某一段的需求价格弧弹性,而不是具体地强调这种需求价格弧弹性是作为涨价还是降价的结果,则为了避免不同的计算结果,一般通常取两点价格的平均值 $\left(\frac{P_1+P_2}{2}\right)$ 和数量的平均值 $\left(\frac{Q_1+Q_2}{2}\right)$ 来分别代替弧弹性公式(3.3)中的 P 值和 Q 值,因此,需求价格弧弹性计算公式又可以写为:

$$e_d = -\frac{\Delta Q}{\Delta P} \cdot \frac{\frac{P_1+P_2}{2}}{\frac{Q_1+Q_2}{2}} = -\frac{\Delta Q}{\Delta P} \cdot \frac{P_1+P_2}{Q_1+Q_2} \tag{3.5}$$

公式(3.5)也被称为需求价格弧弹性的中点公式。

根据中点公式,上例中的需求价格弧弹性为:

$$e_d = \frac{400}{1} \times \frac{4+5}{800+400} = 3$$

由此可见,需求价格弧弹性的计算可以有三种情况,它们分别是计算涨价、降价和按中点公式计算的弹性系数,至于究竟用哪一种计算方法,这需要视具体情况和需要而定。

2.需求价格弧弹性的五种类型

根据需求价格弧弹性的大小,我们可以将其分为五种类型:当商品的价格变动1%时,需求量变化率可能大于1%,这时弹性值 $e_d > 1$,称这种商品为富有弹性,这种商品通常为一些生活非必需品,比如说出国旅行、高档轿车等,表现出的需求曲线比较平坦(图3.1(a));需求量的变化率也可能小于1%,即 $e_d < 1$,称这种商品为缺乏弹性,这种商品通常是生活必需品,比如食盐等,表现出的需求曲线比较陡峭(图3.1(b));需求量的变化率也可能恰好等于1%,即 $e_d = 1$,这时称这种商品为单一弹性或单位弹性(图3.1(c))。特别需要引起注意的是尽管在经济学中,习惯把富有弹性的需求绘制成一条相对平坦的曲线,把缺乏弹性的需求描绘成一条相对陡峭的曲线,但是,在有些场合当图中横轴上每刻度由10、20、30、40、50改为11、12、13、14、15以后,平坦的需求曲线就变成缺乏弹性的了,所以在使用这种绘制方法时必须十分小心,只有在坐标系中一定的比例关系下,上述的结论才能成立。

此外,图3.1(d)中需求曲线为一条水平线。水平的需求曲线表示在既定的价格水平需求量是无限的。从需求价格弹性角度看,对于水平的需求曲线来说,只要价格有一个微小的上升,就会使无穷大的需求量一下子减少为零,也就是说,相对于无穷小的价格变化率,需求量的变化率是无穷大的,$e_d = \infty$ 的这种情况被称为完全弹性。图3.1(e)中的需求曲线是一条垂直线。垂直的需求曲线表示相对于任何价格水平需求量都是固定不变的。从需求价格弹性的角度看,对于垂直的需求曲线来说,无论价格如何变化,需求量的变化总是为零,即有 $e_d = 0$,这种情况被称为完全无弹性或完全缺乏弹性,具有这种特性的商品通常可以用来描述在某些极端情况下没有替代品的商品,比如用于治疗急症的药品。

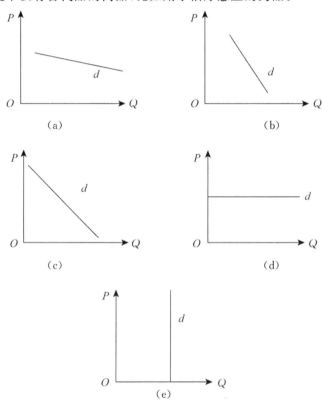

图3.1 需求价格弧弹性的五种类型

3.需求价格点弹性的计算

利用公式(3.4)可以计算需求曲线上某一点的弹性。比如,已知需求函数为 $Q^d = 2400 - 400P$,求当 $P = 5$ 时的点弹性。

解:由 $Q^d = 2400 - 400P$,当 $P = 5$ 时,$Q = 400$,

$$e_d = -\frac{\mathrm{d}Q}{\mathrm{d}P} \cdot \frac{P}{Q} = -(-400) \cdot \frac{5}{400} = 5$$

需要注意的是,在考察需求价格弹性问题时,需求曲线的斜率和需求价格弹性是两个紧密联系又不相同的概念,必须严格加以区分。

首先,经济学使用弹性而不是曲线的斜率来衡量因变量对自变量反应的敏感程度,由于弹性没有度量单位,所以,弹性之间的比较很方便。不同的是,斜率是有度量单位的,如每一分钱价格的变动所造成的面粉需求量的改变和每一元钱价格的变动所造成的面粉需求量的改变存在着很大的差别。此外,物品的衡量往往必须使用不同的度量单位。例如,面粉用斤、吨、袋等。为了比较不同物品反应的敏感程度,度量单位的消除是必要的。其次,由前面对需求价格点弹性的分析可以清楚看到,需求曲线在某一点的斜率为 $\dfrac{dP}{dQ}$。而根据需求价格点弹性的计算公式,需求价格点弹性不仅取决于需求曲线在该点的斜率的倒数值 $\dfrac{dQ}{dP}$,还取决于相应的价格—需求量的比值 $\dfrac{P}{Q}$。所以,这两个概念虽有联系,但区别也是很明显的。

由此可见,直接把需求曲线的斜率和需求价格弹性等同起来是错误的。严格区分这两个概念,不仅对于线性需求曲线的点弹性,而且对于任何形状的需求曲线的弧弹性和点弹性来说,都是有必要的。

三、需求价格弹性的实际意义

在实际的经济生活中会发生这样一些现象:有的厂商提高自己的产品价格,能使自己的销售收入得到提高,而有的厂商提高自己的产品价格,却反而使自己的销售收入降低了。这意味着,以降价促销来增加销售收入的做法,对有的产品适用,对有的产品却不适用。如何解释这些现象呢?这便涉及商品的需求价格弹性的大小和厂商的销售收入两者之间的相互关系。

我们知道,厂商的销售收入等于商品的价格乘以商品的销售量。在此假定厂商的商品销售量等于市场上对其商品的需求量。这样,厂商的销售收入就可以表示为商品的价格乘以商品的需求量,即厂商销售收入 $= P \cdot Q$,其中,P 表示商品的价格,Q 表示商品的销售量即需求量。

(一)薄利多销

"薄利多销"是我们经常在生活中听到的一个词,意思是厂商降低商品的价格可以增加销售的数量,从而达到增加销售收益的目的。"薄利多销"适合哪一类商品呢?

例:已知彩电的需求价格弹性 $e_d = 2$,彩电的市场价格 $P = 500$ 元,销售量 $Q = 100$ 台。厂商追求收益最大,问:将彩电的价格下调到 450 元这一决策是否明智?

解题思路:要判断厂商降价的策略是否明智,必须对比降价前后的收益大小。厂商的收益等于商品价格和销售量的乘积,降价前的收益可以根据已知条件计算出来,而要想求得降价后的收益,必须首先通过弹性值计算出降价后的销售量才能得到。

解:降价前的总收益:$TR_1 = P_1 \cdot Q_1 = 500 \times 100 = 50000$(元)

由 $e_d = 2$ 可得,$2 = -\dfrac{\dfrac{\Delta Q}{Q_1}}{\dfrac{\Delta P}{P_1}} = -\dfrac{\dfrac{\Delta Q}{100}}{\dfrac{450 - 500}{500}} = \dfrac{\Delta Q}{10}$

可得,$\Delta Q = 20$

若以 Q_2 表示降价后的销售量,则 $Q_2 - 100 = 20$,

所以,$Q_2 = 120$(台)

那么,降价后的总收益 $TR_2 = P_2 \cdot Q_2 = 450 \times 120 = 54000$(元)

所以,$TR_1 < TR_2$。这说明,厂商的降价策略是明智的。

反之,如果此例中的厂商将彩电的价格提高到 550 元,其总收益还会增加吗?我们不妨用同样的方法来进行一个对比。

涨价前的总收益:$TR_1 = P_1 \cdot Q_1 = 500 \times 100 = 50000$(元)

由 $e_d = 2$ 可得，$2 = -\dfrac{\dfrac{\Delta Q}{Q_1}}{\dfrac{\Delta P}{P_1}} = -\dfrac{\dfrac{\Delta Q}{100}}{\dfrac{550-500}{500}} = -\dfrac{\Delta Q}{10}$

可得，$\Delta Q = -20$

若以 Q_3 表示涨价后的销售量，则 $Q_3 - 100 = -20$，

所以，$Q_3 = 80$（台）

那么，涨价后的总收益 $TR_3 = P_3 \cdot Q_3 = 550 \times 80 = 44000$（元）

所以，$TR_1 > TR_3$。这说明，厂商的涨价策略是不明智的，会使收益减少。

富有弹性的商品，需求量变动相对于价格变动非常敏感，虽然降低商品价格会给厂商造成的收益减少，但是这种减少量必定小于需求量增加所带来的销售收入的增加量。所以，降价最终带来的销售收入 $P \cdot Q$ 值是增加的。相反，在厂商提价时，最终带来的销售收入 $P \cdot Q$ 值是减少的。所以，对于彩电这样富有弹性的商品，是适合"薄利多销"的。

（二）谷贱伤农

"谷贱伤农"的本意指在丰收的年代，农民的收益反而减少了。这里的"谷"指粮食，"贱"即价格下降，"伤农"就是伤害了农民的利益。为什么粮食价格下降会使农民的收益减少呢？我们要先从丰收导致粮食价格下降说起。

丰收即粮食产量增加，在经济学分析中表示为粮食的供给量增加，在下面的图形中，粮食的供给曲线由 s_1 向右平移至 s_2。根据前面我们学过的供求定理，在需求不变的条件下，即粮食的需求曲线 d 位置不变，供给增加会带来均衡价格的下降。

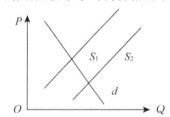

图 3.2 供给增加导致均衡价格下降

第二步，我们来分析价格下降为什么会降低农民的收益。

例：已知面粉的需求价格弹性 $e_d = 0.5$，面粉的市场价格 $P = 2$ 元，销售量 $Q = 100$ 斤。如果面粉的价格降低到 1.8 元每斤，总收益可以增加吗？如果面粉的价格上涨到 2.2 元呢？

解：降价前的总收益：$TR_1 = P_1 \cdot Q_1 = 2 \times 100 = 200$（元）

由 $e_d = 0.5$ 可得，$0.5 = -\dfrac{\dfrac{\Delta Q}{Q_1}}{\dfrac{\Delta P}{P_1}} = -\dfrac{\dfrac{\Delta Q}{100}}{\dfrac{1.8-2}{2}} = \dfrac{\Delta Q}{10}$

可得，$\Delta Q = 5$

若以 Q_2 表示降价后的销售量，则 $Q_2 - 100 = 5$，

所以，$Q_2 = 105$（斤）

那么，降价后的总收益 $TR_2 = P_2 \cdot Q_2 = 1.8 \times 105 = 189$（元）

所以，$TR_1 > TR_2$。这说明，面粉的降价策略是不明智的，这样做会使总收益降低，即"谷贱伤农"。

当面粉的价格上涨到 2.2 元时，由于面粉的弹性是 0.5，所以面粉销售量的变动 $\Delta Q = -5$
若以 Q_3 表示涨价后的销售量，则 $Q_3 - 100 = -5$，

所以，$Q_3 = 95$（斤）

那么，涨价后的总收益 $TR_3 = P_3 \cdot Q_3 = 2.2 \times 95 = 209$（元）

所以，$TR_1 < TR_3$。这说明，对面粉提价是明智的，可以增加总收益。

综合来讲，对于彩电等富有弹性的商品，厂商可以通过降低产品价格的方式提高总收益；反之，如果提高产品的价格则会减少总收益。对于面粉等缺乏弹性的商品，厂商可以通过提高产品价格的方式提高总收益；反之，如果降低产品的价格则会减少总收益。

四、影响需求价格弹性的因素

(一)商品的可替代性

一般说来，一种商品的可替代品越多，相近程度越高，则该商品的需求价格弹性往往就越大；相反，该商品的需求价格弹性往往就越小。例如，在苹果市场，当红富士苹果的价格上升时，消费者就会减少对红富士苹果的需求量，增加对相近的替代品如香蕉苹果的购买，这样红富士苹果的需求弹性就比较大。又如，对于食盐来说，没有很好的可替代品，所以，食盐价格的变化所引起的需求量变化几乎等于零，它的需求价格弹性是极其小的。

对一种商品所下的定义越明确越狭窄，这种商品的相近的替代品往往就越多，需求价格弹性也就越大。例如，当我们去买肉的时候，发现没有什么相近的物品可以替代肉，所以肉的需求弹性是比较低的。可是，如果对于牛肉而言，或许鸡肉、羊肉都可以替代它，所以牛肉、鸡肉和羊肉的需求弹性就是高的。再比如说，电脑现在已经成为一种比较普及的产品，我们办公、学习、娱乐都需要电脑，所以它的弹性是比较低的。可是在购买个人电脑时，联想、惠普、戴尔、苹果等电脑又是可以相互替代的，所以它们的需求弹性是比较大的。

(二)商品用途的广泛性

一般来说，一种商品的用途越是广泛，它的需求价格弹性就可能越大；相反，用途越是狭窄，它的需求价格弹性就可能越小。这是因为，如果一种商品具有多种用途，当它的价格较高时，消费者只购买较少的数量用于最重要的用途上，当它的价格逐步下降时，消费者的购买量就会逐渐增加，将商品越来越多地用于其他的各种用途上。

(三)商品对消费者生活的重要程度

一般说来，生活必需品的需求价格弹性较小，非必需品的需求价格弹性较大。例如，馒头的需求价格弹性是较小的，电影票的需求价格弹性是较大的。

(四)商品的消费支出在消费者预算总支出中所占的比重

消费者在某商品上的消费支出在预算总支出中所占的比重越大，该商品的需求价格弹性可能越大；反之，则越小。考虑你自己的肥皂与住房需求弹性。如果肥皂的价格翻了一番，你消费的肥皂几乎与以前一样。你的肥皂需求是缺乏弹性的。如果公寓租金翻了一番，你就会大喊大叫并找更多的学生与你共同租房。你的住房需求弹性比肥皂需求弹性大。为什么有这种差别？住房占了你预算的一大部分，而肥皂只占一个微不足道的比例。你不喜欢这两种东西价格上升，但你很难注意到肥皂的价格高了，而房租高则使你的预算紧张。所以，像是火柴、食盐、铅笔、肥皂等商品的需求价格弹性就是比较小的。因为，消费者每月在这些商品上的支出是很小的，消费者往往不太重视这类商品价格的变化。

（五）所考察的消费者调节需求量的时间

一般说来,所考察的调节时间越长,则需求价格弹性就可能越大。因为当消费者决定减少或停止对价格上升的某种商品的购买之前,他一般需要花费时间去寻找和了解该商品的可替代品。例如,当石油价格上升时,消费者在短期内不会较大幅度地减少需求量。但设想在长期内,消费者可能找到替代品,于是,石油价格上升会导致石油的需求量较大幅度地下降。所以石油价格不能长久地上升。

需要指出,一种商品的需求价格弹性的大小是由各种影响因素综合作用的结果。所以,在分析一种商品的需求价格弹性的大小时,要根据具体情况进行全面的综合分析。

表 3-1　美国部分商品需求价格弹性估计值

商品名称	短期	长期
盐	—	0.1
烟	—	0.35
水	—	0.4
啤酒	—	0.8
住房	—	1.0
医疗服务	0.6	—
汽油	0.2	0.5
汽车	—	1.5
雪佛兰汽车	—	4.0
家用电器	0.1	1.9
家用煤气	0.1	10.7
公共汽车	2.0	2.2
飞机旅行	0.1	2.4
电影	0.9	3.7

（资料来源:H.S.霍塔克,L,泰特。美国消费需求 1923—1970.波士顿,哈佛大学出版社,1970）

任务 2　需求交叉价格弹性

一、需求交叉价格弹性的含义

如前所述,一种商品的需求量受多种因素的影响,相关商品的价格就是其中的一个因素。假定其他的因素都不发生变化,仅仅研究一种商品的价格变化和它的相关商品的需求量变化之间的关系,则需要运用需求交叉价格弹性的概念。

需求交叉价格弹性也简称为需求交叉弹性:表示在一定时期内一种商品的需求量的变动对它的相关商品的价格变动的反应程度。或者说,表示在一定时期内当一种商品的价格变化 1%时所引起的另一种商品的需求量变化的百分比。它是该商品的需求量的变动率和它的相关商品的价格变动率的比值。

假定商品 X 的需求量 Q_X 是它相关产品 Y 的价格 P_Y 的函数,即 $Q_X = f(P_Y)$,则商品 X 的需求交叉弹性系数公式为:

$$e_{XY} = \frac{\frac{\Delta Q_X}{Q_X}}{\frac{\Delta P_Y}{P_Y}} = \frac{\Delta Q_X}{\Delta P_Y} \cdot \frac{P_Y}{Q_X} \tag{3.6}$$

例:假定在某市场上 A、B 两厂商是生产同种有差异的产品的竞争者;该市场对 A 厂商的需求曲线为 $P_A = 200 - Q_A$,对 B 厂商的需求曲线为 $P_B = 300 - 0.5Q_B$;两厂商目前的销售量分别为 $Q_A = 50, Q_B = 100$。如果 B 厂商降价使得 B 厂商的需求量增加为 $Q'_B = 160$,同时使 A 厂商的需求量减少为 $Q'_A = 40$。那么,A 厂商的需求交叉价格弹性 e_{AB} 是多少?

解:由 $P_B = 300 - 0.5Q_B$、$Q_B = 100$ 和 $Q'_B = 160$ 可得,

$P_B = 250$,$P'_B = 220$

所以,$e_{AB} = \dfrac{\Delta Q_A}{\Delta P_B} \cdot \dfrac{P_B}{Q_A} = \dfrac{Q'_A - Q_A}{P'_B - P_B} \cdot \dfrac{P_B}{Q_A} = \dfrac{40 - 50}{220 - 250} \times \dfrac{250}{50} = \dfrac{5}{3}$

二、需求交叉价格弹性正负值的意义

需求交叉价格弹性系数的负号取决于所考察的两种商品的相关关系,商品之间的相关关系可以分为两种:一种为替代关系,另一种为互补关系。

负值代表 ΔQ_X 和 ΔP_Y 变化方向相反,这两种商品互为互补品。如订书机和订书钉,汽车和汽油,后者涨价前者需求量减少,反之亦然。

正值代表 ΔQ_X 和 ΔP_Y 变化方向相同,这两种商品互为替代品。如馒头和花卷,康佳牌彩电和海信牌彩电,前者涨价(后者价格不变)后者销售量增加,反之亦然。

三、需求交叉价格弹性的实际意义

商品的交叉弹性绝对值越大说明该商品商场的竞争越激烈,产品的市场地位很脆弱,从微观来说可以提示企业要尽量降低自己产品的交叉弹性,有能力的企业能把和自己交叉弹性大的商品独自经营,从而可以抵御市场的激烈竞争。

在企业内部给产品定价时,要考虑到企业内部的替代品或互补品销售量之间的相互影响。就某一产品本身而言,提高价格可能对企业有利,但如果把它对相关产品的影响考虑进去,可能会导致企业总利润的减少。如果企业内部有两种产品,其交叉弹性为负值,说明这两种产品互补。互补产品一般分为基本产品和配套产品两种,通常是对基本产品定低价,对配套产品定高价。例如,方正公司生产的打印机价位并不高,但对打印机的耗材——硒鼓的定价却比较高。顾客购买了它的打印机,就必须购买它提供的耗材。主机和辅机、整机和零件、设备与所需要的原料之间都存在着互补关系,都可以采用这种定价策略。

从宏观的角度,还可以为宏观管理部门提供参考,凡是交叉弹性大的产品之间关联程度也大,说明在经济上它们属于同一行业,交叉弹性小的产品之间关联度也低,属于不同行业,这样就便于管理。

任务 3　需求收入弹性

一、需求收入弹性的含义

需求收入弹性表示在一定时期内消费者对某种商品的需求量的变动对于消费者收入量变动的反应程度。或者说,表示在一定时期内当消费者的收入变化1%时所引起的商品需求量变化的百分比。它是商品需求量的变动率和消费者收入量的变动率的比值。

假定商品的需求量 Q 是消费者收入 M 的函数,即 $Q = f(M)$,则商品的需求收入弹性系数公式为:

$$e_M = \frac{\frac{\Delta Q}{Q}}{\frac{\Delta M}{M}} = \frac{\Delta Q}{\Delta M} \cdot \frac{M}{Q} \tag{3.7}$$

二、需求收入弹性正负值的意义

正值代表 ΔQ 和 ΔM 变化方向相同,可以说明商品是正常品(生活日用品和高档耐用品)。负值代表 ΔQ 和 ΔM 变化方向相反,说明需求量与收入成反方向变化的商品,劣等品是指需求量与收入成反方向变化的商品。

或者说 $e_M > 0$ 的商品为正常品,因为,$e_M > 0$ 意味着该商品的需求量与收入水平成同方向变化;$e_M < 0$ 的商品为劣等品。

三、需求收入弹性的类型

(1)当 $0 < e_M < 1$ 时,称收入缺乏弹性。它表示消费者收入变动引起商品需求量呈同方向变动,但需求量的变动率小于收入的变动率。一般是生活日用品。

(2)当 $e_M = 0$ 时,称收入无弹性。它表示需求量对收入变化没有反应,即无论收入如何变化,需求量均不变,这好比某种生活日用品如食盐,无论收入多少,食盐的消费量都是固定的。

(3)当 $e_M = 1$ 时,称收入单位弹性。它表示收入变动引起需求量同方向变动,且需求量的变动率始终等于收入的变动率。

(4)当 $e_M > 1$ 时,称收入富有弹性。它表示收入变动引起需求同方向变动,且需求量的变动率大于收入的变动率,这种产品属于高档耐用品(如电视机、电冰箱)和奢侈品。

(5)当 $e_M < 0$ 时,称收入负弹性。它表示收入变动引起需求量呈反方向变动,这种产品属于劣等品,随着人们收入的增加,对它的消费在减少。劣等品是因人而异的,同一个物品对有的人可能是劣等品,但对有的人却是正常品。

四、需求收入弹性的实际意义

企业生存在市场经济的大潮里,经济的景气是循环的。一般来说,如果企业经营的是收入弹性系数大的产品,如 $e_M = 2.8$,说明当这种产品收入提高1%,其销售量就提高2.8%,

收入降低 1%，其销售量就降低 2.8%，这是随收入变化敏感的产品，企业在经济繁荣时期具有良好的发展机会，可不断扩大再生产，实行规模经营，这样可以高于国民收入增长率的速度获得递增的总收益；如果出现 2008 年这样全球"金融海啸"，进而进入萧条阶段，经营这种产品的企业将面临困境，如果这时企业又经营一种产品如 $e_M = 0.2$，这种产品属于生活必需品，它随收入的变化不敏感，它的销售量是稳定的。无论经济景气与否，人们都需求这种产品，经营这种产品可以帮助企业渡过难关。

如果企业产品的需求收入弹性在 0 和 1 之间，即缺乏弹性，则企业在经济繁荣时期不能按比例分享国民收入的增长份额，不宜过分扩大生产规模，有条件的企业甚至可适当将部分生产转向发展机会更好、投资回报更高的行业。对于生产低档品的企业，在经济繁荣时期应及时缩减生产规模或转产，而在经济萧条时期可酌情扩大生产。

任务 4　供给价格弹性

根据本章一开始给出的弹性概念的一般公式可知，在任何两个具有函数关系的经济变量之间都可以建立弹性，以研究这两个经济变量变动的相互影响。在西方经济学中有许多弹性，这些弹性的建立方法和前面所述的需求弹性是相似的。下面我们来分析供给方面的弹性。

一、供给价格弹性的含义

供给弹性包括供给价格弹性、供给交叉价格弹性和供给预期价格弹性等。在此考察的是供给价格弹性，它通常被简称为供给弹性，表示在一定时期内一种商品的供给量的变动对于该商品的价格的变动的反应程度。或者说，表示在一定时期内当一种商品的价格变化 1% 时所引起的该商品的供给量变化的百分比。它是商品的供给量变动率与价格变动率的比值。即：

$$供给价格弹性 = \frac{供给量的变动率}{价格变动率}$$

与需求价格弹性一样，供给价格弹性也分为弧弹性和点弹性。

供给价格弧弹性表示某商品供给曲线上两点之间的弹性。供给价格点弹性表示某商品供给曲线上某一点的弹性。假定供给函数为 $Q = f(P)$，以 e_S 表示供给价格弹性系数，则供给价格弧弹性的公式为：

$$e_S = \frac{\dfrac{\Delta Q}{Q}}{\dfrac{\Delta P}{P}} = \frac{\Delta Q}{\Delta P} \cdot \frac{P}{Q} \tag{3.8}$$

供给价格点弹性的公式为：

$$e_S = \frac{\dfrac{\mathrm{d}Q}{Q}}{\dfrac{\mathrm{d}P}{P}} = \frac{\mathrm{d}Q}{\mathrm{d}P} \cdot \frac{P}{Q} \tag{3.9}$$

在通常情况下，商品的供给量和商品的价格是成同方向变动的，供给量的变化量和价格的变化量的符号是相同的。所以,在上面两个公式中,$\dfrac{\Delta Q}{\Delta P}$ 和 $\dfrac{\mathrm{d}Q}{\mathrm{d}P}$ 两项均大于零,作为计算结果的 e_s 为正值。

供给价格弹性根据 e_s 值的大小也分为五个类型。$e_s > 1$ 表示富有弹性;$e_s < 1$ 表示缺乏弹性;$e_s = 1$ 表示单一弹性或单位弹性;$e_s = \infty$ 表示完全弹性;$e_s = 0$ 表示完全无弹性。

供给价格弹性的计算方法和需求价格弹性是类似的。给定具体的供给函数,则可以根据要求,由公式(3.7)求出供给价格弧弹性,或由中点公式求出供给价格弧弹性。供给价格弧弹性的中点公式为:

$$e_S = \frac{\Delta Q}{\Delta P} \cdot \frac{\dfrac{P_1 + P_2}{2}}{\dfrac{Q_1 + Q_2}{2}} = \frac{\Delta Q}{\Delta P} \cdot \frac{P_1 + P_2}{Q_1 + Q_2} \tag{3.10}$$

二、影响供给价格弹性的因素

在影响供给价格弹性的众因素中,时间因素是一个很重要的因素。当商品的价格发生变化时,厂商对产量的调整需要一定的时间。在很短的时间内,厂商若要根据商品的涨价及时地增加产量,或者根据商品的降价及时地缩减产量,都存在不同程度的困难,相应地,供给弹性是比较小的。但是,在长期内,生产规模的扩大与缩小,甚至转产,都是可以实现的,供给量可以对价格变动作出较充分的反应,供给价格弹性也就比较大了。

第二个影响供给弹性的因素是资源替代的可能性。一些物品的劳务只能用独特的或稀少的生产资源来生产。这些物品的供给弹性低,甚至为零。另一些物品与劳务可以用普遍能得到的资源生产,这些资源可广泛地用于各种用途。这种物品的供给弹性高。

凡·高的油画是有垂直供给曲线而且供给弹性为零的物品的例子。在另一个极端,小麦可以在利于种植玉米的土地上种植。因此,种植小麦和种植玉米同样容易,而且,用放弃的玉米表示的小麦的机会成本几乎是不变的。结果,小麦的供给曲线几乎是水平的,而且,其供给弹性非常大。同样,当一种物品在许多不同国家生产时(例如,糖和牛肉),这种物品的供给非常富有弹性。

大多数物品与劳务的供给在这两个极端之间。产量可以增加,但只有引起更高的成本才能增加。如果提供较高的价格,供给量就增加。这些物品与劳务的供给弹性在零与无限之间。

除此之外,在其他条件不变时,生产成本随产量变化而变化的情况及产品的生产周期的长短,也是影响供给价格弹性的另外两个重要因素。就生产成本来说,如果产量增加只引起边际成本的轻微的提高,则意味着厂商的供给曲线比较平坦,供给价格弹性可能是比较大的;相反,如果产量增加因其边际成本的较大的提高,则意味着厂商的供给曲线比较陡峭,供给价格弹性可能是比较小的。就产品的生产周期来说,在一定的时期内,对于生产周期较短的产品,厂商可以根据市场价格的变化较及时地调整产量,供给价格弹性相应就比较大;相反,生产周期较长的产品的供给价格弹性就往往较小。

任务5　蛛网理论

我们在分析供求变化时,总是假定供求双方对价格都有适时的反应。而事实上,有些行业,特别是农产品的生产对价格的反应是滞后的,通常要滞后一年。当年的供给是对上一年价格的反映。这就会出现随时间而变动的动态均衡问题。蛛网理论采用的就是一种动态均衡分析法。这种理论运用弹性理论来分析价格波动对产量的影响,以解释不连续生产的商品价格与产量是怎样波动的,由于描述价格和产量周期波动的图形好像蛛网,所以叫蛛网理论。

一、蛛网理论的基本假设

蛛网理论是用于分析不连续生产的商品,如粮食、水果、牛、羊等价格与产量的波动的。基本假设如下。

第一,从开始生产到生产出产品需要一定时间,而且在这段时间内生产规模无法改变。例如农作物从种植到长成需要半年左右,在此期间已种植的作物无法增加或减少。

第二,本期的产量决定本期的价格,以 P_t 和 Q_t 分别代表价格与产量,则这两者之间的关系为:

$$P_t = f(Q_t)$$

第三,上期的价格决定本期的产量,以 P_{t-1} 代表上期的价格,则两者之间的关系为:

$$Q_t = f(P_{t-1})$$

在以上假设条件下,蛛网理论根据需求弹性与供给弹性的不同关系,分三种情况来研究波动的情况。

二、蛛网理论的三种情况

(一)供给弹性小于需求弹性:收敛型蛛网

供给弹性小于需求弹性,意味着价格变动对供给量的影响小于对需求量的影响。此时供给曲线斜率的绝对值大于需求曲线斜率的绝对值,即供给曲线比需求曲线陡峭。这时当市场由于受到外力干扰偏离原有的均衡状态后,实际价格和实际产量会围绕均衡水平上下波动,但波动幅度越来越小,最后会回到原来的均衡点。由于这种情况形成一个向内收敛的蛛网,称为收敛型蛛网。

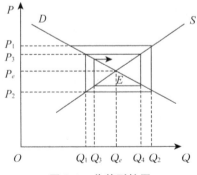

图 3.3　收敛型蛛网

假定，第一期由于某种外在原因的干扰，如恶劣的气候条件，实际产量由均衡水平 Q_e 减少为 Q_1。根据需求曲线，消费者愿意支付 P_1 的价格购买全部产量 Q_1，于是实际价格上升为 P_1。根据第一期的较高的价格水平 P_1，按照供给曲线，生产者将第二期的产量增加为 Q_2。

第二期，生产者为了出售全部的产量 Q_2，接受消费者所愿意支付的价格 P_2，于是，实际价格降为 P_2。根据第二期的较低的价格水平 P_2，生产者将第三期的产量减少为 Q_3。

第三期，消费者愿意支付 P_3 的价格购买全部的产量 Q_3，于是，实际价格又上升为 P_3。根据第三期的较高的价格水平 P_3，生产者又将第四期的产量增加为 Q_4。

如此循环下去，如图 3.3 所示，实际产量和实际价格的波动幅度越来越小，最后恢复到均衡点 E 所代表的均衡状态水平。由此可见，图中的均衡点 E 所代表的均衡状态是稳定的。也就是说，由于外在的原因，当价格和产量偏离均衡数值（P_e，Q_e）后，经济制度中存在着自发的因素，能使价格和产量自动地恢复均衡状态。

(二)供给弹性大于需求弹性：发散型蛛网

供给弹性大于需求弹性，意味着价格变动对供给量的影响大于对需求量的影响。此时供给曲线斜率的绝对值小于需求曲线斜率的绝对值，即供给曲线比需求曲线平坦。这时当市场受到外力干扰偏离原有的均衡状态后，实际价格和实际产量围绕均衡水平上下波动，且波动幅度越来越大，偏离均衡点越来越远。由于这种情况形成一个向外发散的蛛网，称为发散性蛛网。如图 3.4 所示。

假定，第一期由于某种外在原因的干扰，实际产量由均衡水平 Q_e 减少为 Q_1。根据需求曲线，消费者愿意支付 P_1 的价格购买全部的产量 Q_1，于是，实际价格上升为 P_1。根据第一期的较高的价格水平 P_1，按照供给价格曲线，生产者将第二期的产量增加为 Q_2。

第二期，生产者为了出售全部的产量 Q_2，接受消费者所愿意支付的价格 P_2，于是，实际价格降为 P_2。根据第二期的较低的价格水平 P_2 生产者将第三期的产量减少为 Q_3。

第三期，消费者愿意支付 P_3 的价格购买全部的产量 Q_3，于是，实际价格又上升为 P_3。根据第三期的较高的价格水平 P_3，生产者又将第四期的产量增加为 Q_4。

如此循环下去，如图 3.4 所示，实际产量和实际价格的波动幅度越来越大，偏离均衡点 E 所代表的均衡产量和均衡价格越来越远。由此可见，均衡点 E 所代表的均衡状态是不稳定的，被称为不稳定的均衡。

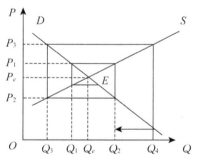

图 3.4 发散型蛛网

(三)供给弹性等于需求弹性：封闭型蛛网

供给弹性等于需求弹性，意味着供给变动对价格变动的反应程度与需求变动对价格的反应程度相等。此时供给曲线斜率的绝对值等于需求曲线的绝对值，即供给曲线和需求曲线具有相同的倾斜程度。当市场由于受到外力干扰偏离原有的均衡状态以后,实际产量和实际价格始终按同一幅度围绕均衡点波动,既不进一步偏离均衡点,也不趋向于均衡点。由于这种情况形成一个封闭的蛛网,称为封闭型蛛网。如图3.5所示。

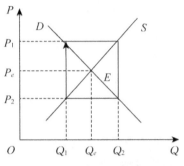

图3.5　封闭型蛛网

假定,第一期由于某种外在原因的干扰,实际产量由均衡水平 Q_e 减少为 Q_1。根据需求曲线,消费者愿意支付 P_1 的价格购买全部的产量 Q_1,于是,实际价格上升为 P_1。根据第一期的较高的价格水平 P_1,按照供给曲线,生产者将第二期的产量增加为 Q_2。

第二期,生产者为了出售全部的产量 Q_2,接受消费者所愿意支付的价格 P_2,于是,实际价格降为 P_2。根据第二期的较低的价格水平 P_2,生产者将第三期的产量减少为 Q_3。而 $Q_3 = Q_1$,这样就又开始了与上次完全相同的波动。

如此循环下去,如图3.5所示,实际产量和实际价格始终是按相同的波动幅度发生变动。

蛛网理论说明了在市场机制自发调节的情况下,农产品市场上必然发生蛛网性周期波动,从而影响农业生产和农民收入的稳定。一般而言,农产品的供给对价格变动的反应大,但需求较为稳定,对价格变动反应程度小,即农产品的供给弹性大于需求弹性。因此,发散型蛛网波动,正是农业生产不稳定的重要原因。

【案例分析】

在引导案例1中,2007年,我国经历了结构型的物价上涨,其中,农产品价格上涨是最明显的表现之一。

供求原理告诉我们,在不考虑其他因素的条件下,一种商品的价格上涨会导致该商品的需求量下降,那么销售者的收入是不是也随之而下降了呢?在本案例中,农产品价格的上涨不但没有使农民的收入减少,反而对增收起到了一定的推动作用,原因就在于本章所分析的弹性原理。

农民的收益取决于农民卖出的农产品的数量和农产品的价格两个方面。商品的需求量因其价格变动而发生改变,我们可以很轻易地判断价格和需求量之间变化的方向,但却容易忽略变化的幅度。在本案例中,农产品涨价了,但是由于该商品在居民生活中属于一种缺乏弹性的商品,所以其价格变动并没有引起需求量大幅度地减少。因此,从销售收益上来分析,农产品价格的上涨对于农民增收起到了一定的刺激作用。

在引导案例2中,店家的这一种促销方式让人觉得好奇,是不是店家加入了什么基金会或是店家和生产厂家有什么协定?是不是回收旧安全帽可以让店家回收一些成本,因此拿旧帽来才有优惠呢？如果大家是这么想，那可就猜错了，但凡这种以旧换新的促销活动主要是针对不同购买者的需求弹性而采取的区别定价方法，即：给定一定的价格变动比例，购买者需求数量变动较大称为需求弹性较大，变动较小称为需求弹性较小。对需求弹性较小的购买者制定较高价格，对需求弹性较大的购买者收取较低价格。而这家安全帽专卖店的促销作法正是这一理论的实际应用。实际上，店家拿到你那顶脏脏旧旧的安全帽，并没有什么好处，常常是在你走后往垃圾桶一丢了事。既然没好处，店家为何还要多此一举呢？答案是——店家以购买者是否拿旧安全帽，来区别购买者的需求弹性。简单地说，没拿旧安全帽来的购买者说明他没有安全帽，由于法令规定，驾驶摩托车必须要戴安全帽，故而无论价格高低，购买摩托车的人一定要买顶安全帽，因此这种购买者的需求曲线较陡，弹性较小。相对的，拿旧安全帽来享受优惠政策的购买者，表明他本来就有一顶帽子，如果安全帽的价格便宜，他有以旧换新的需求，而如果价格太贵，他也可以以后再买，因为已有了一顶安全帽，对该商品的需求没有迫切性。因此，这类购买者的需求曲线较平坦，弹性较大。

综上所述不难看出，该安全帽专卖店采用这种"旧帽换新帽一律八折"的促销活动，针对不同购买者的需求定价的方法，不仅不会使其减少营业收入，反而会吸引那些本不想购买新帽的购买者前来购买，从而增加了收益。

引导案例 3 表明，供给与需求在短期与长期的弹性是不一样的。在短期，供给与需求是较为缺乏弹性的。供给缺乏弹性是因为已知的石油储藏量和开采能力不能改变，需求缺乏弹性是因为购买习惯不会立即对价格变动作出反应。如许多老式的耗油车不会立即换掉，司机只好支付高价格的油钱。因此，短期供给和需求曲线是陡峭的。当石油供给增加时，价格上升的幅度是很大的。

在长期中，OPEC 以外的石油生产者对高价格的反应是增加石油的勘探并建立新的开采能力。消费者的反应是更为节俭，如用节油车代替耗油车。长期的供给和需求曲线都更富有弹性，在长期中，供给减少引起的价格的变动小得多。

这种分析表明为什么 OPEC 只有在短期中成功地保持了石油的高价格。当 OPEC 各成员一致同意减少他们的石油生产时，会使供给曲线向左移动。尽管每个 OPEC 成员销售的石油少了，但短期内价格上升如此之高，所以收入反而增加了。与此相比，在长期中，当供给和需求较为富有弹性时，用供给曲线水平移动来衡量的同样的供给减少只引起价格小幅度上升。因此，这证明了 OPEC 共同减少供给在长期中并无利可图。

现在 OPEC 仍然存在，偶尔也会听到有关 OPEC 的官员开会的新闻。但是 OPEC 成员之间的合作现在很少，这主要是由于该组织过去在保持高价格上的失败。

【项目小结】

1. 当两个经济变量之间存在函数关系时，可以用弹性来表示因变量对于自变量变化的反应程度。需求价格弹性表示商品需求量对于价格变化的反应程度。需求交叉弹性表示一种商品的需求量对于另一种商品的价格变化的反应程度。需求收入弹性表示商品的需求量对于收入变化的反应程度。供给的价格弹性表示商品的供给量对于价格变化的反应程度。

2. 利用弹性公式可以具体计算弧弹性和点弹性的数值。此外，点弹性的数值还可以从几何关系的角度来求得。一般地，弹性系数按大小可以归纳为五类，它们是：富有弹性、缺乏弹性、单位弹性，以及完全弹性与完全无弹性。

如果需求价格弹性小于1,以至于需求量变动比例小于价格变动比例,那么,就可以说需求缺乏弹性;如果需求价格弹性大于1,以至于需求量变动比例大于价格变动比例,那么,就可以说这种物品富有弹性。

3.总收益,等于该物品的价格乘以销售量。对于缺乏弹性的需求曲线,总收益随着价格的上升而增加。对于富有弹性的需求曲线,总收益随着价格上升而减少。

4.如果某种物品是奢侈品而不是必需品,如果可以得到相近的替代品,如果市场范围狭小,或者如果买者有相当长时间对价格变动作出反应,那么,这种物品就倾向于更富有弹性。

5.如果两种商品之间为替代关系,则需求交叉价格弹性系数大于零;如果两种商品之间为互补关系,则需求交叉价格弹性系数小于零;如果两种商品之间无相关关系,则需求交叉价格弹性系数等于零。

6.对于正常品来说,需求收入弹性大于零;对于劣等品来说,需求收入弹性小于零。在正常品中,必需品的需求收入弹性小于1;而奢侈品的需求收入弹性大于1。

7.可以用供给量变动百分比除以价格变动百分比来计算供给价格弹性。如果弹性小于1,以至于供给量变动的比例小于价格变动的比例,可以说这种物品供给缺乏弹性。如果弹性大于1,以至于供给量变动的比例大于价格变动的比例,可以说供给富有弹性。

8.供给价格弹性衡量供给变动对价格变动的反应程度。这种弹性往往取决于所考虑时间长短。在大多数市场上,供给在长期中比在短期中更富有弹性。

【实训练习】

一、名词解释

1.需求价格弹性　　　　　2.需求交叉价格弹性
3.需求收入弹性　　　　　4.供给价格弹性

二、简答题

1.按照弹性值的大小,需求价格弧弹性可以分为哪些类别?

2.影响需求价格弹性的因素有哪些?

3.请根据所学的弹性原理对"薄利多销"做出解释。

4.需求价格弹性的大小和厂商的销售收入有何关系?

5.如何通过需求交叉价格弹性判断两种商品为互补关系还是替代关系?

6.对于正常商品和低档商品而言,它们的需求收入弹性有何区别?生活必需品和奢侈品的需求收入弹性有何区别?

7.供给价格弹性受哪些因素影响?请加以说明。

三、论述题

请运用供求定理和弹性原理分析"谷贱伤农"。

项目四　消费者行为理论

【项目目标】

1.掌握"效用"、"基数效用"、"序数效用"的概念;边际效用递减规律;用边际效用分析法对消费者均衡的分析;

2.掌握无差异曲线的概念和特点;运用边际替代率的概念及边际替代率递减规律;

3.掌握预算线的概念及预算线的变动;运用无差异曲线分析法对消费者均衡的分析;替代效应、收入效应和总效应。

【引导案例】

案例 1 ● **中美老太太住房观念的比较** ●

有一则流传很广的故事说:两个来自美国和中国的老太太在天堂相遇了。美国老太太说,我奋斗一辈子还完了住房贷款,中国老太太说,我攒了一辈子钱临终才买了一套房。评论者从这则故事中得出了不同的感叹。有人说,中美老太太消费观不同。美国人是先买房后还款,超前消费。中国老太太是先攒钱后买房,量入为支。中国老太太该向美国老太太学。有人说,中美国情不同,中国老太太哪能学得了美国老太太? 您认为中美老太太消费观念存在怎样的差异,用什么经济学理论来解释这一消费者行为,本章将就该问题作出回答。

(资料来源:摘自梁小民《微观经济学纵横谈》)

任务 1　效用论概述

一、欲望和效用的概念

欲望是不足之感与求足之愿的统一。具有层次性和无限性。人的欲望或需要可以分为以下五个基本层次:即生理需要、安全需要、社会需要、尊重感需要和自我实现需要。

效用就是欲望的满足,即消费者从消费某种物品中所得到的满足。满足程度越高,效用就越大;满足程度越低,效用就越小;如果消费者从消费某种物品中感受到痛苦,则为负效用。效用是一种心理上的感觉。效用本身不仅没有客观评价标准,而且也不具有伦理道德方面的意义,如海洛因等毒品,虽然毒害个人,危害社会,但对于一个吸毒者而言,却有很大效用。效用因人因时因地而异。

二、效用与使用价值之间的关系

效用一般要依存于物品的客观物质属性,使用价值是物品具有效用的基础条件;而效用强调的是消费者的心理感受,具有主观性。

三、基数效用论和序数效用论

(1)基数效用论边际学派认为,效用不仅存在,而且还可以计量和比较,并且效用还可以加总求和。基数效用论采用边际效用分析来研究消费者均衡问题。

(2)序数效用论认为,效用是消费者的主观评价,是一种心理现象,不能用基数来表示大小,但可以用序数,即第一、第二、第三……来表示消费者对所消费物品的偏好程度或获得满足水平高低的顺序。序数效用论采用无差异曲线分析来研究消费者均衡问题。

任务 2　基数效用分析与消费者均衡

一、总效用和边际效用

(一)总效用和边际效用的概念

总效用(记为 TU)是指消费者在某一特定时间内消费一定数量的某种物品所获得的总的满足程度。它是消费一定量某种物品得到的效用单位的加总。

边际效用(记为 MU)是指某种物品的消费量每增加一单位所增加的满足程度,即增加一单位物品的消费所带来的总效用的增量。其数学表达式为:$MU_x = (\triangle TU_x / \triangle Q_x)$

通过对总效用函数求导,即可得到边际效用。

即已知某一消费者对 X 商品的总效用函数是:$TU_X = 64X - X^2$,

其边际效用函数为:$MU_x = \dfrac{d(TU_x)}{dx} = 64 - 2X$。

(二)总效用和边际效用的关系

当边际效用为正值时,总效用一直增加;当边际效用为负值时,总效用开始减少;当边际效用为零时,总效用最大。

当 MU>0 时,TU 上升;

当 MU<0 时,TU 下降;

当 MU=0 时,TU 达到最大。

以上题为例:令 $MU_x = \dfrac{d(TU_x)}{dx} = 0$,即 $64 - 2X = 0$,解得 $X = 32$。

即当 $X = 32$ 时,总效用最大。

二、边际效用递减规律(戈森第一定律)

随着消费者对某种物品消费数量的增加,他从该物品连续增加的消费单位中所得到的边际效用是递减的,这种现象普遍存在,被称为边际效用递减规律。

边际效用递减的原因：

(1)生理或心理上的原因。随着消费一种物品的数量的不断增多,消费者接受的重复刺激程度越来越弱。使人生理上的满足程度或心理反应程度减少,而导致满足程度下降。

(2)从物品本身用途的多样性来看,消费者总是先把物品用于最重要的用途,而后用于次要的用途。因为最重要用途的边际效用大,其后次要用途的边际效用小,以此顺序,随用途越来越不重要,其边际效用就递减。所以,总效用曲线是一条先升后降的曲线。

三、消费者均衡

(一)概念

消费者均衡是指消费者通过购买各种商品和劳务,实现效用最大化时,既不想增加,也不必再减少任何商品和劳务购买数量的这么一种相对静止的状态。

(二)消费者均衡的假设条件

消费者均衡所研究目的是在消费者收入有限的情况下,如何实现效用最大化的问题。所以,假设条件主要有:

(1)消费者嗜好不变;

(2)消费者的收入是既定的;

(3)物品的价格是既定的和已知的。

(三)消费者均衡的条件

在基数效用论中,消费者均衡的决定是运用边际效用分析方法来加以证明的。

消费者用全部收入所购买的各种物品所带来的边际效用,与为购买这些物品所支付的价格的比例相等,或是说每单位货币的边际效用都相等,就可以获得最大效用。也被称之为边际效用相等规律,又称戈森第二定律。

假设消费者的收入为 M,所购买和消费两种物品的数量为 Q_x、Q_y,其价格分别为 P_x、P_y,所带来的边际效用分别为 MU_x、MU_y,每单位货币的边际效用为 MU_m。因此,消费者均衡的一般数学模型表现为:

$$M = P_X \cdot Q_X + P_Y \cdot Q_y \tag{4.1}$$

$$\frac{MU_X}{P_X} = \frac{MU_y}{P_Y} = MU_m \tag{4.2}$$

$$TU = f(X, Y) \text{达到最大化。} \tag{4.3}$$

(1)表明的是消费预算限制条件。如果消费者的支出超过收入,消费购买是不现实的;如果支出小于收入,就无法实现在既定收入条件下的效用最大化。

(2)消费者均衡的实现条件。每单位货币无论是购买 X 物品或 Y 物品,所得到的边际效用都相等。如果消费的是多种物品,则可把上述模型扩展为:

$$M = P_1 \cdot Q_1 + P_2 \cdot Q_2 + \cdots\cdots + P_x \cdot Q_x \tag{4.4}$$

$$\frac{MU_1}{P_1} = \frac{MU_2}{P_2} = \cdots\cdots \frac{MU_x}{P_x} = \lambda \tag{4.5}$$

$$TU = f(X, Y) \tag{4.6}$$

λ 表示的是单位货币效用,即每一单位货币所得到的商品边际效用都相等。

消费者所以按照这一原则来购买商品并实现效用最大化,是因为在既定收入的条件下,

多购买 X 物品就要减少 Y 物品的购买。随着 X 购买量的增加，X 物品的边际效用就会递减，随之而来的是，物品 Y 边际效用就会递增。为了使所购买的 X、Y 的组合能够带来最大的总效用，消费者就不得不调整这两种物品的组合数量，其结果是增加对 Y 物品的购买，减少对 X 物品的购买。如此来回调整这两种物品购买数量的组合，就最终会出现。当他所购买的最后一个单位 X 物品所带来的边际效用与其价格之比＝当他所购买的最后一个单位 Y 物品所带来的边际效用与其价格之比。

也就是说，无论是购买哪种物品，每一单位货币所购买的物品其边际效用都是相等的，于是就实现了总效用最大化，即消费者均衡，两种物品的购买数量也就随之确定，不再加以调整。

(四)关于消费者均衡的数学证明(拉格朗日乘数法)

P_X 代表 X 商品的价格，X 代表 X 商品的数量，P_Y 代表 Y 商品的价格，Y 代表 Y 商品的数量，已知消费限制方程为：

$$M = P_X X + P_Y Y \tag{4.7}$$

总效用函数：$TU = U(X, Y,)$ $\tag{4.8}$

将消费限制方程改写为：$M = P_X X + P_Y Y$ $\tag{4.9}$

以不等于 0 的变量 λ(λ 为拉格朗日乘子)乘以(4.9)式，则有：

$$\lambda[M - (P_X X + P_Y Y)] = 0 \tag{4.10}$$

(4.10)式与(4.8)式相加，则有相应的拉格朗日函数方程：

$$Z = U(X, Y) + \lambda(M - P_X X - P_Y Y) = 0 \tag{4.11}$$

Z 极大化的必要满足条件是所有的一阶导数等于 0，故有：

$$Z_X = \frac{\partial Z}{\partial X} = U_X - \lambda P_X = 0 \tag{4.12}$$

$$Z_X = \frac{\partial Z}{\partial Y} = U_Y - \lambda P_Y = 0 \tag{4.13}$$

$$Z_\lambda = \frac{\partial Z}{\partial \lambda} = M - P_X \cdot X - P_Y \cdot Y = 0 \tag{4.14}$$

由于 $TU = U(X, Y,)$ 的两个一阶偏导数分别代表的是 X 与 Y 的边际效用，所以，

$$U_X = \frac{\partial}{\partial X} U(X, Y) = \frac{\partial TU}{\partial X} = MU_X \tag{4.15}$$

$$U_Y = \frac{\partial}{\partial Y} U(X, Y) = \frac{\partial TU}{\partial Y} = MU_Y \tag{4.16}$$

令(4.12)式和(4.13)式分别等于：$U_X = MU_X = \lambda P_X$ $\tag{4.17}$

$$U_Y = MU_Y = \lambda P_Y \tag{4.18}$$

(4.17)式除(4.18)式得：$\lambda = \dfrac{U_X}{U_Y} = \dfrac{MU_X}{MU_Y} = \dfrac{P_X}{P_Y}$ $\tag{4.19}$

即(4.19)式可改写为：$\dfrac{MU_X}{P_X} = \dfrac{MU_Y}{P_Y} = \lambda$ $\tag{4.20}$

(五)关于消费者均衡的数学证明 II(代数法)

如果消费者购买了 X、Y 两种产品，约束条件为货币收入 I，则有目标函数为：

$$\max TU = f(X, Y) \tag{4.21}$$

约束条件为 $\qquad I = P_X X + P_Y Y$ $\tag{4.22}$

将(4.22)式移项变形为： $$Y = \frac{I - P_X X}{P_Y} \tag{4.23}$$

将(4.23)式代入(4.21)式可得： $$TU = f(X, \frac{I - P_X X}{P_Y}) \tag{4.24}$$

为求得最大,令(4.24)式的一阶导数等于0,可有

$$\frac{dTU}{dx} = \frac{\partial f}{\partial X} + \frac{\partial f}{\partial Y}(-\frac{P_X}{P_Y}) = 0 \tag{4.25}$$

$$\frac{dTU}{dY} = \frac{\partial f}{\partial X} - \frac{\partial f}{\partial Y} \cdot \frac{P_X}{P_Y} = 0 \tag{4.26}$$

将(4.25)式除以(4.26)式,可得： $$\frac{\frac{\partial f}{\partial X}}{\frac{\partial f}{\partial Y}} = \frac{P_X}{P_Y} \tag{4.27}$$

由于 $\frac{\partial f}{\partial X} = MU_X$, $\frac{\partial f}{\partial Y} = MU_Y$,所以,则有： $$\frac{MU_X}{P_X} = \frac{MU_Y}{P_Y} \tag{4.28}$$

对(4.23)式求二阶导数,则有：

$$\frac{d^2 TU}{dx^2} = \frac{\partial^2 f}{\partial X^2} + \frac{\partial^2 f}{\partial X \partial Y}(-\frac{P_X}{P_Y}) + \frac{\partial^2 f}{\partial X^2}(-\frac{P_X}{P_Y})^2 < 0 \tag{4.29}$$

即 $$\frac{\partial^2 f}{\partial X^2} P_Y^2 = \frac{\partial^2 f}{\partial X \partial Y} P_X P_Y + \frac{\partial^2 f}{\partial Y^2} P_Y^2 < 0 \tag{4.30}$$

(4.30)式为效用最大化的充分必要条件。(4.28)式的经济含义同拉格朗日乘数法一样。

四、边际效用递减规律与需求定理

需求定理指出,消费者购买商品的数量与商品价格之间具有反方向变动关系,即商品价格越高,则其需求量就越少,反之亦然。那么,商品的需求量与其价格之间为什么会有这样的关系呢? 其根源在于边际效用递减规律。假定货币的边际效用既定不变,消费者购买某商品所愿意支付的价格取决于他从中所获得的效用。效用大,愿意支付的价格就高,效用小,愿意支付的价格就低。随着消费者购买的某种物品数量的增加,该物品给消费者带来的边际效用是递减的,而货币的边际效用不变。这样,随着某种物品数量的增加,消费者购买所愿意支付的价格也在下降。

五、消费者剩余

消费者剩余是指消费者在购买商品时所愿意支付的最高货币额与他实际支付的货币额的差额。

假定每千克苹果的市场卖价为8元,1元货币的效用是10个效用单位,该消费者对苹果的购买量为3千克,他实际支付是24元,但他对第一千克苹果愿意支付的价格是12元,实际按市场价格支付是8元,所以他从第一千克苹果中获得的消费者剩余是4元钱或4元钱代表的效用为40个效用单位;对第二千克苹果他愿意付出10元钱,实际付出8元钱,所以消费第二千克苹果所获得的消费者剩余为2元钱或2元钱代表的效用为20个效用单位;买进第三千克苹果他愿意付出的价格与实际支付的价格都是8元,因而这时没有消费者剩余。

也就是说,他按每千克 8 元的价格买进 3 千克苹果的消费者剩余是 6 元钱(4＋2＝6)或 6 元钱代表的效用为 60 个效用单位。换句话说,该消费者买进 3 千克苹果的总效用 300(120＋100＋80＝300)个效用单位,为此付出的货币是 24 (8×3＝24)元,相当于 240 个效用单位,所以消费者剩余是 60(300－240＝60)个效用单位。

任务 3　无差异曲线分析与消费者均衡

一、无差异曲线

(一)概念

所谓无差异曲线是用来表示两种或两组商品的各种数量组合给予消费者以相同效用的一种曲线。如图 4.1 所示。

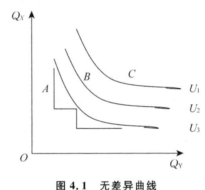

图 4.1　无差异曲线

(二)特征

(1)无差异曲线是一条由左上方向右下方倾斜的曲线,其斜率为负数。

(2)在同一坐标平面上,有无数条无差异曲线。

(3)在同一坐标平面上,任意两条不同的无差异曲线不能相交。

(4)无差异曲线是一条凸向坐标原点的曲线。这是由边际替代率递减规律决定的。

二、边际替代率

边际替代率是指某消费者在保持同等程度的满足时,增加一种商品(如 X)的数量与必须放弃的另一种商品的数量(如 Y)之间的比率。用 $\mathrm{MRS}xy$ 表示商品 X 对商品 Y 的边际替代率,则公式为:$\mathrm{MRS}xy=(Y 的减少量/X 的增加量)=\Delta Y/\Delta X$。因为 X、Y 两种商品是反方向变化的,比值为负,所以取其绝对值,以方便研究。

序数效用论用边际替代率这一概念来取代基数效用论的边际效用概念。根据边际替代率和边际效用的定义,两种商品的边际替代率之比等于它们的边际效用之比,上式也可以写成:$(\mathrm{MU}x/\mathrm{MU}y)=(\Delta\mathrm{TU}/\Delta X)/(\Delta\mathrm{TU}/\Delta Y)=(\Delta Y/\Delta X)=\mathrm{MRS}xy$。该规律表明在维持效用水平不变的前提下,随着一种商品消费数量的连续增加,消费者为得到每一单位的这种商品所需要放弃的另一种商品的消费量是递减的。边际替代率递减的原因在于,当某种商品的消费数量增加时,最后一单位商品对消费者产生的满足程度即边际效用就降低,而被替代的另一种商品由于消费数量的减少其边际效用就升高,为保持总效用不变,消费者必须不断更多地增加某一商品的数量,才能弥补因另一种商品减少而放弃的效用。可见,边际替代率递减规律是以边际效用递减规律为基础的。边际替代率的几何意义是无差异曲线的斜率,由于边际替代率递减,所以无差异曲线凸向原点。

三、消费者预算线

无差异曲线只是表示消费者主观上对两种商品不同组合的偏好。边际替代率则表示消费者对这两种商品相互替代能力的主观评价。要决定消费者对这两种商品的购买量,还必须知道与这个消费者购买行为有关的客观因素:包括这两种商品的市场价格以及消费者用于购买这两种商品的总支出。在研究消费者行为时,我们假定:(1)消费者的偏好是既定的;(2)消费者的收入是既定的;(3)商品 X 与 Y 的价格是已知的。

(一)概念与公式

消费预算线,也称可能线,它表示消费者在一定的货币收入条件下,并在一定的价格水平上,所能购买到的两种商品最大数量组合的曲线。其公式为:$Qx \cdot Px + Qy \cdot Py = M$。整理有:$Qy = (M/Py) - (Px/Py) \cdot Qx$(见图 4.2)

例:通过消费者在收入和商品价格既定的条件下,对于小麦和布料两种商品的不同消费选择推导出预算线。

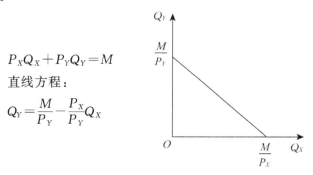

$$P_X Q_X + P_Y Q_Y = M$$
直线方程:
$$Q_Y = \frac{M}{P_Y} - \frac{P_X}{P_Y} Q_X$$

图 4.2　消费者预算线

因此,预算线的斜率等于两种商品的价格之比:$k = \dfrac{P_X}{P_Y}$。

(二)预算线的变动

(1)收入变动引起的:价格不变,收入提高,消费者所能购买的商品量将增加,表现为预算线向上平行移动。反之,向下平行移动(见图 4.3)。

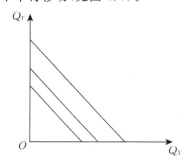

图 4.3　收入变动引起的预算线变动

（2）一种商品价格变动引起的：收入不变，一种商品价格下降，则消费者可购买的该种商品的数量增加，预算线向外旋转，反之，预算线向内旋转（见图 4.4）。

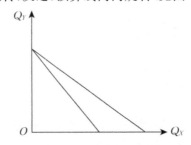

图 4.4　商品价格变动引起的预算线变动

（3）两种商品价格同时反向变动引起的：预算线整体发生扭动。

若商品 X 价格上升，商品 Y 价格下降，则预算线在横轴上的交点将沿横轴内移，而纵轴上的交点将沿纵轴外移，从而使预算线整体发生扭动。

若商品 X 价格下降，商品 Y 价格上升，则预算线在横轴上的交点将沿横轴外移，而纵轴上的交点将沿纵轴内移，从而使预算线整体发生扭动。

（4）两种商品价格同时同向变动引起的：预算线移动类似于收入变动时。

四、消费者均衡的条件

无差异曲线是从主观上表示消费者可做出多种购买选择而实现的满足程度相同，消费可能线则从客观上表示消费者能够购买到的商品数量的各种组合。消费过程就是把客观限制与主观选择结合起来决定最佳购买，实现其消费的最大满足水平。这一最佳状态，就是消费者均衡。所以，消费者均衡是指在一定收入和一定价格条件下，消费者购买最佳商品数量组合，获得最大满足的经济状态。因此，我们要研究的问题就是：消费者应买进 X 商品和 Y 商品各多少，才使他花费 M 元钱获得的效用为极大值？只有无差异曲线与消费可能线的切点所代表的 X 商品与 Y 商品的数量组合能够实现效用最大化，即实现消费者均衡。

图形如下：D 点即是消费者均衡点，此时预算线与尽可能高的无差异曲线相切（见图 4.5）。

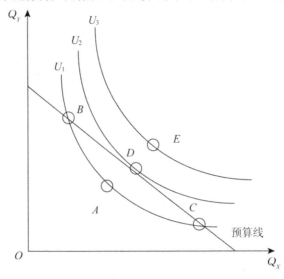

图 4.5　消费者均衡

图中的无差异曲线上, D 点的切线斜率的绝对值为两种商品的边际替代率 MRS_{XY} ,

$$\mathrm{MRS}_{XY} = \frac{\mathrm{MU}_X}{\mathrm{MU}_Y} = \frac{P_X}{P_Y}$$

因此, 均衡条件为:

$$\frac{\mathrm{MU}_X}{P_X} = \frac{\mathrm{MU}_Y}{P_Y}$$

任务4　消费者行为理论的应用

在前面的分析中, 我们是以消费者的货币收入和商品价格不变作为前提的, 但实际上, 收入和价格这两个因素都在不断地变化, 这对消费者均衡会产生很大的影响。

一、价格变动对消费者选择的影响

价格变化对消费的影响通常用价格-消费曲线来分析。

我们先用图来分析在收入不变, 价格变化的条件下, 消费者均衡点变动的情况。为了分析方便起见, 我们先假定一种商品的价格不变, 而另一种商品价格变动的情况。

在图 4.6 中, 点 C_0 为最初的均衡点, X_0 为最初均衡时的购买量。现在假定消费者的收入和 Y 商品的价格不变, X 商品的价格上升。这样, 消费可能线 AB_0, 将以点 A 为圆心顺时针方向移动到 AB_1, 并与另一条表示效用较低的无差异曲线 I_1 相切于点 C_1。点 C_1 即为 X 商品价格上升后的消费者均衡点。从均衡点的变化可以看出, 当 X 商品价格上升时, 消费者将减少对该商品的购买量, 从而减少了消费效用的满足程度。如果 X 商品的价格下降, 消费可能线 AB_0 将以点 A 为圆心逆时针方向移动到 AB_2, 并与另一条表示更高效用水平的无差异曲线 I_3 相切于点 C_2。点 C_2 即为 X 商品价格下降后的消费者均衡点, 此时, 商品购买量为 X_2。从均衡点的变动情况可以看出, 当某种商品价格下降时, 消费者将增加对该商品的购买量, 从而增加他的满足程度。根据上述原理, 也可以描述当消费者的收入和 X 商品的价格不变, Y 商品的价格上升和下降时均衡点变化的情况。我们把价格变动导致的不同均衡点联接起来所形成的曲线 (图中连结 C_1、C_0、C_2 形成曲线 PC) 叫做价格-消费曲线。它是在消费者收入不变的条件下, 如果价格发生变动时, 消费者均衡点或消费者最佳购买行为的变动趋势。

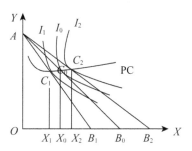

图 4.6　价格-消费曲线图

价格-消费曲线可以用来说明需求曲线是由消费者行为决定的。上图中与各个 X 商品的价格(这种价格隐含在各条消费可能线中)对应的消费者购买的 X 商品的数量(X_1,X_0,X_2),可以描绘出消费者对 X 商品的需求曲线。由此可见,用无差异曲线分析法也可以推导出表明价格与需求量成反方向变动的、向右下方倾斜的需求曲线。

二、收入变动对消费者选择的影响

收入变动对消费的影响是用收入-消费曲线来分析的。

假定在价格不变,收入水平变动的条件下,分析消费者均衡点的变化情况。在图 4.7 中,A_1B_1、A_2B_2、A_3B_3、A_4B_4 分别表示收入依次递增的消费可能线 I_1,I_2,I_3,I_4 分别表示不同收入水平下达到消费者均衡的两种商品的无差异曲线,M、N、O、P 分别表示不同收入水平下的消费者均衡点。

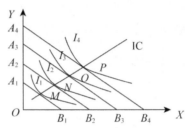

图 4.7　收入-消费均衡图

在图 4.7 中可以看出,随着收入的增加,消费者均衡点依次向原点之外推移,我们把这些均衡点连起来构成的曲线 IC 就叫收入-消费曲线。在收入-消费曲线上的任何一点,都是消费者在相应收入水平下所能选择的使自己获得最大满足程度的商品组合点。在商品价格不变的条件下,收入越多,均衡点的位置离原点越远。这表明消费者所能获得的更高效用水平的消费组合方式,或者说,消费者将获得越来越多的商品消费,这就是收入对消费的影响作用。

收入-消费曲线可以推导出恩格尔曲线,这是收入-消费曲线应用的例子,我们将在下面进行分析。

三、恩格尔曲线

恩格尔曲线是由收入—消费曲线推导而来的。它由 19 世纪德国的统计学家恩斯特·恩格尔提出,用来分析收入变化对某种商品的消费需求的影响。恩格尔曲线是表示消费者的收入和某一商品均衡购买量之间关系的曲线,如图 4.8 所示。

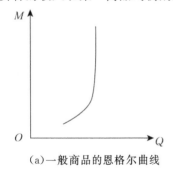

(a)一般商品的恩格尔曲线

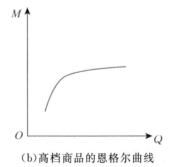

(b)高档商品的恩格尔曲线

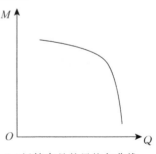

(c)抵档商品的恩格尔曲线

图 4.8　不同商品的恩格尔曲线

在图 4-8 中,横轴 Q 代表商品需求量,纵轴 M 代表收入。当收入不断增加时,消费者对商品的需求量也在不断增加,但不同商品的恩格尔曲线的变化趋势是不同的。在分析收入变动对商品的需求量变动趋势时,我们将商品分为一般商品,高档商品(也叫奢侈品)和低档商品。图 4.8(a)反映了一般商品的恩格尔曲线变化趋势,商品的消费量随着消费者收入的增加而增加,但需求量的增加速度要慢于收入的增加速度。图 4.8(b)反映了高档商品的恩格尔曲线变动趋势,商品的消费量是随着消费者收入的增加而增加,但需求量的增长速度要快于收入的增加速度。图 4.8(c)反映了低档商品的恩格尔曲线变动趋势,商品需求量则随着消费者收入的增加而不断减少。

恩格尔从长期统计资料分析中发现,随着人们收入的增加,用于食品方面的支出在全部支出中所占的比率越来越小,这被称作恩格尔定律。食物支出在全部支出中所占的比例,称为恩格尔系数。如表 4-1 所示:

表 4-1 恩格尔系数表 单位:%

家 庭 类 型	各项支出占总支出比例					
	食物	衣服	住宅	燃料	文化	合计
劳动家庭	62	16	12	5	5	100
中等家庭	55	18	12	5	10	100
富裕家庭	50	18	12	5	15	100

在表 4-1 中,食物支出随着收入的增加而减少;衣服、住宅、燃料的费用支出随着收入的增加而较小幅度增加或不变;而文化费用的支出则会随着收入的增加而较大幅度地增加。它常被用来衡量一个家庭或一个国家的生活水平与富裕程度。恩格尔系数越小,表明生活水平与富裕程度越高,相反,则表明生活水平与富裕程度越低。

恩格尔系数是衡量一个家庭生活水平高低的标志,根据联合国粮农组织提出的标准,恩格尔系数在 59% 以上为贫困,50%~59% 为温饱,40%~50% 为小康,30%~40% 为富裕,低于 30% 为最富裕。1993 年,我国城镇居民的恩格尔系数首次低于 50%。结合我国的情况,城镇居民恩格尔系数如表 4-2 所示。

表 4-2 1981—2003 年我国城镇居民家庭恩格尔系数 单位:%

1981	1982	1983	1984	1985	1986	1987	1988
58.66	59.65	60.20	57.96	52.25	52.43	53.47	51.36
1989	1990	1991	1992	1993	1994	1995	1996
52.50	52.24	51.63	50.89	49.45	47.67	48.49	46.21
1997	1998	1999	2000	2001	2002	2003	
44.5	42.9	41.9	39.2	37.9	37.7	36.5	

从表中我们可以看到:

第一,从 1981—2003 年,我国的恩格尔系数总趋势下降,符合世界经济发展的基本情况。但 1985—1989 年属于时高时低阶段,不能代表一种规律。

第二,1985—1989 年的时高时低阶段,是由于副食、烟酒以及其他食品支出比重上升的结果,粮食食品比重是不断下降的。

第三,1993 年的恩格尔系数为 49.45%,从温饱转向小康,1996 年恩格尔系数为 46.21%,相当于韩国、泰国、马来西亚 1960 年的水平。2000 年恩格尔系数为 39.2%,我国城镇居民开始步入富裕状态。

四、消费政策

消费者行为理论是以消费者具有完全的理性和完全的自由为假设前提的,但事实上,消费者既不可能有完全的理性,也不可能有完全的自由。在现实生活中,消费者由于受修养、文化、习俗、思想意识等影响,并不可能具有完全的理性,也不能自觉地来追求满足程度的最大化。他们的消费行为要受到许多因素的影响。在市场中消费者是弱小的,消费者的利益总是要受到这样或那样的损害。所以,为了指导消费者的消费行为,并保护消费者的利益,就需要有各种保护消费者的政策:

第一,确保商品的质量。应该由政府及有关组织颁布商品的最低限度的质量标准,规定任何商品都必须符合相应的质量标准,由政府的有关机构对商品进行检验。同时,要求企业把商品的成分和商品可能的效用向消费者公布,不得保密。这样使消费者能享受到合乎标准的产品。

第二,正确的宣传引导。这首先要求商品广告和商品说明书必须诚实可靠,对广告要有一定的限制,例如,烟和烈性酒等不利于健康的商品不得进行广告宣传,广告要对商品作如实地介绍,等等。其次,还要通过学校教育与其他宣传形式向公众进行有关商品效用的教育,指导消费者正确地进行消费。

第三,禁止不正确的消费。例如,禁止出售枪支和毒品,通过宣传、税收或其他强制性措施,限制烟、烈性酒、某些有刺激性药物等的销售与消费。特别是为保护未成年人的身心健康,不让未成年人消费一些不利于成长的商品,诸如禁止未成年人进入成人影院、网吧、禁止出售给未成年人一些不健康的玩具或书刊,等等。

第四,对提供某些劳务的劳动者的素质进行必要的限制。这主要是指对提供医疗服务的医生、提供法律服务的律师和提供教育服务的教师的资历和素质作出规定,并进行考核,考核合格方可从事这类职业。这样,就可以保证消费者能得到合乎标准的服务。

第五,在价格管制政策中包含的限制价格政策,也是对消费者的一种保护。这种政策可以防止消费者受到垄断厂商的剥削,并能保证社会上所有的人都得到基本生活品。如对粮食、公用事业服务、房租等商品与劳务的价格限制,在保护消费者方面,还是有一定作用的。

第六,建立"消费者协会"这类组织,保护消费者的利益。这种组织尽管是非官方的,但它可以接受消费者对产品与劳务质量、价格等方面的投诉,代表消费者向企业提出诉讼,以及通过各种形式,为保护消费者的利益服务。

我们可以通过这样一个例子,说明消费者协会出面,能够保护消费者利益。

1997 年 5 月 29 日,消费者王某到××市消费者协会投诉:他于 5 月 5 日在某仪表电器服务部购买锂电池 1 块,售价 950 元。该服务部主任李某声称是从香港进口的美国摩托罗拉原装电池。但王某在使用中发现电池效果达不到摩托罗拉原装电池的一半,怀疑是劣质商品。仅过 4 天,即与李某交涉,要求退货,却遭拒绝。王某请求市消费者协会依法调解。经市消费者协会调查落实,认为李某出售的锂电池,系以旧充新,属欺诈消费者的行为,按《消费者权益保护法》有关规定,应加倍赔偿,而李某不服,调解未果。

在市消费者协会的支持下,消费者王某向市法院递交了诉状。经市法院审理认为,经营者应当保证提供的商品在正常使用情况下应具有的质量、性能,对所售的商品不得掺杂、掺假,不得以假充真,以次充好。否则,造成他人损害的,应依法承担民事责任。被告某仪表电器服务部不能充分举证证实这块旧锂电池不是其销售给原告消费者王某的,相反本案现有证据已能证实此块旧电池是被告以旧充新售给原告的。依照《中华人民共和国民法通则》、《中华人民共和国产品质量法》和《消费者权益保护法》有关条款之规定,判决某仪表电器服务部加倍赔偿原告消费者王某经济损失 1900 元,并承担案件受理费及其他诉讼费用186 元。

这些政策措施,对保护消费者的利益,指导正确消费起到了积极作用。但是,这些政策的实施也会有不利的影响。例如政府为此要有一定的支出,企业受的限制较多会不利于生产效率的提高,等等。还有一些措施在执行中会有许多困难,效果也并不十分理想。因此,政府在消费政策方面,应有一个适度的范围。不管不行,管得太多太死也不利于消费者和整个社会。

另外,从传统的消费者行为理论来看,消费完全是个人的问题。但实际上,个人的消费对社会是有影响的。首先,个人的消费要影响社会资源的配置与利用。为了保护社会资源,尤其是某些比较稀缺的资源,就要用法律或经济手段限制某些消费。例如,用资源保护法禁止或限制人们对某些珍稀动物的捕杀与消费,用提高水价的方法来限制人们对水资源的浪费,等等。其次,个人的消费也会给社会带来一些不利的影响,对于这些消费应该进行限制。例如,小汽车的普及会使环境污染严重,交通拥挤,因此,一些国家对小汽车的消费进行必要的限制。再如,吸烟不仅不利于个人健康,也会危害他人,这就要对吸烟这种消费进行限制。最后,还应该注意个人消费对社会风尚的影响。例如,个人的某些浪费性高消费,有可能败坏社会风气,引起社会犯罪率上升。对这种高消费有必要进行限制,如对奢侈品加重税收就是限制这种高消费。

可见,个人消费不仅仅是个人问题,而且是整个社会的问题,如何既能尊重消费者的个人自由,又能维护整个社会的利益,是一个非常重要的理论与政策问题。

【案例分析】

引导案例中,中美老太太的差别主要来自于购置产业的观念的不同。美国老太太是把买房作为投资,中国老太太是把买房作为消费。美国人从小就有买房是投资的观念,中国人现在还被住房是新消费热点所误导。所以,要比较中美老太太的购房行为,先要区分消费与投资。在经济学中消费与投资是两个完全不同的概念。消费是为了获得物质或精神上的满足(即效用)。投资是为了获得收益。个人买汽车与买房子都是同样在花钱,但买车是为了满足方便交通或显示身份的需要,而买房和买股票买债券是同样的投资。在美国 GDP 统计中,买车作为消费支出中的耐用消费品支出,买房作为私人国内投资中的私人住房投资支出。更重要的是,决定消费和投资的因素是不同的。只有了解这些差别,改变中国老太太的买房观念,中国住房市场才有希望走出困境。

美国老太太把住房作为投资是与她生活的经济制度相关的。她提供劳动得到的收入分为两部分:消费与储蓄。金融制度保证了她可以把储蓄变为投资,这种投资可以是购买股票、债券,也可以是购买住房。这不同的投资形式都会给她带来收益。产权制度保证了她可以获得自己的全部投资收益,当然,也要承担投资的风险。她不能把她的钱全用于一种投资,这样做就像把所有鸡蛋放在一个篮子里一样,风险太大了。一般而言,住房投资较为稳妥,而且随房价上升,房租高昂,买房是最有利的投资形式之一。影响消费的因素主要是收入,但影响投资的主要因素是未来的收益率。当住房投资收益率高时,她借款投资就是一种理性行为。方便的金融体系为她提供了贷款,所以,她在年轻时就借款买了房,然后慢慢偿还。

中国老太太生活的环境让她不能把住房作为投资。这位老太太必定在计划经济下生活了大半辈子。在这种体制下,收入分为工资和福利。住房是作为福利分配的,她的收入中没有这种买房的部分。也许她在消费之后会有结余。但这种结余只能存在银行里作为备用消费金。计划经济下不允许个人投资。住房是作为消费品分配给居民的,但不一定每个人都能分上,这个老太太大概就由于级别不够,没有分上房。买房是消费这个观念实际上来源于计划经济。

但收入还不是决定中国老太太是否买房的关键因素。如前所述,消费是为了得到效用,取决于收入,但投资是为了得到收益,取决于未来收益的高低。如果投资的收益率足够高,借钱投资(购房)也是值得的。所以,这个老太太不买房的关键还在于投资收益问题。我们把中国老太太作为中国人的代表就可以了解为什么住房业总是走不出困境。与美国老太太相比就可以了解住房业如何走出困境。

【项目小结】

本项目是对消费者行为的分析,说明消费者在某些约束条件下如何实现效用最大化。通过本项目的学习,使学生充分了解效用、基数效用论、序数效用论、消费者均衡、消费者剩余等基本概念,理解边际效用递减规律、边际替代率递减规律的含义,能够运用边际效用分析法和无差异曲线分析法说明消费者均衡的实现,把握收入效应、替代效应与价格效应三者之间的内在联系。

【实训练习】

一、名词解释

1.边际效用递减规律　　2.消费者剩余　　3.无差异曲线　　4.边际替代率

5.消费者预算线　　6.恩格尔定律　　7.价格消费曲线

二、简答题

1.结合实际简述边际效用递减规律。

2.消费者剩余在现实生活中有何应用?

3.替代效应与收入效应有何区别?

4.钻石用处极小而价格昂贵,生命必不可少的水却非常便宜,请用边际效用理论分析。

三、计算题

1.假设某消费者日收入为1200元,他全部用来购买商品 X 与 Y。已知 $Px=20$ 元, $Py=30$ 元,该消费者的效用函数是: $U=XY$。

(1)为使获得的效用最大,该消费者应购买多少 X 商品和 Y 商品?(2)这时货币的边际效用和他获得的总效用各为多少?

（3）如果 X 商品的价格提高 20%，Y 商品价格不变，为保持原有的效用水平，该消费者的收入必须增加多少？

2.假定张、李二人每月将 40 元钱用于买饮料。张喜欢含糖饮料，李喜欢不含糖饮料。

（1）在同一坐标中画出张、李二人无差异曲线。

（2）利用边际替代率解释张、李二人无差异曲线为何不同。

（3）如果张、李二人对于所购两种饮料支付同样的价格，他们的边际替代率是否相同？为什么？

项目五 生产者行为理论之生产论

【项目目标】

1. 了解生产者和生产要素；
2. 理解生产函数、短期生产函数和长期生产函数；
3. 掌握一种可变要素生产函数的合理区域,两种可变要素的最优生产组合；
4. 理解规模报酬。

【引导案例】

案例1 ● 引进自动分拣机是好事还是坏事？ ●

近年来我国邮政行业实行信件分拣自动化,引进自动分拣机代替工人分拣信件,也就是多用资本而少用劳动。假设某邮局引进一台自动分拣机,只需一人管理,每日可以处理10万封信件。如果用人工分拣,处理10万封信件需要50个工人。在这两种情况下都实现了技术效率(技术的效率:是指在既定的投入下产出最大,或者生产既定的产出所耗费的投入最小)。但是否实现了经济效率(经济的效率:是指生产既定的产出所耗费的成本最小,或者在既定的成本下所获得的利润最大)还涉及价格。处理10万封信件,无论用什么方法,收益是相同的,但成本如何则取决于机器与人工的价格。假设一台分拣机为400万元,使用寿命10年,每年折旧为40万元,再假设利率为每年10％,每年利息为40万元,再加分拣机每年维修费与人工费5万元。这样每年使用分拣机的成本为85万元。假设每个工人工资1.4万元,50个工人共70万元,每年使用人工分拣成本为70万元。在这种情况下,使用自动分拣机实现了技术效率,但没有实现经济效率,而使用人工分拣既实现了技术效率,又实现了经济效率。近年来,我国邮政行业实行信件分拣自动化,引进自动分拣机代替工人分拣信件,从纯经济学的角度,即从技术效率和经济效率的同时实现来看,这是一件好事还是坏事？

从上面的例子中可以看出,在实现了技术效率时,是否实现了经济效率就取决于生产要素的价格。如果仅仅从企业利润最大化的角度看,可以只考虑技术效率和经济效率。这两种效率的同时实现也就是实现了资源配置效率。当然,如果从社会角度看问题,使用哪种方法还要考虑每种方法对技术进步或就业等问题的影响

(摘自 http://baike.baidu.com/view/630666.htm)

任务 1　生产和生产函数

一、生产和生产要素

上一章主要从需求方面研究市场上消费者行为,本章和下一章我们将换个角度,从供给方面来研究市场,考察生产者行为。在本章中,我们将分析厂商如何有效地组织生产,他们的生产成本如何随着投入品价格以及产量水平的变化而变化。

生产理论和成本理论是企业经营管理的关键所在。在本章中,我们首先研究厂商和生产要素,再考察生产函数并利用生产函数来研究投入与产出之间的变化关系。

（一）企业组织

要研究生产者行为,首先得理解商品和劳务的生产者。在西方经济学中,生产者又称为厂商。在我国,习惯称为企业。那么,什么是企业呢？企业就是能够做出统一的生产决策的个体经济单位,是在社会化大生产的条件下,从事生产、流通与服务等经济活动的营利性组织。在企业的发展演进中,具体包括三种组织形式：

（1）个体企业。个体企业是指个人出资兴办、完全归个人所有和个人控制的企业。这种企业在法律上称为自然人企业,是最早的也是最简单的企业组织形式。个体企业具有开设、转让与停业等手续办理简单、利润全归个人所有、经营方式灵活等优点;但缺点也很明显,如企业责任无限、规模有限和寿命有限等等。

（2）合伙制企业。合伙制企业是由两个以上的投资者共同出资,为了利润共同经营,并归若干投资者共同所有的企业。当然,合伙人出资可以是资金、实物,还可以是知识产权等。合伙制企业具有资金来源广、信用能力较大和发展余地更大等优点;但也存在产权转让困难、责任无限、规模较小等缺点。

（3）公司制企业。公司制企业是由许多人集资创办并且组成一个法人的企业。公司是法人,在法律上具有独立的人格,是能够独立承担民事责任、具有民事行为能力的组织。现代公司制企业主要包括有限责任公司和股份有限公司。现代公司制具有规模大、集资功能强、法人治理结构完善、公司管理趋于规范化和现代化等优点,所以,公司制企业是企业组织形式中比较普遍的一种形态。

（二）企业的本质

传统的微观经济学理论,把厂商的生产过程看成是一个"黑匣子",即企业被抽象成一个由投入到产出的追求利润最大化的"黑匣子"。至于企业本身的性质是什么,则是一个被忽视的问题。关于企业性质问题,西方经济学家具有不同的观点,相互之间也存在一些争论,我们在此介绍的是其中具有代表性的一种主要观点。

1937 年科斯发表开创性论著《企业的性质》,创造性地利用交易成本分析了企业与市场的关系,阐述了企业存在的原因。那么,什么是交易成本呢？简言之,交易成本是为了交换活动而耗费的成本,即为了达成契约或完成交易所需耗费的经济资源。根据科斯等人的观点,一类交易成本产生于签约时交易双方面临的偶然因素所带来的损失。这些偶然因素或者是由于事先不可能被预见而未写进契约,或者虽然能被预见到,但由于因素太多而无法写进契约。另一类交易成本是签订契约,以及监督和执行契约所花费的成本。科斯指出,企业本质是一种资源配置的机制,企业与市场是两种可以互相替代的资源配置方式。

（三）生产和生产要素

从企业的定义可以看出,企业具有两个方面的作用,即组织生产和承担风险。在此仅讨论生产方面的作用。所谓生产,是指把各种各样的经济资源（即生产要素）结合起来,使其转化为社会所需要的产品和劳务的过程。而在生产过程中使用的各种经济资源就是生产要素。生产要素是经济学中的一个基本范畴。现代西方经济学家一般认为生产要素包括劳动、土地、资本和企业家才能四种。

劳动是指劳动者在生产过程中提供的各种劳务,包括技术工人和非技术工人以及企业经理们的创造行为。土地作为生产要素范畴,是未经人类劳动改造过的各种自然资源的统称,既包括一般的可耕地和建筑用地,也包括森林、矿藏、水面、天空等。资本可表现为实物资本和货币资本,包括设备、厂房、存货等。企业家才能指企业家经营企业的组织能力、管理能力与创新能力。

二、生产函数

（一）短期和长期的含义

微观经济学中,短期是指生产者来不及调整全部生产要素的数量,至少有一种生产要素的数量是固定不变的时期。在短期内,生产要素投入可以区分为不变投入和可变投入。生产者在短期内无法进行数量调整的那部分要素投入是不变要素投入。例如机器设备、厂房等。生产者在短期内可以进行数量调整的那部分要素投入是可变要素投入。例如劳动、原材料、燃料等。长期是指所有投入的生产要素都是可以变动的时期。例如,生产者根据企业的经营状况,可以缩小或扩大生产规模,甚至还可以加入或退出一个行业的生产。由于在长期所有的要素投入量都是可变的,因而也就不存在可变要素投入和不变要素投入的区分。

在这里,我们可以看出短期和长期的划分通常以生产者能否变动全部要素投入的数量作为标准的。微观经济学常以一种可变要素的生产函数考察短期生产理论,以两种可变生产要素的生产函数考察长期生产理论。

（二）生产函数

生产函数是指在一定时期内在技术水平不变的条件下,生产中所使用的各种生产要素的数量与所能生产的最大产量之间的关系。或者说,一组既定的投入与之所能生产的最大产量之间的依存关系。生产函数可写为:$Q = f(X_1, X_2, \cdots, X_i)$。

其中,用 Q 代表产量,X_i（$i = 1, 2, \cdots, n$）代表第 i 种生产要素的投入数量。该生产函数表示在技术水平不变的条件下由 n 种生产要素投入量的一定组合所能生产的最大产量。

在经济学中,为了分析方便,常假设只使用劳动和资本两种生产要素。假定用 Q 代表产量,L 和 K 分别代表劳动和资本,简单的生产函数可表示为:$Q = f(L, K)$。

根据微观经济学短期和长期的划分,生产函数分为长期生产函数与短期生产函数两种:短期生产函数是至少有一个生产要素（一般为资本 K）无法调整（或变动）的生产函数,短期生产函数常表示为 $Q = f(L, \overline{K})$（资本固定）。长期生产函数是指所有生产要素皆可变动的生产函数,长期生产函数常表示为 $Q = f(L, K)$。

（三）生产函数的本质

（1）生产函数是在某个特定时期内考察投入和产出之间的关系，如果时间不同，生产函数也可能发生变化。

（2）生产函数取决于技术水平，每一种既定的技术水平对应着一个生产函数。

（3）生产函数所反映的产出与投入之间的关系是以一切投入要素的使用都有效率为前提的。这意味着一定的投入所得的产出是最大的，或者一定的产出其投入或成本是最低的。

（4）一定产出的要素投入量的比例是可变的，例如 L 和 K 的比例在一定范围内变化后，仍然能生产出同样多数量的产品。

三、常见生产函数

生产函数的具体形式可以是多种多样的，下面介绍经常地出现于西方经济学文献之中的三种常见的生产函数。

（一）固定替代比例生产函数

固定替代比例的生产函数，也被称为线性生产函数，也就是说，在每一产量水平上任何两种生产要素之间的替代比例都是固定的，其函数式为：$Q = a_0 + aL + bK$，其中，Q 代表产量，L 和 K 分别代表劳动和资本的投入量；方程系数都是大于零的常数。显然，与这一线性生产函数相对应的等产量曲线是一条直线。它与消费者理论中的完全替代品的无差异曲线非常相似。

（二）固定投入比例生产函数（里昂惕夫生产函数）

固定投入比例的生产函数又称里昂惕夫生产函数，指在每一个产量水平上任何一对要素投入量之间的比例都是固定的生产函数。假定生产过程中只使用劳动和资本两种要素，则里昂惕夫生产函数的一般形式为：$Q = \min\left\{\dfrac{L}{u}, \dfrac{K}{v}\right\}$

其中，Q 代表产量，L 和 K 分别表示劳动和资本的投入量，u 和 v 分别为固定的劳动和资本的生产技术系数，它们分别表示生产一单位产品所需要的固定的劳动投入量和资本投入量。

该生产函数的意义是：产量 Q 取决于 $\dfrac{L}{u}$ 和 $\dfrac{K}{v}$ 这两个比值中较小的那个，即使其中的一个比例数值较大，那也不会提高产量，因为在这里的生产被假定必须按照 L 和 K 之间的固定比例，当一种生产要素的数量不能变动时，另一种生产要素的数量再多，也不能增加产量。例如，假定我们要挖几个洞，并且挖成一个洞的唯一方法是一个人使用一把铁锹。多余的铁锹无济于事，多余的人也毫无价值。因此，能够挖成的洞的数量就是人数和铁锹数中较小的那个值。如图 5.1 所示的形状，注意，它与消费者理论中的完全互补品的无差异曲线非常相似。

（三）柯布-道格拉斯生产函数

柯布-道格拉斯生产函数是一个非常著名的生产函数，又称 C－D 函数，是由美国数学家柯布和经济学家道格拉斯根据历史统计资料，于 1928 年发表的一篇论文中提出的。该生产函数的一般形式为：

$$Q = AL^\alpha K^\beta \qquad\qquad (5.1)$$

式中 Q 代表产量，L 和 K 分别代表劳动和资本，A 表示规模参数，即表示当每种投入都使用一单位时产量是多少,它是大于零的常数。α 为劳动产出弹性,表示劳动贡献在总产量中所占的份额;β 为资本产出弹性,表示资本贡献在总产量中所占的份额,且 $0 < \alpha, \beta < 1$。也就是说,柯布-道格拉斯生产函数中的参数 α 和 β 分别表示劳动和资本在生产过程中的相对重要性。另外,如果 $\alpha + \beta = 1$,则生产为规模报酬不变的;如果 $\alpha + \beta < 1$,生产为规模报酬递减;如果 $\alpha + \beta > 1$,则生产为规模报酬递增。

【附】齐次生产函数,如果一个生产函数的每一种投入要素都增加 λ,$(\lambda > 1)$引起产量增加 λn 倍,这种函数称为齐次生产函数,称为该生产函数的齐次生产函数。$Q = f(L, K, \cdots)$ 则,齐次函数为:

$$f(\lambda L, \lambda K, \cdots) = \lambda n f(L, K, \cdots)$$

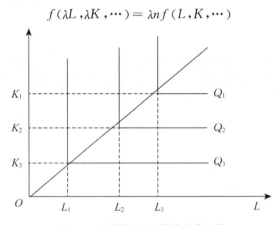

图 5.1 固定投入比例的生产函数

任务 2 短期生产中生产要素的合理投入

微观经济学通常以一种可变生产要素的生产函数考察短期生产理论,以两种可变生产要素的生产函数考察长期生产理论。这里讨论的问题是假定只有一种要素的投入是变动的,其余的生产要素的投入是固定的。我们借助于这样一种变动投入的生产函数来讨论产出变化与投入变化的关系。

假如你是一家皮鞋厂的厂长,拥有的设备是固定的,但雇佣来操作设备的劳动力是可变动的。你必须对使用多少工人生产多少皮鞋做出决策。当然,在这之前,你必须知道产量 Q 如何随着劳动 L 的变化而变化。

一、一种可变生产要素的生产函数

假设仅使用劳动和资本两种生产要素,并假设资本要素不变,劳动要素可变,则一种可变生产要素的生产函数可表示为:

$$Q = f(L, \overline{K}) \tag{5.2}$$

二、总产量函数、平均产量函数和边际产量函数

(一)总产量函数、平均产量函数、边际产量函数的定义

(1)总产量函数定义:是指短期内在某种特定生产规模下,利用一定数量的某种生产要

素(如劳动)所生产产品的全部数量,其表达式为:

$$TP_L = f(L) \tag{5.3}$$

总产量变动的特点是,初期随着可变投入的增加,总产量以递增的增长率上升,然后以递减的增长率上升,达到某一极大值后,随着可变投入的继续增加反而下降。

(2)平均产量函数:是指总产量除以生产要素(如劳动)投入量之商,即平均每一单位可变要素的产量,其计算公式为:

$$AP_L = \frac{TP}{L} \tag{5.4}$$

平均产量变动的特点是,初期随着可变要素投入的增加,平均产量不断增加,当一定点达到极大值,之后随着可变要素投入量的继续增加,转而下降。

(3)边际产量函数:是指增加一单位可变要素(如劳动)的投入所增加的产量。边际产量的计算公式为:

$$MP_L = \frac{\Delta TP}{\Delta L} \text{ 或 } MP_L = \lim_{\Delta L \to 0} \frac{\Delta TP}{\Delta L} = \frac{dTP}{dL} \tag{5.5}$$

边际产量变动的特点是,对于一种可变生产要素的生产函数来说,边际产量表现出先上升而最终下降的规律。

三、边际报酬递减规律

对于一种可变生产要素的生产函数来说,边际产量表现出先上升而最终下降的规律,称之为边际报酬递减规律,也称边际产量递减规律或边际收益递减规律。具体而言是指在技术水平不变的条件下,在连续等量的把一种可变生产要素增加到一种或几种数量不变的生产要素上去的过程中,当这种可变生产要素的投入量小于某一特定值时,增加该要素投入所带来的边际产量是递增的;当这种可变要素的投入量连续增加并超过这个特定值时,增加该要素投入所带来的边际产量是递减的。也就是说,边际报酬之所以递减是因为在任何产品的生产过程中,可变生产要素的投入量和固定要素的投入量之间都存在着一种最佳组合比例。

我们知道,土地的肥力很像一个被连续添加重量而压下的弹簧。如果重量很小而弹簧不是很有弹性,这样的尝试将会没有结果。但是,当重量超过阻力,弹簧将会被压下。当承受一定的压力之后,它又会开始阻止加于其上的额外的力量,以前加在它上边能够产生一英寸或更多的下压的力量将几乎不能将它压下一毫。所以,不断添加的重量的效果是逐渐递减的。例如,一个人在一英亩耕地上可能会生产出100蒲式耳的谷物,如果增加一个人,耕地还是一英亩,此时,可能会收获200蒲式耳谷物。在这种情况下,增加一个劳动力的边际产量就是100蒲式耳谷物。现在,在这一英亩耕地上继续追加劳动投入,每增加一个人可能会生产出更多的产量。最终,每增加一个的谷物数量劳动力而增加的谷物产量会少于100蒲式耳。在增加了4到5个劳动力后,增加的每个劳动力所导致的产量的增加将下降到90、80、70……或者甚至更少的蒲式耳。如果在这块土地上集中了数百个劳动力,那么,劳动力的增加甚至可能会引起产量下降。这和烹制肉汤一样,厨师多了反而可能使烹制出来的肉汤走味。

我们在理解边际报酬递减规律时要注意以下几点:

(1)这一规律发生作用的前提是技术水平不变,其他要素投入数量不变。

(2)这一规律是指生产中使用的生产要素分为可变的和不变的两类,即技术系数(为生产一定量某种产品所需要的各种生产要素的配合比例)是可变的。

(3)边际报酬递减规律在某点之前是不适用的,只有要素投入达到某点之后才会出现。

四、总产量函数、平均产量函数和边际产量函数相互之间的关系

(一)边际产量函数和总产量函数之间的关系

只要边际产量是正的,总产量总是增加的;只要边际产量是负的,总产量总是减少的;当边际产量为零时,总产量达最大值点。

(二)平均产量函数和总产量函数之间的关系

总产量曲线上任何一点与原点连线的斜率即相应的平均产量。

(三)边际产量函数和平均产量函数之间的关系

当 MP>AP 时,AP 曲线是上升的;当 MP<AP 时,AP 曲线是下降的;当 MP＝AP 时,AP 曲线达到极大值。

五、短期生产的三个阶段

分析一种可变要素的合理投入时,可根据产量的变化将生产过程划分为平均产量递增、平均产量递减和边际产量为负三个阶段,如图 5.2 所示。

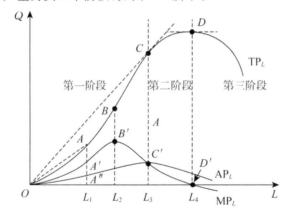

图 5.2　一种可变生产要素的生产函数的生产三阶段

第一阶段(0-L_3 阶段),可变要素投入的增加至平均产量达到最大,即平均产量是递增的;边际产量上升达到最大值,然后开始下降,但边际产量始终大于平均产量。理性的生产者不会选择减少这一阶段的劳动投入量,而会继续增加劳动投入量。

第二阶段(L_3-L_4 阶段),平均产量开始递减至边际产量为零。在此阶段,平均产量和边际产量都处于递减阶段,但总产量是增加的,且达到最大。

第三阶段(L_4 以后),总产量开始递减,边际产量为负。在此阶段,总产量开始下降,所以理性的生产者不会选择增加这一阶段的劳动投入量,而是会减少劳动投入量。

综上所述,理性的生产者不会选择第一阶段和第三阶段进行生产,必然选择在第二阶段组织生产,即只有第二阶段才是可变要素投入的合理区域。但在这一区域中,生产者究竟投入多少可变要素可生产多少,必须结合成本函数才能确定。

任务3　长期生产中生产要素的最优生产组合

我们已经讨论了只有一种要素的投入是变动的,其余的生产要素的投入是固定的情况下生产最优区域。本节主要介绍长期生产理论。在长期内,所有的生产要素的投入量都是可变的,这两种生产要素按什么比例配合最好呢?

生产要素的最优生产组合,与消费者均衡很是相似。消费者均衡研究的是消费者如何把既定的收入分配于两种产品的购买与消费上,以达到效用最大化。而生产要素的最优生产组合,是研究生产者如何把既定的成本分配于两种生产要素的购买上,以达到利润最大化。因此,研究这两个问题所采用的方式也基本相同,即边际分析法与等产量分析法。

一、两种可变生产要素的生产函数

在长期内,所有的生产要素投入量都是可变的,多种可变生产要素的长期生产函数可写为:

$$Q = f(X_1, X_2, \cdots, X_i) \tag{5.6}$$

其中,Q 代表产量,X_i($i = 1, 2, \cdots, n$)代表第 i 种可变生产要素的投入数量。该生产函数表示:长期内在技术水平不变的条件下由 n 种可变生产要素投入量的一定组合所能生产的最大产量。

假定只使用劳动和资本两种可变生产要素,则两种可变生产要素的长期生产函数可以写为:$Q = f(L, K)$,其中 Q 表示产量,L 和 K 分别代表劳动和资本。

二、等产量曲线

(一)等产量曲线的含义及特征

等产量曲线是指在技术水平不变的情况下,生产一定产量的两种生产要素投入量的各种不同组合所形成的曲线。也就是指在技术水平不变的条件下,生产同一产量的两种生产要素投入的所有不同组合点的轨迹。与等产量曲线相对应的生产函数是 $Q = f(L, K) = A$,A 表示常数,即固定的、一定的产量水平,这一函数是一个两种可变要素的生产函数。如图 5.3 所示,可以看出等产量曲线特征与无差异曲线特征很相似,具体特征如下:

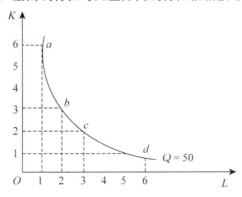

图 5.3　等产量曲线

（1）等产量曲线具有斜率为负，因为要保持产量不变，在合理投入范围内，增加一种要素的投入量，就要减少另一种要素的投入量，两种要素是互相代替的。

（2）在一个平面图中任意两条等产量曲线不能相交。

（3）一个平面图中有无数条曲线，离原点越远的等产量曲线表示的产量越大。

（4）等产量曲线凸向原点，表明在产量不变的条件下，连续等量地增加一种要素投入量，需要减少的另一种要素的数量越来越少。

（二）等产量曲线的其他类型

1.直线型等产量曲线

在技术条件不变时，两种投入要素之间可以完全替代，且替代比例为常数，此时，等产量曲线为一条直线，如图5.4所示的资本和劳动这两种完全替代投入要素的等产量线。在等产量曲线下，企业可以资本为主（如 A 点），或者以劳动为主（如 C 点），或者两者按照特定比例的任意组合（如 B 点）生产的产量。

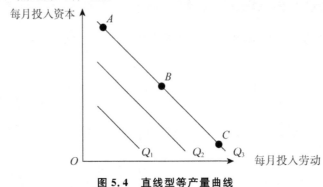

图 5.4　直线型等产量曲线

2.直角型等产量曲线

在技术条件不变时，两种投入要素只能采取一种固定比例进行生产，说明两种生产要素不能相互替代，等产量曲线呈直角型，如图5.5所示的资本和劳动采取一种固定比例进行生产的等产量线。图中等产量曲线的顶角（如 A、B、C 点）代表投入要素最优组合点。比如在 A 点，如果劳动和资本采取固定比例进行生产，假如资本 K 固定，则无论劳动 L 如何增加，产量 Q 都不会变化。同样的道理也适合于劳动固定不变的情形。只有但劳动和资本同时按固定比例增加，如图 A 点到 B 点，才会使产量 Q 增加。在这种等产量曲线中，单独增加的生产要素的边际产量为 0。

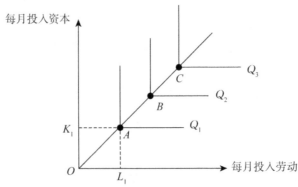

图 5.5　直角型等产量曲线

三、边际技术替代率及其递减规律

(一)边际技术替代率的含义

与等产量曲线相联系的一个概念是边际技术替代率,其英文缩写是 MRTS。一条等产量曲线表示一个既定的产量水平可以由两种可变要素的各种不同数量的组合生产出来。这意味着,生产者可以通过对两种生产要素之间的相互替代,来维持一个既定的产量水平。例如,为了生产 100 单位的某种产品,生产者可以使用较多的劳动和较少的资本,也可以使用较少的劳动和较多的资本。前者可以看成是劳动对资本的替代,后者可以看成是资本对劳动的替代。则边际技术替代率是指在保持产量水平不变的条件下,增加一个单位的某种要素投入量时所减少的另一种要素的投入数量。劳动对资本的边际技术替代率可用公式表示:

$$\text{MRTS}_{LK} = -\frac{\Delta K}{\Delta L} \tag{5.7}$$

边际技术替代率还可表示为两种要素的边际产量之比。即:$\text{MRTS}_{LK} = -\dfrac{\text{MP}_L}{\text{MP}_K}$。这是因为,边际技术替代率的概念是建立在等产量曲线的基础上的,所以,对于任意一条给定的等产量曲线来说,当用劳动投入去替代资本投入时,在维持产量水平不变的前提下,由增加劳动投入量所带来的总产量的增加量和由减少资本量所带来的总产量的减少量必定是相等的。

(二)边际技术替代率递减规律

在两种生产要素相互替代的过程中,普遍存在这么一种现象:在保持产量不变的条件下,当不断地增加一种要素投入量时,增加一单位该种要素投入所需减少的另一种要素的数量越来越少,亦即,随着一种要素投入的不断增加,一单位该种要素所能替代的另一种要素的数量是递减的。这一现象被叫做边际技术替代率递减规律。

边际技术替代率递减规律表明,当沿着等产量线向右移动时,边际技术替代率是下降的,而边际技术替代率等于等产量曲线的斜率的绝对值。这说明,等产量曲线的斜率的绝对值从左向右越来越小,因此等产量线是凸向原点的。

(三)生产的经济区间与脊线

根据等产量曲线可以确定长期生产中要素投入的合理区域。等产量曲线斜率为负值的区域属于合理的经济区域。

如图 5.6 所示,等产量曲线上各有两段的斜率为正,把每一条等产量曲线上斜率由正变负的点连拉起来得到 OA 线,把斜率由负变正的点连接起来得到 OB 线,OA 线和 OB 线被称为"脊线"。"脊线"以外的等产量曲线都是正斜率,在等产量曲线为正斜率时,不是合理的生产区域;只有"脊线"以内的等产量曲线都为负斜率时,才是合理的生产区域。

理性的厂商肯定会选择"脊线"以内的区域进行生产,而不会在"脊线"以外的区域进行生产,至于厂商到底选择经济区域内的哪一个点进行生产,还需要结合成本进行分析。

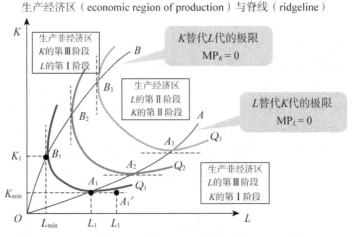

图 5.6　生产的经济区域和脊线

四、等成本线

（一）等成本线的含义

在生产要素市场上，厂商对生产要素的购买支付，构成了厂商的生产成本。成本问题是追求利润最大化的厂商必须要考虑的一个经济问题。生产论中的等成本曲线是一个和效用论中的预算线非常相似的分析工具。

等成本曲线是生产要素的价格和厂商的成本既定的条件下，厂商可以购买的两种生产要素数量最大组合所形成的曲线。如果劳动和资本的价格分别为 P_L、P_K（通常情况下也用 w 表示劳动的价格工资 P_L，用表示 r 资本的价格利息 P_K），如图 5.7 所示。资本和劳动的投入量分别为 L 和 K，总成本为 C，那么 $C = P_L L + P_K K$ 或者 $C = wL + rK$ ，该表达式称之为成本方程，也称厂商的预算限制线，表示厂商对于两种生产要素的购买不能超过它的总成本支出的限制。

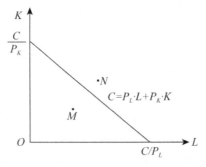

图 5.7　等成本曲线

从图中，我们可以看出，该等成本线的斜率是两种要素价格的比率，为负值。等成本线的斜率表明在不改变成本支出的情况下，两种要素相互替代的比率。截距（$\frac{C}{r}$）表明用全部的成本可以买到资本的最大数量。横轴截距（$\frac{C}{w}$）表明用全部成本可以买到劳动的最大数量。等成本线把坐标平面分为三部分：等成本线以外区域中的任何一点代表的要素组合，在既定成本下是不能实现购买的,比如 N 点。等成本线以内区域中的任何一点代表的要素组合,在既定成本下不仅能够实现购买并且还有剩余,比如 M 点。只有等成本线上的点所代表的要素组合,才能使生产者正好用光全部成本。

(二)等成本线的变动

当某种投入的要素价格发生变化时,成本线的变动具体分为四种情况:

(1)w 变化而 r 不变化时,则成本线以成本线与纵轴的交点为轴心左右旋转。

(2)w 不变化而 r 变化时,则成本线以成本线与横轴的交点为轴心左右旋转。

(3)w、r 等比例变化,则成本线平行移动。

(4)w、r 不等比例变化,则成本线非平行移动。

如果两种生产要素的价格不变,等成本线可因总成本的增加或减少而平行移动。等成本曲线的斜率就不会发生变化。在同一平面上,距离原点越远的等成本线代表成本水平越高。

如果厂商的成本或要素的价格发生变动,都会使等成本线发生变化。其变化情况依两种要素价格变化情况的不同而具体分析。

五、长期生产函数生产要素的最优组合

在长期,所有的生产要素的投入数量都是可变动的,任何一个理性的生产者都会选择最优的生产要素组合进行生产,从而实现利润的最大化。所谓生产要素的最优组合是指在既定的成本条件下的最大产量或既定产量条件下的最小成本。生产要素的最优组合也称生产者的均衡。通常情况下,研究生产者的最优组合问题是将等产量曲线和等成本线结合在一起,研究生产者是如何选择最优的生产要素组合,从而实现既定成本条件下的最大产量,或者实现既定产量条件下的最小成本。

(一)既定成本条件下的产量最大化

假是在一定的技术条件下厂商用两种可变生产要素劳动和资本生产一种产品,且劳动的价格 w 和资本的价格 r 是已知的,厂商用于购买这两种要素的全部成本 C 既定的。如果企业要以既定的成本获得最大的产量,那么,它应该如何选择最优的劳动投入量和资本投入量的组合呢? 如图 5.8(a)所示,把等成本线和等产量线画在同一个平面坐标系中,从图中我们可以确定厂商在既定成本下实现最大产量的最优要素组合,即生产的均衡点。具体讨论如下:

如图 5.8 所示,成本既定,只有唯一的等成本曲线 C_0,但可供厂商选择的产量水平有很多,画出 3 个产量水平 Q_1、Q_2、Q_3。

(1)相交。先看等产量线 Q_1,尽管与等成本线 AB 相交于 A、B 两点,但是在三条等产量线中,$Q1$ 代表产量水平最低。

(2)不相交。等产量线 Q_3 代表产量水平最高,与等成本线 C_0 不相交,处于等成本线以外的区域,表明厂商在既定成本下,不能购买到生产 Q_3 产量所需要的要素组合,因此 Q_3 代表厂商在既定成本下无法实现的产量。

(3)相切。我们再看等产量线 Q_2,它与等成本线相切与 E 点,在 E 点所代表的产量大于 Q_1 的产量,而且在 Q_2 等产量线上除了 E 点外,其他两种生产要素组合的点都在 C_0 线以外,成本大于 E 点。所以,只有在唯一的等成本线 C_0 和等产量曲线 Q_2 的相切点 E 点,才是实现既定成本条件下的最大产量的要素组合。任何更高的产量在既定成本条件下都是无法实现的,任何更低的产量都是低效率的。

为了实现既定成本条件下的最大产量,厂商必须选择最优的生产要素组合,也就是等产量线 Q_2 与等成本线相切的 E 点,在该点上,两要素的边际技术替代率等于两要素的价格比例,即:

$$\text{MRTS}_{LK} = \frac{w}{r}$$

进一步可表示为

$$\left.\begin{array}{l} \text{MRTS}_{LK} = \dfrac{\text{MP}_L}{\text{MP}_K} \\[2mm] \text{MRTS}_{LK} = \dfrac{w}{r} \end{array}\right\} \Rightarrow \boxed{\dfrac{\text{MP}_L}{w} = \dfrac{\text{MP}_K}{r}} \tag{5.8}$$

上式表示的内涵是:厂商可以通过对两要素投入量的不断调整,使得最后一个单位的成本支出用来购买哪一种生产要素所获得的边际产量都相等,从而实现既定成本条件下的最大产量。

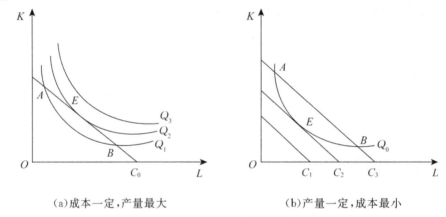

(a)成本一定,产量最大　　　　　　　(b)产量一定,成本最小

图 5.8　最优的生产要素组合

(二)既定产量条件下的成本最小化

如同生产者在既定成本条件下会力求实现最大的产量相同,生产者在既定的产量条件下也会力求实现最小的成本,这可用图 5.8(b)来说明产量一定,成本最小。

图中有唯一的等产量曲线 Q_0 和三条等成本曲线 C_1、C_2、C_3,表示在产量既定条件下,三条等成本曲线具有相同的斜率(即表示两要素的价格既定的),但代表三个不同的成本量,其中等成本线 C_3 代表的成本大于等成本线 C_2 代表的成本,等成本线 C_2 代表的成本大于等成本线 C_1 代表的成本。唯一的等产量曲线 Q_0 与其中的一条等成本曲线 C_2 相切于 E 点,这就是生产的均衡点或最优要素组合点。它表示:在既定的产量条件下,生产者应该选择 E 点的要素组合,才能实现成本最小化。

这是因为,等成本线 C_1 虽然代表的成本较低,但它与既定的等产量曲线 Q_0 既无交点也无切点,它无法实现等产量曲线 Q_0 所代表的产量。等成本线 C_3 虽然与既定的等产量曲线 Q_0 交于 A、B 两点,但它代表的成本过高,通过沿着等产量曲线 Q_0 由 A 点向 E 点或者由 B 点向 E 点的移动,都可以获得相同的产量而使成本下降。所以,只有在切点 E 点才是在既定条件下实现最小成本的要素组合。

具体而言,厂商应该选择最优的生产要素组合,使得两要素的边际技术替代率等于两要素的价格之比,从而实现既定产量条件下的最小成本。因为在均衡点 E 点上:生产等产量线切线斜率是$-\mathrm{MRTS}_{LK}$，等成本曲线的斜率是$-\dfrac{w}{r}$，所以均衡条件可表示为：

$$\mathrm{MRTS}_{LK} = \frac{w}{r}$$

进一步，为了实现既定产量条件下的最小成本，厂商应该通过对两要素投入量的不断调整，使得花费在每一种要素上的最后一单位的成本支出所带来的边际产量相等。所以，可以推导出：

$$\mathrm{MRTS}_{LK} = \frac{\mathrm{MP}_L}{\mathrm{MP}_K} = \frac{w}{r}$$

可以转化为：
$$\frac{\mathrm{MP}_L}{w} = \frac{\mathrm{MP}_K}{r}$$

同理，如果投入要素有多种，生产要素的最佳组合的公式为：

$$\frac{\mathrm{MP}_1}{P_1} = \frac{\mathrm{MP}_2}{P_2} = \frac{\mathrm{MP}_3}{P_3} = \cdots = \frac{\mathrm{MP}_n}{P_n} \tag{5.9}$$

以上就是厂商在既定产量条件下实现最小成本的两要素的最优组合原则。该原则与厂商在既定成本条件下实现最大产量的两要素的最优组合原则是相同的。

（三）利润最大化可以得到最优的生产要素组合

企业生产的目的是为了追求最大的利润。在完全竞争条件下，对厂商来说，商品的价格和生产要素都是既定的，厂商可以通过对生产要素投入量的不断调整来实现最大的利润。厂商在追求最大利润的过程中，可以得到最优的生产要素组合。

在完全竞争条件下，企业的生产函数为$Q = f(L, K)$，既定的商品的价格为P，则企业的利润函数为：

$$\pi(L, K) = P \times f(L, K) - (wL + rK)$$

一阶条件为：

$$\frac{\partial \pi(L, K)}{\partial L} = P\frac{\partial f}{\partial L} - w = 0$$

$$\frac{\partial \pi(L, K)}{\partial K} = P\frac{\partial f}{\partial K} - r = 0$$

由此：

$$P\frac{\partial f}{\partial L} = P \times MP_L = w$$

$$P\frac{\partial f}{\partial K} = P \times MP_K = r$$

即有：

$$\frac{MP_L}{w} = \frac{MP_K}{r}$$

该式子与最优生产要素组合的条件相同的。可以说明，追求利润最大化的厂商是可以得到最优的生产要素组合的。

【附】生产扩展线

在其他条件不变时，当生产的产量或成本发生变化时，企业会重新选择最优的生产要素组合，在变化了的产量条件下实现最小的成本，或在变化了的成本条件下实现最大的产量，这就涉及生产的扩展线问题。该问题主要涉及等斜线和扩展线两个概念。

(1)等斜线:是一组等产量曲线中两要素的边际技术替代率相等的点的轨迹。如图5.9所示。

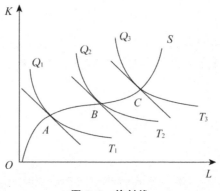

图 5.9   等斜线

(2)扩展线:是指等成本线与等产量线的切点所形成的曲线,称为生产扩展线。如图5.10所示。

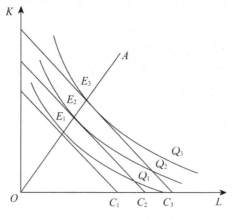

图 5.10   扩展线

扩展线表明在生产要素价格和技术水平不变的条件下,当厂商调整产量或成本时,沿着生产扩展线,选择要素投入组合,因为生产扩展线上的每一点都会使厂商得到一定产量下的最小成本或一定成本下的最大产量,所以,扩展线一定是等斜线。扩展线类型一般包括三种形状:上凹型(资本密集型)、下凹型(劳动密集型)和直线型。

任务4   规模报酬

在长期生产中,厂商对两种要素同时进行调整,引起规模改变。随着规模的变化,产量也相应发生变化,研究其变化规律,涉及规模报酬问题。所以,规模报酬分析涉及的是企业的生产规模变化与引起的产量变化之间的关系。

一、规模报酬的含义

生产规模变动与所引起的产量变化的关系即为规模报酬问题。企业生产规模的改变,一般来说是通过各种要素投入量的改变实现的,在长期中才能得到调整。

各种要素在调整过程中,可以以不同组合比例同时变动,也可以按固定比例变动。而在生产理论中,常以全部生产要素以相同的比例变化来定义企业生产规模变化,因此,所谓规模报酬是指在其他条件不变的情况下,各种生产要素按相同比例变动所引起的产量的变动。根据产量变动与投入变动之间的关系可以将厂商的规模报酬变化分为规模报酬递增、规模报酬不变和规模报酬递减三种情况。根据规模报酬的概念,应注意到几方面的问题:

第一,规模报酬分析属于长期生产理论问题;

第二,通常以全部生产要素都以相同比例发生的变化来定义企业的生产规模变化;

第三,规模报酬变化是指在其他条件不变的情况下,企业内部各种生产要素按相同比例变化时所带来的产量变化。

二、规模与产量之间变动关系的三种情况

(一)规模报酬递增

所谓规模报酬递增是指产量增加的比例大于各种生产要素增加的比例。如图 5.11 所示,当劳动和资本扩大一个很小的倍数就可以导致产出扩大很大的倍数。如图 5.11 中,当劳动和资本分别投入一个单位时,产出为 10 个单位;当生产 20 个单位产量所需要的劳动和资本投入分别小于一个单位。产出是原来的一倍,投入却不到原来的一倍。一般情况,规模报酬递增,企业规模扩大常带来生产效率的提高。而这类企业,通常:

第一,能够利用更先进的技术和机器设备等要素;

第二,企业内部分工更合理和专业化;

第三,人数较多的技术培训和具有一定规模的生产经营管理;

第四,与较低成本相联系的较大量产出(如汽车业);

第五,一个企业比多个企业更有效率(如公用事业)。

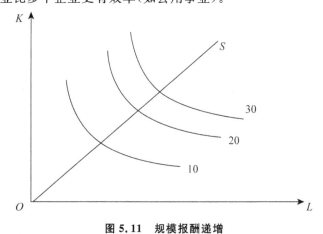

图 5.11　规模报酬递增

(二)规模报酬不变

产量增加的比例等于各种生产要素增加的比例,称之为规模报酬不变,即规模不影响生产效率。如图 5.12 所示,当劳动和资本扩大一定的倍数导致产出也增加相应的倍数。如图5.12 中,当劳动和资本分别投入一个单位时,产出为 10 个单位;当生产 20 个单位产量所需要的劳动和资本投入分别也是一个单位。投入和产出增加相同的倍数。

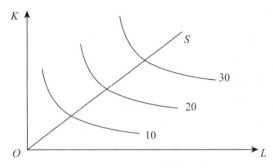

图 5.12　规模报酬不变

(三)规模报酬递减

产量增加比例小于各种生产要素增加的比例,称之为规模报酬递减,即规模过大降低了生产效率。如图 5.13 所示,当劳动和资本扩大一个很大的倍数导致产出仅仅扩大很小的倍数。如图 5.13 中,当劳动和资本分别投入一个单位时,产出为 10 个单位;当生产 20 个单位产量所需要的劳动和资本投入分别大于一个单位。产出是原来的一倍,投入却大于原来的一倍。一般情况,企业规模扩大而降低了生产效率的原因主要包括:

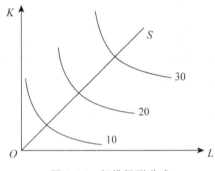

图 5.13　规模报酬递减

第一,企业家能力下降;

第二,内部合理分工遭到破坏;

第三,生产运行出现障碍;

第四,信息不畅。

【案例分析】

案例 2　● 规模经济理论 ●

从经济学说史的角度看,亚当·斯密是规模经济理论的创始人。亚当·斯密在《国民财富的性质和原因的研究》(简称《国富论》)中指出:"劳动生产上最大的增进,以及运用劳动时所表现的更大的熟练、技巧和判断力,似乎都是分工的结果。"亚当·斯密以制针工场为例,从劳动分工和专业化的角度揭示了制针工序细化之所以能提高生产率的原因在于:分工提高了每个工人的劳动技巧和熟练程度,节约了由变换工作而浪费的时间,并且有利于机器的发明和应用。由于劳动分工的基础是一定规模的批量生产,因此,亚当·斯密的理论可以说是规模经济的一种古典解释。

规模经济理论真正意义的规模经济理论起源于美国,它揭示的是大批量生产的经济性规模。典型代表人物有阿尔弗雷德·马歇尔、张伯伦、罗宾逊和贝恩等。马歇尔在《经济学原理》一书中提出："大规模生产的利益在工业上表现得最为清楚。大工厂的利益在于：专门机构的使用与改革、采购与销售、专门技术和经营管理工作的进一步划分。"马歇尔还论述了规模经济形成的两种途径，即依赖于个别企业对资源的充分有效利用、组织和经营效率的提高而形成的"内部规模经济"和依赖于多个企业之间因合理的分工与联合、合理的地区布局等所形成的"外部规模经济"。他进一步研究了规模经济报酬的变化规律，即随着生产规模的不断扩大，规模报酬将依次经过规模报酬递增、规模报酬不变和规模报酬递减三个阶段。

此外，马歇尔还发现了由"大规模"而带来的垄断问题，以及垄断对市场价格机制的破坏作用。规模经济与市场垄断之间的矛盾就是著名的"马歇尔冲突"。他说明企业规模不能无节制地扩大，否则所形成的垄断组织将使市场失去"完全竞争"的活力。之后，英国经济学家罗宾逊和美国经济学家张伯伦针对"马歇尔冲突"提出了垄断竞争的理论主张，使传统规模经济理论得到补充。

传统规模经济理论的另一个分支是马克思的规模经济理论。马克思在《资本论》第一卷中，详细分析了社会劳动生产力的发展必须以大规模的生产与协作为前提的主张。他认为，大规模生产是提高劳动生产率的有效途径，是近代工业发展的必由之路，在此基础上，"才能组织劳动的分工和结合，才能使生产资料由于大规模积聚而得到节约，才能产生那些按其物质属性来说适于共同使用的劳动资料，如机器体系等，才能使巨大的自然力为生产服务，才能使生产过程变为科学在工艺上的应用"。马克思还指出，生产规模的扩大主要是为了实现以下目的：(1)产、供、销的联合与资本的扩张；(2)降低生产成本。显然马克思的理论与马歇尔关于"外部规模经济"和"内部规模经济"论述具有异曲同工的结果。新古典经济学派则从生产的边际成本出发，认为只有当边际收益等于边际成本时，企业才能达到最佳规模。

(摘自 http://baike. baidu. com/view/630666.htm)

分析：

从上述规模经济理论历史演进，可以看出规模和效率之间存在着内在的均衡机制，规模的扩大并不一定带来经济的效率。同时也看出，规模和专业分工也是存在着内在的协调机制，专业分工的深入促进规模经济的必要条件，但不是充分条件。从案例中还可以得出规模和垄断也存在内在的制约机制，规模的扩大非常容易造成垄断程度的提高，势必造成竞争程度的下降，这也是很多国家不断出台《反垄断法》的原因。比如我国的通讯、石油等行业出现超常规的规模时，对这些大型的垄断程度较高的行业进行拆分，以增强竞争程度，以达到提高经济效率的目的。

【项目小结】

本项目要点可以归纳如下：

1.企业是指在社会化大生产条件下，从事生产、流通与服务等经济活动的营利性组织。企业分为三种：个体企业、合伙制企业与公司制企业，它们各有其特点。

2.经济学上生产要素包括：劳动、土地、资本和企业家才能。而生产函数表示在一定时间内，在技术水平不变的情况下，生产中所使用的各种生产要素与所能生产的最大产量之间的关系。

3.短期生产中生产要素的合理投入在生产阶段的第二阶段，理性的厂商将选择在这一阶段进行生产。

4.在长期生产中,任何一个理性的生产者都会选择最优的生产要素组合进行生产,从而实现利润的最大化。即在既定的成本条件下达到最大产量或既定产量条件下使成本最小。

5.在长期生产中,厂商对两种要素同时进行调整,引起规模改变。随着规模的变化,产量也相应发生变化,根据产量变动与投入变动之间的关系可以将规模报酬分为三种:规模报酬不变、规模报酬递增和规模报酬递减三种情况。

【实训练习】

一、名词解释

1.生产函数　　　　　　2.边际报酬递减规律

3.边际技术替代率　　　4.等产量线

二、简答题

1.什么是边际报酬递减规律? 这一规律发生作用条件是什么?

2.简述柯布-道格拉斯生产函数规模报酬情况。

三、论述题

1.画图说明厂商在既定成本条件下是如何实现最大产量的最优要素组合。

2.画图说明厂商在既定产量条件下是如何实现最小成本的最优要素组合。

项目六　生产者行为理论之成本论

【项目目标】

1. 掌握各种成本和利润的含义；
2. 掌握短期成本和各种短期成本之间的关系；
3. 了解各种长期成本；
4. 充分理解厂商在决策中利润最大化原则。

【引导案例】

案例1 ● **沉没成本与决策** ●

中国航空工业第一集团公司与美国麦道公司于 1992 年签订合同,合作生产 MD90 干线飞机。1997 年项目全面展开,1999 年双方合作制造的首架飞机成功试飞,2000 年第二架飞机再次成功试飞,并且两架飞机很快取得美国联邦航空局颁发的单机适航证。这显示中国在干线飞机制造和总装技术方面已达到 90 年代的国际水平,并具备了小批量生产能力。然而就在 2000 年 8 月该公司决定今后民用飞机不再发展干线飞机,而转向发展支线飞机,MD90 项目也下马了。这一决策立时引起广泛争议和反对。在就该项目展开的大讨论中,许多人反对干线飞机项目下马的一个重要理由就是,该项目已经投入数十亿元巨资,上万人倾力奉献,耗时六载,在终尝胜果之际下马造成的损失实在太大了。反对者的惋惜与痛苦心情都可以理解,但这丝毫不构成该项目应该上马的理由,因为不管该项目已经投入了多少人力、物力、财力,对于上下马的决策而言,其实都是无法挽回的沉没成本。事实上,干线项目下马完全是"前景堪忧"使然。从销路看,原打算生产 150 架飞机,到 1992 年首次签约时定为 40 架,后又于 1994 年降至 20 架,并约定由中方认购。但民航只同意购买 5 架,其余 15 架没有着落。因此,在没有市场的情况下,下马是果断而理性的最佳选择。

(摘自 http://wenku. baidu. comview9117d77e27284b73f2425047. html)

从上述案例中可以看出,如果从机会成本角度考虑,那么终止干线飞机项目的机会成本就是继续进行该项目未来可能获得的净收益(扣除新增投资后)。如果不能产生正的净收益,下马就是最好的出路。即使有了正的净收益,也还必须看其投资回报率(净收益/新增投资)是否高于厂商的平均回报。倘若低于平均回报,也应当忍痛下马。市场及技术发展瞬息万变,投资决策失误在所难免,尽可能减少沉没成本的支出无疑是所有厂商都希望的。可是,如何避免决策失误导致的沉没成本呢?这就要求厂商有一套科学的投资决策体系,要求决策者从技术、财务、市场前景和产业发展方向等方面对项目做出准确判断。更为关键的是,在投资失误已经出现的情况下如何避免将错就错。本案例中机会成本是决策相关成本,需要在决策时予以考虑,而沉没成本是决策非相关成本,应该排除在决策之外。现实经济中,骑虎难下的投资项目比比皆是,到底是继续投资还是决然退出,总是令投资决策者左右为难,其原因就在于巨大的沉没成本。

任务1　成本和成本函数

成本是经济学最基本的概念之一,它一般是指为了达到某种目的或获得某种商品所付出的代价。而企业的成本又称生产费用,是指企业所购买的生产要素的货币支出,或者说是厂商在生产商品或劳务中所支付的要素投入的费用。生产要素包括劳动、资本、土地和企业家才能,所以成本的构成为:工资、利息、地租和正常利润。

为了便于分析,本章假定生产要素的价格是给定的,即本章的分析假定:厂商处在完全竞争的生产要素市场;厂商只能被动地接受生产要素的市场价格。

应当指出的是,在经济学中,感兴趣的是影响厂商决策的成本,经济分析中的成本与财务分析的成本,含义是有区别的,所以有必要对成本进行不同角度的分类,以研究其不同性质。

一、机会成本与生产成本

西方经济学家认为,经济学是要研究一个经济社会如何对稀缺的经济资源进行合理配置的问题。从经济资源的稀缺性这一前提出发,当一个社会或一个企业用一定的经济资源生产一定数量的一种或者几种产品时,这些经济资源就不能同时被使用在其他的生产用途方面。这就是说,这个社会或这个企业所获得的一定数量的产品收入时,是以放弃用同样的经济资源来生产其他产品时所能获得的收入作为代价的。这样,就引出了机会成本的概念。

所谓机会成本就是使用一种资源的机会成本,是指把该种资源投入到某一特定的用途以后所放弃的在其他用途中所能获得的最大利益。这意味着必须利用机会成本的概念来研究厂商的生产成本。例如:当一个厂商决定将一吨原油用作燃料时,就不能再用这一吨原油生产化纤等其他产品。假定原油价格为1000元,可发电1000度,可生产化纤500吨。假定化纤收入是各种产品中最高的,则用一吨原油发电的机会成本就是一吨原油所能生产的化纤。假定化纤价格为10元每吨,则用货币表示的每一度电的机会成本是5元。

但是,在利用机会成本概念进行经济分析的时候,是需要一定前提条件的,比如:资源是稀缺的;资源具有多种用途;资源已经得到充分利用;资源可以自由流动等等。在此前提下,理解机会成本概念时仍然需要注意几个问题:

(1)机会成本不等于实际成本。它不是作出某项选择时实际支付的费用或损失,而是一种观念上的成本或损失。

(2)机会成本是厂商等做出一种选择时所放弃的其他若干种可能的选择中最好的一种。

(3)机会成本并不全是由个人选择所引起的。

这样,当厂商等做决策时,考虑的成本已经不仅仅是会计成本的概念(会计成本是厂商等从各项直接费用的支出来统计成本的)。所以,当厂商等做出任何决策时都要使收益大于或至少等于机会成本。如果机会成本大于收益,则这项决策从经济学的观点看就是不合理的。

由于经济分析的目的在于考察资源的最优配置,因而采用机会成本能够促使各种要素用于最佳的途径。当某种经济资源用于某种用途时,就会损失该资源用于其他用途可能取得收入的机会,它是一种机会损失。这种损失是厂商在生产决策时所必须要考虑的。对于经济学家来说,机会成本才是真正的成本。严格说,机会成本通常不是实际发生的资本,而是在选择资源用途时所产生的观念上的成本,这种观念上的成本影响着厂商的经营决策。

以上考虑的是每一种单项资源的机会成本,而一个厂商的经营往往需要使用多种资源。由于每一项资源都有机会成本,都会有其他不同的选择,因此,厂商经营的总成本就是实际使用的所有资源的机会成本的总和。明确起见,我们把如此计算出来的总成本称为厂商经营的生产成本或经济成本。正是这个意义上,经济学中把厂商生产某种产品的生产成本与产出该产品的机会成本视为相同的。

二、显性成本与隐性成本

在经济学中,厂商的生产成本包括显性成本与隐性成本。

（一）显性成本

显性成本(Explicit Cost),又称明显成本,是一般会计学上的成本概念,是指厂商在生产要素市场上购买或租用所需要的生产要素的实际支出,这些支出是在会计账目上作为成本项目记入账上的各项费用支出。它包括厂商支付所雇佣的管理人员和工人的工资、所借贷资金的利息、租借土地、厂房的租金以及用于购买原材料或机器设备、工具和支付交通能源费用等支出的总额,即厂商对投入要素的全部货币支付。从机会成本角度讲,这笔支出的总价格必须等于相同的生产要素用做其他用途时所能得到的最大收入,否则企业就不能购买或租用这些生产要素并保持对它们的使用权。

（二）隐性成本

隐性成本(Implicit Cost)是对厂商自己拥有的、且被用于该企业生产过程的那些生产要素所应支付的费用。这些费用并没有在企业的会计账目上反映出来,所以称为隐性成本。例如厂商将自有的房屋建筑作为厂房,在会计账目上并无租金支出,不属于显性成本。但西方经济学认为既然租用他人的房屋需要支付租金,那么当使用厂商自有房屋时,也应支付这笔租金,所不同的是这时厂商是向自己支付租金。从机会成本的角度看,隐性成本必须按照企业自有生产要素在其他最佳用途中所能得到的收入来支付,否则,厂商就会把自有生产要素转移到其他用途上,以获得更多的报酬。

（三）显性成本与隐性成本之间的关系

在一般情况下,我们把经济成本超过会计成本的那部分称为正常利润,也是厂商投入经营活动的各项资源的机会成本超过会计成本的部分,它是机会成本的一部分。在经济分析中,经济学家是把正常利润看作成本项目而计入产品的生产成本之内,正常利润是隐形成本的一个组成部分,它之所以要作为产品的一项成本,是因为从长期看,这笔报酬是使得厂商继续留在该行业的必要条件。

由此可见,在经济学分析中,生产成本是显性成本和隐性成本的总和,而会计成本只包括显性成本。

三、会计利润与经济利润

我们已经讨论了生产成本或经济成本的概念,下面可以进一步了解经济利润的概念。

一般而言,厂商的利润等于收益减成本,收益等于产量与价格的乘积,但由于成本概念不同,而使得不同的成本概念下,得到了不同的利润概念。可以利用下列公式表示不同利润之间的关系:

会计成本＝显性成本

生产成本＝机会成本

机会成本＝隐性成本＋显性成本

会计利润＝收益－会计成本(或显性成本)

经济利润＝收益－经济成本(或生产成本,或机会成本)

＝会计利润－隐性成本

从上面分析可知,由于经济成本比会计成本要大,所以经济利润就会比会计利润要小。

如前所述,正常利润包括在经济成本之中,是机会成本的一部分,当厂商的会计利润恰好等于正常利润时,其经济利润等于零。因此,厂商的利润为零,并不是说厂商没有赢利,而是它处在一种正常的经营状况之中。所以,当厂商的会计利润超过正常利润时,其经济利润为当时厂商获得了超额利润,而当厂商的会计利润低于正常利润时,这一厂商在经济学意义上就是亏损的。

总之,财务成本是实际支出成本,经济成本是应有支出成本;财务成本是厂商已发生的成本,经济成本主要用于厂商经营决策。在进行决策分析时,企业必须同时做出财务分析和经济分析。如果财务分析通过,而经济分析通不过,政府一般不会批准该决策;如果财务分析通不过而经济分析通过,政府可能会采取一些措施改善财务状况,批准该项决策。因此,经济分析合理是决策成立的必要条件,财务分析合理是决策成立的充分条件。

【附】有关经济学中成本和利润的一些细节。

(1)厂商从事一项经济活动不仅要能够弥补显性成本,而且还要能够弥补隐性成本。

(2)并不是厂商所耗费的所有成本都要列入机会成本之中。例如沉没成本(在马克思经济学中是指个别成本大于社会必要成本中的那一部分)就不列入机会成本中去。

(3)经济利润可以为正、负或零。在西方经济学中经济利润对资源配置和重新配置具有重要意义。如果某一行业存在着正的经济利润,这意味着该行业内企业的总收益超过了机会成本,生产资源的所有者将要把资源从其他行业转入这个行业中。因为他们在该行业中可能获得的收益,超过该资源的其他用途。反之,如果一个行业的经济利润为负,生产资源将要从该行业退出。经济利润是资源配置和重新配置的信号。正的经济利润是资源进入某一行业的信号;负的经济利润是资源从某一行业撤出的信号;只有经济利润为零时,企业才没有进入某一行业或从中退出的动机。

四、私人成本与社会成本

通常,在财务分析中,使用私人成本,它是厂商从事生产活动实际支出的一切成本。而在经济分析中,使用社会成本,它是整个这项生产活动需要支付的一切成本。例如:一个造纸厂将生产活动中产生的废物倒入工厂外的河中,对该厂商来说,处理废物的私人成本就是将废物排入河中的费用。但是,一旦河流遭到污染,由此而引起的一系列问题:疾病、生态被破坏等,需要其他方面支付费用进行治理,从而构成社会成本。所以,社会成本是政府制定政策,进行立法和审批项目的重要依据。

任务 2　短期成本分析

一、成本的基本分析方法

在微观经济学中,把经济分析的时期区分为短期和长期。短期和长期的划分,不是就时间的长短,而是就生产要素是否全部可变而言。所谓短期是指厂商不能根据它所达到的产量调整全部的生产要素的时间周期。在短期内,厂商只能调整部分的生产要素。生产要素投入可分为固定投入要素和可变投入要素。例如:在短期内厂商可调整原材料、燃料及生产工人的数量,而不能调整机器设备、厂房、管理人员的数量。所谓长期是指厂商可以调整全部生产要素的数量的时间周期。例如,可以调整原料、燃料和工人的数量,还可以调整厂房、设备及管理人员数量,以改变企业的生产规模。但是,不同行业不同厂商,短期与长期的时间长短是不同的。所以,短期成本有不变成本和可变成本之分;长期成本没有不变成本和可变成本之分。

上一章中知,生产理论分为短期生产理论和长期生产理论,因为成本理论是建立在生产理论的基础之上,则相应地,成本理论也分为短期成本理论和长期成本理论,则成本分析也相应地分为两类:短期成本分析和长期成本分析,本节主要讨论建立在短期生产论基础上的短期成本分析。

二、短期成本的相关概念

短期成本是在短期内厂商用于支付投入生产中的各种生产要素的费用。短期成本分为短期总成本、固定成本、变动成本等。同时还有短期平均成本、平均固定成本、平均变动成本和短期边际成本。

(一)固定成本、变动成本和短期总成本

(1)固定成本(Fixed Cost):是指那些短期内无法改变的固定投入所带来的成本,这部分成本不随产量的变化而变化。用 TFC 或 FC 来表示,一般包括厂房和资本设备的折旧费、地租、利息、财产税、广告费、保险费等项目支出。

(2)可变成本(Variable Cost):是指短期内可以改变的可变投入的成本,它随产量的变化而变化,用 TVC 或 VC 表示。例如:原材料、燃料、动力支出、雇佣工人的工资等。

(3)短期总成本(Total Cost):指短期内生产一定产量所付出的全部成本,用 TC 来表示,短期总成本等于厂商总固定成本与总变动成本之和。

(4)固定成本、变动成本和短期总成本之间的关系。

由固定成本、变动成本和短期总成本的概念可知,TFC 值不变,所以 TC 与 VC 任一点的垂直距离始终等于 TFC,且变动规律与 VC 的变动规律一致,只是不是从原点出发。TVC是产量的函数,TC 也是产量的函数。所以,总成本表达公式:

$$TC(Q) = TFC + TVC(Q) \tag{6.1}$$

(二)平均固定成本、平均变动成本和短期平均成本

(1)平均固定成本(Average Fixed Cost):是指厂商短期内平均生产每一单位产品所消

耗的固定成本。公式为：

$$AFC = \frac{TFC}{Q} \tag{6.2}$$

（2）平均可变成本（Average Variable Cost）：是指厂商短期内生产平均每一单位产品所消耗的总变动成本。公式为：

$$AVC = \frac{TVC}{Q} \tag{6.3}$$

（3）短期平均总成本（Average Total Cost）：是指厂商短期内平均生产每一单位产品所消耗的全部成本。公式为：

$$AC = \frac{TC}{Q} \tag{6.4}$$

（4）平均固定成本、平均变动成本和短期平均成本之间的关系。

由 $TC = TFC + TVC$ 可以得到：

$$AC = \frac{TC}{Q} = \frac{TFC + TVC}{Q} = \frac{TFC}{Q} + \frac{TVC}{Q} \tag{6.5}$$

即 $AC = AFC + AVC$

上式说明短期平均成本由平均固定成本和平均变动成本构成。

（三）短期边际成本

短期边际成本（Marginal Cost）是指厂商在短期内增加一单位产量所引起的总成本的增加。公式为：

$$MC = \frac{\Delta TC}{\Delta Q} \tag{6.6}$$

当 $\Delta Q \to 0$ 时，

$$MC = \lim_{\Delta Q \to 0} \frac{\Delta TC}{\Delta Q} = \frac{dTC}{dQ}$$

从公式可知：MC 是 TC 曲线上相应点的切线的斜率。

由于 $TC = FC + VC$，而 FC 始终不变，因此 MC 的变动与 FC 无关，MC 实际上等于增加单位产量所增加的可变成本。即：

$$MC = \frac{dTC}{dQ} = \frac{dVC}{dQ} （因为 dTC = dVC + dFC，而 dFC = 0）$$

三、短期成本曲线

短期成本曲线分为短期总成本曲线、固定成本曲线、变动成本曲线等。同时还有短期平均成本曲线、平均固定成本曲线、平均变动成本曲线和短期边际成本曲线。

（一）固定成本曲线、可变成本曲线和短期总成本曲线

1. 固定成本曲线

由短期固定成本的概念可知，短期固定成本不随产量的变化而变化，即使产量为 0 时，也须付出相同数量，产量增加这部分支出仍不变，因此曲线为一同水平线。如图 6.1 所示。

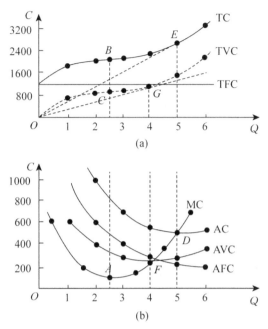

图 6.1　短期成本曲线汇总

2.可变成本曲线

可变成本是短期内可以改变的可变投入的成本,它随产量的变化而变化。当产量为零时,变动成本也为零,产量越多,变动成本也越多。是从原点开始的不断向右上方上升的曲线。变动规律:初期随着产量增加先递减上升,到一定阶段后转入递增上升。如图 6.1 所示。

3.短期总成本曲线

短期总成本等于厂商固定成本与变动成本之和。由固定成本、变动成本和短期总成本的概念可知,TFC 值不变,所以 TC 与 VC 任一点的垂直距离始终等于 TFC,且变动规律与 VC 的变动规律一致,只是不是从原点出发。TVC 是产量的函数,TC 也是产量的函数。所以,总成本表达公式:

$$TC(Q) = TFC + TVC(Q) \tag{6.7}$$

4.固定成本曲线、变动成本曲线和短期总成本曲线之间的关系

短期总成本、固定成本、变动成本的曲线形状及相互关系可以用图 6.1 说明。图中:TFC 是一条水平线,表明 TFC 与产量无关。TVC 与 TC 曲线形状完全相同,都是先以递减的速度上升,再以递增的速度上升。不同的是 TVC 的起点是原点,而 TC 的起点是 TFC 与纵坐标的交点。这是因为短期总成本是由固定成本和变动成本加总而成的,而固定成本是一常数,所以任一产量水平的 TC 与 TVC 之间的距离均为 TFC。

(二)平均固定成本曲线、平均可变成本曲线和短期平均成本曲线

1.平均固定成本曲线

由 $AFC = \dfrac{TFC}{Q}$,可知随 Q 增加,平均固定成本递减,可以得到 AFC 曲线随产量的增加一直呈下降趋势,但 AFC 曲线不会与横坐标相交,这是因为固定成本不会为零。

2.平均可变成本曲线

变动规律:初期随着产量增加而不断下降,产量增加到一定量时,AVC 达到最低点,而后随着产量继续增加,开始上升。如图 6.1 所示。

最低点的确定:从原点引一条射线与 VC 相切,切点的左边,总可变成本增长慢于产量增长,因此 VC/Q 的值是下降的。在切点的右边,总可变成本快于产量增长,因此 VC/Q 的值是上升的。在切点对应的产量上,平均可变成本达到最低点。

3. 短期平均成本曲线

由 TC＝TFC＋TVC 可以得到:

$$AC = \frac{TC}{Q} = \frac{TFC + TVC}{Q} = \frac{TFC}{Q} + \frac{TVC}{Q}$$

即 AC＝AFC＋AVC

上式说明平均成本由平均固定成本和平均变动成本构成。

变动规律:初期,随着产量的增加,不断下降,产量增加到一定量时,ATC 达到最低点,而后随着产量的继续增加,ATC 开始上升。

最低点的确定:从原点引一条射线与 TC 相切,切点的左边,总可变成本增长慢于产量增长,因此 TC/Q 的值是下降的。在切点的右边,总可变成本快于产量增长,因此 TC/Q 的值是上升的。在切点对应的产量上,平均总成本达到最低点。

这里 ATC 与 AVC 的变动规律相同,但两点不同须特别注意:

(1)ATC 一定在 AVC 的上方,两者差别在于垂直距离永远 AFC。当 Q 无穷大是,ATC 与 AVC 无限接近,但永不重合,不相交。

(2)ATC 与 AVC 最低点不在同一个产量上,而是 ATC 最低点对应的产量较大。即 AVC 已经达到最低点并开始上升时,ATC 仍在继续下降,原因在于 AFC 是不但下降的。只要 AVC 上升的数量小于 AFC 下降的数量,ATC 就仍在下降。

4. 短期边际成本曲线

$$由公式 MC = \frac{\Delta TC}{\Delta Q}$$

当 $\Delta Q \rightarrow 0$ 时,

$$MC = \lim_{\Delta Q \rightarrow 0} \frac{\Delta TC}{\Delta Q} = \frac{dTC}{dQ}$$

从公式可知:MC 是 TC 曲线上相应点的切线的斜率。

变动规律:MC 随着产量的增加,初期迅速下降,很快降至最低点,而后迅速上升,上升的速度快于 AVC、ATC。MC 的最低点在 ATC 由递减上升转入递增上升的拐点的产量上。

由于 TC＝FC＋VC,而 FC 始终不变,因此 MC 的变动与 FC 无关,MC 实际上等于增加单位产量所增加的可变成本。即:

$$MC = \frac{dTC}{dQ} = \frac{dVC}{dQ}(因为 \ dTC = dVC + dFC,而 \ dFC = 0)$$

总之,如图 6.1 所示,AC、AVC、MC 曲线都是"U"形。AC 曲线在 AVC 曲线的上方,它们之间的距离相当于 AFC,而且 MC 曲线在 AVC 曲线、AC 曲线的最低点分别与之相交,即 F、D 点。

(三)短期边际成本曲线与短期平均成本曲线、平均可变成本曲线的关系

1. 短期边际成本曲线与短期平均成本曲线

从图6.1中可以看到,短期边际成本与短期平均成本之间的关系是:当短期边际成本曲线低于短期平均成本曲线时,短期平均成本曲线下降;当短期边际成本曲线高于短期平均成本曲线时,短期平均成本上升;当短期边际成本曲线等于短期平均成本曲线时,短期平均成本曲线处于最低点 D 点,或者说,短期边际成本曲线与短期平均成本曲线相交于短期平均成本曲线的最低点。

2. 短期边际成本曲线与平均可变成本曲线

从图6.1中可以看出,短期边际成本曲线与平均变动成本的关系同短期边际成本与短期平均成本的关系一样:当短期边际成本曲线低于变动成本曲线时,变动成本曲线下降;当短期边际成本曲线高于变动成本曲线时,变动成本上升;当短期边际成本曲线等于变动成本曲线时,变动成本曲线处于最低点 F 点,或者说,短期边际成本曲线与变动成本曲线相交于变动成本曲线的最低点。

3. 停止营业点和盈亏平衡点

在图6.1中,短期边际成本曲线与短期平均成本曲线的交点 D,是平均成本的最低点,D 点称为收支相抵点,又称盈亏平衡点,此时收益和支出成本相等。短期边际成本曲线与可变成本曲线的交点 F,是平均变动成本的最低点,F 点称为停止营业点:因为如每单位产品售价等于平均变动成本时,厂商只能收回变动成本;如果平均收益低于 F 点,厂商不但不能收回固定成本,而且连变动成本都不能全部弥补,所以厂商只能停止生产。

四、短期成本变动的决定因素:边际报酬递减规律

(一)边际报酬递减规律含义

所谓边际报酬递减规律是指在技术水平和其他要素投入量不变的条件下,连续的增加一种可变生产要素的投入量,当这种可变生产要素的投入量小于某一特定数值时,增加该要素的投入量所带来的边际产量是递增的;当这种可变要素投入量连续增加并超过这一特定值时,增加该要素投入所带来的边际产量是递减的。

边际报酬递减规律是短期生产的一条基本规律,是消费者选择理论中边际效用递减法则在生产理论中的应用或转化形态。边际报酬递减规律成立的原因在于,在任何产品的生产过程中,可变生产要素与不变生产要素之间在数量上都存在一个最佳配合比例。开始时由于可变生产要素投入量小于最佳配合比例所需要的数量,随着可变生产要素投入量的逐渐增加,可变生产要素和不变生产要素的配合比例越来越接近最佳配合比例,所以,可变生产要素的边际产量是呈递增的趋势。当达到最佳配合比例后,再增加可变要素的投入,可变生产要素的边际产量就是呈递减趋势。

关于边际报酬递减规律,有以下几点需要注意:

第一,边际报酬递减规律是一个经验性的总结,但现实生活中的绝大多数生产函数似乎都符合这个规律;

第二,这一规律的前提之一是假定技术水平不变,故它不能预示技术情况发生变化时,增加一单位可变生产要素对产出的影响;

第三,这一规律的另一前提是至少有一种生产要素的数量是维持不变的,所以这个规律不适用于所有生产要素同时变动的情况,即不适用于长期生产函数;

第四,改变各种生产要素的配合比例是完全可能的,即可变技术系数。

（二）边际报酬递减规律下的短期边际产量和短期边际成本之间的对应关系

在短期生产中，由于边际报酬呈递减规律，边际产量的递增的阶段对应的是边际成本的递减阶段，边际产量的递减阶段对应的是边际成本的递增阶段，与边际产量的最大值相对应的是边际成本的最小值。所以，决定了 MC 曲线呈 U 型特征。

（三）边际报酬递减规律在短期成本函数中的体现

1.关于 MC 曲线的形状。

短期生产开始时，由于边际报酬递增的作用，增加一单位可变投入所生产的边际产量是递增的，反过来，这一阶段增加一单位产量所需的边际成本是递减的。随着变动投入的增加，当超过一定界限后，边际报酬递减规律发生作用，增加一单位可变投入所生产的边际产量是递减的，反过来，这一阶段每增加一单位产量所需要的边际成本是递增的。因此，在边际报酬递减规律作用下，MC 曲线随可变投入的增加先递减，然后增加，最终形成一条"U"形的曲线。

2.关于 TC 曲线和 TVC 曲线的形状。

考虑到 TC 曲线和 TVC 曲线的形状完全相同，在此仅就 TC 曲线的形状进行分析。MC 曲线在边际报酬递减规律作用下先降后升，而 MC 又是 TC 曲线上相应点的斜率，因此，TC 曲线的斜率也是先递减后递增的，即 TC 曲线先以递减的速度增加，再以递增的速度增加。MC 曲线的最低点则对应 TC 曲线上由递减向递增变化的拐点。

3.关于 AC、AVC 曲线的形状。

在边际报酬递减规律作用下，MC 曲线呈"U"形，随可变投入数量的增加，MC 先减小，后增加。根据边际量和平均量之间的关系，随可变投入数量的增加，MC 先减小，则相应的 AC 也减小；随着可变投入数量的进一步增加，MC 开始增加，但小于 AC 的数值，则 AC 继续减少；当 MC 继续增加，且 MC＞AC 时，AC 也开始增加。因此，在边际报酬递减规律作用下，AC 曲线也呈"U"形，但 AC 曲线的最低点晚于 MC 曲线的最低点出现。这是因为 MC 曲线经过最低点开始上升时，由于 MC＜AC，AC 曲线仍在下降。同样的道理也适用于 AVC 曲线。随着可变投入数量的增加，MC 曲线、AC 曲线、AVC 曲线最低点出现的先后顺序是 MC、AVC、AC（见图 6.1）。

五、短期产量曲线与短期成本曲线的关系

（一）由短期生产函数推导短期成本函数

由厂商短期生产函数出发，可以得到相应的短期成本函数，而且，由厂商的短期总产量曲线出发，也可以得到相应的短期总成本曲线。

假定厂商在短期内使用劳动和资本这两种要素生产一种产品，其中，劳动投入量是可变的，资本投入量是固定的，则短期生产函数为：

$$Q = f(L, K) \tag{6.8}$$

该式表示：在资本投入量固定的前提下，可变要素投入量 L 和 Q 之间存在着相互依存的对应的关系函数。这种关系可以理解为：厂商可以通过劳动投入量的调整来实现不同的产量水平。也可以反过来理解为：厂商根据不同的产量水平的要求，来确定相应的劳动的投入量。根据后一种理解，且假定要素市场上劳动的价格 w 和资本的价格 r 是给定的，则可以通过下列表达式来表示厂商在每一产量水平上的短期总成本：

$$STC = TFC + TVC = w \cdot L(Q) + r \cdot \bar{K}$$

（二）由短期总产量曲线推导短期总成本曲线

（1）短期总可变成本曲线的推导：在第四章所讨论的短期总产量曲线 TPL 上，找到与每一产量水平相应的可变要素的投入量 L，再用所得到的 L 去乘已知的劳动价格 w，便可得到每一产量水平上的可变成本 $w \cdot L(Q)$。将这种产量与可变成本的对应关系描绘在相应的平面坐标图中，即可得到短期可变成本曲线。

（2）短期总成本曲线的推导：短期总成本曲线的推导将短期可变成本曲线往上垂直平移 $r \cdot K$ 单位，即可得到短期总可变成本曲线

（三）短期成本函数与短期产量函数之间的关系

1. 平均产量与平均可变成本

$$AVC = \frac{TVC}{Q} = \frac{w \cdot L(Q)}{Q} = w \cdot \frac{1}{\dfrac{Q}{L(Q)}}$$

$$即：AVC = w \cdot \frac{1}{AP_L} \tag{6.9}$$

该式反映了平均产量与平均可变成本的关系。

首先，APL 与 AVC 成反比。当 APL 递减时，AVC 递增；当 APL 递增时，AVC 递减；当 APL 达到最大值时，AVC 最小。因此 APL 曲线的顶点对应 AVC 曲线的最低点。如图6.2所示。

第二，MC 曲线与 AVC 曲线相交于 AVC 的最低点。由于产量曲线中 MPL 曲线与 APL 曲线在 APL 曲线的顶点相交，所以 MC 曲线在 AVC 曲线的最低点与其相交。如图6.2所示。

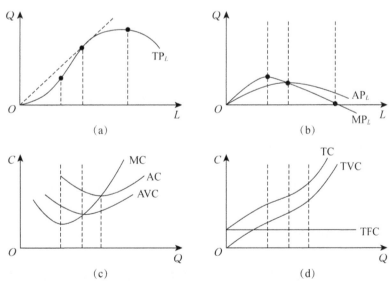

图6.2　短期生产成本和短期成本函数之间的对应关系

2. 边际产量与边际成本

由 MC 的定义得：

$$MC = \frac{dTC}{dQ} = \frac{d(w \cdot L(Q) + r \cdot \bar{k})}{dQ}$$

$$= w \cdot \frac{\mathrm{d}L(Q)}{\mathrm{d}Q} + 0$$

又因为：$\mathrm{MP}_L = \dfrac{\mathrm{d}Q}{\mathrm{d}L(Q)}$

所以：$\mathrm{MC} = w \cdot \dfrac{1}{\mathrm{MP}_L}$，那 MC 与 MP_L 成反比关系。二者的变动方向相反。由于 MP_L 曲线先上升，然后下降，所以 MC 曲线先下降，然后上升；且 MC 曲线的最低点对应 MP_L 曲线的顶点。

从上式中可看出，生产函数与成本函数存在对偶关系，可以由生产函数推导出成本函数。结合 MPL 与 MC 的关系可知：当 TPL 曲线以递增的速度上升时，TC 曲线和 TVC 曲线以递减的速度上升；当 TP_L 曲线以递减的速度上升时，TC 曲线和 TVC 曲线以递增的速度上升；TPL 曲线上的拐点对应 TC 曲线和 TVC 曲线上的拐点。如图 6.2 所示。

任务3　长期成本分析

经济学中长期是指厂商可以调整全部生产要素的数量的时间周期。在长期中，由于企业的全部投入要素均是可以变动的，所以总成本不再分为固定成本与变动成本，厂商的长期成本可以分为长期总成本、长期平均成本和长期边际成本。

为了区别短期成本和长期成本，从本部分开始，在短期总成本、短期平均成本和短期边际成本前都冠之于"S"，而在长期成本前都冠于"L"，长期总成本、长期平均成本和长期边际成本的英语缩写顺次为 LTC、LAC 和 LMC。

一、长期总成本

（一）长期总成本的含义

长期总成本是厂商在长期中在各种产量水平上通过改变生产要素的投入量所能达到的最低总成本。它反映的是理智的生产者在追求利润最大化的驱动下通过改变生产要素的投入在不同产量点上成本的最低发生额。

（二）长期总成本曲线的推导

1. 由短期总成本曲线推导长期总成本曲线

长期总成本是无数条短期总成本曲线的包络线。在短期内，对于既定的产量（例如不同数量的订单），由于生产规模不能调整，厂商只能按较高的总成本来生产既定的产量。但在长期内，厂商可以变动全部的生产要素投入量来调整生产，从而将总成本降至最低。从而长期总成本是无数条短期总成本曲线的包络线。

如图 6.3 所示，假设长期中只有三种可供选择的生产规模，分别由图中的三条 STC 曲线表示。这三条 STC 曲线都不是从原点出发，每条 STC 曲线在纵坐标上的截距也不同。从图 6.3 中看，生产规模由小到大依次为 STC_1、STC_2、STC_3。现在假定生产 Q_2 的产量。厂商面临三种选择：第一种是在 STC_1 曲线所代表的较小生产规模下进行生产，相应的总成本在 d 点；第二种是在 STC_2 曲线代表的中等生产规模下生产，相应的总成本在 b 点；第三种是在 STC_3 所代表的较大生产规模下，相应的总成本在 e 点。长期中所有的要素都可以调整，因此厂商可以通过对要素的调整选择最优生产规模,以最低的总成本生产每一产量水平。在 d、b、e 三点中 b 点代表的成本水平最低,所以长期中厂商在 STC$_2$ 曲线所代表的生产规模生产 Q_2 产量,所以 b 点在 LTC 曲线上。这里 b 点是 LTC 曲线与 STC 曲线的切点,代表着生产 Q_2 产量的最优规模和最低成本。通过对每一产量水平进行相同的分析,可以找出长期中厂商在每一产量水平上的最优生产规模和最低长期总成本,也就是可以找出无数个类似的 b(如 a、c)点,连接这些点即可得到长期总成本曲线。

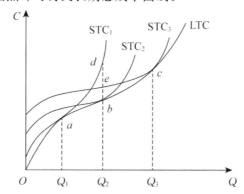

图 6.3　最优生产规模的选择和长期总成本曲线

2.由企业的扩展线推导长期总成本曲线

因为扩展线本身就表示:对于既定的产量,使成本最小的两种生产要素最佳组合投入点的轨迹。而"两种生产要素最佳组合投入"就是一个长期的概念。于是,将产量点以及对应于产量点所得到的成本点(可以通过 $W \cdot OB$ 或 $R \cdot OA$ 算出)在坐标图上描出,即可得到长期总成本 LTC 曲线

说明长期总成本曲线如何从生产扩展线中推导出来的,对理解长期成本概念很有帮助。如图 6.4 所示。

从前面的分析中可知,生产扩展线上的每一点都是最优生产要素组合,代表长期生产中某一产量的最低总成本投入组合,而且长期总成本又是指长期中各种产量水平上的最低总成本,因此可以从生产扩展线推导长期总成本曲线。

以图 6.4 中 E_1 点为例进行分析。E_1 点生产的产量水平为 50 单位,所应用的要素组合为 E_1 点所代表的劳动与资本的组合,这一组合在总成本线 A_1B_1 上,所以其成本即为 A_1B_1 所表示的成本水平,假设劳动价格为 w,则 E_1 点的成本为 $w \cdot OB_1$。将 E_1 点的产量和成本表示在图 6.4 中,即可得到长期总成本曲线上的一点。同样的道理,找出生产扩展线上每一个产量水平的最低总成本,并将其标在图 6.4 中,连接这些点即可得到 LTC 曲线。

由此可见,LTC 曲线表示厂商在长期内进行生产的最优生产规模和最低总成本。可以看出,LTC 的三个基本点:

(1)LTC 相切于与某一产量对应的最小的 STC 曲线,在切点之外,STC 都高于 STC。

(2)LTC 从原点开始,因不含固定成本。

(3)LTC 曲线先递减上升,到一定点后以递增增长率上升。

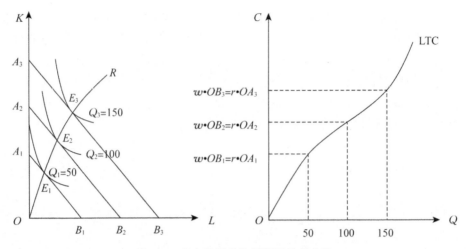

图 6.4 生产扩展线和长期总成本曲线

二、长期平均成本

（一）长期平均成本的含义

LAC 表示厂商在长期内按产量平均计算的最低总成本。

（二）长期平均成本曲线推导

1. 由长期总成本曲线推导长期平均成本曲线

把长期总成本曲线上每一点的长期总成本值除以相应的产量,便得到每一产量点上的长期平均成本值。再把每一产量和相应的长期平均成本值描绘在平面坐标图中,即可得长期平均成本曲线。

2. 由短期平均成本曲线推导长期平均成本曲线

长期平均成本是指厂商在长期内按产量平均计算的最低成本,LAC 曲线是 SAC 曲线的包络线。公式为:

$$LAC = \frac{LTC}{Q} \tag{6.10}$$

从上式可以看出 LAC 是 LTC 曲线连接相应点与原点连线的斜率。因此,可以从 LTC 曲线推导出 LAC 曲线。此外根据长期和短期的关系,也可由 SAC 曲线推导出 LAC 曲线。

在理论分析中,常假定存在无数个可供厂商选择的生产规模,从而有无数条 SAC 曲线,于是便得到如图 6.5 所示的长期平均成本曲线。

LAC 曲线是无数条 SAC 曲线的包络线。在每一个产量水平上,都有一个 LAC 与 SAC 的切点,切点对应的平均成本就是生产相应产量水平的最低平均成本,SAC 曲线所代表的生产规模则是生产该产量的最优生产规模。

应注意的基本点:

（1）LAC 曲线相切于与某一产量对应的最小的 SAC 曲线,在切点之外,SAC 高于 LAC。

（2）LAC 曲线最低点与某一特定 SAC 曲线最低点想切,其余之点,LAC 并不切于 SAC 最低点。而是 LAC 最低点左侧,相切于 SAC 最低点左侧;LAC 最低点右侧,相切于 SAC 最低点右侧。

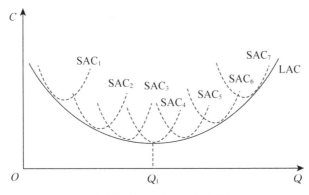

图 6.5　长期平均成本曲线

从前述内容可知,短期内,生产规模不能变动,因而厂商要做到在既定的生产规模下使平均成本降到最低。而长期决策则要在相应的产量下使成本最低,如图 6.5 中的 Q_1 产量水平。虽然从短期看用小的生产规模达到了 SAC_4 的最低点,但是它们仍高于生产这一产出水平的长期平均成本。这是因为短期内厂商仍然受到固定投入的限制,不可能使生产要素的组合比例调整到长期最低水平。只有在长期中,厂商才可能对所有投入要素进行调整,从而使它们的组合达到最优,从而达到长期平均成本最低点,因此,在其他条件相同的情况下,短期成本要高于长期成本。

长期平均成本"U"形特征是由长期生产中内在的规模经济与不经济所决定的。规模经济是指厂商由于扩大生产规模而使经济效益得到提高,此时产量增加倍数大于成本增加倍数。规模不经济是指厂商由于生产规模扩大而使经济效益下降。此时,产量增加倍数小于成本增加倍数。规模经济与规模不经济与生产理论中提到的规模报酬不同,二者区别在于前者表示在扩大生产规模时,成本变化情况,而且各种要素投入数量增加的比例可能相同也可能不同;而后者表示在扩大生产规模时,产量变化情况,并假定多种要素投入数量增加的比例是相同的。但一般说来,规模报酬递增时,对应的是规模经济阶段,规模报酬递减时,对应的是规模不经济的阶段。往往在企业生产规模由小到大扩张过程中,先出现规模经济,产量增加倍数大于成本增加倍数,因而 LAC 下降;然后再出现规模不经济,产量增加倍数小于成本增加倍数,LAC 上升。由于规模经济与规模不经济的作用,LAC 曲线呈"U"形。

3.影响长期平均成本曲线变化的因素

(1)规模经济与规模不经济。规模经济是指由于生产规模扩大而导致长期平均成本下降的情况。规模不经济是指由于企业规模扩大使得管理无效而导致长期成本上升的情况。

(2)外在经济与外在不经济。外在经济是由于厂商的生产活动所依赖的外界环境改善而产生的。外在不经济是指企业生产所依赖的外界环境日益恶化。

(3)学习效应。学习效应是指,在长期的生产过程中,企业的工人、技术人员、经理人员等可以积累起产品生产,产品的技术设计,以及管理人员方面的经验,从而导致长期平均成本的下降。

(4)范围经济。范围经济是指在相同的投入下,由一个单一的企业生产联产品比多个不同的企业分别生产这些联产品中每一个单一产品的产出水平要高。因为这种方式可以通过使多种产品共同分享生产设备或其他投入物而获得产出或成本方面的好处。

三、长期边际成本

（一）长期边际成本的含义

长期边际成本是指长期中增加一单位产量所增加的最低总成本。公式为：

$$\text{LMC} = \frac{\Delta \text{LTC}}{\Delta Q} \tag{6.11}$$

当 $\Delta Q \to 0$ 时，

$$\text{LMC} = \lim_{\Delta Q \to 0} \frac{\Delta \text{LTC}}{\Delta Q} = \frac{d\text{LTC}}{dQ}$$

（二）长期边际成本曲线的推导

1.由长期总成本曲线推导长期边际成本曲线

从上式中可以看出 LMC 是 LTC 曲线上相应点的斜率。因此可以从 LTC 曲线推导出 LMC 曲线。

2.由短期边际成本曲线推导长期边际成本曲线

（1）由长期总成本曲线是短期总成本曲线的包络线推出：对应于某一产量点，短期总成本曲线的包络线的长期总成本曲线每一点上两条曲线相切，该点的斜率相等。即 LMC ＝SMC。

（2）将每一产量点上对应的 SMC 计算来，再用一条平滑的曲线连起来，便得到一条光滑的曲线，即为长期边际成本 LMC 曲线。

3.长期边际成本曲线的形状

长期边际成本曲线呈 U 型，它与长期平均成本曲线相交于长期平均成本曲线的最低点 R。如图 6.6 所示。

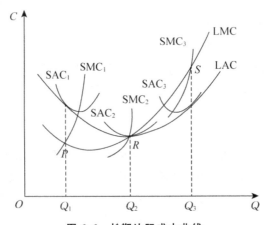

图 6.6　长期边际成本曲线

【案例分析】

案例 2 ● **IBM 公司的长期成本** ●

IBM 公司是世界上电子计算机的主要制造商，根据该公司的一项资料，公司生产某种型号计算机的长期总成本与产量之间的函数关系为 $C = 28\,303\,800 + 460\,800Q$，式中 C 为总成本，Q 为产量。问题：

(1)如果该机型的市场容量为 1000 台,并且所有企业的长期总成本函数相同,那么占有 50% 市场份额的企业比占有 20% 市场份额的企业具有多大的成本优势?

(2)长期边际成本为多少?

(3)是否存在规模经济?

分析:

(1)因为总成本 $C=28\ 303\ 800+460\ 800Q$,若 Q 为 500,则平均成本为 $(28\ 303\ 800+460\ 800\times500)\div500=517\ 408$ 美元。

若 Q 为 200,则平均成本为 $(28\ 303\ 800+460\ 800\times200)\div200=605\ 120$ 美元。

所以,占有 50% 市场份额的企业的平均成本比占有 20% 市场份额的企业低 $(605\ 120-517\ 408)\div605\ 120=14\%$。

(2)因为总成本 $C=28\ 303\ 800+460\ 800Q$,所以长期边际成本 $MC=460\ 800$ 美元。

(3)因为总成本 $C=28\ 303\ 800+460\ 800Q$,所以长期平均成本 $AC=(28\ 303\ 800+460\ 800Q)/Q=28\ 303\ 800/Q=28\ 303\ 800/Q+460\ 800$。由上式可以看出,$Q$ 越大,平均成本则越小,所以存在规模经济。

【项目小结】

本项目要点可以归纳如下:

1.本章是生产者行为理论中的成本理论,将生产要素的价格因素引入,从货币形态上分析成本,对厂商决策中的生产成本问题进行考察。本章主要包括短期成本分析和长期成本分析。

2.成本是厂商在生产商品或劳务中所支付的要素投入的费用。它包括显性成本和隐性成本。经济成本等于显性成本和隐性成本之和,经济成本也等于总机会成本。影响厂商决策的应当是经济成本,经济成本一般大于会计成本,因而经济利润小于会计利润,正常利润等于隐性成本。

3.短期成本分为短期总成本、固定成本、变动成本、短期平均成本、平均固定成本、平均变动成本和短期边际成本等,短期中边际报酬递减规律在起作用。

4.长期总成本是指厂商在长期中在各种产量水平上通过改变生产规模所能达到的最低总成本。长期总成本曲线是厂商在各种产量下最低短期总成本的轨迹,是无数条短期总成本曲线的包络线。

长期平均成本是长期中单位产量所分摊的长期总成本。长期平均成本曲线也是厂商在各种产量下最低平均成本的轨迹。长期平均成本曲线呈"U"形,主要是由长期生产的规模经济和不经济造成的。

长期边际成本是指每增加一单位的产量所增加的长期总成本。长期边际成本呈"U"形变动,长期边际成本曲线与长期平均成本曲线相交于长期平均成本的最低点,此时 $LAC=LMC$。

【实训练习】

一、名词解释

1.机会成本　　　　2.经济成本　　　　3.经济利润

4.短期成本　　　5.边际成本

二、简答题

1.说明各种短期成本曲线的形状特点。

2.短期总成本 STC 曲线和长期总成本曲线 LTC 是什么关系？

三、论述题

某厂商单位产品的成本为 10 元,其中固定成本 6 元,有人以 5 元的价格订货,他们是否应该同意？ 为什么？

项目七　市场理论

【项目目标】

1. 了解市场结构及厂商均衡理论；
2. 掌握四种市场的含义与特点；
3. 掌握各种市场条件下厂商的需求和收益规律及曲线；
4. 熟练掌握完全竞争市场上的短期均衡与长期均衡的条件。

【引导案例】

案例 1 ● 眼镜价格　你有多少水分 ●

开学不久，又是一个眼镜消费的旺季。可是眼镜的价格却让人糊涂了：这家优惠套餐，那家打 5 折；同样材质的镜架和镜片，三家店三个价格，相差几百元。学生眼镜的价格怎么会这么乱？眼镜价格中究竟有多少水分？

近日，记者在杭州多家眼镜店暗访时发现，眼镜的价格简直高得有点让人看不懂。36100 元！这只是一副镜架的价格，还不算镜片。在杭州的各大眼镜店里，像这样上万元的镜架不多，但是上千元的比比皆是。

价格四五百元一副的国产纯钛镜架是学生用得较多的一种，只能算是中低价位。以前几十元钱就能配副眼镜，现在动辄上千元了。

更让人看不懂的是眼镜店的折扣。日前，在市中心某知名眼镜店里，一位学生模样的顾客正在试眼镜。"现在我们这里的套餐很划算，有 230 元和 280 元两种。原价都要六七百元呢。"营业员很热情地介绍。一副眼镜便宜四五百元？这个价格相当于原价的 4 折左右。

在体育场路的某眼镜店，记者看到，一款上海产某品牌的镜架标价 520 元，营业员信誓旦旦地说这已是最低价了。而在旁边的眼镜店里，买一副一模一样的镜架，就可送 400 多元的镜片，价格比前面一家便宜近一半。体育场路另一家眼镜店则是全场打折，最低的是 6 折。即便是号称促销活动统一的品牌连锁店，折扣上也有不小的差异，总店说不能打折的，一家连锁店说可打 9 折，另一家连锁店则可打到 7.8 折。

那么，眼镜的价格究竟是怎么制定出来的？一副眼镜究竟有多少利润？杭州市物价局相关人士说，眼镜不属于政府指导价的商品，其价格完全由市场调节，物价局对该行业的限制只能是对之是否施行了"明码标价"进行监督。该人士认为，造成眼镜行业内的价格畸形除了和不诚信经营有关外，还和一些消费者的盲目追求名牌有关。

（资料来源：节选《钱江晚报》，2004.9）

从事某一种商品买卖的交易场所或接触点。西方经济学家通常根据市场竞争程度的强弱这一标准，从影响市场竞争程度的四个主要因素，即市场上厂商的数目；厂商之间各自提供的产品的差别程度；单个厂商对市场价格控制的程度；厂商进入或退出一个行业的难易程度，将市场划分为四类，完全竞争市场、垄断竞争市场、寡头垄断市场和完全垄断市场，如表7-1所示。

表 7-1　市场类型的划分和特征

市场类型	厂商数目	产品差别	对价格的控制程度	进出一个行业的难易程度	接近那种商品市场
完全竞争	很多	完全无差别	没有	很容易	一些农产品如玉米，小麦
垄断竞争	很多	有差别	有一些	比较容易	一些轻工业品服装、食品
寡头	几个	有差别或无差别	相当程度	比较困难	汽车、石油
垄断	唯一	惟一的产品，且无相近的替代品	很大程度但常受管制	很困难，几乎不可能	公用事业，如水、电

厂商的收益——总收益、平均收益和边际收益

1.总收益（TR—Total Revenue）

（1）定义：出售一定数量得到的全部收入，即出售产品的总卖价。

（2）公式：$TR(Q) = PQ$

2.平均收益（AR—Average Revenue）

（1）定义：销售每一单位产品销售上所获得的平均收入。

（2）公式：$AR(Q) = TR(Q)/Q$

3.边际收益（MR—Marginal Revenue）

（1）定义：指厂商每增加或减少一单位产品销售所引起总收入的变动量。

（2）公式：$MR(Q) = \Delta TR(Q)/\Delta Q$

$$或\ MR(Q) = d\,TR(Q)/dQ$$

任务1　完全竞争市场

一、完全竞争市场的特点

（一）完全竞争市场（PCM—Perfect Competition Market）的定义

完全竞争，又称纯粹竞争，是指丝毫不存在垄断因素的市场结构。

（二）PCM 的类型须具备的条件

（1）市场有众多的买者和卖者。

（2）同一行业中每个厂商生产的产品是完全无差别的、同质的。

（3）厂商进入或退出一个行业是完全自由的。

（4）任一买（卖）者都充分掌握市场信息。

二、完全竞争市场的需求曲线

(一)完全竞争市场的需求曲线

对整个行业来说,需求曲线是一条向右下方倾斜的曲线,供给曲线是一条向右上方倾斜的曲线。整个行业产品的价格就由这样的需求与供给决定。如图 7.1(a)所示。

(二)完全竞争厂商的需求曲线

完全竞争厂商的需求曲线是一条由既定市场价格水平出发的水平线。如图 7.1(b)所示。

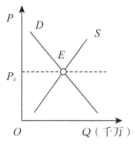 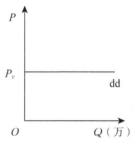

（a）完全竞争市场的需求曲线　　　　（b）完全竞争厂商的需求曲线

图 7.1　完全竞争市场与厂商的需求曲线

三、完全竞争厂商的收益曲线

(一)总收益曲线

是一条由原点出发的斜率不变的直线。

(二)平均收益和边际收益曲线

完全竞争厂商 AR 曲线,MR 曲线和需求曲线 d 三线重叠,且等于既定的市场价格 P。即 $AR = MR = P$

四、完全竞争市场的短期均衡

(一)厂商在短期内实现利润最大化的均衡条件

均衡的条件:$MR = MC$(且 MC 上升时)或 $MR = AR = MC = P$

(二)不同情况下的完全竞争厂商的短期均衡

第一种情况:平均收益大于平均总成本,即 $AR > SAC$,厂商获得超额利润。如图 7.2 所示。

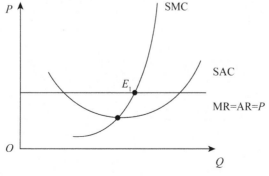

图 7.2　情况一

第二种情况：平均收益等于平均总成本,即 AR＝SAC,厂商的经济利润为零,但获得全部的正常利润,E_2 点称为盈亏相抵点。如图 7.3 所示。

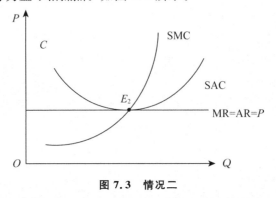

图 7.3　情况二

第三种情况：平均收益小于平均总成本,但仍大于平均可变成本,即 AVC＜AR＜SAC,厂商亏损,但继续生产。如图 7.4 所示。

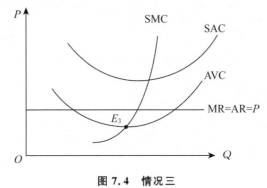

图 7.4　情况三

第四种情况：平均收益等于平均可变成本,即 AR＝AVC,厂商亏损,处于生产与不生产的临界点。其中,E_4 点 AR＝min(AVC)称为停止营业点。如图 7.5 所示。

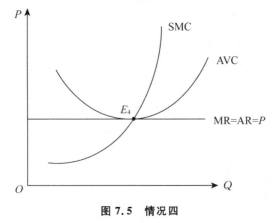

图 7.5　情况四

第五种情况:平均收益小于平均可变成本,即 AR＜AVC,厂商亏损,停止生产。如图 7.6所示。

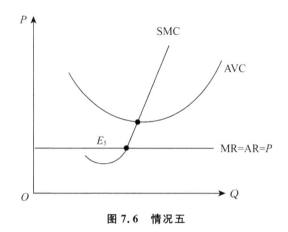

图 7.6　情况五

例：计算厂商价格。

一家自行车制造商面临一条水平的需求曲线，企业的总变动成本为：
$$TVC = 150Q - 20Q^2 + Q^3$$

问题：低于什么价格，企业就应当关厂？

解：

方法一：企业在价格等于 AVC 最低点时应该停产。

$AVC = TVC/Q = 150 - 20Q + Q^2$

AVC 最低的条件是其边际值等于零，即 $d(AVC)/dQ = 0$

对 AVC 求导数：

$d(AVC)/dQ = -20 + 2Q = 0$　　　所以　$Q = 10$（单位）

把 $Q = 10$ 代入原 AVC 的方程，可以得到，最低的 AVC $= 50$（元）

所以，如果市场价格低于 50 元，企业就应当关厂。

方法二：企业在 AVC 最低点处停产，同时利润最大化要求 $P = SMC$，所以，企业当 AVC $=$ SMC 时企业应停产（事实上，在讲边际值和平均值的关系时，我们说过，边际值必然和平均值相交于平均值的极值点）。所以有：

$SMC = 150 - 40Q + 3Q^2$　　　　　　$AVC = 150 - 20Q + Q^2$

$150 - 40Q + 3Q^2 = 150 - 20Q + Q^2$

解这个一元二次方程，可以得到：$Q = 0$ 或 $Q = 10$。

$Q = 0$ 显然不合理，把 $Q = 10$ 代入 AVC 或 SMC 方程，可以得到 $P = MC = AVC = 50$（元）。

（二）完全竞争厂商的短期供给曲线

（1）厂商的供给曲线，是指在每一种价格下，厂商所愿意并且能够提供的商品数量。

（2）厂商的短期供给曲线：是 SMC 曲线上的大于和等于 AVC 曲线最低点的部分。

（3）PCM 行业的短期供给曲线：该行业中所有厂商高于 AVC 的 MC 曲线的横向总和。

实际上，PCM 行业的短期供给曲线的弹性要小于根据个别企业原有短期供给曲线加总形成的曲线。如图 7.7 所示。

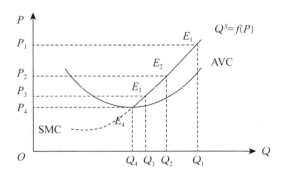

图 7.7　完全竞争厂商的短期供给曲线

五、完全竞争市场的长期均衡

（一）完全竞争厂商在长期内面临的两类选择

（1）厂商为实现利润最大化，可对最优生产规模进行调整。

（2）厂商为实现利润最大化，可选择进入或退出某一行业。

（二）完全竞争厂商的长期均衡（图 7.8）

在长期中，所有的生产要素都是可变的，完全竞争厂商可以通过对全部生产要素投入量的调整，来实现利润最大化的均衡。

在长期内，完全竞争厂商对全部生产要素的调整表现在两个方面：（1）厂商进入或退出一个行业，这也就是行业内企业数量的调整；（2）厂商对生产规模进行调整。

（1）厂商对最优生产规模进行调整——不再调整规模与产量。

（2）行业内企业数量的调整——不再有企业进入或退出。

（3）完全竞争厂商长期均衡条件（零利润均衡，即经济利润为零）：

$$MR = LMC = SMC = LAC = SAC，其中，MR = AR = P$$

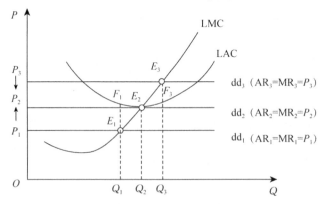

图 7.8　完全竞争厂商的长期均衡

（三）完全竞争行业的长期供给曲线

根据行业产量变化对生产要素价格变化的不同影响，完全竞争行业的长期供给曲线分为三类，即成本不变行业，成本递增行业和成本递减行业。

1. 成本不变行业的长期供给曲线

（1）是指：它的产量变化所引起的生产要素需求的变化，不对生产要素的价格发生影响。

（2）成本不变行业的长期供给曲线是一条水平线。

2.成本递增行业的长期供给曲线

（1）成本递增行业是这样一种行业，它的产量的增加所引起的生产要素的增加，会导致生产要素价格的上升。

（2）成本递增行业的长期供给曲线是一条向右上方倾斜的曲线。

3.成本递减行业的长期供给曲线

（1）成本递减行业是这样一种行业，它的产量的增加所引起的生产要素需求的增加，反而使生产要素的价格下降了。其原因是外在经济的作用。

（2）成本递减行业的长期供给曲线是一条向右下方倾斜的曲线。

（四）完全竞争市场评价

（1）长期均衡时，每个企业都在长期平均成本的最低点处生产，因此生产效率达到了最高。

（2）资源在各种产品和各企业的生产之间的配置达到最优。因为当 $P = \mathrm{LMC} = \mathrm{LAC}$ 时，无法做到增加或减少一种产品/一个企业的产量而不影响其他产品/企业的产量。

（3）生产者剩余和消费者剩余之和，即社会福利达到最大。

总之，完全竞争市场是经济学家推崇的一种最理想的市场模式。

任务2　完全垄断市场

一、完全垄断市场概论

（一）垄断的概念和条件

1.垄断的概念

垄断是指一个厂商独家控制一种产品的生产与销售，这种市场不存在丝毫竞争因素的市场结构。

2.完全垄断市场须具备的几个条件

（1）市场上只有唯一的一个售销者，企业就是行业。

（2）该厂商所售的商品没有任何相近的替代品。

（3）新厂商不能进入该市场。

（4）厂商可以根据获取利润的需要，实行差别价格。

（二）完全垄断形成的原因

（1）关键资源由一家企业拥有（垄断资源）。

（2）独家厂商拥有某种产品生产的专利权。

（3）政府的特许。

（4）自然垄断——由于一个企业能以低于两个或更多企业的成本向整个市场供给一种物品或劳务而产生的垄断或者由于规模经济需要而产生的垄断。

二、完全垄断市场的需求曲线、收益曲线以及边际收益与需求弹性的关系

（一）垄断厂商的需求曲线

垄断厂商面临的需求曲线，就是市场的需求曲线，它是一条向右下方倾斜的曲线。

（二）垄断厂商的收益曲线

1.平均收益曲线

$$AR(Q) = TR(Q)/Q = [(PQ) \cdot Q]/Q = P(Q)$$

垄断厂商的平均收益曲线和需求曲线重叠，都是同一条向右下方倾斜的曲线，表明在每一个销售量上 $AR = P$。

2.边际收益曲线

完全垄断厂商的边际收益 MR 曲线位于平均收益 AR 曲线的左下方，且 MR 曲线也向右下方倾斜的曲线。如图 7.9（a）所示。

3.总收益曲线

由于每一销售量上的 MR 值就是相应的 TR 曲线的斜率。所以 TR 曲线是先增后减的曲线，即：当 MR＞0 时，TR 曲线的斜率为正；当 MR＜0 时，TR 曲线的斜率为负；当 MR＝0 时，TR 曲线达到最大值。如图 7.9（b）所示。

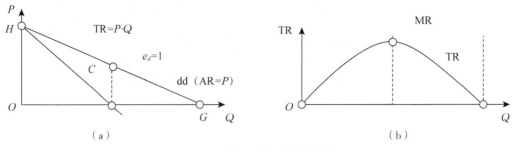

图 7.9　垄断厂商的总收益曲线

（三）边际收益与需求弹性的关系

边际收益与需求弹性的关系如图 7.10 所示。

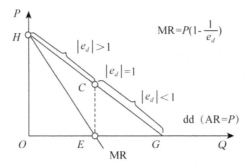

图 7.10　垄断厂商的边际收益曲线

三、完全垄断厂商的短期均衡

（一）含义

所谓完全垄断是指价格或者数量由厂商说了算的市场。

（二）条件

MR＝MC

（三）完全垄断厂商短期均衡的四种情况

完全垄断厂商短期均衡的四种情况如图 7.11～7.14 所示。

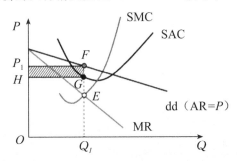

图 7.11 垄断厂商的短期均衡(1):短期内盈利

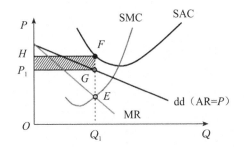

图 7.12 垄断厂商的短期均衡(2):短期内亏损

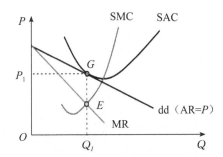

图 7.13 垄断厂商的短期均衡(3):短期内收支相抵

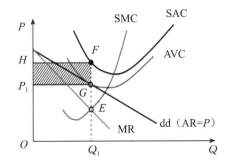

图 7.14 垄断厂商的短期均衡(4):停止营业点

四、完全垄断厂商的长期均衡

（一）垄断厂商的长期均衡的基本特征

（1）垄断厂商长期可以（通过低价多销、高价少销策略选择）调整全部生产要素的投入量，从而实现最大利润。

（2）垄断行业排除了其他厂商加入的可能性。

（二）长期均衡

完全垄断厂商的长期均衡如图7.15所示。

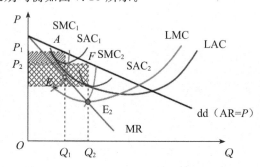

图7.15 完全垄断厂商的长期均衡

（三）对垄断市场的进一步分析

对垄断市场的进一步分析如图7.16所示。

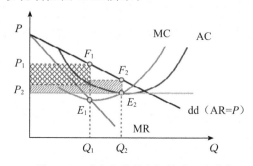

图7.16 对完全垄断市场的进一步分析

讨论：（1）把价格定在 P_2 水平上，厂商有利可图吗？他为什么不这么做呢？

（2）比较一下两个产量水平，哪个更有效率呢？

（3）E_1 与 E_2 相比，哪个状态对消费者更有利呢？

五、垄断造成的社会成本

（一）垄断造成的社会损失

（1）分配不公。

（2）福利损失。

（3）资源浪费。

（4）技术性低效率（X-非效率）。

（二）对垄断的管理

（1）对垄断企业征税。

(2)对市场结构进行控制。

(3)政府对价格进行控制。

(4)规定产量。

六、垄断的差别价格

(一)差别价格(或价格歧视)

指垄断者在同一时间内对同一成本的产品向不同的购买者收取不同的价格,或是对不同成本的产品向不同的购买者收取相同的价格。

(二)类型

1.垄断者的市场分割(三级差别价格,third－degree price discrimination)

(1)定义:指垄断者把不同类型的购买者分割开来,形成各个子市场,然后把总销量分配到各个子市场出售,根据各子市场的需求价格弹性分别制定不同的销售价格。

(2)市场分割的两个条件

第一,垄断者能够把不同市场或市场的各个子市场有效分割开来。

第二,各个子市场或消费团体具有不同的需求价格弹性。

(3)市场分割条件下厂商均衡的条件

例:假定两个独立的市场,其平均收益函数或需求函数分别为 $ar_1(q_1)$ 和 $ar_2(q_2)$;边际收益函数分别为 $mr_1(q_1)$ 和 $mr_2(q_2)$;q_1、q_2 是两个市场的销售量,即 $Q=q_1+q_2$。

其边际成本函数为 $MC(Q)$。

均衡条件:$MC(Q)=mr_1(q_1)=mr_2(q_2)$

2.二级差别价格(second－degree price discrimination)

指垄断者对某一特定的消费者,按其购买商品数量不同制定不同的价格。

3.完全差别价格(first－degree price discrimination)

指垄断者根据每一个消费者每买进一单位的产品愿意并且能够支付的最高价格来逐个确定每单位产品销售价格的方法。

任务3　垄断竞争市场

1993 年,美国的爱德华·黑斯廷斯·张伯伦出版了《垄断竞争理论》一书,这部重要的著作将以前分离的垄断理论和竞争理论结合在一起,并且试图解释既不是完全竞争也不是完全垄断的一系列情形。张伯伦认为,大多数市场价格实际上是由垄断因素和竞争因素共同决定的。经过详细分析,他得出了这样一个重要结论:在垄断竞争情形下,价格将不可避免地要比不完全竞争情形高,而生产的规模将不可避免地要比不完全竞争情形小。

一、垄断竞争市场的特点

(1)企业数量多:每个企业的市场份额都很小,单个企业的行为不会影响市场。

(2)产品有差别:这是垄断竞争市场的一个关键特点。正因为产品有差别,所以每个企业都能吸引一些特定的消费者,从而对消费者有一定的垄断力量;但同时,产品之间又具有不同程度的替代性,从而有一定的竞争。

(3)无进退壁垒:企业进出市场是自由的,因此垄断竞争市场上企业之间的竞争还是很强的。

(4)厂商对价格略有影响力。

二、垄断竞争厂商的需求曲线

(一)主观需求曲线与实际需求曲线(如图 7.17 所示)

(1)厂商主观需求曲线(d)是一条表示厂商变动价格,而其它厂商价格保持不变时,厂商的销售量随它的价格变动而变动的需求曲线。

(2)厂商实际需求曲线(D)是一条表示厂商变动价格时其他厂商也对价格作同样变动时,厂商的销售量随价格变动而变动的需求曲线。

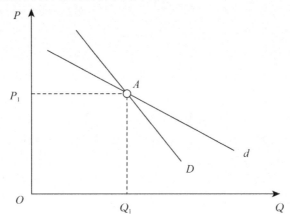

图 7.17 厂商的主观需求曲线和实际需求曲线

(二)主观需求曲线与实际需求曲线之间的关系

(1)当垄断竞争生产集团内的所有厂商都以相同价格改变产品价格时,整个市场价格的变化会使得单个垄断竞争厂商的 d 需求曲线的位置沿着 D 需求曲线上下平移。

(2)由于 d 需求曲线表示单个垄断竞争厂商单独改变价格时所预期的产量,D 需求曲线表示每个垄断竞争厂商在每一市场价格水平实际所面临的市场需求量,所以,d 需求曲线和 D 需求曲线相交意味着垄断竞争市场的供求相等状态。

(3)d 需求曲线的弹性大于 D 需求曲线的弹性。

因为:①当生产集团内所有厂商都以相同方式改变产品价格时,整个市场价格的变化沿着 D 需求曲线;

②d 需求曲线和 D 需求曲线相交意味着垄断竞争市场的供求相等状态;

③d 需求曲线的弹性大于 D 需求曲线,即前者更平坦一些。

三、垄断竞争条件下的均衡

(一)垄断竞争厂商的短期均衡(如图 7.18 所示)

(1)含义:利润最大或亏损最小。

(2)条件:MC=MR。

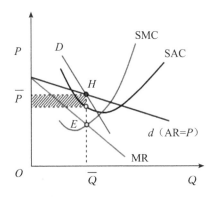

图 7.18 垄断竞争厂商的短期均衡

（二）垄断竞争厂商的长期均衡（如图 7.19 所示）

（1）含义：获得正常利润的一种状况。

（2）条件：MR＝LMC＝SMC

AR＝LAC＝SAC。

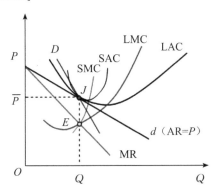

图 7.19 垄断竞争厂商的长期均衡

四、垄断竞争厂商的竞争策略

（一）价格竞争

关于垄断竞争厂商的产品竞争策略有很多，这里重点介绍新产品价格策略：

（1）高价格风险策略：这种价格策略是指以高于或等于生产成本加平均利润的价格定价，这种策略是利用消费者或用户求新的心理动机，在新产品上市初期故意将价格定得很高，能迅速取得经济效益，收回开发新产品的投资，给消费者货真价实的感觉。但它不利于打开销路，占领市场，还容易吸引更多的企业生产这种利润可观的产品。

（2）低价格渗透策略：即以低于生产成本加平均利润的价格定价，这种价格策略是利用消费者求廉的心理，把新产品价格订得低些，待产品在市场站稳后再逐步提价。低价格渗透策略能够迅速扩大市场占有率，吸引更多的消费者。让同行感到利润率不高，不积极仿制，使产品保持竞争优势。

（3）满意合理的价格策略：这是介于高价格风险策略和低价格渗透策略之间的一种定价策略。一般新产品广泛采用此策略定价，它既能适应消费者的购买能力，使消费者享有物美价廉的实惠，又可使产品生产者、经营者获得一定的效益。

（二）产品差异化——同一产品有不同之处

（1）技术创新：提高产品质量、增加新的功能、开发新的更新换代的产品、新设计、新包装等。比如等离子彩电等。（客观差异）

（2）广告和各种促销活动：史玉柱的脑白金（主观差异），所谓"造名"。（主观差异）

（3）服务竞争：比如完善的售后服务系统。

（4）产品的经济空间不同。

（5）主观评价不同。

五、垄断竞争的优缺点

（一）缺点

价格较高、产量较低。

（二）优点

垄断竞争市场产品是多种多样的，可以满足消费者的不同偏好；有利于技术创新。

任务4   寡头垄断市场

一、寡头垄断市场的特点

寡头垄断是指少数厂商垄断了某一行业的市场，控制了这一行业的供给，其产量在该行业总供给中占有很大比重的市场结构。其形成条件包括：

（1）企业数量少：市场上的企业数量很少，每个企业的市场份额都比较高，因此在市场上都具有影响力。

（2）产品有差别或者同质：如果产品是同质的，这种寡头市场叫纯寡头垄断市场，比如钢铁、铝、水泥等原材料行业的寡头垄断就属于这种类型；如果产品是有差别的，则叫差别寡头垄断市场，如汽车、彩电等市场。

（3）存在明显的进退壁垒：进退壁垒的存在阻止了其他企业的进入，从而使得企业数量不多。

（4）企业行为相互影响：这是寡头垄断市场上的一个关键的特征。在寡头垄断市场上，每个企业在决策时都会考虑自己决策对其他企业的影响，反之亦然，其带来的问题就是企业的行为有时无法预测。分析这种相互影响的行为的有力工具就是博弈论。

二、古诺模型

（一）古诺模型的定义

古诺模型是早期的寡头模型。它是由法国经济学家古诺于 1838 年提出的。古诺模型通常被作为寡头理论分析的出发点。古诺模型是一个只有两个寡头厂商的简单模型，该模型也被称为"双寡模型"。古诺模型的结论可以很容易地推广到三个或三个以上的寡头厂商的情况中去。如图 7.20、7.21、7.22 所示。

（二）古诺模型的假设

古诺模型的假定是：市场上只有 A、B 两个厂商生产和销售相同的产品，他们的生产成本为零；他们共同面临的市场的需求曲线是线性的，A、B 两个厂商都准确地了解市场的需求曲线；A、B 两个厂商都是在已知对方产量的情况下，各自确定能够给自己带来最大利润的产量，即每一个厂商都是消极地以自己的产量去适应对方已确定的产量。

（三）古诺模型中厂商的产量选择

A 厂商的均衡产量为：$OQ(1/2-1/8-1/32-\cdots\cdots)=1/3\,OQ$

B 厂商的均衡产量为：$OQ(1/4+1/16+1/64+\cdots\cdots)=1/3\,OQ$

行业的均衡总产量为：$1/3\,OQ+1/3\,OQ=2/3\,OQ$

（四）古诺模型结论的推广

以上双头古诺模型的结论可以推广。令寡头厂商的数量为 m，则可以得到一般的结论如下：

每个寡头厂商的均衡产量＝市场总容量/$(m+1)$

行业的均衡总产量＝市场总容量 $\cdot\ m/(m+1)$

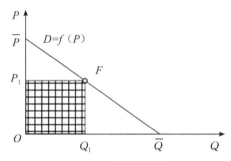

图 7.20　古诺模型图解（1）

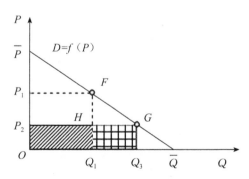

图 7.21　古诺模型图解（2）

A 寡头	$\frac{1}{2}$		$\frac{3}{8}$		$\frac{11}{32}$	
B 寡头		$\frac{1}{4}$		$\frac{5}{16}$		$\frac{21}{64}$
A 寡头	$\frac{1}{2}$	$-\frac{1}{8}$		$-\frac{1}{32}$	$-\frac{1}{128}$	
B 寡头		$\frac{1}{4}$	$+\frac{1}{16}$		$+\frac{1}{64}$	

图 7.22　古诺模型图解（3）

三、斯威齐模型

斯威齐模型也被称为弯折的需求曲线模型。该模型由美国经济学家斯威齐于1939年提出的用来说明寡头市场的价格刚性的寡头垄断模型。

（一）假设条件

该模型的基本假设条件是：如果一个寡头厂商提高价格，行业中的其他寡头厂商都不会跟着改变自己的价格，因而提价的寡头厂商的销售量的减少是很多的；如果一个寡头厂商降低价格，行业中的其他寡头厂商会将价格下降到相同的水平，以避免销售份额的减少，因而该寡头厂商的销售量的增加是很有限的。

（二）斯威齐模型的应用

在FG之间有多条边际成本曲线，它们都可以同MR不连续部分相交，这表明在空隙边际成本有较大变动范围，在这范围之内厂商可以保持价格不变，因而价格是有刚性。

（三）对斯威齐模型的评价

此模型对价格刚性作了一定解释，但由于不跟涨的假设在现实中难以成立，也由于对如何确定已定的价格没有作出解释，因此受到经济学家批评，因而只能是关于寡头定价模型。如图7.23所示。

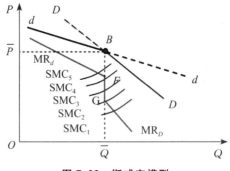

图7.23　斯威齐模型

四、寡头卡特尔

（一）概念

卡特尔是在寡头垄断市场上企业通过明确的、公开的协议而形成的联合体（联盟）。如欧佩克、德贝尔钻石卡特尔。而到目前为止，历史上存在时间最长的卡特尔是1878年至1939年的国际碘卡特尔，当时，所有的销售都通过伦敦的一个中央卡特尔办公室来进行，这就防止了成员之间的欺诈。

OPEC（石油输出国组织）是1960年9月由5个主要石油输出国——伊朗、伊拉克、科威特、沙特和委内瑞拉设立。它的目的就是通过限制每个国家的石油输出数量，达到提高石油价格的目的。但实际上，各成员国因为配额分配、提交幅度等不同，而经常争吵。后来随着俄罗斯石油输出、英国北海石油开采，OPEC对世界石油市场的影响力有所削弱。

德贝尔钻石卡特尔成立于1934年，它控制了80%的钻石市场，是世界上最大的钻石销售代理。它一直在努力地维持钻石价格不会下降。只要新矿开采出来，德贝尔就给予它们足够的市场份额，以致它们同意通过德贝尔销售钻石，并接受德贝尔的产量控制系统。如果有成员企业试图独立行动,它就会压制该企业生产的钻石的价格,迫使企业重返德贝尔。例如,当坦桑尼亚决定独立行动时,德贝尔就压制坦桑尼亚所生产的那种质量的钻石的价格,逼迫坦桑尼亚重新加入德贝尔。

（二）类型

1. 价格卡特尔

这是最常见和最基本的卡特尔形式。卡特尔维持某一特定价格:垄断高价、在不景气时的稳定价格或者降价以排挤非卡特尔企业。

2. 数量卡特尔

卡特尔对生产量和销售量进行控制,以降低市场供给,最终使价格上升。

3. 销售条件卡特尔

对销售条件如回扣、支付条件、售后服务等在协定中进行规定的卡特尔。

4. 技术卡特尔

典型形式是专利联营,即成员企业相互提供专利、相互自由使用专利,但不允许非成员企业使用这些专利的卡特尔。

5. 辛迪加

一种特殊的统一销售卡特尔,指成员企业共同出资设立销售公司,实行统一销售,或者卡特尔将所有成员企业的产品都买下,然后统一销售。比如德贝尔钻石卡特尔。

（三）卡特尔的建立

要在某个市场上形成卡特尔,至少需要以下三个条件:

第一,卡特尔必须具有提高行业价格的能力。只有在预计卡特尔会提高价格并将其维持在高水平的情况下,企业才会有加入的积极性。这种能力的大小,与卡特尔面临的需求价格弹性有关,弹性越小,卡特尔提价的能力越强。

第二,卡特尔成员被政府惩罚的预期较低。只有当成员预期不会被政府抓住并遭到严厉惩罚时,卡特尔才会形成,因为巨额预期罚金将使得卡特尔的预期价值下降。

第三,设定和执行卡特尔协定的组织成本必须较低。使组织成本保持在低水平的因素有:a. 涉及的厂商数目较少;b. 行业高度集中;c. 所有的厂商生产几乎完全相同的产品;d. 行业协会的存在。

a、b 两因素降低了卡特尔的谈判和协调成本,同时,高度集中使少数几家厂商就能控制整个市场,从而才能使价格保持较高水平。d 因素行业协会的作用主要是为市场上主要厂商的会面、协调、谈判提供更多的合法机会。为什么需要有 c 因素即产品同质呢?如果卡特尔成员产品之间差异较大,那么为了反映这种差异,价格必然会有所差异,这样使成员之间为达成统一价格增加了障碍;而且即使达成协定,成员厂商的欺骗行为也不易察觉,因为成员厂商可以把自己的降价归因于自己的产品与其他产品的差异上,或者提高产品差别,虽仍保持价格不变,但实际上吸引了更多顾客,是一种变相降价。反之,如果产品几乎同质,厂商之间就很容易形成一个单一价格,而且成员的欺骗行为也较容易察觉。

（四）卡特尔的决策

卡特尔在决策时就像一个垄断企业一样,根据整个卡特尔所面临的需求曲线和总成本曲线,使得 $MR = MC$,确定出最优的总产量和相应的价格,然后在成员企业之间分配这个总产量,同时指令成员企业执行卡特尔制定的价格。而分配产量的原则与多工厂生产时企业分配产量的原则一样:使得每个成员企业的边际成本相等。

(五)卡特尔的不稳定性

主要有两个因素导致卡特尔具有天然的不稳定性:

第一,潜在进入者的威胁:一旦卡特尔把价格维持在较高水平,那么就会吸引新企业进入这个市场,而新企业进入后,可以通过降价扩大市场份额,此时卡特尔要想继续维持原来的高价就很不容易了。

第二,卡特尔内部成员所具有的欺骗动机:这是一个典型的"囚徒困境",给定其他企业的生产数量和价格都不变,那么一个成员企业偷偷地增加产量将会获得额外的巨大好处,这会激励成员企业偷偷增加产量,如果每个成员企业都偷偷增加产量,显然市场总供给大量增加,市场价格必然下降,卡特尔限产提价的努力将瓦解。如果卡特尔不能有效解决这个问题,最终将导致卡特尔的解体。事实上,经济学家研究得出,世界上卡特尔的平均存续期间约为 6.6 年,最短的两年就瓦解了。

此外,随着各国政府反垄断法的实施,卡特尔也可能因为违反了政府法律而被迫解体,也正因为如此,许多卡特尔都是国际性卡特尔,以规避国内的反垄断法。也可从博弈论角度分析这种不稳定性。因为(欺骗,欺骗)是一个纳什均衡。

【案例分析】

根据经济学原理,完全竞争的市场可以形成使资源最优配置的价格。换句话说,如果不存在垄断、外部性以及信息不对称等市场失灵问题,资源的有效配置完全可以通过市场机制的运行来实现。《钱江晚报》的一项有关眼镜价格的调查说明,由于信息的不对称,导致了资源的低效配置。

作为商品,眼镜的特殊性主要表现在:(1)由于近视患者对眼镜的依赖性,决定了眼镜属于需求弹性较小的商品;(2)眼镜由镜片和镜架两种互补商品组成,除了佩戴的舒适性要求外,消费者对眼镜(尤其是镜架)存在装饰性的需求;(3)由于缺乏识别手段,消费者很难判断眼镜质量(特别是镜架)的优劣;(4)对消费者而言,眼镜属于"耐用"消费品,一旦购买,使用期较长,短期内不存在再选择的问题(也就是说,即使此次消费"被骗",也不可能通过重新选择来淘汰这个销售眼镜的经销商)。眼镜经销商正是利用眼镜的这些特殊性,在眼镜市场中通过不正当的手段,蒙骗消费者,以获取暴利。

一位负责杭州某眼镜店进货的经营者向记者介绍了一副 170 元的眼镜是如何翻到上千元的。步骤如下:第一步,进货。经销商到产地按照镜片 50 元、镜架 120 元(合计 170 元)进货。第二步,包装运输。出货方按照买主要求对镜片和镜架进行按类别重新包装,几角钱的包装纸加上运输成本,经销商会给这个环节计算大概眼镜本价的 50%～200% 成本。第三步,重新贴牌。材料进店后,根据消费者的偏好进行贴牌,或干脆贴一个谁也看不懂的英文标贴(这也许就是不少所谓"进口"眼镜的来源)。贴牌和不贴牌的眼镜材料价格会有 50%～200% 的差价。第四步,上柜成交。这时的眼镜已经是"面目全非",玻璃柜台里的眼镜配各种灯光显得尤其高档。加上房租、人工、税收后,其价格一般都会再翻上 200%。简单计算一下,经过经销商的几番"忙活",眼镜的价格最终定在 680～2020 元左右。

通过分析不难发现,眼镜经销商高价卖出眼镜的获利法宝无不与眼镜的特殊性相关。

其一,根据经济学原理,弹性小的商品提高价格有利于厂商收益水平的提高,反之,则收益下降。不过,对于弹性小的商品,如果市场竞争是充分的,厂商试图通过提高价格来增加收益是不容易的(除非通过限产)。

其二,眼镜市场应该属于垄断竞争市场,厂商之间生产有差别的产品,市场中有较多的厂商展开竞争。差别经营是经营者在市场竞争中获胜的手段之一,通过差别经营,增加其商品的垄断性,利于经营者对所经营的商品制订较高的价格。这种差别经营包括产品的质量、销售地点、品牌和服务等。由于眼镜佩戴的装饰性,消费者对品牌有独特的要求。根据这一特点,为迎合消费者的偏好,眼镜经销商通过贴不同的标签进行"品牌差别"经营。而由于信息的缺失,消费者无法对眼镜的"性价比"进行比较。消费者目前没有正当的途径来获取信息,或者即便有,也由于获取信息的成本过高,而放弃获取信息的权力。

其三,由于眼镜的"耐用性",经销商也许认为通过诚信经营拉来"回头客"不是其近期的目标。因此,从目前的眼镜市场来看,经销商似乎不需要价格诚信。这无疑也应该是眼镜卖价高的原因之一。

【项目小结】

1.西方经济学家通常根据市场竞争程度的强弱这一标准,从影响市场竞争程度的四个主要因素,即市场上厂商的数目;厂商之间各自提供的产品的差别程度;单个厂商对市场价格控制的程度;厂商进入或退出一个行业的难易程度,将市场划分为四类,完全竞争市场、垄断竞争市场、寡头垄断市场和完全垄断市场。

2.完全竞争市场,又称纯粹竞争,是指丝毫不存在垄断因素的市场结构。完全竞争市场总收益曲线是一条由原点出发的斜率不变的直线;完全竞争厂商 AR 曲线,MR 曲线和需求曲线 d 三线重叠,且等于既定的市场价格 P,即 $AR = MR = P$;完全竞争市场的均衡条件:$MR = MC$(且 MC 上升时)或 $MR = AR = MC = P$。

3.完全垄断市场,是指一个厂商独家控制一种产品的生产与销售,这种市场不存在丝毫竞争因素的市场结构。垄断厂商的平均收益曲线和需求曲线重叠,都是同一条向右下方倾斜的曲线,表明在每一个销售量上 $AR = P$;完全垄断厂商的边际收益 MR 曲线位于平均收益 AR 曲线的左下方,且 MR 曲线也向右下方倾斜的曲线;总收益曲线——由于每一销售量上的 MR 值就是相应的 TR 曲线的斜率。所以 TR 曲线是先增后减的曲线,即:当 $MR > 0$ 时,TR 曲线的斜率为正;当 $MR < 0$ 时,TR 曲线的斜率为负;当 $MR = 0$ 时,TR 曲线达到最大值。

4.古诺模型是一个只有两个寡头厂商的简单模型,该模型也被称为"双寡模型"。古诺模型的假定是:市场上只有 A、B 两个厂商生产和销售相同的产品,他们的生产成本为零;他们共同面临的市场的需求曲线是线性的,A、B 两个厂商都准确地了解市场的需求曲线;A、B 两个厂商都是在已知对方产量的情况下,各自确定能够给自己带来最大利润的产量,即每一个厂商都是消极地以自己的产量去适应对方已确定的产量。

5.斯威齐模型也被称为弯折的需求曲线模型。该模型的基本假设条件是:如果一个寡头厂商提高价格,行业中的其他寡头厂商都不会跟着改变自己的价格,因而提价的寡头厂商的销售量的减少是很多的;如果一个寡头厂商降低价格,行业中的其他寡头厂商会将价格下降到相同的水平,以避免销售份额的减少,因而该寡头厂商的销售量的增加是很有限的。

【实训练习】

一、名词解释

1. 完全竞争市场　　　　2. 完全垄断市场

3. 垄断竞争市场　　　　4. 寡头市场

二、简答题

1. 简答完全竞争市场须具备的条件。

2. 简答完全垄断市场形成的原因，为什么完全垄断的资源配置效率较低？

3. 简答垄断竞争市场的含义和特征。

4. 分析完全垄断厂商的长期均衡与完全竞争厂商有什么不同？

5. 什么是差别定价？它存在的前提是什么？举例说明垄断厂商差别定价的类型？

三、论述题

试分析不同情况下完全竞争市场的短期均衡。

项目八　分配理论

【项目目标】

1. 熟悉生产要素市场的需求与供给；
2. 掌握生产要素的价格均衡；
3. 掌握工资、利息、地租和利润理论；
4. 理解社会收入分配和分配政策。

【引导案例】

案例 1 ● 恩格尔系数 ●

联合国根据恩格尔系数的大小，对世界各国的生活水平有一个划分标准，即一个国家平均家庭恩格尔系数大于 60% 为贫穷；50%～60% 为温饱；40%～50% 为小康；30%～40% 属于相对富裕；20%～30% 为富裕；20% 以下为极其富裕。

按此划分标准，20 世纪 90 年代，恩格尔系数在 20% 以下的只有美国，达到 16%；欧洲、日本、加拿大，一般在 20%～30% 之间，是富裕状态。东欧国家，一般在 30%～40% 之间，是相对富裕。剩下的发展中国家，基本上分布在小康。

1978 年我国农村家庭的恩格尔系数约 68%，城镇家庭约 59%，平均计算超过 60%，我国是贫困国家，温饱还没有解决。当时中国没有解决温饱的人口为两亿四千八百万人。改革开放以后，随着国民经济的发展和人们整体收入水平的提高，我国农村家庭、城镇家庭的恩格尔系数都在不断下降。到 2003 年，我国农村居民家庭恩格尔系数已经下降到 46%，城镇居民家庭约 37%，加权平均约 40%，就是说已经达到小康状态。可以预测，我国农村、城镇居民的恩格尔系数还将不断下降。

恩格尔系数在我国是否适用，学术界一直存有争议，持否定意见的认为我国居民生活状况并不符合恩格尔定律，如 1997 年福建省城镇居民恩格尔系数在全国各省中最高，达到 62%，海南省为 59%；而生活水平较低的陕西省城市居民恩格尔系数为 47%，宁夏为 46%。

尽管有争议，但总体看，我国城镇居民生活水平的变化还是符合恩格尔规律的。首先恩格尔系数是一种长期的趋势，随着居民生活水平的不断提高，恩格尔系数逐渐下降已为我国城镇居民消费构成变化资料所证实。20 世纪 80 年以前城市居民恩格尔系数一直在 55% 以上；1982－1993 年间，尽管各年恩格尔系数有波动，但这十年间恩格尔系数一直在 50%～55% 间；1994 年以来，恩格尔系数一直在 50% 以下。其次，同一年份不同收入水平的居民也符合恩格尔规律，如 1997 年按可支配收入排队五等分，他们的恩格尔系数依次为：55.7%、51.1%、47.9%、43.6% 和 39.5%。

在使用恩格尔系数时应注意，一是恩格尔系数是一种长期趋势，时间越长趋势越明显，某一年份恩格尔系数波动是正常的;二是在进行国际比较时应注意可比口径,在我国城市,由于住房、医疗、交通等方面存在大量补贴,因此进行国际比较时应调整到相同口径;三是地区间消费习惯不同,恩格尔系数略有不同。

(摘自 http://baike.baidu.com/view/28093.htm)

任务1 生产要素的均衡分析

前面各章讨论了市场上商品价格和数量的决定问题,但均假定了生产要素的价格不变这一条件。本章将放松这一假定条件,分析生产要素市场。由于要素的价格和数量决定了各要素在国民收入分配中的相对重要性,因此,要素价格决定理论也称为"收入分配理论"。

要素市场理论即西方微观经济学中的"分配理论",是由美国经济学家克拉克于20世纪初提出的,探讨的是生产要素所有者取得收入的过程。由于生产要素所有者的收入取决于生产要素的价格,因此,分配理论就是解决"生产要素的价格决定"问题。而生产要素的价格决定与产品价格的决定一样,同样是由生产要素的供求关系决定的。

所谓生产要素,也称生产性资源,或简称要素,是指为社会总产品的创造做出了贡献的资源。19世纪早期的西方经济学家把生产要素划分为土地、劳动和资本三类,它们的价格则分别称为地租、工资和利润(包括利息)。到了19世纪晚期,增加了第四个要素——企业家才能,从而,利润成为企业家的报酬,利息则成为资本所有者的收入;地主、工资收入者则作为土地、劳动的所有者,获得地租和工资。因此,地租、工资、利息和利润从生产者角度看,是生产要素的价格,或生产成本;而从要素所有者角度看,则分别是各所有者的收入。从而,要素价格的决定问题,也就是收入分配问题。收入分配理论,就是分析地租、工资、利息和利润是如何被决定的。

西方微观经济学中的分配理论,一种是由20世纪初美国经济学家克拉克(J. B. Clark)提出的边际生产力理论;另一种是由马歇尔提出的以均衡价格论为基础的分配理论。前者主要考虑了生产要素的需求,而后者综合考虑了生产要素的需求与供给两个方面。

一、生产要素的需求

(一)生产要素需求的性质

1.生产要素的需求是一种派生需求

生产要素的需求来自厂商,厂商购买生产要素不是为了满足自己的消费需要,而是满足生产需要,即最终生产出满足消费需要的商品和服务。正因如此,最终消费需求也就决定了生产要素的需求。或者说,对生产要素的需求是由对消费品的需求派生出来的,因而是一种"派生需求",如果消费者对某种产品需求增加,则厂商对生产该产品的生产要素的需求也会增加,反之则反是。同时,假定其他因素不变,生产要素的需求弹性也取决于用这种要素所生产的商品的需求弹性。如果所生产的商品需求弹性较大,则此生产要素的需求弹性也较大。

2.生产要素的需求是一种联合的需求

要素需求不仅是一种派生需求,也是一种"联合需求"。假定生产一种产品需要至少两种以上要素,那么,各种生产要素之间就存在互相替代或补充的关系。因此,厂商对某一生产要素的需求,不仅取决于该要素的价格,也同时取决于其他要素价格的影响。

生产要素的需求曲线与产品市场的需求一样,也具有向右下方倾斜的特征。这一特征可由边际生产力理论得到解释。

【附】边际生产力理论

"边际生产力"这一术语是 19 世纪末美国经济学家克拉克首创并进一步用于其分配论分析的。它指的是在其他条件不变前提下每增加一个单位要素投入所增加的产量,即边际物质产品(Marginal Physical Product,有时被简称为边际产品 MP)。而增加一个单位要素投入带来的产量所增加的收益,叫做边际收益产品(Marginal Revenue Product,简写为MRP)。边际收益产品等于要素的边际物质产品和边际收益的乘积,即:MRP＝MP×MR。

因此,可变要素的边际收益产品 MRP,取决于两个因素:(1)增加一单位要素投入带来的边际物质产品(MP)的变化;(2)增加一单位产品所增加的收益(MR)的变化。

特别地,最后雇佣的那个工人所带来的产量称为劳动的边际生产力或劳动边际收益产量;最后追加的那个单位资本所带来的产量称为资本边际生产力或资本边际收益产量。下面我们来分析边际生产力的变化特征。

假定其他要素投入量不变,只有一种可变要素。那么,随着可变要素的不断增加,其边际生产力最初上升,超过某一点后,开始下降。

以劳动作为可变要素为例,劳动投入量和劳动的边际生产力之间的关系,可用图 8.1 中的边际生产力曲线表示。

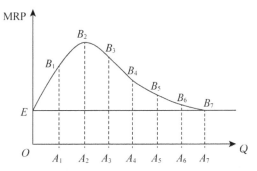

图 8.1　要素的边际生产力曲线

同样的,如果假定资本是可变要素,也可用图 8.1 来大致表示资本的边际生产力曲线,即资本的边际生产力最初上升,达到某一点后,出现下降。

要素边际生产力曲线之所以呈现先上升后下降的原因,实质上就是前面谈过的边际报酬递减规律的作用的结果。只不过后者仅仅指边际产量递减,而前者既可以指边际产量递减,也可以指边际收益产品递减。因此,"边际生产力递减规律"只不过是"边际报酬递减规律"的表现形式。

(二)影响生产要素需求的因素

1.市场对产品的需求以及产品的价格

市场对某种产品的需求越大,该产品的价格越高,则生产这种产品所用的各种生产要素的需求就越大;反之,就越小。

2.生产技术水平

生产技术水平决定了对某种生产要素需求的大小。如果技术是资本密集型的,则对资本的需求大;如果生产技术是劳动密集型的,则对劳动要素的需求就大。

3.生产要素的价格

厂商一般用低价格的生产要素替代高价格的生产要素,而生产要素的价格本身对其需求就有重要的影响。

4.产品市场结构和生产要素市场结构的影响

产品市场结构和生产要素市场结构即指是完全竞争性质的市场结构,还是不完全竞争性质的市场结构。不同的市场结构对要素需求的影响是不同的。

5.一家厂商对生产要素的需求与整个行业对生产要素需求的关系

在衡量行业的要素需求时,要避免"合成谬误",虽然整个行业对某种要素的需求是单个厂商对这种要素的需求之和,但在进行加总时,必须考虑行业中的所有厂商共同采取某种行动时会带来的影响。

二、生产要素的需求曲线及价格均衡

厂商对某一可变生产要素的需求函数,反映的是在其他条件不变时,厂商对该要素的需求量与该要素价格之间的关系。为此,我们在本节假定要素市场是完全竞争的,即厂商面临的是既定的要素价格。

(一)完全竞争厂商使用生产要素的原则

前面我们讲到,厂商实现利润最大化的一般原则是边际收益等于边际成本,这一原则同样可以用于厂商对生产要素的使用。不过,在这里,使用要素的"边际收益",是要素数量本身的函数;要素的边际成本也是要素数量本身的函数。我们把厂商使用要素的"边际收益",称为"边际收益产品"(MRP)。

下面我们来具体说明,比较厂商使用要素的"边际收益"即边际收益产品与生产的产品边际收益的区别。在这里,根据假定,要素市场是完全竞争的,因而要素的边际成本也即要素的价格,不随着数量变化而变化。而且,产品市场完全竞争,厂商面临不变的产品价格,这样,厂商生产产品的边际收益也不变。因此,要素的边际收益产品仅随着要素使用的数量变化而变化。

在前面介绍的产品市场理论中,我们讲到,厂商的收益函数等于产品产量与产品价格的乘积,用公式表示就是:

$$R(Q) = Q \cdot P \tag{8.1}$$

其中,R、Q 和 P 分别为厂商的总收益、产量和产品价格。在完全竞争条件下,产品价格为常数,因此,产品的边际收益 MR,也就是收益对产量的一阶导数,它等于产品价格,即 $MR = P$。

但从产品市场转向要素市场后,就必须进一步讨论。在要素市场上,收益是产量的函数,而产量又是生产要素的函数,因此,收益是要素的复合函数。假设厂商使用的生产要素为劳动 L,则收益函数可写成:$R(L) = Q(L) \cdot P$

现在,自变量是劳动 L,劳动的"边际收益",也即要素的边际收益产品,是收益的一阶导数。可以写成:

$$MR(L) = dQ(L)/dL \cdot P = MP(L) \cdot P$$

其中,$dQ(L)/dL$ 或 MP 是单位劳动的边际产品,而乘以价格 P 后,就是要素劳动 L 的"边际产品价值"。

因此,产品的边际收益是对产量而言,是增加单位产量的收益;要素的边际收益产品是对要素而言,是增加单位要素的收益。

现在,让我们进一步假定厂商只使用一种生产要素——劳动 L,工资为 W,那么,厂商利润最大化原则要求使用要素的边际收益产品等于要素的边际成本。即:

$$\mathrm{MRP}(L)=W \tag{8.2}$$

上式也可写成

$$P \cdot \mathrm{MP}(L)=W$$

由于边际生产力递减规律,要素的边际产品 $\mathrm{MP}(L)$ 曲线向右下方倾斜。也就是说,随着要素使用量的增加,其边际产品将不断下降。又由于完全竞争条件下产品价格不变,因此,要素的边际收益产品曲线也向右下方倾斜。

(二)产品市场完全竞争条件下厂商对生产要素的需求

由于产品价格 P 不变,故上式确定了从要素价格 W 到要素使用量 L 的一个函数关系,也即确定了厂商对要素的一个需求函数。满足上式的要素使用数量,也是厂商的最优选择。

根据上式,可以得到厂商要素需求曲线的形状特征。假定开始时,上式是满足的。现在假定 W 上升。厂商为了重新均衡,必须调整要素使用量 L,使得 $P \cdot \mathrm{MP}(L)$ 亦上升。根据边际生产力递减规律,必须减少要素使用量 L。反之,假定 W 下降,则必须增加要素使用量 L。从而我们得到结论:产品市场完全竞争条件下厂商的要素需求曲线与其边际收益产品曲线一样向右下方倾斜。

我们还可以进一步证明,在产品市场、要素市场完全竞争条件下,厂商对单一要素的需求曲线将与其边际收益产品曲线完全重合。这是因为,在完全竞争的要素市场上,厂商面临的要素供给曲线是一条水平线。这样,给定一个要素价格如 W_0 时,就确定了一条水平的要素供给曲线;从而,要素使用原则 $\mathrm{MRP}(L)=W$ 在几何图形上就会存在一个 $\mathrm{MRP}(L)$ 曲线与 W_0 曲线的交点 A(如图 8.2 所示)。A 点表明,当要素价格为 W_0 时,要素需求量为 L。这就是说,边际收益产品曲线 MRP 上的 A 点,也是要素需求曲线上的一点。

同样的,如果给定另外一个要素价格,就会有另外一条水平的要素供给曲线与 MRP 相交,这一交点也确定了一个最优的要素使用量,因而也是需求曲线上的一个点。于是,我们得到结论:在使用一种生产要素的情况下,而且产品市场和要素市场均满足完全竞争条件,

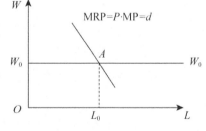

图 8.2 完全竞争厂商的要素需求曲线

那么,厂商对要素的需求曲线与要素的边际收益产品曲线恰好重合。

同样的,假定厂商只使用一种生产要素——资本 K。那么,我们同样得到厂商使用要素的最优原则:

$$\mathrm{MRP}(K)=P \cdot \mathrm{MP}(K)=r \tag{8.3}$$

式中,$\mathrm{MRP}(K)$ 是资本的边际收益产品,$\mathrm{MP}(K)$ 是资本的边际产品,r 为资本的价格(利息率)。上式亦表明,厂商对资本的要素需求曲线不仅向右下倾斜,而且与资本的边际收益产品曲线重合。

现在我们考虑厂商同时使用劳动 L 和资本 K 两种生产要素的要素使用。假定厂商的生产函数为 $Q=f(L,K)$，劳动 L 和资本 K 的价格分别为 W 和 r，π 表示利润。那么，厂商的利润函数为：

$$\pi(L,K)=P \cdot f(L,K)-(WL+rK)$$

令一阶条件为 0，得到：

$$\frac{\partial \pi}{\partial L}=P \cdot \frac{\partial f(L,K)}{\partial L}-W=0$$

$$\frac{\partial \pi}{\partial K}=P \cdot \frac{\partial f(L,K)}{\partial K}-r=0$$

于是，我们得到：

$$P \cdot MP(L)=W$$
$$P \cdot MP(K)=r$$

即：$\dfrac{MP(L)}{W}=\dfrac{MP(K)}{r}$

前两式，即我们前面分析过的要素需求函数；第三式表明，厂商在选择最优要素组合时，要求在每一要素上的每一元花费得到的边际产品相等。

现在我们从厂商的要素需求曲线推导出市场需求曲线。需要特别注意的是，要素市场的需求曲线不能像商品市场的需求曲线那样进行简单加总而成，而是要经过一些调整。

还是考虑只有一种生产要素 L 的情形。假定开始时，一家厂商 F 对 L 的需求曲线为 $MRP(L_0)$，均衡点为 E_0，要素需求量为 L_0。当 W_0 下降为 W_1 时，均衡点应为 E_1，需求量增加为 L_1。但是，考虑到 W_0 下降到 W_1，将影响到其他因素的变动，就须适当调整，因为，当 $W \to W_1$ 时，所有厂商都会增加对 L 的需求量，从而该产品的市场供给曲线将向右下方移动。如果该商品的市场需求无变化，则该产品的价格就要下降。这时，即使要素的边际产品 MP 不变，边际收益产品 MRP 也会减少。从而，厂商 F 的 $MRP(L_0)$ 曲线向左下方移动到 $MRP(L_1)$，交 W_1 于 E_2，从而对 L 的需求量不是 L_1，而是 L_2。因此，连接 E_0、E_2 的曲线 d_f，就是厂商 F 对 L 的需求曲线。由于这一需求曲线考虑到了多个厂商同时调整的因素，因而可称为厂商 F 的"实际"需求曲线，它的形状仍然向右下方倾斜，只是更陡峭一些。将多个厂商的经过调整了的要素需求曲线（$d_i,i=1,2,3\cdots$）进行水平加总，就得到市场的要素需求曲线 D，它是一条向右下方倾斜的曲线。

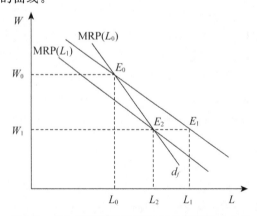

图8.3 多个厂商调整时厂商 F 的要素需求曲线

（三）产品市场非完全竞争条件下厂商对生产要素的需求

产品市场非完全竞争情形,包括垄断、寡头和垄断竞争三种。在非完全竞争条件下,由于厂商面临的产品需求曲线不是水平的,产品价格随着商品数量变化而变化,因而,厂商对要素的需求曲线也将不同于产品市场完全竞争下的情形。

为简单起见,这里我们主要分析一种卖方垄断厂商情形。所谓卖方垄断厂商,是指厂商在产品市场上(作为产品的卖方)是垄断者,而在要素市场上(作为要素的买方)是完全竞争者。这样,在要素市场上,厂商使用要素的边际成本仍等于要素价格,但在产品市场上,产品价格则取决于产量,而产量又取决于要素数量;从而厂商使用要素的边际收益不再等于产品价格。如表8-1所示。

表 8-1　要素的边际收益产品

要素数量 L	边际产品 MP	总产量	产品价格 P	总收益	边际收益 MR	边际收益产品 MRP = MP · MR
3	10	33	20.0	660	20	—
4	9	42	19.5	819	17.7	159
5	8	50	19	950	16.4	131
6	7	57	18.5	1054.5	14.9	104.5
7	6	63	18	1134	13.3	79.5
8	5	68	17.5	1190	11.2	56
9	4	72	17	1224	8.5	34

注:本表主要引自高鸿业主编《西方经济学》(上)第 296 页

由表8-1可以作出要素边际收益产品曲线图。从形状看,卖方垄断厂商的边际收益产品曲线也向右下方倾斜。但其原因,除了边际产品(MP)递减律的作用,还由于因产品价格下降而导致的边际收益(MR)下降(事实上,边际收益总是小于产品价格)。

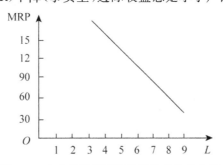

图 8.4　卖方垄断厂商的边际收益产品曲线

现在,我们来推导卖方垄断厂商的要素需求曲线。假定只有一种要素——劳动 L。

首先来求要素的边际收益产品 MRP。

垄断厂商的收益函数可写成:

$$R = P \cdot Q = P[Q(L)] \cdot Q(L) \tag{8.4}$$

式中,$P[Q(L)]$ 表示产品价格是要素数量的复合函数。

要素的边际收益产品也即要素的"边际收益",它是收益对要素的导数。

即：
$$MRP = \frac{dR}{dL} = \frac{dP}{dQ} \cdot \frac{dQ}{dL} \cdot + P \cdot \frac{dQ}{dL}$$
$$= \left[Q \cdot \frac{dP}{dQ} + P \right] \cdot \frac{dQ}{dL}$$

括号中的项就是产品的边际收益，即 $Q \cdot \frac{dP}{dQ} + P = MR$

这是因为，如果我们将厂商的收益写成产品（而不是要素）的函数：
$$R = PQ = P(Q) \cdot Q$$

那么，产品的边际收益就等于收益对产品（而不是要素）的导数，即：
$$MR = Q \cdot dP/dQ + P$$

从而得证。

由于 $\frac{dP}{dQ} < 0$，所以 $MR < P$。其原因在于，边际产品 MP 引起了整个产品价格的下降。

这样，我们就有：$MRP = MR \cdot MP$

其次，再考虑到完全竞争的要素市场，卖方垄断厂商按照要素边际收益等于要素边际成本的原则必须满足：
$$MRP = W \text{ 或 } MR(L) \cdot MP(L) = W$$

上式确定了从要素价格 W 到要素使用量 L 的一个函数关系：给定一个要素价格 W，则有唯一一个满足要素使用原则的最优要素数量与之对应，因此，上式确定了卖方垄断厂商对要素的需求函数。

那么，卖方垄断厂商的要素需求曲线具有什么特征呢？假定开始时要素使用满足 $MR(L) \cdot MP(L) = W$。现在让 W 下降，那么为了维持等式成立，$MR(L) \cdot MP(L)$ 也必须随之下降，因而要素需求量 L 必然增加。这就是说，随着要素价格的下降，要素需求量将上升，因此，要素需求曲线向右下方倾斜。

而且，与产品市场完全竞争条件下一样，卖方垄断厂商的要素需求曲线与其边际收益产品曲线完全重合。但这里要注意的是：产品市场完全竞争下厂商的要素需求曲线之所以向右下方倾斜，只是边际生产力（MP）递减一个因素所致，而卖方垄断厂商的要素需求曲线之所以右下倾，却是由于边际生产力（MP）递减和产品的边际收益（MR）递减两个原因所致。

卖方垄断厂商的要素需求曲线如图 8.5 所示。

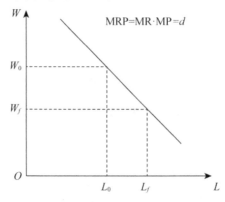

图 8.5　卖方垄断厂商的要素需求曲线

下面分析存在卖方垄断厂商条件下的要素市场需求曲线。

首先考虑多个厂商的共同调整是否会改变厂商 F 的要素需求曲线。假定要素价格下降，那么要素市场上所有厂商的要素需求量和产量均将扩大。但是，卖方垄断厂商 F 自己产量的扩大不会改变它的产品需求曲线；其他厂商的产品因与厂商 F 的产品不具有相关性，也不会改变厂商 F 的产品需求曲线。这样，尽管考虑多个厂商的调整，厂商 F 的产品需求曲线和它的边际收益产品曲线不会改变。也就是说，厂商 F 的要素需求曲线不发生变化。

其次，再来考察卖方垄断厂商条件下的要素市场需求曲线。假定要素市场包括 n 个不同的卖方垄断厂商，那么，市场的要素需求曲线就是 n 个卖方垄断厂商的要素需求曲线的水平加总，向右下方倾斜。

三、生产要素的供给曲线及价格均衡

在分析要素需求的过程中，我们实际上假定厂商面临的是一个完全竞争的要素市场，或者说假定要素价格既定，放松这一假定，考察要素市场的供给特征并最终决定要素价格。

（一）要素市场完全竞争条件下要素的供给曲线

我们这里的首要目的，是要推导出要素市场的供给曲线。为此，我们必须分析要素供给者的供给行为。

所有的生产要素，可以被划分为原始要素和非原始要素两大类。前者如不可再生的自然资源，它们的供给从总量上说往往是固定不变的，因此，它们的供给曲线是一条垂直于价格轴的垂线。非原始要素如中间产品、劳动力、资本等，其要素所有者可能是厂商和个人。作为提供中间产品的厂商，追求的是利润最大化，因此，中间产品的供给曲线，已于前面分析，是随着生产的边际成本递增而向右上方倾斜。

劳动力的所有者是个人或消费者，追求的是效用最大化。必须注意的是，个人拥有的要素数量在一定时期内总是既定不变的，例如，个人一天提供的劳动不可能超过 24 个小时，个人拥有的收入或财富也是受到约束的，不可能满足无限的当期消费与投资，等等。因此，对于个人或消费者而言，所谓要素供给问题的实质，可以看成个人（或消费者）在一定的要素价格水平下，将其全部既定资源在"要素供给"和"保留自用"两种用途上进行分配以获得最大效用。

下面以个人提供劳动这一要素为例说明劳动的供给行为。

假定个人在某一时期（如一天）内的时间总量为 $\overline{L}$，他将其分为"劳动供给"与"闲暇"时间两部分，劳动的价格为 W，劳动供给量为 L，"闲暇"时间为 l。劳动的供给可以获得收入 $y(L)=WL$，"闲暇"减少了劳动供给从而会减少收入，但也有效用，因此，效用函数可用 $U(y,l)$ 表示。

这样，个人的选择就是在劳动价格 W 既定条件下，选择最优的 l（或 L），使得效用最大化。其预算约束条件为：$L+l=\overline{L}$

即：$L=-l+\overline{L}$

两边同乘以 W，上式可改写为：$y=-Wl+W\overline{L}$

我们现在采用无差异曲线分析个人（或消费者）的劳动供给行为。以横轴 l 表示"闲暇"时间，纵轴 y 表示要素供给所带来的收入，表明个人实际上是在"收入"与"闲暇"之间进行选择，因而可作出无差异曲线 U_1,U_2,U_3 如图 8.6 所示，其中 $U_1<U_2<U_3$。

再假设个人在开始时拥有 $\overline{L}$ 单位的时间和 $\overline{y}$ 单位的固定非要素收入（如不变的财产收入，即图中的 $\overline{y}A$。如果 l 为 0，即全部时间用于劳动的供给，将得到的要素收入则为 $\overline{L}W$，从而全部收入为 $K=\overline{L}\cdot+\overline{y}$；同样的，如果 $l=\overline{L}$，那么，全部收入为 $K=\overline{L}\cdot W+\overline{y}$，即点 A。因此，连接点 K、A 的直线，就是该消费者的预算线。

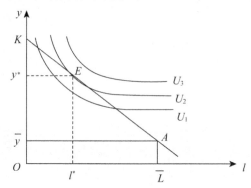

图 8.6　个人的要素供给分析

显然，最优的收入 y 与 l 的组合点是 E，即无差异曲线与预算线 KA 的切点。在这一点，无差异曲线的斜率等于预算线的斜率。

预算线的斜率为：

$$-(K-\overline{Y})/\overline{L}=-\overline{L}\cdot(W/\overline{L})=-W$$

从而，我们有：

$$\frac{\mathrm{d}y}{\mathrm{d}l}=-W$$

由于 $l=\overline{L}-L$，我们可将上式改写成：$-\dfrac{\mathrm{d}y(L)}{\mathrm{d}(\overline{L}-L)}=W$

上式即是一个关于 W 与 L 的关系式，表明二者存在一一对应的关系，因而正是我们要寻找的要素供给函数。注意式中 $\dfrac{\mathrm{d}y(L)}{\mathrm{d}(\overline{L}-L)}$（或 $\dfrac{\mathrm{d}y}{\mathrm{d}l}$）总为负。

假定开始时，上式是满足的，即个人处于最优状态。现在假定 W 上升，那么为了继续满足上式，$\dfrac{\mathrm{d}y(L)}{\mathrm{d}(\overline{L}-L)}$（或 $\dfrac{\mathrm{d}y}{\mathrm{d}l}$）的绝对值必须上升。根据边际替代率递减规律，$l$ 必须下降，也即 L 必须上升。反之则反是。这样，我们就得到了劳动供给曲线向右上方倾斜的结果。如图 8.7 所示。

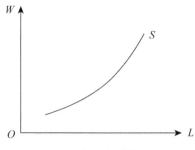

图 8.7　个人的劳动供给曲线

　　下面考虑生产要素的价格决定。前面的分析表明,在完全竞争的要素市场上,要素供给曲线向右上方倾斜。而前面的分析,我们得出了要素需求曲线向右下方倾斜的结论。因此,生产要素的均衡价格及均衡数量,决定于要素市场需求曲线和供给曲线的交点,如图8.8所示。

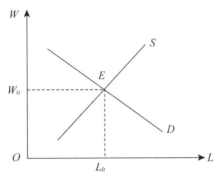

图8.8　要素市场的价格决定

（二）要素市场非完全竞争条件下的要素供给曲线

　　我们知道,产品市场上的销售者常常具有某种垄断势力,同样的,要素市场的供应者也可以拥有某种卖方垄断势力。比如,某种拥有专利权的电子元器件生产商。但一般来说,要素市场上的垄断因素要远远小于产品市场。下面我们来分析具有卖方垄断势力的要素市场均衡。

　　西方经济学往往选用的一个例子是工会具有卖方垄断特征,图8.9显示了一个没有买方垄断的要素 L 市场,需求曲线 D_L——它是各厂商的边际收益产品曲线的加总。要素供给曲线 S_L 描述了竞争性劳动力市场下工人的劳动提供量。在完全竞争条件下,均衡点为 A, L^* 的工人将在 W^* 的工资下被雇用。

　　现在假定工会具有卖方垄断势力,它可以任意选择工资率和劳动供给数量。在第七章任务2中我们讲到过,作为产品市场上的卖方垄断者,其边际收益一定小于产品价格,或者说,边际收益曲线一定在需求曲线的左下方。同样的,工会作为要素的卖方垄断者,出卖劳动力的边际收益曲线 M_R 也位于劳动需求曲线 D_L 的左下方,并假定交横轴于 L_2。

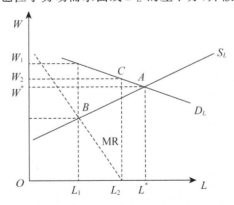

图8.9　卖方垄断下的要素供给

　　假定工会的目标是雇用工人数目最大化,它将选择 A 点的竞争性结果。如果工会也像一个厂商一样追求"利润"最大化,那么它将选择边际收益等于边际成本的点,即图8.9中边际收益曲线 MR 与供给曲线的交点 B,此时的均衡点为 (L_1, W_1)。$W_1 > W^*$,而 $L_1 < L^*$。由于工人不能像完全竞争条件下一样全部被雇佣,工会往往采取限制入会的方式,只保证工

会会员被雇佣。

如果工会追求的目标是所有工人的工资总额最大化,那么它将选择 L_2 点,此时出卖劳动的边际收益 MR 为 0,均衡点为 (L_2,W_2)。仍然有 $W_2>W^*$,$L_2<L^*$。工会仍需限制会员入会人数。

以上分析表明,在不完全竞争要素市场上,要素的均衡价格往往高于竞争性价格,而要素提供量则小于竞争性数量。

任务 2　工资、地租、利息和利润理论

"四位一体"公式由英国经济学家马歇尔在法国经济学家萨伊"三位一体"公式基础上进行完善的,它是经济学分配理论的中心,即劳动的价格——工资,土地的价格——地租,资本的价格——利息,企业家才能的价格——利润。

一、工资理论

工资是劳动这种生产要素的价格,或称劳动力所提供的劳动的报酬。劳动价格是由劳动力市场的供求关系决定的,即工资的高低是由劳动的需求曲线和供给曲线相交时的均衡价格决定。

(一)以边际生产力论为基础的工资理论

根据美国经济学家克拉克的边际生产力论,工资决定于劳动的边际生产力,也即厂商雇佣的最后那个工人所增加的产量。因为,在静态条件下资本数量不变,劳动力的使用将呈现边际生产力递减规律,因此,最后雇佣的那个工人的边际生产力就不仅决定他自己的工资,而且决定所有工人的工资。如图 8.10 所示。

图中,最后一个工人(第 5 个工人)的边际生产力为 WL_5,从而决定了工人的工资率为 WW'。边际生产力论实质上只考虑了厂商对劳动的需求,这一理论能够对于劳动力供给具有无穷弹性的情形进行较好地理论解释。

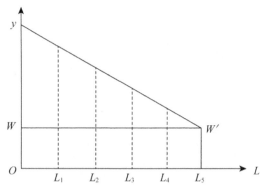

图 8.10　劳动边际生产力曲线

(二)以均衡价格论为基础的工资理论

马歇尔认为,可以以均衡价格论为基础,从需求与供给两个方面来说明工资的决定。厂商对劳动的需求取决于劳动的边际生产力。将所有厂商对劳动的需求曲线水平加总,即得

到一条向右下方倾斜的劳动市场需求曲线。

个人的劳动供给曲线则具有"向后弯曲"的特征。如图 8.11 所示。在点(W_1,L_1)之前，劳动供给曲线向右上方倾斜，但在此点之后，随着工资的增加，劳动提供量反而减少，供给曲线"弯"向左边。

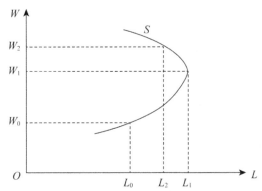

图 8.11 向后弯曲的劳动供给曲线

西方经济学用劳动者在"劳动"与"闲暇"之间进行选择来解释其中原因。劳动可以带来收入，但"闲暇"也是个人所需要的一种"消费品"，二者具有替代关系，也都给个人带来效用满足。工资率的提高对劳动供给具有替代效应和收入效应。所谓替代效应，是指工资愈高，也就意味着"闲暇"的机会成本高，或者说"闲暇"作为一种消费品的价格上涨，个人将选择提供更多的劳动量；所谓收入效应，是指工资愈高，个人的实际收入和购买力上升，因而能够"购买"更多的"闲暇"，从而减少劳动供给量。替代效应与收入效应对劳动供给具有相反的影响，其综合净效应取决于两种效应的相对强度。一般地，在劳动提供量不大时，替代效应大于收入效应，劳动供给将会随着工资上升而上升，劳动供给曲线向右上方倾斜；而当个人提供的劳动量已经较高时，收入效应往往占了上风，这时，随着工资的继续上升，个人反而减少劳动提供量，于是，劳动供给曲线"弯"向左边。符合劳动力供给"向后弯曲"假说的一个基本事实是，从历史统计看，20 世纪初到现在，个人真实收入逐渐增加，而周劳动小时却在逐渐减少，由 50～60 小时下降到 35～40 小时。

尽管个人的劳动供给曲线可能因收入效应和替代效应而向后弯曲，但劳动的市场供给曲线一般还是随着工资上升而向右上方倾斜。这是因为高工资可以吸引新的工人加入。这样，综合本章关于要素市场需求曲线向右下方倾斜的分析，劳动供求曲线的交点将决定一个均衡的工资 W_0 和劳动数量 L_0。如图 8.12 所示。

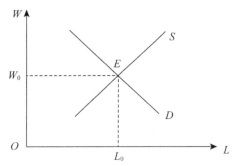

图 8.12 均衡工资的决定

二、地租理论

地租是土地使用的服务价格,或者说是土地这一生产要素的收益或价格。地租理论要分析地租的决定问题。

(一)以边际生产力论为基础的地租理论

按照边际生产力理论,地租取决于土地的边际生产力。如果其他要素的投入不变,土地的边际生产力同样具有递减特征,最后一个单位土地的服务产出,就决定了地租的大小。如图 8.13 所示,AM' 是土地的边际生产力曲线,全部产量为 $OAM'M$,地租为 $OEM'M$,AEM' 则分配给其他生产要素。

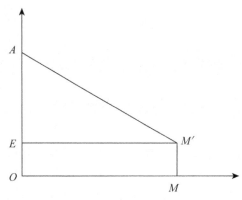

图 8.13 地租决定于边际生产力

(二)以均衡价格论为基础的地租理论

按照均衡价格理论,地租是由土地市场上的土地供给曲线和土地需求曲线的交点决定的。

土地的需求取决于土地的边际生产力,从而对土地的需求曲线,如同其他要素的需求曲线那样,具有向右下方倾斜的特征。

作为一种自然资源,土地既不能流动,又不能再生,因此,就一个整体经济而言,供给量是固定的,其市场供给曲线为一条垂直线,如图 8.14(a)中的 S 线。也就是说,不管地租怎样变化,土地总供给量始终为 Q_0。

我们将土地的市场需求曲线与供给曲线综合在一个坐标系中,供求曲线的交点就是均衡点,见图 8.14(b)中的 E 点。

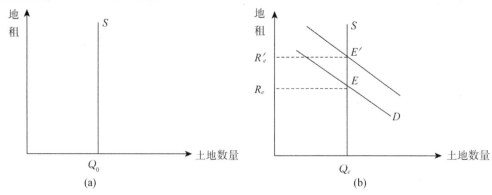

图 8.14 土地的供给与价格决定

从图 8.14(b)可以看出,由于土地数量固定,地租的大小完全取决于需求。如果土地需求曲线移动,土地的均衡数量不变,仅地租发生变化。

（三）准租和经济租

土地服务之所以能获得地租,因为无论从短期或长期来看,土地资源是固定不变的,或者说,是一种完全缺乏供给价格弹性的生产要素。现实中有些生产要素尽管在长期中是可变的,但在短期中却是固定的,如厂房、机器设备等。这些要素的服务价格在一定程度上也与"租金"类似,故称为"准租"。所谓"准租",就是对短期内供给量暂时固定的生产要素的支付,或固定要素的支付。如图 8.15 所示,MC、AC、AVC 分别表示厂商的短期边际成本、平均成本和平均可变成本曲线。假定产品价格为 P_0,均衡产量为 Q_0。那么,总收入为 OP_0CQ_0,总可变成本为 $OGBQ_0$。从而 GP_0CB 就是固定要素的收入,也就是准租金。

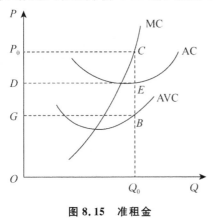

图 8.15　准租金　　　　　　　图 8.16　经济租金

如果从准租 GP_0CB 中减去固定总成本 $GDEB$,就得到经济利润 DP_0CE。因此,准租为固定总成本与经济利润之和。

那么,经济租又是什么呢？我们先看图 8.16。这是要素供求曲线的均衡图,均衡时的要素价格为 OR,数量为 Q_0。假定开始时要素价格为 $OB(OB < OR_0)$,这时的要素提供量为 Q_1。也就是说,即使要素价格小于均衡价格,仍有 OQ_1 的要素提供,因此,如果厂商最后按 OR_0 的价格支付给要素所有者,那么 OQ_1 的要素就获得了比它要求更多的收益。由于 Q_1 点可以选在 OQ_0 之间任意一点,图中阴影部分就是要素提供者获得的超过它所要求的总收益的部分,这部分收益,即为经济租。因此,经济租的含义是:生产要素供给者获得的超过他要求得到的那部分收入。经济租的几何解释也称为"生产者剩余"。

三、利息理论

（一）以边际生产力论为基础的利息理论

按照西方经济学家的说法,资本作为生产要素中的一种,也应该获得收益,利息就是资本服务的报酬,或者说资本服务的价格。边际生产力论认为,利息取决于资本的边际生产力。具体来说,假定劳动量不变,那么,继续追加资本的边际产出递减。最后追加一单位资本的边际产出,称为资本的边际生产力,它决定利息的高低。

以边际生产力为基础的利息理论,仅仅考虑了资本的需求,而未考虑资本的供给。

（二）以均衡价格论为基础的利息理论

谈到资本,可以指实物资本,如机器设备,也可以指货币资本。但是,实物资本与货币资本之间存在明显的差异,比如,实物资本往往以"存量"形式出现,不是一次耗尽;实物资本比货币资本具有更少的流动性,从而增加了风险。然而为了简化分析,在西方经济学中,资本的利息均可以指二者。因此,将实物资本与货币资本的利息统一起来,存在几个重要的假定:第一,资本市场是均衡的;第二,假定不同资本市场的市场风险相同,不同资本的流动性相同。这样,实物资本与货币资本的收益在市场均衡时就一定相等,因为资本所有者可以及时转换自己的资本形态。这样,我们就可以将实物资本也当成货币资本一样看待。

厂商对资本的需求决定于资本的边际生产力。由于资本的边际生产力递减,因而厂商的资本需求曲线向右下方倾斜。将所有厂商对资本的需求曲线加总,即得到资本的市场需求曲线,它向右下方倾斜。

资本的供给,就是资本的所有者在各个不同利率水平下愿意提供的数量。西方经济理论假定资本的供给主要来自于个人储蓄。

个人追求的是效用最大化。在静态分析时,个人将所有的收入全部用于消费,以便将收入在各种商品的购买中最优分配。但如果考虑到个人并不只是为了当前消费,而是还要考虑未来的消费,我们就必须进行个人的跨时期最优决策分析。

假定个人的一生包括两个时期,或者更加简化为今年和明年两个时期,而且假定个人在第一期挣得较高的收入,个人的目标函数为两期总消费最大化。如图 8.17 所示,横轴 C_0 代表今年消费量,纵轴 C_1 代表明年消费量。U_1、U_2 和 U_3 是消费者的三条无差异曲线。假定个人今年的收入可购买到 C_0 的商品量,明年的收入可购买到 C_1 的商品量,那么,初始状态为点 $A(C_0, C_1)$,点 A 一定是消费预算线上的一点。

我们现在需要确定预算线 $W'W$ 的位置。处于 A 点的个人可以将自己的收入用于现在消费或储蓄。假定他面临的市场利率为 r,那么他减少今年一单位商品消费就可以增加$(1+r)$个单位商品的明年消费。这也就是说,预算线的斜率必为$-(1+r)$,它完全取决于利率变化:r 上升,预算线斜率的绝对值越大,预算线越陡,反之则越平缓;同时,预算线总是经过点 A。另一方面,预算线在横轴上的截距度量将所有收入集中在今年消费的量,$W = C_0 + \dfrac{C_1}{1+r}$。

个人的均衡位置在预算线与无差异曲线 U_2 的切点 B,也即长期最优消费决策是:今年消费 C'_0,明年消费 C'_1。在图中个人没有全部消费完今年的收入,而是储蓄了 $C'_0 C_0$ 部分,因为储蓄可以获得利息收入,增加明年的消费,或者说平衡整个一生的消费。

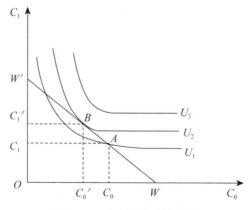

图 8.17　个人长期消费决策

总结以上分析,我们得到结论:给定一个市场利率 r,个人就存在一个最优储蓄量。假定利率 r 上升,预算线的斜率就越陡,从而与横轴的截距越小,今年消费将减少,储蓄量将增加,或者从另一个意义说,是"今年消费"的机会成本增大。将不同利率水平下个人的最优储蓄量描绘出来,我们就得到一条向右上方倾斜的资本供给曲线,如图 8.18 所示。将所有个人的资本供给曲线加总,就得到资本市场供给曲线。

资本市场的均衡点出现在市场需求曲线与供给曲线的交点,如图 8.19 中的 (r_0, K_0)。这就是说,利息决定于资本市场的供求均衡。

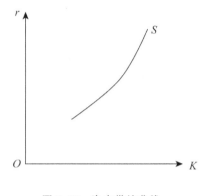

图 8.18　资本供给曲线　　　　　　图 8.19　资本市场的均衡

【附】为什么要对资本支付利息

在未来消费与现期消费中,人们更加偏好现期消费。也就是说,现在多增加一单位消费所带来的边际效用大于将来多增加一单位消费所带来的边际效用。之所以有这种情况,是因为未来是难以预期的,人们对物品未来效用的评价总要小于现在的效用。其具体原因一是人们预期未来的物品稀缺性会减弱;二是人们认为人生短促,也许自己活不到享受未来物品的时候;三是人们不太重视未来的欢乐和痛苦,习惯于低估未来的需要和满足未来需要的物品的效用。时间偏好的存在,决定了人们总是偏好现期消费,因此,一旦人们放弃现期消费,把货币作为资本,就应该得到利息作为报酬。

四、利润理论

西方经济学家认为,利润是在总收入扣除厂商的实际成本和隐含成本以后给予企业家的一项剩余。英国经济学家马歇尔第一个认为,企业家才能也是一种生产要素,应该得到这项剩余。由于企业家的才能是多方面的,因此关于利润的来源,有以下几种说法。

第一,利润是协调生产的报酬。企业家按照最优生产要素组合原则组织生产,才能获得最大利润。因此,组织协调工作的好坏,对利润大小有重要影响,"企业家才能"理应获得利润。

第二,承担风险的报酬。企业家的工作常常具有风险和不确定性结果,如新项目的投产,新市场的开拓等。风险活动意味着存在失败的可能,如果没有相应的补偿机制,就没有人敢冒风险。因此,利润就是一种风险报酬。

第三,利润是创新的报酬。按照熊彼特的观点,创新是企业家对生产要素的重新组合,包括新产品、新技术、新市场、新材料、新工艺或发明的开发与应用。企业家的创新活动打破了旧的经济均衡,使厂商获得了超出正常收益之上的收益,因此,这部分剩余就是企业家才能的报酬。

第四，利润是垄断收益。在不完全竞争条件下，厂商的产品具有一定垄断性，超出完全竞争条件下正常收益以上的部分，就是垄断收益或垄断利润。

以上我们分析了利润的来源。但是，利润的产生也有一个市场均衡过程。市场均衡时的利润，称为正常利润，它是厂商长期均衡时企业家所希望得到的报酬，因而可以看成是生产成本的一部分。这是因为，假定所有企业家的能力相同，要他们留在一个行业中，就必须都获得正常利润，否则，企业家将转移到其他行业去。同时，如果一个行业出现超过正常利润的利润，新厂商和企业家必然进入直到超额利润消失为止。

任务3 社会收入分配

一、洛伦兹曲线

前面我们分析的生产要素价格决定理论，是收入分配论的重要部分，它从理论上说明了各个要素的收入源泉及其决定，但没有对收入在各个个人之间的分布进行分析。对国民收入在各国民之间的分配分布状况的考察，需要考察收入分配的不平等程度。这里讲的"不平等程度"仅仅涉及数量上的不均等程度，不涉及伦理上的判断。

为了考察收入分配的不平等程度，美国统计学家 M. 洛伦兹提出了著名的洛伦兹曲线。他首先将一国总人口按收入由低到高排队，然后考虑一定累计人口比例所获得的收入累计比例，如从收入最低起累计 20％人口获得的收入累计比例为 3％，累计 40％的人口获得累计收入比例为 7.5％，等等。以人口累计比例为横轴，收入累计比例为纵轴，将以上累计百分比的对应关系描绘出来，就得到洛伦兹曲线。如图 8.20 所示，曲线 ODL 即为洛伦兹曲线。洛伦兹曲线的弯曲程度则反映了收入分配的不平等程度。弯曲程度越大，收入分配越不平等。特别地，如果所有收入集中于一人手中，收入分配达到完全不平等，洛伦兹曲线成为折线 OHL；如果人口累计比总是等于收入累计比，则收入分配完全平等，洛伦兹曲线是 45° 线 OL。

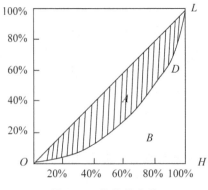

图 8.20 洛伦兹曲线

二、基尼系数

意大利经济学家基尼以洛伦兹曲线为基础，提出了判断收入分配平等程度的指标——

基尼系数。在图 8.20 中，A 表示实际收入分配曲线与绝对平均曲线之间的面积，B 表示实际收入分配曲线与绝对不平等曲线之间的面积。那么：

$$基尼系数 = \frac{A}{A+B}$$

如果 $A=0$，基尼系数为 0，收入绝对平等；如果 $B=0$，基尼系数为 1，收入绝对不平等。但一般来说，基尼系数在 0 与 1 之间。基尼系数越大，收入越不平等。按照美国经济学家库兹涅茨的观点，一个国家的经济发展水平与收入分配之间存在倒"U"型关系，即在经济未充分发展的阶段，收入分配将随同经济发展而趋于不平等，因而基尼系数较大；其后，经历收入分配暂时无大变化的时期，到达经济充分发展阶段，收入分配将趋于平等，基尼系数将变小。

【案例分析】

案例2　● 德国社会的收入分配与社会福利政策 ●

德国社会的分配分为初次收入分配和二次收入分配。供初次收入分配的客体是"国民收入"。按照德国国民经济的核算体系，"国内生产总值"GDP 在经过一些项目的增减计算之后，最后得出的可供初次收入分配的"国民收入"总量大约相当于 GDP 的 75% 左右，例如 1988 年（1990 年德国重新统一前的西部地区）为 77%，2004 年（全德地区）为 4%。2004 年德国"国内生产总值"为 21782 亿欧元，减去"与外国的转移支付结算"的逆差 94 亿欧元，即为"国民总收入"21688 亿欧元；再减去折旧总额 3219 亿欧元，即为"国民净收入"18469 亿欧元；再减去扣除"补助金"之后的"间接税"总额 2306 亿欧元，最后剩下约 16164 亿欧元，即是可供初次收入分配的"国民收入"总量。初次收入分配的结果。这里仅把初次收入分配视为国民收入在"雇主"与"雇员"之间进行分配。以 2004 年为例，在 16164 亿欧元的国民收入中，雇主得 4840 亿，占 30%；雇员得 11323 亿，占 70%。考虑到在就业者中，雇主占 10%，雇员占 90%，从整个国民经济角度来看，雇主的人均收入为雇员的 3.89 倍。但是，这种计算肯定是夸大了雇员的工薪收入，低估了雇主的利润等收入。因为这里把农民、手工业者、小摊贩等都列入了"雇主"社群，而这些人的收入未必都高于"雇员"中的官员、职员等，同时，官员、中上层职员的列入无疑又抬高了全体雇员的平均收入；而且，在雇员工薪总收入中，有 1/3 以上是雇主为雇员缴纳的各项法定保险费等，其中一大部分只是在将来才能用到（如养老保险），因此，如果仅以雇员实际拿到的净工薪来与雇主的收入相比，2004 年分别为 5978 亿和 4766 亿欧元，雇主人均收入为雇员的 7.2 倍。

如果说初次收入分配主要是发生在雇主与雇员之间，特别是发生在资本与劳动之间，那么，二次收入分配则主要是发生在就业者（包括雇主和雇员）与非就业者（包括已经失去劳动能力者和作为就业者边缘群体的失业者）之间。二次收入分配即收入再分配中有两个问题值得我们关注。进行二次收入分配主要有两个原因。一是社会上存在着大量的非就业人口和家庭，他们也需要有收入来维持生活。目前，在德国的 8165 万人口中，就业人口为 3840 万人，失业者为 437 万人，非就业人口为 3888 万人。在德国 3793 万个家庭中，就业者家庭 2403 万个，其中"独立劳动者"（其核心部分是雇主）家庭 225 万个；"非独立劳动者"即雇员家庭 2178 万个，包括官员、职员、工人和失业者；非就业家庭 1390 万个，多数为老人家庭，占全国家庭总数的 36.6%，加上失业者家庭合占 42%，主要依靠官方的转移支付为生。二是国家需要筹资提供"公共产品"，例如提供各种社会服务、维护国家内外安全等。

分析：

国民收入的分配是否公正，是世界各国社会经济生活中受到普遍关注的问题。收入分配问题关系到一个国家的政治稳定、社会公正和经济公平。在德国，公平性的价值目标来源于作为其基本政治制度的决定性构成要素——兼顾效率与公平的"社会市场经济"。

虽然长期以来德国在收入再分配方面取得了一些举世公认的成绩，但随着国内外形势的变化，目前德国在收入分配问题上还是面临着诸多挑战，其中对现行的社会福利政策影响最为显著。德国未能及时适应经济全球化的新形势。经济全球化导致作为德国经济模式根基的社会福利制度面临严峻考验，资本、劳动、政府三者无不如此。就资本而言，在经济全球化资本自由流动的条件下，如果国内政策威胁到资本利益，它可以马上转移。由于德国国内企业获利欠佳，同时也为了巩固和加强德国大公司在国外市场上的竞争地位，德国资本大量外流。而流失资本等于流失繁荣、流失福利、流失就业。在劳动方面，与战后的"黄金"年代（20世纪50—60年代）相比，经济全球化、快速的技术更新、后福特主义和广泛实行自由市场政策，所带来的最终结果就是弱化了劳动的交易权利，使雇员承担起失业的风险和工作条件变化的压力，增加了生活的不安定感，工资增长普遍减缓。在政府方面，为了留住本国资本，吸引外国资本，各国竞相进行"减税竞争"，德国也不可能置身局外。这意味着极大地限制了政府利用财税政策调节收入分配、提供社会保障的能力，也使社会福利制度面临不可抗拒的巨大改革压力。

国家税收和国家债务的自我限制性。在市场经济条件下，私人决定权优先，这必然会间接限制国家税收。而经济不景气，又会影响到国家收入。如果当代人获得国家债务融资的好处，而要由下一代承担债务的偿还，那样的国家债务免不了会出问题。这在德国已隐约可见。

收入再分配的"适度性"难以确定。收入再分配的程度一般取决于当时各种社会力量的对比关系。近些年，在世界范围内资本对劳动占有相对优势的背景下，在德国，人们也在日益谈论"欠适度"的收入再分配和累进制所得税可能会带来某些副作用，例如减少工作刺激，把社会经济进一步引入"灰色经济"的歧途等。

（摘自裘元伦 2005 年第 12 期《求是》）

【项目小结】

早在古典经济学时期，关于生产要素的报酬源泉及其价格决定，已有许多精辟的见解，但却无法在一个统一的理论框架内得到解释。20世纪初，边际生产力理论从要素需求这一角度进行了分析，而马歇尔则更进一步，从要素需求与供给两个方面对要素价格的决定进行了综合分析，从而将产品市场、要素市场的价格、数量决定问题纳入到统一的均衡价格论体系之中。本章内容就是以边际生产力理论、均衡价格理论为理论基础，对生产要素供求进行分析的。

生产要素的需求者是厂商。按照利润最大化原则，厂商的要素使用原则是使要素的边际收益产品（MRP）等于要素的边际成本。这一原则对所有的产品市场类型均成立。根据这一原则，假定要素市场是完全竞争的，要素的边际成本就等于要素价格；又由于边际报酬存在递减规律，因而要素的边际收益产品曲线向右下方倾斜，由此可以得到结论：厂商的要素需求曲线就是其边际收益产品曲线，并且向右下方倾斜。在产品市场完全竞争条件下，考虑到其他厂商的调整,厂商的要素需求曲线经调整后,变成行业调整曲线,将各厂商的行业调整曲线水平加总,可以得到要素市场的需求曲线,仍然具有向右下方倾斜的特征。另一方面,在卖方垄断下,假定所有厂商均为卖方垄断者,垄断厂商的要素需求曲线不必调整,直接加总就可得到要素市场的需求曲线,并向右下方倾斜。

要注意一个理想状态时的观点:假定产品市场,要素市场均为完全竞争,那么厂商使用要素的最优原则可以简化为:

$$P \cdot MP(L) = W$$

左边表示劳动或资本的边际收益产品或要素贡献,右边表示要素的价格或要素报酬。因此上式又可解释为:要素报酬等于要素贡献。这正是西方经济学收入分配论的基本理念。西方经济学认为,按照这一原则进行收入分配,不仅在伦理上是"公平"的,而且在总产品的分配中恰好可以"分尽"。

生产要素的供给者是个人,个人拥有的资源具有多种用途,他提供的生产要素数量取决于资源的机会成本。因此,对生产要素的供给决策采用的是个人效用最大化原则:劳动量的提供取决于个人拥有的时间在"劳动"与"闲暇"之间的分配决策;个人对资本的供给,取决于个人在"当前消费"与"储蓄"的分配决策。如果忽略收入效应,只考虑替代效应,那么,劳动工资越高,意味着闲暇的机会成本增加,劳动供给将增加;利率越高,意味着当前消费的机会成本增加,个人将增加储蓄,从而资本供给将增加。因此,劳动供给曲线、资本供给曲线向右上方倾斜。如果同时考虑收入效应和替代效应,那么,个人劳动供给曲线和资本供给曲线可能向后"弯曲"。但一般来说,在完全竞争条件下,要素市场的供给曲线向右上方倾斜。

要素市场供给曲线的一种特殊情形,是要素总量固定不变。有些要素如土地资源,无论短期还是长期都固定不变,供给曲线是一条垂直线,要素提供者获得"地租";有些要素如机器设备等,在短期固定不变,但在长期则可变,要素提供者可以获得"准租"。

要素价格由要素市场供求曲线的交点决定。即使在完全竞争条件下,要素提供者仍可获得"经济租"。

判断一个社会收入分配均等程度的方法有洛伦兹曲线和基尼系数。洛伦兹曲线越弯曲,或基尼系数越大,收入越不均等,反之则反是。

【实训练习】

一、名词解释

1.边际收益产品　　　2.准租金　　　3.经济租金

4.洛伦兹曲线　　　5.基尼系数

二、简答题

1.试述厂商的要素使用原则。

2.解释个人的劳动供给曲线为什么向后弯曲。

三、论述题

试述西方经济学的收入分配理论。

项目九　一般均衡与福利经济学

【项目目标】

1.掌握什么是一般均衡；

2.掌握帕累托改进和帕累托最优；

3.掌握埃奇渥斯盒状图的内涵；

4.掌握交换的帕累托最优以及生产的帕累托最优状态。

【引导案例】

案例1 ● **少数服从多数原则的局限性** ●

　　假定有张三,李四,王五三个人,他们为自己最喜欢的明星发生了争执,他们在刘德华、张学友、郭富城三人谁更受观众欢迎的问题上争执不下,张三排的顺序是刘德华、张学友、郭富城。李四排的顺序是张学友、郭富城、刘德华。王五排的顺序是郭富城、刘德华、张学友。到底谁更受欢迎呢？没有一个大家都认可的结果。如果规定每人只投一票,三个明星将各得一票,无法分出胜负,如果将改为对每两个明星都采取三人投票然后依少数服从多数的原则决定次序,结果又会怎样呢？本章就这一问题作出回答。

　　　　　　　　　　　　　　　　　　　　　（资料来源：摘自 www.people.com.cn）

任务1　一般均衡理论

　　到目前为止,我们使用均衡分析方法,所分析研究的都是单个市场的均衡问题。在研究某个市场时,我们通常假定其他市场的供求是既定不变的,而我们所研究的这个市场的变动也不影响其他市场,因而该市场的产品的供给和需求仅仅是其价格的函数。结论就是在供给和需求这两个相反的力的作用下,该市场会逐渐趋于均衡,形成一个均衡价格,在这个价格下,供给量等于需求量,市场出清。这种研究方法通常称为局部均衡分析方法,指在假定其他条件不变,即假定某一变量只取决于本身的各相关变量的作用,而不受其他变量和因素影响的前提下,该变量如何实现均衡。但局部均衡分析显然与现实有较大的距离,现实中各个市场之间是相互联系的、相互影响的,一个市场供求的变化会引起一系列相关的市场供求的连锁反应。这种各个市场之间相互的联系和影响,正是市场经济的基本特征之一。为了理解各个市场之间的相互影响问题,我们来看一个例子。

　　首先,我们来看一个简化的经济,它包括四个市场：钢铁市场、汽车市场、汽油市场、劳动市场,如图9.1所示,在刚开始时,四个市场都处于均衡状态,四个市场的供给曲线在图中表

示为 S_A、S_B、S_C、S_D，四个市场的需求曲线分别为 D_A、D_B、D_C、D_D，前三个市场的均衡产量分别为 Q_A、Q_B、Q_C，劳动市场的均衡劳动使用量为 L_D，四个市场的均衡价格分别为 P_A、P_B、P_C、W_D。

现在假设由于某种原因，比如铁矿石的价格上涨、煤炭价格上涨或者电力价格上涨等，钢铁的供给减少，即供给曲线向左移动，如图 9.1(a)所示。供给的减少将导致钢铁市场的均衡价格上升为 P_{A1}，均衡产量将下降为 Q_{A1}。但事情远未到此完结，由于钢铁是汽车工业的原材料，钢铁价格的上涨会直接导致汽车工业的成本上升，这样汽车的供给也将减少，供给曲线向左移动，从而汽车的均衡价格将上升至 P_{B1}，均衡产量将下降至 Q_{B1}，如图 9.1(b)所示，由于汽车和汽油是互补品，汽车市场的变动将会导致汽油市场的变动，从图 9.1(c)可以看出，由于汽车的需求量下降，汽油的需求将下降，需求曲线向左移动，从而汽油的均衡价格下降至 P_{C1}，均衡产量将下降至 Q_{C1}。由于钢铁、汽车、汽油等行业的产量都是下降的，在技术水平和其他因素不变的前提下，这就会导致市场对劳动等要素需求的下降，从而影响到要素市场，如图 9.1(d)所示。由于市场对劳动需求的下降，需求曲线向左移动，结果均衡的工资水平就由 W_D 下降到 W_{D1}，均衡的劳动供给量也由 L_D 下降到 L_{D1}。

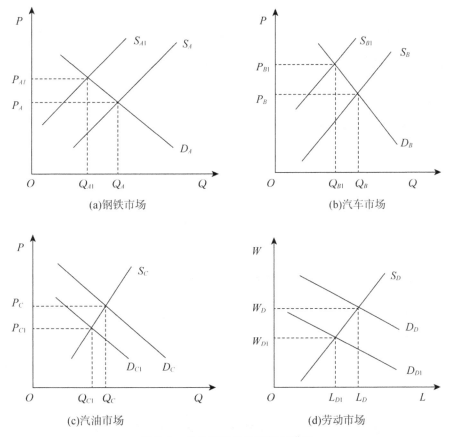

图 9.1　各个市场之间的相互联系

可以预测，要素市场的变化还会反过来影响到产品市场。由于劳动的工资水平下降，厂商的生产成本将下降，从而钢铁、汽车、汽油等产品的供给还会有一定的上升，均衡价格还会有所下降，均衡产量还会有一定上升。可以看出，一个市场发生的变动，会引起其他市场一系列的变动，而其他市场的变动，又会反过来导致最初发生变动的市场再次发生变动。这种市场之间的相互作用,叫做反馈效应。

从上面分析的一个最简单的市场相互作用模型可以看出,要全面、准确地分析一个市场的变动,就要把所有的市场放到一起来进行研究,研究各个市场之间的相互作用和影响,研究某一变量在各种条件和因素作用下,如何实现均衡,从而得出所有市场的均衡价格与均衡产量的决定。与局部均衡分析相对应,从市场上所有各种商品的供求和价格是相互影响、相互依存的前提出发,考察每种商品的供求同时达到均衡状态条件下的某商品均衡价格决定问题。这种分析方法,称为一般均衡分析方法。而所有市场都达到均衡的这种状态就称为一般均衡。

任务2 判断经济效率的帕累托标准

一、帕累托标准

(一)资源配置的个人标准

假定整个社会只包括两个人甲和乙,且只有两种可能的资源配置状态 A 和 B。

甲有三种选择:$A>B$; $A=B$; $A<B$

乙有三种选择:$A>B$; $A=B$; $A<B$

(二)资源配置的社会标准

从社会的观点看,如果甲和乙有同样的观点,则社会的观点自然也如此,但这种情况并不总是出现,特别是当一个社会包括许多单个人时,要使所有人都一致几乎是不可能的。如果将甲和乙的情况综合来看,共有九种情况。从社会的角度把这九种情况可分为三大类:

第一类:A 优于 B(至少有一个人认为 A 优于 B,而没有人认为 A 劣于 B)。

第二类:A 与 B 无差异(所有人都认为 A 与 B 无差异)。

第三类:A 劣于 B(至少有一个人认为 A 劣于 B,而没有人认为 A 优于 B)。

(三)帕累托最优状态标准

如果在一个经济社会里至少有一个人认为 A 优于 B,而没有人认为 A 劣于 B,那么就可以说,从全社会的角度来说,A 好于 B。这就是所谓的帕累托最优状态标准,简称帕累托标准。帕累托标准实际提供我们一个由个体的偏好推导出社会偏好的方法和手段。

二、帕累托改进

利用帕累托最优状态标准,可对资源配置状态的任意变化作出"好"与"坏"的判断:如果既定的资源配置状态的改变可以使得至少有一个人的状况变好,而没有使任何其他人的状况变坏,则认为这种资源配置状态的变化是"好"的;否则认为是"坏"的。我们把这种以帕累托标准来衡量为"好"的状态改变称为帕累托改进。或,按照帕累托标准,如果既定的资源配置状态的改变,能够让一部分社会成员的状况改善,而其他人的状况并没有变坏,这就可以看作是一种资源配置状况的改善,称为帕累托改进。帕累托改进首先是不使任何人受损害。因此你追求快乐的同时,不要损害别人的快乐。也就是孔夫子所说的"己所不欲,勿施于人。"再比如,现在有 20 人要过河,但一只小船只能载 19 人,假如我们已经让 19 人上了船,船已满载,此时,我们就称之为达到了帕累托最优状态,因为如果再多让一人上船,就会因超载而给另外 19 人带来危险,损害别人的福利。反之,如果本可以载 19 人的船,我们只让上 18 人,也不符合帕累托标准,因为此时还可以增加一个人的福利,而不会损害到他人。

在市场经济中,交易是自愿的。从字面上讲,每天都有上亿次帕累托改进发生。实际上,每一次购买都是一个帕累托改进。如果你用 100 元购买了一条牛仔裤,那么,牛仔裤对你的价值肯定超过 100 元,否则你不会购买。另一方面,店主肯定认为 100 元的价值高于牛仔裤的价值,否则,他也不会卖给你。因此,交易使双方的状况都变得更好。

三、帕累托最优

经济学家通常认为,一个经济社会应当寻求能够不损害任何人的利益,而又能使一部分人的状况得到改善的途径,即在促进社会进步的同时不能以牺牲社会中一部分人的利益为代价。如果帕累托改进进行到一定程度,不再有任何改进的余地,也就是说,如果资源达到帕累托最优状态就表明:在技术、消费者偏好、收入分配等条件给定时,资源配置的效率最高,从而使社会福利达到最大。

用帕累托标准和帕累托改进就可以来定义所谓的"帕累托最优"或者说最优的资源配置:如果对于某种既定的资源配置状态,所有的帕累托改进均不存在,在该状态上,任何改变都不能使此状态中的任何一个人的境况变得更好,而不使别人的境况变坏,或者说如果不使别人的境况变坏,就无法使任何一个人的境况变得更好,这种经济状态就称为帕累托最优。

在这里需要注意的是,帕累托改进并不一定是公平或平等的,比如,你在沙漠中 200 元购买了一瓶水。你可能认为是卖主沾了你的便宜,这不明摆着是对你的剥削吗,怎么会是帕累托改进? 要明白这一点,记住帕累托改进的特征只是双方从行动中受益,并不表明总收益在双方之间的分配是否公平。

这些例子所讲的帕累托改进都是一些很容易安排的例子,在这些例子中,一个人与另一个人交易,双方都能受益。因此,双方都有动力寻找另一方进行交易。但是,也有一些涉及一群人的复杂情况,在这些情况中,只有一方向另一方进行特殊的支付,才能实现帕累托改进。例如,"公寓里的干洗店搬迁"的例子。这种情况经济学称之为单方支付的帕累托改进。如果不进行单方支付让干洗店搬出公寓,就不是帕累托改进。因为,干洗店老板将会受损。由此可见,单方支付可以将损害某些人的行为变为不损害任何人的行为,所以,它是一种帕累托改进。

可以看出,帕累托标准回避了分配问题,尽管如此,在经济学中仍然是一个十分有用的判断经济效率的工具。

那么,对于整个经济社会来讲,如何判断是否达到了帕累托最优或实现了社会福利最大化呢? 新福利经济学设定了三个条件。若这三个方面的条件同时满足了,则表明资源配置达到了帕累托最优,实现了社会福利最大化。

为了收入研究市场经济的效率和社会的经济福利,经济学家一般采用 $2 \times 2 \times 2$ 的总体均衡模型,即假定经济社会中有两个经济行为人 A 和 B,两种产品 X 和 Y 和两种生产要素 L 和 K。尽管这种模型过于简单,但仍不失一般性,因为,我们可以将它扩张到 $H \times M \times N$ 总体模型(H 个经济行为人、M 种商品和 N 种生产要素)。总体均衡模型所要解决的问题包括生产效率、交换效率及生产和交换的联合效率等问题。

任务 3　交换的帕累托最优条件

为了研究问题方便,假定一个经济社会只有两个消费者 A 和 B,消费者 A 拥有较多的产品 Y 和较少的产品 X,消费者 B 拥有较多的产品 X 和较少的产品 Y,两个消费者的无差异曲线分别如图 9.2(a)和（b）所示。在图中消费者 A 拥有的产品 X 的量是 X_1,拥有的 Y 的量是 Y_1,因而其 X 和 Y 组合点位于 F 点;消费者 B 拥有的产品 X 的量是 X_2,拥有的 Y 的量是 Y_2,因而其 X 与 Y 的组合点位于 H 点。

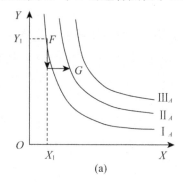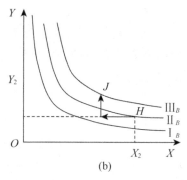

图 9.2　两个消费者的交换过程

为了使效用最大,他们之间需要进行交换。现在要考察的问题是:他们应怎样交换各自持有的商品,才能使效用达到极大? 这就要用埃奇渥斯盒状图来进行分析。

一、埃奇渥斯盒状图的含义

假定两个消费者 A 和 B 消费两种产品 X 和 Y,为了研究上述问题,我们把图 9.2(b)逆时针旋转 $180°$,再与图 9.2(a)组合而成一个矩形盒子。该矩形的长为 $X=X_1+X_2$,宽为 $Y=Y_1+Y_2$,这样矩形的长宽实际就是产品 X 和 Y 的总量。

这个矩形盒子,我们称之为埃奇渥斯盒。

二、交换的帕累托最优状态

现在两个消费者开始交换其产品。消费者 A 以一定量的 Y 去交换消费者 B 一定量的 X。交换的结果:消费者 A 所拥有的 Y 将下降,X 将上升,其产品组合点将从 F 点运动到 G 点;消费者 B 所拥有的 X 将下降,Y 将上升,其产品组合点将从 H 点运动到 J 点。可以看出,在交换之前,消费者 A 的效用水平以无差异曲线 I_A 为代表,交换以后他的效用水平以无差异曲线 II_A 为代表,效用水平提高;在交换之前,消费者 B 的效用水平以无差异曲线 II_B 为代表,交换以后他的效用水平以无差异曲线 II_B 为代表,效用水平也提高。可以看出,两个人的效用都提高,这是一种帕累托改进。

只要通过交换能够使两个消费者的效用都提高,或者一个消费者的效用提高而另一个消费者的效用不变,消费者就有动力将交换不断进行下去。下面的问题是:什么时候两个消费者的交换达到均衡,就是说,什么情况下不能再实现帕累托改进了,也就是实现帕累托最优了?

我们在埃奇渥斯盒中标绘出消费者 A 和 B 的无差异曲线,由于两个消费者的无差异曲线都是无数条,所以对任意一条消费者 A 的无差异曲线,我们都可以找出一条消费者 B 的无差异曲线与之相切。将所有这些切点连接起来,就得到一条曲线,如图 9.3 中 $O_A edcO_B$ 曲线,该曲线称为交换的契约线。

现在来研究两个消费者交换产品的过程。在交换之前,两个消费者拥有 X 和 Y 的量位于图 9.3 中的 a 点,如果他们的产品组合点由 a 沿着无差异曲线 IIB 运动到 c,可以看出消费者 A 的 X 在增加,Y 在减少,而消费者 B 的 Y 增加,而 X 减少,可以知道消费者 A 是以 Y 来换取消费者 B 的 X。由于产品的组合点沿着消费者 B 的无差异曲线 IIB 运动,所以消费者 B 的效用是不变的,但消费者 A 却由无差异曲线 IA 运动到 IIA,所以消费者 A 的效用是提高的。因此从 a 到 c 的交换过程是一个帕累托改进的过程。

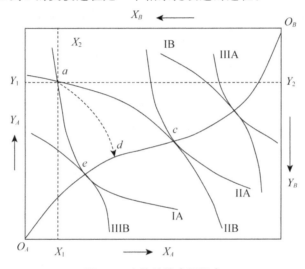

图 9.3 交换的埃奇渥斯盒

再来研究消费者 A 与 B 由产品组合点沿着无差异曲线 IA 运动到 e 点的交换过程。这一过程仍然是消费者 A 以产品 Y 交换消费者 B 的产品 X,同样道理可以知道,消费者 A 的效用不变,但消费者 B 的效用提高了,这也是一种帕累托改进。

再来研究两个消费者的产品组合点由 a 运动到 d 的过程,仍然是消费者 A 以产品 Y 交换消费者 B 的产品 X,这一过程中两个消费者的效用水平都提高了,毫无疑问这一过程也是帕累托改进的过程。可以看出,两个消费者通过交换实现帕累托改进的路径并不是唯一的,交换的结果使两个消费者效用的提高程度也不一样,但站在全社会的角度看,社会的总福利是增加了。可以证明当两个消费者的产品组合点不在交换的契约线上的时候,我们总能够找到数条路径,通过两个消费者之间的交换来实现帕累托改进。

现在再来研究当消费者沿交换的契约线来进行交易时候的情况。假设两个消费者通过交换由组合点 e 运动到 d,即消费者 B 拿出一定的 X 和 Y 给 A,那么消费者 A 的效用提高的同时消费者 B 的效用却在下降,因而不符合帕累托改进的定义。同样,我们研究消费者的组合点由 c 运动到 d 的过程,这也不是帕累托改进。

综上所述,可以知道,凡是产品组合点不位于交换的契约线的情况,总是可以通过交换实现帕累托改进的,当产品的组合点运动到交换的契约线上的时候,则不存在帕累托改进的余地。因此可以得出结论,交换的契约线就是所有帕累托最优的产品组合点的集合。

三、交换的帕累托最优条件

由于交换的契约线是由两个消费者的无差异曲线的切点连接而成,在切点处,两个消费者的边际替代率必然是相等的,因而交换的帕累托最优的条件就可以写成:

$$MRS_{XY}^A = MRS_{XY}^B \tag{9.1}$$

用语言描述就是:要使两种商品 X 和 Y 在两个消费者 A 和 B 之间的分配达到帕累托最优状态,则对于这两个消费者来说,这两种商品的边际替代率必须相等。

我们从一个例子来看。假设有 A、B 两地。A 地棉花丰富而小麦稀缺,1 斤小麦可换 5 斤棉花(MRS=5);B 地小麦丰富而棉花稀缺,1 斤小麦可换 2 斤棉花(MRS=2)。A 地的人会将棉花贩到 B 地,以 2 斤棉花换 1 斤小麦;B 地的人会将小麦贩到 A 地,以 1 斤小麦换 5 斤棉花。随着两地之间的贸易,A 地的小麦越来越多,B 地的棉花也越来越多,再继续交换的话,交换比例就会发生变化,A 地的 MRS 不断降低,B 地的 MRS 不断提高。只要交换能使两地的满足程度不断提高,交换就会进行下去,当两地的 MRS 变得相等的时候,进一步的交易就会停止。

由此可见,当两个消费者的边际替代率不相等时,总能够通过交换提高双方的满足程度,而一旦双方的边际替代率相等,则进一步的交换就会使至少一方的满足程度下降。所以可以说,交换的帕累托最优的条件就是交换双方的边际替代率相等。

任务4　生产的帕累托最优条件

我们现在来讨论当经济中资源总量为既定情况下,厂商通过调整生产要素来实现经济的帕累托最优状态的过程。

埃奇渥斯盒状图的含义如下:

假设经济中有两个厂商 C 和 D,使用两种要素资本 K 和劳动 L,分别生产两种产品 X 和 Y。如图 9.4(a)所示,厂商 C 在初始状态拥有的劳动的量是 L_1,拥有的资本的量是 K_1,所以其组合点位于 E 点,IC、IIC、IIIC 是厂商 C 的等产量线;如图 9.4(b)所示,厂商 D 在初始状态使用 L_2 的劳动和 K_2 的资本,要素组合点位于 G 点,ID、IID、IIID 是厂商 D 的等产量线。所以,经济中劳动的总量是 L_1+L_2,资本的总量是 K_1+K_2。

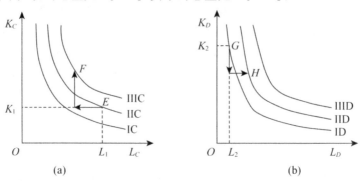

图 9.4　两个厂商对生产要素的调整

现在我们来研究两个厂商如何实现帕累托改进。从图9.4可以看出,厂商C使用了较多的劳动和过少的资本,而厂商D使用了较多的资本和过少的劳动。如果厂商C减少劳动的使用同时增加资本的使用,即从图中的E点运动到F点,那么其产量将从IIC增加到II-IC;同样如果厂商D减少资本的使用同时增加劳动的使用,即从图中的G点运动到H点,其产量也会从ID运动到IID。可以看到,在资源总量一定的条件下,厂商C和厂商D通过调整资本和劳动的比例,增加了产量,这毫无疑问是一种资源配置状况的改善,属于帕累托改进。为了搞清帕累托改进究竟能够进行到什么时候,在何种条件下达到帕累托最优,我们同样引入埃奇渥斯盒这一工具。

我们把图9.4(b)逆时针旋转180°,然后与图9.4(a)对接成为一个矩形,矩形的长是＝$L_1 + L_2$,宽是＝$K_1 + K_2$,这个矩形就是生产的埃奇渥斯盒。

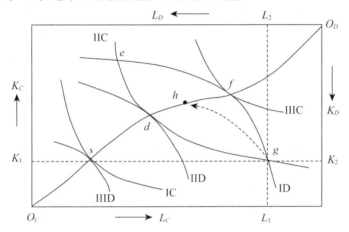

图9.5   生产的埃奇渥斯盒

在埃奇渥斯盒中标绘上两个厂商的等产量线,对于厂商C的任意一条等产量线都可以找到一条厂商D的等产量线与之相切,将所有切点连接起来,就得到$O_C sdhf O_D$这条曲线,这条曲线称为生产的契约线。如图9.5所示,这样在图9.4中的E和G两点,在埃奇渥斯盒中就是一点g。假定两个厂商C和D将生产要素从g沿等产量线调整到f,即厂商C增加资本减少劳动,而厂商D增加劳动减少资本,则厂商C的产量从ⅡC增加到ⅢC,厂商D的产量不变,所以这是一种帕累托改进;假定厂商C和D将生产要素从g沿等产量线ⅡC调整到d,即厂商C增加资本减少劳动,厂商D增加劳动减少资本,则厂商C的产量不变,而厂商D的产量由ⅠD增加到ⅡD,显然这也是一种帕累托改进;如果厂商C和厂商D将生产要素从g调整到h,两个厂商的产量都将增加,所以,仍然是帕累托改进。可以看出对于初始的资源配置g,帕累托改进的路径并非只有一条。和g点一样,对于埃奇渥斯盒中的任一点,只要不在生产的契约线上,我们总可以找出帕累托改进的路径,使得至少一个厂商的产量增加,而没有厂商的产量减少。

如果厂商的初始点处于生产的契约线上一点h,厂商沿生产的契约线调整至d或者调整至f,都无法实现帕累托改进,因为一个厂商产量增加的同时,另一个厂商的产量却在下降。

综上所述,可以看出,生产的契约线就是厂商实现帕累托最优状态的点的集合。厂商将生产要素调整到生产的契约线上之后,便不再有继续调整的动力,所以契约线上的点同时也是均衡点。由于生产的契约线就是等产量线的切点,所以在生产的契约线的任一点,两个厂商的边际技术替代率必然相等。因此,生产的帕累托最优的条件也可以写成:

$$\mathrm{MRTS}_{L,K}^{X} = \mathrm{MRTS}_{L,K}^{Y} \tag{9.2}$$

任务5　生产和交换的帕累托最优

一、从生产契约曲线到生产可能性线

从生产的契约线,我们再引入生产可能性曲线。我们发现,生产的契约线表示了厂商实现帕累托最优的点,即经济的一般均衡点,在契约线上的一点实际上表示了在一个厂商的产量一定时另一个厂商所能实现的最大产量。由于在埃奇渥斯盒中已经标绘了厂商的等产量线,所以,生产的契约线上的每一点所表示的厂商 C 和厂商 D 的产量都是可以知道的。如果我们沿着生产的契约线由 O_C 运动到 O_D 的时候,可以发现,当厂商 C 的产量 X 不断增加的同时,厂商 D 的产量 Y 却在不断下降。也就是说,如果总的生产要素的量一定,技术水平一定,一个厂商实现帕累托最优时的产量增加的同时,另一个厂商实现帕累托最优时的产量必定是下降的(如果不是这样,一个厂商产量增加的时候,另一个厂商的产量也增加或者不变,就可以实现帕累托改进,就不会是帕累托最优状态)。将生产的契约线上的各点所代表的产量 X 和 Y 标绘在一个图中(图9.6),我们就可以得到生产可能性曲线。

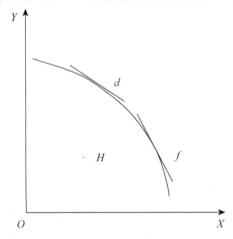

图 9.6　生产可能性线

生产可能性曲线表示在技术水平和生产要素总量一定时,一个经济所能达到的最大产出组合,在这些组合中,任何一种产品的产量都是与另一种产品的产量相对应的该产品的最大产量。在现有技术水平下,要达到生产可能性曲线以外的一点是不可能的。只要生产是有效率的,产出的组合点就应该落在生产可能性曲线上,如果一个经济的产出只是达到曲线以内的某一点(图9.6)中的 H 点,则说明虽然该点的产量可以实现,但该经济是无效率的,存在帕累托改进的可能性。正因为如此,生产可能性曲线又被称为生产可能性边界。

生产可能性曲线有两个特点,一是它向右下方倾斜,二是它向右上方凸出。它向右下方倾斜是因为随着 X 的产量的增加,Y 的产量必定是减少的,即 X 与 Y 之间存在着替代关系。

为了理解该曲线向右上方凸出的原因,我们引入边际转换率的概念。从生产可能性曲线,我们知道,要增加 X 的产量,就必须减少 Y 的产量,我们把增加1个 X 产量时必须减少的 Y 的产量,叫做边际转换率,用 MRT 来表示,这样写成极限的形式,就是:

$$\mathrm{MRT}_{XY} = -\frac{\mathrm{d}Y}{\mathrm{d}X} \tag{9.3}$$

从式9.3可以看出,边际转换率实际就是生产可能性曲线的斜率的绝对值。这样生产可能性曲线的第二个特点换一种说法也就是:随着 X 产量的不断增加,际转换率是递增的。随着 X 的产量不断递增,投入 X 的生产中去的要素也不断增加,其边际产量不断递减,与此同时,投入 Y 的生产中去的生产要素却不断递减,因而其边际产量不断递增。因此,边际转换率是不断递增的。

二、交换的帕累托最优条件

前面讨论了生产的帕累托最优和交换的帕累托最优,但在一个生产和交换同时存在的经济中,要实现经济效率,不仅要实现不同生产要素在厂商的生产过程中的有效配置,而且还要同时实现不同产品在消费者之间的有效配置,即厂商生产的产品组合要与消费者的购买意愿相一致,符合消费者的需要。下面讨论满足生产和交换的帕累托最优要满足的条件。

假定经济中有两个厂商 C 和 D,生产两种产品 X 和 Y,有两个消费者 A 和 B,消费产品 X 和 Y。图9.7中 PP' 是厂商的生产可能性曲线,在曲线上任取一点 B,由于生产可能性曲线上任一点都对应于生产的契约线上一点,因而,B 点满足生产的帕累托最优,这时 X 的产量是 X^*,Y 的产量是 Y^*,消费者 A 和 B 只能在既定产量 X^* 和 Y^* 之间进行选择。为研究方便,在图9.6中同时作出交换的埃奇渥斯盒,盒中标出交换的契约线,显然交换的契约线上任一点都满足交换的帕累托最优。图中 SB 是通过 B 点的 PP' 的切线,因而其斜率的绝对值就是边际转换率。在生产的契约线上各点标出无差异曲线的切线,其斜率的绝对值等于边际替代率。我们来证明当无差异曲线的切线(图9.7中的 T)与 SB 平行时,也即边际替代率与边际转换率相等时,满足生产和交换的帕累托最优。

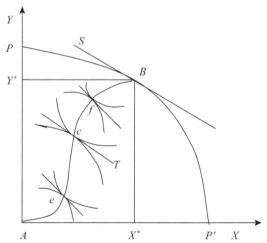

图9.7　生产和交换的帕累托最优

假设 $\mathrm{MRT}_{XY}=2$,$\mathrm{MRS}_{XY}=1$,即 $\mathrm{MRT}_{XY}>\mathrm{MRS}_{XY}$。MRT 为 2 意味着厂商减少一个 X 的产量,Y 的产量就可以增加 2 个。MRS 为 1 表示消费者减少一个 X 的消费,必须增加 1

个 Y 的消费才能维持效用水平不变。所以,如果厂商减少 X 的产量同时增加 Y 的产量,那么消费者的效用水平可以提高,增加的效用水平可以看做是社会得到的净福利,这就说明存在帕累托改进的余地。反过来,如果 $MRT=1$,$MRS=2$,即 $MRT_{XY}<MRS_{XY}$,这时厂商增加 1 个 X 的产量,必须减少一个 Y 的产量,而消费者要维持效用水平不变,减少一个 Y 的消费,需同时增加 0.5 个 X 的消费,因此,厂商增加 1 个 X 的产量减少 1 个 Y 的产量,将引起消费者效用水平的净增加,所以仍然存在着帕累托改进的余地。总之,无论是 $MRT>MRS$ 还是 $MRT<MRT$ 的情况,都存在着帕累托改进的余地,即只有 $MRT=MRS$ 的时候,才实现了帕累托最优。所以,生产和交换的帕累托最优的条件可以表述为:

$$MRT_{XY} = MRS_{XY}^{A} = MRS_{XY}^{B} \tag{9.4}$$

需要说明的是,尽管以上生产的帕累托最优条件、交换的帕累托最优条件以及生产与交换的帕累托最优条件都是在两个生产者、两个消费者、两种产品、两种生产要素的极其简化的条件下推出的,但它们也适用于多个消费者、多个生产者、多种商品、多种要素的一般情况。

任务6　完全竞争与帕累托最优状态

在一般均衡理论中,我们已经证明,完全竞争在一定的假设条件下,可以实现一般均衡。那么完全竞争的一般均衡是否意味着帕累托最优状态呢? 结论是:任何完全竞争的均衡都是帕累托最优状态,同时,任意的帕累托最优状态也可以由一套竞争性价格来实现。

一、完全竞争市场的特征(一般均衡状态下)

现在来看在完全竞争经济中,帕累托最优状态是如何实现的。完全竞争的一般均衡状态下,市场中商品和要素的价格都是由市场决定,厂商和消费者都被动地接受市场价格,消费者根据自己的效用最大化原则决定要购买的商品组合,厂商根据自己的利润最大化原则决定自己的产量,最后实现供求相等。

一般均衡状态下的完全竞争市场经济,必存在一组使所有商品需求和供给相等的价格,如:商品价格 Px、Py,对于所有消费者、生产者都是相同的,他们都是 Px、Py 的接受者。要素价格 $w(P_L)$、$r(Py)$ 同样对消费者和生产者都是一样的,他们都是 $w(P_L)$、$r(Py)$ 的接受者。

就是说,若对消费者来说,Px/Py 值存在,则对生产者而言,Px/Py 值亦是存在的。

二、完全竞争市场最优分析

只要能够证明完全竞争市场符合帕累托三大最优条件:

(1)交换的一般均衡条件等于交换的帕累托最优条件:$MRS_{XY}^{A} = MRS_{XY}^{B}$;

(2)生产的一般均衡条件等于生产的帕累托最优条件:$MRTS_{LK}^{X} = MRS_{LK}^{Y}$;

(3)生产与交换的一般均衡条件等于生产与交换的帕累托最优条件:$MRS_{XY} = MRT_{XY}$。

就可以证明上述论点。

(1)完全竞争市场能自动满足交换的帕累托最优条件:

$$\mathrm{MRS}_{XY}^{A} = \frac{P_X}{P_Y} = \mathrm{MRS}_{XY}^{B} \tag{9.5}$$

因为在完全竞争市场上,同一种商品的价格对所有消费者来说都是相同的。

(2)完全竞争市场能自动满足生产的帕累托最优条件:

$$\mathrm{MRTS}_{LK}^{X} = \frac{w}{r} = \mathrm{MRS}_{LK}^{Y} \tag{9.6}$$

因为在完全竞争市场上,同一种要素的价格对所有厂商来说都是相同的。

(3)完全竞争市场能自动满足生产与交换的帕累托最优条件:

$$\mathrm{MRS}_{XY} = \frac{P_X}{P_Y} = \frac{\mathrm{MC}_X}{\mathrm{MC}_Y} = \mathrm{MRT}_{XY} \tag{9.7}$$

在完全竞争市场上,某种商品的价格正好等于生产该商品的边际成本,即 $P = \mathrm{MC}$。因此,完全竞争市场能合理地或有效率地配置资源。

由式 9.5 和式 9.6 可知,完全竞争的市场满足了:$\mathrm{MRT}_{XY} = \mathrm{MRS}_{XY}$,因此完全竞争满足了生产和交换的帕累托最优条件。

综上所述,可以得到福利经济学第一定理:完全竞争市场经济的一般均衡是帕累托最优的。

亚当·斯密在《国富论》中曾经指出,当经济中的人们都在追求自己的利益的时候,在"看不见的手"的引导下,其结果是促进了公众的福利。福利经济学第一定理说明了通过市场竞争,消费者追求自己的效用、厂商追求利润,就可以实现经济效率。这可以在一定程度上看作是对亚当·斯密等自由主义经济学家的信念所做的论证。

福利经济学第一定理指出了完全竞争的均衡是有效率的,那么反过来是否可以说,给定资源的一个帕累托最优配置,它是否一定能够通过完全竞争的市场机制来完成。福利经济学第二定理,给了我们明确的答复。福利经济学第二定理指出:在所有消费者的偏好为凸性(即无差异曲线凸向原点)和其他的一些条件下,任何一个帕累托最优配置都可以从一个适当的初始配置出发,通过完全竞争的市场均衡来达到。限于篇幅,这一定理的论证从略。

福利经济学第二定理实际上说明了,市场可以实现任何一种帕累托最优配置,无须政府采取税收或价格管制等形式对市场的干预。

任务7 阿罗不可能定理

1951 年肯尼斯·约瑟夫·阿罗(Kenneth J. Arrow)在他的现在已经成为经济学经典著作的《社会选择与个人价值》一书中,采用数学的公理化方法对通行的投票选举方式能否保证产生出合乎大多数人意愿的领导者或者说"将每个个体表达的先后次序综合成整个群体的偏好次序"进行了研究。结果,他得出了一个惊人的结论:绝大多数情况下是——不可能的!更准确的表达则是:当至少有三名候选人和两位选民时,不存在满足阿罗公理的选举规则。或者也可以说是:随着候选人和选民的增加,"程序民主"必将越来越远离"实质民主"。从而给出了证明一个不可思议的定理:假如有一个非常民主的群体,或者说是一个希望在民主基础上作出自己的所有决策的社会,对它来说,群体中每一个成员的要求都是同等重要的。一般地,对于最应该做的事情,群体的每一个成员都有自己的偏好。为了决策,就要建立一个公正而一致的程序,能把个体的偏好结合起来,达成某种共识。这就要进一步假设群体中的每一个成员都能够按自己的偏好对所需要的各种选择进行排序,对所有这些排序的汇聚就是群体的排序了。

一、阿罗不可能定理的含义

阿罗不可能定理是指,如果众多的社会成员具有不同的偏好,而社会又有多种备选方案,那么在民主的制度下不可能得到令所有的人都满意的结果。

阿罗不可能定理说明,依靠简单多数的投票原则,要在各种个人偏好中选择出一个共同一致的顺序,是不可能的。这样,一个合理的公共产品决定只能来自于一个可以胜任的公共权力机关,要想借助于投票过程来达到协调一致的集体选择结果,一般是不可能的。

二、阿罗不可能定理的证明

阿罗的不可能定理源自孔多塞的"投票悖论",早在18世纪法国思想家孔多赛就提出了著名的"投票悖论":假设甲乙丙三人,面对 a,b,c 三个备选方案,有如下的偏好排序。

甲$(a>b>c)$;乙$(b>c>a)$;丙$(c>a>b)$注:甲$(a>b>c)$代表——甲偏好 a 胜于 b,又偏好 b 胜于 c。

(1)若取"a"、"b"对决,那么按照偏好次序排列如下:

甲$(a>b)$;乙$(b>a)$;丙$(a>b)$;社会次序偏好为$(a>b)$。

(2)若取"b"、"c"对决,那么按照偏好次序排列如下:

甲$(b>c)$;乙$(b>c)$;丙$(c>b)$;社会次序偏好为$(b>c)$。

(3)若取"a"、"c"对决,那么按照偏好次序排列如下:

甲$(a>c)$;乙$(c>a)$;丙$(c>a)$;社会次序偏好为$(c>a)$。

于是得到三个社会偏好次序——$(a>b)$、$(b>c)$、$(c>a)$,其投票结果显示"社会偏好"有如下事实:社会偏好 a 胜于 b、偏好 b 胜于 c、偏好 c 胜于 a。显而易见,这种所谓的"社会偏好次序"含有内在的矛盾,即社会偏好 a 胜于 c,而又认为 a 不如 c。所以按照投票的大多数规则,不能得出合理的社会偏好次序。

【案例分析】

在引导案例中,首先看对刘德华和张学友的评价,由于张三和王五都把刘德华放在张学友的前边,二人都会选择刘德华而放弃张学友,只有李四认为张学友的魅力大于刘德华,依少数服从多数的原则,第一轮刘德华以二比一胜出;再看对张学友和郭富城的评价,张三和李四都认为应把张学友放在郭富城的前边,只有王五一人投郭富城的票。在第二轮角逐中,自然是张学友胜出;接着再来看对刘德华和郭富城的评价,李四和王五认为还是郭富城更棒,只有张三认为应该把刘德华放在前边,第三轮当然是郭富城获胜。

通过这三轮投票,我们发现对刘德华的评价大于张学友,对张学友的评价大于郭富城,而对郭富城的评价又大于刘德华,很明显我们陷入了一个循环的境地。这就是"投票悖论"也就说不管采用何种游戏规则,都无法通过投票得出符合游戏规则的结果。如果世界上仅限于选明星的事情就好办多了,问题在于一些关系到国家命运的事情的决定上,也往往会出现上述的"投票悖论"问题。对此很多人进行了探讨,但都没有拿出更有说服力的办法。

美国经济学家阿罗经过苦心研究,在 1951 年出版的《社会选择与个人价值》提出他的不可能定理。并为此获得了 1972 年诺贝尔经济学奖。阿罗不可能定理的意思是,"只要给出几个选择者都必然会接受的前提条件,在这些前提条件的规定下,人们在一般或普遍意义上不可能找到一套规则(或程序)在个人选择顺序基础上推导出来"。由此进一步推出,在一般或普遍意义上,无法找到能保证所有选择者福利只会增加不会受损的社会状态。

阿罗所说的几个选择者必然接受的条件是:广泛性,至少有三个或三个以上的被选方案,以供选择者选择;一致性,既一定的社会选择顺序以一定的个人选择为基础,但必须符合公众的一致偏好;独立性,不相关的方案具有独立性;独立主权原则,对备选方案的选择和确定,应由公民完全依据个人的喜好而定,不能由社会强加;非独裁性,不能让每一个人的喜好决定整个社会对备选方案的排序顺序,应坚持自由和民主的原则。

阿罗认为上述五个相互独立的条件每一个都是必要的,但是要构造能同时满足这些条件的社会福利函数是不可能的。导致不可能的原因在于 1~5 个条件之间存在相互矛盾,因此不可能达到完全一致。他从中得出了一个似乎不可思议的结论:没有任何解决办法能够摆脱"投票悖论"的阴影,在从个人偏好过渡到社会偏好时,能使社会偏好得到满足,又能代表广泛的个人偏好这样一种排序方法,只有强制与独裁。这样寻找合理的社会选择机制的努力就几乎陷入了困境。

阿罗不可能定理,打破了一些被人们认为是真理的观点,也让我们对公共选择和民主制度有了新的认识。因为我们所推崇的"少数服从多数"的社会选择方式不能满足"阿罗五个条件"。如市场存在着失灵一样,对公共选择原则也会导致民主的失效。因此多数票原则的合理性是有限度的。

【项目小结】

1. 与局部均衡分析相对应,从市场上所有各种商品的供求和价格是相互影响、相互依存的前提出发,考察每种商品的供求同时达到均衡状态条件下的某商品均衡价格决定问题。这种分析方法,称为一般均衡分析方法。而所有市场都达到均衡的这种状态就称为一般均衡。

2. 如果在一个经济社会里至少有一个人认为 A 优于 B,而没有人认为 A 劣于 B,那么就可以说,从全社会的角度来说,A 好于 B。这就是所谓的帕累托最优状态标准,简称帕累托标准。帕累托标准实际提供我们一个由个体的偏好推导出社会偏好的方法和手段。

3. 利用帕累托最优状态标准,可对资源配置状态的任意变化作出"好"与"坏"的判断:如果既定的资源配置状态的改变可以使得至少有一个人的状况变好,而没有使任何其他人的状况变坏,则认为这种资源配置状态的变化是"好"的;否则认为是"坏"的。我们把这种以帕累托标准来衡量为"好"的状态改变称为帕累托改进。或,按照帕累托标准,如果既定的资源配置状态的改变,能够让一部分社会成员的状况改善,而其他人的状况并没有变坏,这就可以看作是一种资源配置状况的改善,称为帕累托改进。

4. 如果对于某种既定的资源配置状态,所有的帕累托改进均不存在,在该状态上,任何改变都不能使此状态中的任何一个人的境况变得更好而不使别人的境况变坏,或者说如果不使别人的境况变坏,就无法使任何一个人的境况变得更好,这种经济状态就称为帕累托最优。

【实训练习】

一、名词解释

1.帕累托改进　　　　　2.帕累托最优

3.埃奇渥斯盒状图　　　4.阿罗不可能

二、简答题

1.一般均衡论的缺点是什么？

2.为什么说边际转换率和边际替代率不相等时,资源没有达到有效配置？

3.假如一个经济原来处于全面均衡状态,如果某种原因使得商品 A 的市场供给量减少,那么:(1)A 商品的替代品市场和互补品市场会有什么变化？(2)在生产要素市场上有什么变化？

4.为什么说即使两个厂商生产的产品不同,要达到帕累托最优状态,必须使任何使用这两种生产要素的两厂商的该两种生产要素的边际技术替代率相等？

5.为什么说完全竞争的市场机制满足帕累托最优状态？

三、论述题

1.论述一般均衡论的发展。

2.说明福利经济学在西方经济学中的地位。

项目十　博弈论及其应用简介

【项目目标】

1. 掌握博弈论的初步知识；
2. 理解纳什均衡；
3. 掌握博弈论的简单应用；
4. 掌握几个经典博弈及其应用。

【引导案例】

案例 1 ● 男女博弈 ●

博弈论题："女生到了社会后,会遇到很多比在学校里更优秀的男生,而男生到了社会后,很难找到比在学校里更优秀的女生了!"校门内外,目标函数和信息结构(不对称)发生"革命"。首先,要对相关概念进行界定,这才是科学逻辑的起点。

优秀的男生(即智慧的、勇敢的男人,并且能够赚钱至少有能力养家糊口的男人),优秀的女生(即善良、美丽的女人,并且是温柔体贴会做家务的女人)。

校门内部:目标就是分数合格顺利毕业,这在中国哪个大学都是一个智商 90 以上的人都做得到的。所以,女生要甄别优秀的男生(即智慧的、勇敢的男人,并且能够赚钱至少有能力养家糊口的男人)实在找不到参照物。所以,毕业型目标函数导致校门内部的女生即使拍拖也不知真伪。

所以,无能力、无斗志、无智慧的男生要赶快在校门内部将女生搞定,否则出了校门,真正的战场(无论情场还是商场)上失败会接二连三。优秀的男生就不怕战斗,但是出了校门,要找到同样优秀的女生却很难了。

校门外部:目标就是房子、车子和票子,就是"斗富",女人在这样的浓厚商业气息的灯红酒绿的环境里,会发现大学里谈的男生是那样的无知、无能和无助。所以,才有上海所谓专家教授所说的 20 岁上海女人配对 40 岁上海男人的说法,尽管道德上败坏,但从经济上看是可行的、超现实的。去年广东富翁们招聘老婆时,应聘者如云,这就是女人走出校门后目标函数发生巨变的必然结果;尽管大款未必是好丈夫,但校门外的女人知道没有房子、车子和票子,称心如意的生活过不下去,就只能干享清贫。同样的,这个时候的校门外的男人发现:这整个社会的女人都变得如此势利,都几乎变成了母老虎,没有金山银山就满足不了校门外的女人的无穷欲望,所以感叹优秀的女生已经成为遥远的记忆……

博弈的战略选择是:

男人无论优劣最好是在校门内找到优秀的女人,反正女生这个时候是信息劣势,是不明真相的;女人最好是出校门后在战场上发现优秀的男人(这时候信息才不会隐瞒,行为才会变得透明,昔日的海誓山盟才会真正落地)再谈婚论嫁。

二者的时间错配怎么解决:这就要看女生如何在校门内选择了。

如果校门内的优秀女生没有这样的慧眼,那么就忍耐几年再说;如果有这样的慧眼,就要从众多男生中去寻找智慧的、勇敢的男人,并且能够赚钱至少有能力养家糊口的男人,这样的男人必然会有一些不同于劣质男生的品质、特征和行为方式的,婚姻学中会有很多的这样的抽样调查的,不过有一点是很普遍的,分数最高的、分数最低的男生在校门外往往都会一事无成,而那些有毅力、穷追不舍(无论是拍拖还是做一件小事)的敢想敢做的男人往往在校门外能够成长为优秀的男人,所以,优秀的男生是期货,就看你小女生能否看住了"看涨"的期货。千万别看走了眼,这可是一辈子的大事!

优秀的女生可要三思!

任务1　博弈论与纳什均衡

一、博弈论的产生背景

博弈论是一种独特的处于各学科之间的研究人类行为的方法。与博弈论有关的学科包括数学、经济学以及其他社会科学和行为科学。博弈论(如同计算科学理论和许多其他的贡献一样)是由诺伊曼(John von Neumann)创立的。博弈论领域第一本重要著作是诺伊曼与另一个伟大的数理经济学家摩根斯坦(Oskar Morgenstern)共同写成的《博弈论与经济行为》(*The Theory of Games and Economic Behavior*)。摩根斯坦把新古典经济学的思想带入了合作中,诺伊曼也同样意识到那些思想并对新古典经济学做出了其他的贡献。

由于诺伊曼的工作,在更广阔的人类行为互动的范围内,"博弈"成为了一个科学的隐喻。在人类的互动行为中,结局依赖于两个或更多的人所采取的交互式的战略,这些人们具有相反的动机或者最好的组合动机(mixed motives)。

二、博弈的背后——理性

新古典经济学与博弈论之间的关键链接就是理性。新古典经济学建基于这样一个假设之上,即人类在其经济选择行为中是绝对理性的。确切地说,这个假设意味着每个人在其所面临的环境中都会最大化自身的报酬——利润、收入或主观利益。在资源配置研究中,上述假说服务于两个目的:一是稍稍缩小可能发生事物的范围;二是提供了一个衡量经济体制效率的标准。如果经济体制导致部分人的报酬减少,而又没有对其他人产生更多的报偿(宽泛地讲就是成本大于收益),那么在某些方面就产生了失误。污染、渔业资源的过度开发、不恰当的资源运用等都是这类问题的例子。

在新古典经济学中,理性的个人面临特定的体制或制度,包括产权、货币和高度竞争的市场。这些是个人纳入最大化报酬计算的许多"情况"之一。财产权利、货币经济以及理想化的竞争市场的隐含意义是经济个体不需要考虑自己与其他经济个体的行为互动。他或她只需要考虑自己的境况和"市场条件"。但这导致了两个问题:一是理论的范围受到局限。只要竞争受到限制(但没有垄断)或者产权没有完全界定,众望所归的新古典经济学理论就不适用了,并且新古典经济学也从未产生可接受的理论扩展以覆盖上述情况。对于新古典经济学来说,决策是在货币经济之外做出的,这也是有问题的。

博弈论正好面对上述问题:提供一个关于人们直接(而不是"通过市场")互动的经济和战略行为的理论。在博弈论中,"博弈"始终是针对人类社会严肃的互动行为的一个隐喻。博弈论也许是关于纸牌游戏或者棒球运动的理论,但却不是关于象棋的理论,它是关于这样一些严肃的互动行为比如市场竞争、军备竞赛和环境污染的理论。只不过博弈论涉及这些问题的时候使用的是博弈的隐喻意义:在这些严肃的互动行为中,就像在游戏中一样,个体的选择实质上是战略选择,行为互动的结局依赖于每个参与人所选择的战略。通过这样的阐释,研究"博弈"可以真正告诉我们关于严肃的互动行为的一些事情。但是,究竟会告诉我们多少?

在新古典经济学理论中,理性地进行选择就是要最大化自身的收益。在某种观点看来,这是一个数学问题:在给定环境条件下选择最大化报酬的行动。因而我们可以把理性的经济选择当做一个数学问题的"解"。在博弈论中,情况就更复杂了。既然结局不仅依赖于自身的战略和"市场"条件,也直接依赖于其他人所选择的战略,但我们仍然可以把理性的战略选择当做一个数学问题——最大化行为互动中的决策制定者群体的报酬。从而我们再次称理性的结果是博弈的"解"。

三、博弈的构成要素

通过对于囚徒困境的分析,引出博弈的基本要素。囚徒困境是博弈分析的一个经典案例。

假设警察局抓住了两个合伙犯罪的嫌疑犯,但获得的证据不足,对于两者的量刑取决于两者对于犯罪事实的供认情况。警察局将他们分别关押,防止他们互通消息。两名囚徒都明白,如果都坦白,将各自判刑 5 年;如果都抗拒,将会以较轻的妨碍公务罪各自判刑 1 年;如果一个坦白,一个抗拒,那么坦白的会宽大处理,立即释放,抗拒的则从严,要判刑 8 年。

囚徒面临的问题可用图 10.1 所示的支付矩阵表来描述:

图 10.1　囚徒困境

在此博弈中,每一囚徒有两种战略可供选择:坦白、抗拒。在一组特定的战略组合被选定后,两人的收益由矩阵中相应单元的数据来表示。

通过对于两人收益的分析,得出最好的结果就是都坦白。之所以做出这样的选择,就是双方在做出选择之前都是把自己的选择与对方可能的选择加以比较、权衡,以自己的最大利益为目标,得出一个最为保险、稳妥的方案,从而使自己既不会受损太大,也不能得益很多。这就是一个典型的博弈过程,用来形容处于两难处境当中的人的决策过程。

通过囚徒困境这样的案例我们可以知道一个博弈过程包含四个基本要素,即参与者、策略、得益、均衡。

(1)参与者或称博弈方:在博弈中选择行动以最大化自己效用的决策主体。如上例中的囚犯 A 和 B。

(2)策略:指的是博弈中任一参与者针对其他参与者的可能的行为所采取的行为对策。如上例中的坦白、抗拒。

(3)得益:指博弈参与者所获得的收益。支付矩阵中第一个参与人写在左边,第二个参与人写在上面。支付矩阵中每个组合的第一个收益代表第一个参与人在对应策略下的收益,每个组合的第二个收益代表第二个参与人在对应策略下的收益。

(4)均衡:指博弈的所有参与者从自我利益最大化出发选择的策略所组成的策略集。

四、博弈的分类

博弈可以从不同的角度进行不同的分类:

(一)合作博弈和非合作博弈

人们的行为相互作用时,当事人能不能达成一个具有约束力的协议,如果有,就是合作博弈;反之,则是非合作博弈。通常我们所指的博弈主要是非合作博弈。

(二)单人博弈、双人博弈和多人博弈

就是根据参与方的数目不同而进行的分类。只有单人参与的博弈即单人博弈。两个人参与的博弈就是双人博弈。超过两个人以上参与的博弈就是多人博弈。

(三)有限策略博弈和无限策略博弈

在有限策略博弈中,可供选择的策略不多,是有限的。在无限策略博弈中,存在大量众多的可选择策略。

(四)零和博弈、常和博弈、变和博弈

零和博弈是指在博弈中,一方的得益就是另一方的损失,所有博弈方的得益总和为零。例如各种赌博。

常和博弈是指所有博弈方的得益总和等于一个非零的常数。例如,若干人分配一份总额既定的遗产。

变和博弈是指不同的策略组合下各博弈方的得益总和一般是不同的。这是最一般的博弈类型。例如,囚徒困境就是这样。

(五)静态博弈和动态博弈

静态博弈是指所有博弈方同时或可看做同时选择策略、采取行动的博弈。

动态博弈是指博弈方的选择、行动有先有后,而且后选择、后行动的博弈方在自己进行选择、行动之前可以看到在他之前选择、行动的博弈方的选择、行动。

(六)完全信息博弈和不完全信息博弈

在完全信息博弈中,每一参与者都拥有所有其他参与者的特征、策略集及得益函数等方面的准确信息。在不完全信息博弈中,参与者只了解上述信息中的一部分,即存在信息的不对称。

将博弈的信息特征和行为时间特征结合起来,可以进一步把博弈细分为四种类型的非合作博弈:即完全信息的静态博弈、完全信息的动态博弈、不完全信息的静态博弈、不完全信息的动态博弈。

五、占优策略与纳什均衡

对于博弈的任何一个参与者来说,无论对方采取何种策略,该参与人始终都会采取的策略就是占优策略。比如囚徒困境中,不管对方坦白还是抗拒,对于另一方来讲,坦白都是最好的选择,即占优策略。占优策略对某博弈方来说,不管其他方采取什么策略,他所采取的策略对他来讲都是最优的。

当两个参与人的占优策略恰好相同,从而,两个参与人都不再单独改变策略时,整个博弈达到了均衡。博弈的均衡是参与人最终选取的策略组合,是博弈的最终的结果,是博弈的解。这种均衡我们称为"纳什均衡"。纳什均衡指的是在给定竞争对手的选择行为后,博弈方选择了它所能选择的最好的策略。它指的是参与人的这样一种策略组合,在该策略组合上,任何参与人单独改变策略都不会得到好处。

纳什均衡可以通过划线法来找到。如上面囚徒困境的例子中,我们先找到囚犯 A 的占优策略是坦白,在参与人囚犯 A 的可选择策略——坦白下面画一条横线;同样,我们再找到囚犯 B 的占优策略仍然是坦白,在参与人囚犯 B 的可选择策略——坦白下面再画一条横线。这样,占优策略组合就是纳什均衡。

任务 2　博弈论的现实应用

博弈论广泛应用于经济学的很多理论和实践。本书仅仅举出几个经典的博弈实例。

一、"智猪博弈"

在博弈论经济学中,"智猪博弈"是一个著名纳什均衡例子:假设猪圈里有一头大猪,一头小猪。猪圈的一头有猪食槽,另一头安装着控制猪食供应的按钮,按一下按钮会有 10 个单位的猪食进槽,但是谁按按钮就会首先付出 2 个单位成本,若大猪先到槽边,大小猪吃到食物的收益比是 9∶1;同时到槽边,收益比是 7∶3;小猪先到槽边,收益比是 6∶4;那么,在两头猪都是有智慧的前提下,最终结果是小猪选择等待。

实际上小猪选择等待,让大猪去按控制按钮,而自己选择"坐船"(或称为搭便车)的原因很简单:在大猪选择行动的前提下,小猪也行动的话,小猪可得到 1 个单位的纯收益(吃到 3 个单位的食品同时也耗费 2 个单位的成本,以下纯收益计算相同),而小猪等待的话,小猪则可以获得 4 个单位的纯收益,等待优于行动;在大猪选择等待的前提下,小猪如果行动的话,小猪的收入将不抵成本,纯收益为 -1 单位,如果小猪也选择等待的话,那么小猪的收益为零,成本也为零,总之,等待还是要优于行动。智猪博弈的问题可用图 10.2 所示的支付矩阵表来描述。

图 10.2　智猪博弈

从矩阵中可以看出,当大猪选择行动的时候,小猪如果行动,其收益是 1,而小猪等待的话,收益是 4,所以小猪选择等待;当大猪选择等待的时候,小猪如果行动的话,其收益是 -1,

而小猪等待的话,收益是 0,所以小猪也选择等待。综合来看,无论大猪是选择行动还是等待,小猪的选择都将是等待,即等待是小猪的占优策略。

在小企业经营中,学会如何"搭便车"是一个精明的职业经理人最为基本的素质。在某些时候,如果能够注意等待,让其他大的企业首先开发市场,是一种明智的选择。这时候有所不为才能有所为。

比如,在某种新产品刚上市,其性能和功用还不为人所熟识的情况下,如果进行新产品生产的不仅仅是一家小企业,而且还有其他生产能力和销售能力更强的企业,那么,小企业完全没有必要首先去投入大量广告做产品宣传,以达到和其他企业品牌竞争并取得优势地位的目的。一个精明的经理人首先应该进行一项精致的核算:在品牌领先的预期收益(要减掉品牌竞争的费用),和坐等大企业将市场开发成熟所能取得的收益之间,进行比较以确认哪种方案更有利于企业。

高明的管理者善于利用各种有利的条件来为自己服务。"搭便车"实际上是提供给职业经理人面对每一项花费的另一种选择,对它的留意和研究可以给企业节省很多不必要的费用,从而使企业的管理和发展走上一个新的台阶。这种现象在经济生活中十分常见,却很少为小企业的经理人所熟识。

由智猪博弈故事得到的启示:

在这个例子中,对小猪而言,无论大猪是否踩动踏板,不去踩踏板总比踩踏板好。反观大猪,明知小猪不会去踩踏板,但是去踩踏板总比不踩强,所以只好亲历亲为了。这个案例令我们不得不思考——博弈与制度。

"智猪博弈"故事给了竞争中的弱者(小猪)以等待为最佳策略的启发。在博弈中,每一方都要想方设法攻击对方、保护自己,最终取得胜利;但同时,对方也是一个与你一样理性的人,他会这么做吗?这时就需要更高明的智慧。博弈其实是一种斗智的竞争。作为一门科学,博弈论就是研究不同主体之间相互影响行为的一种学问。或者准确地说,博弈论是研究决策主体行为发生直接相互作用时的决策以及这种决策的均衡问题的学问,因此也有人把它称为"对策论"。

对于企业经营者来说,如何理解博弈论,如何运用博弈论原理指导企业有效管理,这是值得思考的事情。在价格和产量决策、经济合作和经贸谈判、引进和开发新技术或新产品、参与投标拍卖、处理劳资关系,以及在与政府的关系和合作等多方面,博弈论都是企业经营者十分有效的决策工具,或者至少是比较科学的决策思路。

还有一个经典案例,是说当年英国政府将流放澳洲的犯人交给往来于澳洲之间的商船来完成,由此经常会发生因商船主或水手虐待犯人,致使大批流放人员因此死在途中(葬身大海)的事件发生。后来大英帝国对运送犯人的办法(制度)稍加改变,流放人员仍然由往来于澳洲的商船来运送,只是运送犯人的费用要等到犯人送到澳洲后才由政府支付给商船。仅就这样一点小小的"改变",几乎再也没有犯人于中途死掉的事情发生。

关于这一问题,招商局掌门人秦晓先生在做客央视《对话》节目时,也谈了他的一些看法。他认为:企业领导人应该去制定游戏规则,而不应该单纯地去做裁判。他觉得制度应当比个人的权威和魅力更重要。小平同志讲过一句话,说一个好的制度可以约束坏人;一个坏的制度却可以使好人变坏。回顾历史,我们动不动就说获诺贝尔奖会怎么样,爱迪生又发明了什么,但几乎少有人讲保险制度对社会进步的贡献有多大,专利制度对社会进步的贡献有多大。

于是乎，又引出另一个新的问题——制度与文化。

在企业文化研究中，人们对"文化与制度"的认识经常陷入一种误区：或把二者对立起来，或把二者混为一谈，分不清二者在企业管理中的地位与作用。有人把企业文化概括成三个层次：物质文化、制度文化和精神文化。这种从广义角度界定的企业文化，无疑把制度包含在内，即制度也是一种文化。但如果我们从狭义角度去研究企业文化，制度只是文化的一种载体。制度与文化属于两个不同层次的管理和两种不同的管理方式。文化管理高于制度管理。制度更多地强调外在的监督与控制，是企业倡导的"文化底限"，即要求员工必须做到的；文化则更多地强调价值观、理想信念和道德力量，强调内在的自觉与自律，是"文化高境界"。

制度与文化是互动的。当管理者认为某种文化需要倡导时，他可能通过培养典型的形式，也可能通过开展活动的形式来推动和传播。但要把倡导的新文化渗透到管理过程之中，变成人们的自觉行动，制度则是最好的载体之一。文化优劣或主流文化的认同度决定着制度的成本。当企业倡导的优秀文化且主流文化认同度高时，企业制度成本就低；当企业倡导的文化适应性差且主流文化认同度低时，企业的制度成本则高。由于制度是外在约束，当制度文化尚未形成时，在没有监督的情况下，员工就可能"越轨"或不能按要求去做，其成本自然就高；当制度文化形成以后，人们自觉从事工作，制度成本就会大大降低，尤其当超越制度的文化形成时，制度成本就会更低。企业制度文化是企业文化的重要组成部分，制度文化又是精神文化的基础和载体，并对企业精神文化起反作用。一定的企业机制的建立，又影响人们选择新的价值观念，成为新的精神文化的基础。企业文化总是沿着精神文化——制度文化——新的精神文化的轨迹不断发展、丰富和提高。企业的制度文化也是企业行为文化得以贯彻的保证。同企业职工生产、学习、娱乐、生活等方面直接发生联系的行为文化建设如何，企业经营作风是否具有活力、是否严谨，精神风貌是否高昂，人际关系是否和谐，职工文明程度是否得到提高等，无不与制度文化的保障作用有关。由此可见，优秀企业文化的管理制度，必须是科学、完善、实用的管理方式的体现。

既然这样，有人就认为，一个企业的管理是否完善，应凭它有多少条制度来衡量，规章制度越多，说明企业管理越完善，企业越有发展潜力。甚至还有人认为企业管理中最好不要存在管理艺术，只要企业管理制度完善了，企业就会杜绝一切可能出现的错误，这就是企业管理追求的境界。制度真能解决一切吗？我们先看看两个例子。美国资本市场作为世界上运作最规范及效率最高的市场之一，其运行模式一直被作为其他市场的学习对象。可是近年来却频频爆出一系列丑闻，先有安然事件，再有世界通讯、华尔街中介的作假行为，这不由让我们产生反思，美国有世界上最好的公司制度，有强有力的监督机制，有完善的法治体制，为何制度会失效呢？这时，我们不得不研究——法治与文化。

企业作为市场经济中创造价值的主要实体，它的活动需要博弈，更需要规则。依法治企是市场经济发展的必然选择。历史上最早的市场经济的确是完全的自由经济，政府只充当市场的"守夜人"。然而，西方发达国家在历经"自由竞争"的磨难之后，深感缺乏法治的经济虽然"自由"，但所付出的代价太大，于是不约而同地选择了经济法治，以求借助法治的力量来引导、规范和制约亚当·斯密那只"看不见的手"。

作为一种制度方式，法律的存在价值在于介入社会并且调控内在的关系。然而，就因为这样一门以解决问题为导向的学科，法学吸收了大量的研究方法去观察世界，并以丰富多彩的表现形式反哺于其他学科。现在从学科的研究成果来看,不管是法学还是经济学,它们的核心主题是制度。因为,社会科学的问题无外乎描述社会如何存在和运行的实证理论应该如何规范的理论,二者的结合则有种种所谓"改造世界"的政策主张和制度建构。这样,市场博弈就成了法律和经济的最佳结合点。一项法律规则会引申出一套博弈规则,签订一个契约也就意味着已经进入一种博弈。

但任何人都知道,没有一项法制是包治百病的,只有对法制的内涵有正确的理解,才不会陷入制度的陷阱之中。同样,企业管理规章制度作为正式制度之一,是用"他律"来规范员工的行为,它的作用是显而易见的,是一种显性的制度。但是企业仅仅有规章管理制度还是不够的,在正式制度之外有管理漏洞的空白,这就需要另一种制度来配合,那就是企业文化。新制度经济学认为,制度包括了正式制度和非正式制度。正式制度是指人们有意识创造的一系列政策法规,包括了政治、经济制度及由这些规则构成的等级结构。具体到企业则指企业的产权制度、治理结构、组织结构及规章制度。非正式制度是指人们在长期交往中形成的、世代相传的一部分文化。对企业而言,它主要指企业文化。如果说企业管理制度是让想犯罪的人没有机会犯罪,那么企业文化就是让有机会犯罪的人不愿意犯罪。我们强调依法治企,是没有任何错误的,因为我们的企业还有很多人治的色彩,还没有与真正意义上的市场经济接轨。但强调的是,如果对其依赖过了头,就等于说有了法律和制度就会有一切,从这个意义上讲恐怕就有失偏颇。无疑,企业文化是"以人为本"思想在企业管理中成功应用的最新成果。这里强调企业管理要做到正式制度和非正式制度的有机结合,换而言之,就是在抓法治中推进企业文化建设;同时,通过企业文化建设,进一步实现企业法治。

综上所述,企业文化从某种意义上说是企业家的文化。但企业党的组织和工作机关作为企业文化建设的实施者,不能仅停留在理论层面谈文化建设,如果能够把制度建设和依法治企作为工作的切入点,不断加大对企业文化的建设力度,这样不但能使企业文化建设产生"吹糠见米"的作用,而且也使企业文化建设有了坚实可靠的保证。

二、爱情中的囚徒困境

一场火灾之后,两个嫌疑人被囚禁,分别关在两个独立的不能互通信息的房间里。这可以被看成是一个纯粹的试验,没有任何社会意义或政治意义。实验的前提是,如果两人都承认,则各被扣留8年,如果一人承认另一人不承认,承认的放走,并且得到奖赏,不承认的被扣留10年,并且被罚款,如果都不承认则因证据不足各被扣留1年(见图10.1囚徒困境)。

我们看到,假定A选择承认的话,B最好是选择承认,否则就要被处罚;假定A选择否认的话,B最好还是选择承认,因为这样可以被放走,还可以得到奖金。即是说,不管A承认与否,B的最佳选择都是承认。反过来,同样的,不管B承认与否,A的最佳选择也是承认。结果,两个人都会选择承认的。

这就是有名的"囚徒困境",在生活中这种情形并不存在,它只是一个理论模型,所反映的问题是个人理性和集体理性的矛盾。理性告诉被实验者,谁选择抵赖,谁就可能会大倒其霉,而对方却逍遥自在,受到奖励。所以,就出现了这样一个悖论,有时对同伙的忠诚,往往会把自己送上绝境,除非双方都能100%的忠诚,但,这是不可能的,谁能在巨大的利益诱惑面前永远不动心呢?

恋爱中的人,也类似于走入了"囚徒困境"。如果双方都不变心,那最好的结局,在天愿作比翼鸟,在地愿为连理枝嘛。如果都变了心,效果也不坏,你走你的阳关道,我过我的独木桥嘛。如果一方变了心,另外找到了更好的情侣,一方却还傻乎乎的忠贞不贰,那么,另觅新欢的一方是最幸福的,比两人都不变心的结果还幸福,因为他或者她找到了更好的情人,而被抛弃的一方是最不幸的,因为他或者她承担的压力既来自于对方的太幸福,也来自于自己的太不幸福。如图 10.3 所示。

女孩

		背叛	不背叛
男孩	背叛	5, 5	10, 0
	不背叛	0, 10	8, 8

图 10.3 爱情中的囚徒困境

按照囚徒困境的分析结论,恋人最好是都防范对方一些,不奢望天荒地老,也不怕分道扬镳,怕只怕对方另有所爱而自己却还执迷不悟。所以,恋人最天真的选择是天荒地老,最理性的选择是分道扬镳,最糟糕的选择是被另有新欢的对方无情抛弃。既然天真的结局过于不真实,最糟糕的结局又让一方过于心痛,那么唯一的出路就是要么不再付出爱,要么有所保留的爱,千万别把爱当成生命来对待。

但是,现实中的恋人,大都希望天荒地老,没有谁愿意回头是岸,甚至被对方抛弃了也不死心。为什么会这样呢?

因为纵爱的恋人与纵火的囚徒,其博弈状况有一个重大的不同。囚徒被警方抓住之后,是隔离审查的,因此无法订立攻守同盟,即便能够订立,谁能保证自己或对方永远不毁约呢?

恋人就不一样了,他们被爱情抓住以后,一般并不是隔离的,而是整天泡在一起。泡在一起干什么呢?除了发誓,还是发誓!人生发誓最多的时期,大概就是恋爱期。发什么誓呢?无非就是什么非你不娶啊非你不嫁啊的一类誓言罢了,目的只有一个,就是让对方相信自己能够天荒地老而此情不渝。他们希望彼此忠诚,从而换来一个好的博弈结果。而且为了防止对方变心,总要设法让对方相信,遇到我是你三生有幸,而我遇到你也是万世不悔。

可是,世间没有什么誓约是永恒的。所有爱情的悲剧,都从背弃誓约开始,而天下又似乎没有没有誓约的爱情。

天各一方的恋人,更不容易恋爱成功,像被隔离审查的囚徒一样,除了违背誓约,他没有更好的选择。

所以,要想在恋爱中成为赢家,你最好是不遵守爱的诺言,如此才能走出"囚徒困境"。这听起来相当悲哀。

可实际上,胜利是属于那些善意的、宽容的、强硬的、简单明了的恋人们。

什么是宽容而不尖刻地对待恋人呢?

我们看一些例子就知道了,幸福的恋人可能并不是忠贞不贰的,当然也肯定不是见异思迁的,他们能够生活得愉快,关键是能够彼此宽容,既宽容对方的缺点,甚至也宽容他偶尔的不忠贞。而尖刻地对待恋人的人,对恋人的偶尔不忠贞总是不肯迁就的人,往往也都不会幸福。《倚天屠龙记》中的周芷若就是不肯宽容张无忌的逃婚之举,甚至要寻仇报复,最终只能遗憾终生了。

什么是强硬而不软弱地对待恋人呢？

其实就是在我永远爱你的善意的前提下，做到有爱必报，有恨也必报，以眼还眼，以牙还牙，以其人之道，还治其人之身。这其中，当然是有限度的。黄蓉能够赢得郭靖的爱，就是因为她强硬而不软弱，对郭靖与华铮的亲热行为，从来都有极其强烈的敏感与斩钉截铁地回报，当然，每次发脾气都是有限度的，而且她能宽容郭靖。而穆念慈对杨康是过于软弱的，她没有掌握好强硬的原则，因而她的爱情生活注定是不幸的。

什么是简单明了而不是山环水绕地对待恋人呢？

实验证明，在博弈过程中，过分复杂的策略使得对手难于理解，无所适从，无法建立稳定的合作关系。事实上，在一个非零和的环境里，"城府森严"并不能显现"不测之威"，所谓"兵不厌诈"也并非有用的信条。相反，明晰的个性、简练的作风和坦诚的态度倒是制胜的要诀。要让恋人明白你说的是什么，切忌让对方猜来猜去的，造成误会。因为不简单明了地对待恋人最终导致误会而分手的爱情悲剧并不少啊。所以，爱情的手段还是简单一点好，让恋人一看就明白，免去了很多猜谜的时间。

本来应该提防恋人才能在恋爱中获胜的简单博弈模型，因为有了不绝于耳的爱情誓言，更因为有了对善意的、宽容的、强硬的、简单明了的原则的把握和利用，人世间才有了很多幸福而美丽的爱情。

最高的博弈境界，应该是忘掉博弈，忘掉善意的、宽容的、强硬的、简单明了的等诸多博弈原则，而进入浑然忘我的境界。

记得杨过在苦苦等待 16 年后，因为无法等来龙姑娘而纵身跳入寒潭，最后终于与小龙女团聚之后，深有感触地说了一句话："看来，人，还是钟情一些好！"

三、斗鸡博弈（存在两个纳什均衡）

斗鸡博弈的名称来自美国儿童之间的一种说法：如果说谁是小鸡就等于说谁是胆小鬼。这样小鸡就代表了胆小。

斗鸡博弈的情况是这样的：假设吉米和东尼这两个小孩被伙伴们鼓动得要做一场勇气的较量。两人分别从一条独木桥的两端冲向对方，谁先胆怯退下让路，谁就是小鸡。这样，他们这场斗鸡博弈的对阵形势如图 10.4 所示。

图 10.4 斗鸡博弈

如果两人中有一人退却，那么他会感到自己在伙伴们的心目中威信扫地，设他的得益为0；相反，另一没有退却的人却以胜利者自居，得益为2。如果两人都退却，哪怕两人内心都胆怯，但伙伴们却以为是他们仍然虎视眈眈，互不相让，从而两人都不会很丢脸，得益均为1；如果两个人都勇进，那么不是碰得头破血流，就是双双跌入水中，此时得益均为－2。

经过分析，可见，此博弈中存在两个纳什均衡，即一个是吉米进东尼退；另一个是吉米退东尼进。两个得益和都是2，都是一胜一负。两个纳什均衡意味着有两个结果，那么实际上会选择哪一个呢？这就要由别的因素来决定了。比如说，东尼特别怕水，那么它必然选择退却。

四、囚徒困境博弈的再分析

在博弈论中，含有占优战略均衡的一个著名例子是由塔克给出的"囚徒困境"博弈模型。该模型用一种特别的方式为我们讲述了一个警察与小偷的故事。假设有两个小偷 A 和 B 联合犯事、私入民宅被警察抓住。警方将两人分别置于不同的两个房间内进行审讯，对每一个犯罪嫌疑人，警方给出的政策是：如果一个犯罪嫌疑人坦白了罪行，交出了赃物，于是证据确凿，两人都被判有罪。如果另一个犯罪嫌疑人也作了坦白，则两人各被判刑 8 年；如果另一个犯罪嫌疑人没有坦白而是抵赖，则以妨碍公务罪（因已有证据表明其有罪）再加刑 2 年，而坦白者有功被减刑 8 年，立即释放。如果两人都抵赖，则警方因证据不足不能判两人的偷窃罪，但可以私入民宅的罪名将两人各判入狱 1 年。图 10.5 给出了这个博弈的支付矩阵。

图 10.5　囚徒困境博弈

我们来看看这个博弈可预测的均衡是什么。对 A 来说，尽管他不知道 B 作何选择，但他知道无论 B 选择什么，他选择"坦白"总是最优的。显然，根据对称性，B 也会选择"坦白"，结果是两人都被判刑 8 年。但是，倘若他们都选择"抵赖"，每人只被判刑 1 年。在图 10.5 中的四种行动选择组合中，（抵赖、抵赖）是帕累托最优的，因为偏离这个行动选择组合的任何其他行动选择组合都至少会使一个人的境况变差。不难看出，"坦白"是任一犯罪嫌疑人的占优战略，而（坦白，坦白）是一个占优战略均衡。

要了解纳什的贡献，首先要知道什么是非合作博弈问题。现在几乎所有的博弈论教科书上都会讲"囚犯的两难处境"的例子，每本书上的例子都大同小异。

博弈论毕竟是数学，更确切地说是运筹学的一个分支，谈经论道自然少不了数学语言，外行人看来只是一大堆数学公式。好在博弈论关心的是日常经济生活问题，所以不能不食人间烟火。其实这一理论是从棋弈、扑克和战争等带有竞赛、对抗和决策性质的问题中借用的术语，听上去有点玄奥，实际上却具有重要现实意义。博弈论大师看经济社会问题犹如棋局，常常寓深刻道理于游戏之中。所以，多从我们的日常生活中的凡人小事入手，以我们身边的故事做例子，娓娓道来，并不乏味。

话说有一天，一位富翁在家中被杀，财物被盗。警方在此案的侦破过程中，抓到两个犯罪嫌疑人，斯卡尔菲丝和那库尔斯，并从他们的住处搜出被害人家中丢失的财物。但是，他们矢口否认曾杀过人，辩称是先发现富翁被杀，然后只是顺手牵羊偷了点儿东西。于是警方将两人隔离，分别关在不同的房间进行审讯。由地方检察官分别和每个人单独谈话。

检察官说，"由于你们的偷盗罪已有确凿的证据，所以可以判你们一年刑期。但是，我可以和你做个交易。如果你单独坦白杀人的罪行，我只判你三个月的监禁，但你的同伙要被判十年刑。如果你拒不坦白，而被同伙检举，那么你就将被判十年刑，他只判三个月的监禁。但是，如果你们两人都坦白交代，那么，你们都要被判 5 年刑。"斯卡尔菲丝和那库尔斯该怎么办呢？他们面临着两难的选择——坦白或抵赖。显然最好的策略是双方都抵赖，结果是大家都只被判一年。但是由于两人处于隔离的情况下无法串供。所以，按照亚当·斯密的理论，每一个人都是从利己的目的出发，他们选择坦白交代是最佳策略。因为坦白交代可以期望得到很短的监禁——3 个月，但前提是同伙抵赖，显然要比自己抵赖要坐 10 年牢好。这种策略是损人利己的策略。不仅如此，坦白还有更多的好处。如果对方坦白了而自己抵赖了，那自己就得坐 10 年牢。太不划算了！因此，在这种情况下还是应该选择坦白交代，即使两人同时坦白，至多也只判 5 年，总比被判 10 年好吧。所以，两人合理的选择是坦白，原本对双方都有利的策略（抵赖）和结局（被判 1 年刑）就不会出现。

这样两人都选择坦白的策略以及因此被判 5 年的结局被称为"纳什均衡"，也叫非合作均衡。因为，每一方在选择策略时都没有"共谋"（串供），他们只是选择对自己最有利的策略，而不考虑社会福利或任何其他对手的利益。也就是说，这种策略组合由所有局中人（也称当事人、参与者）的最佳策略组合构成。没有人会主动改变自己的策略以便使自己获得更大利益。"囚徒的两难选择"有着广泛而深刻的意义。个人理性与集体理性的冲突，各人追求利己行为而导致的最终结局是一个"纳什均衡"，也是对所有人都不利的结局。他们两人都是在坦白与抵赖策略上首先想到自己，这样他们必然要服长的刑期。只有当他们都首先替对方着想时，或者相互合谋（串供）时，才可以得到最短时间的监禁的结果。"纳什均衡"首先对亚当·斯密的"看不见的手"的原理提出挑战。按照斯密的理论，在市场经济中，每一个人都从利己的目的出发，而最终全社会达到利他的效果。

不妨让我们重温一下这位经济学圣人在《国富论》中的名言："通过追求（个人的）自身利益，他常常会比其实际上想做的那样更有效地促进社会利益。"从"纳什均衡"我们引出了"看不见的手"的原理的一个悖论：从利己目的出发，结果损人不利己，既不利己也不利他。两个囚徒的命运就是如此。从这个意义上说，"纳什均衡"提出的悖论实际上动摇了西方经济学的基石。因此，从"纳什均衡"中我们还可以悟出一条真理：合作是有利的"利己策略"。但它必须符合以下黄金律：按照你愿意别人对你的方式来对别人，但只有他们也按同样方式行事才行。也就是中国人说的"己所不欲勿施于人"。但前提是人所不欲勿施于我。其次，"纳什均衡"是一种非合作博弈均衡，在现实中非合作的情况要比合作情况普遍。所以"纳什均衡"是对冯·诺依曼和摩根斯特恩的合作博弈理论的重大发展，甚至可以说是一场革命。

从"纳什均衡"的普遍意义中我们可以深刻领悟司空见惯的经济、社会、政治、国防、管理和日常生活中的博弈现象。我们将列举出许多类似于"囚徒的两难处境"这样的例子。如价格战博弈、军备竞赛博弈、污染博弈等等。一般的博弈问题由三个要素所构成：即局中人（players）又称当事人、参与者、策略等等的集合，策略（strategies）集合以及每一对局中人所做的选择和赢得（payoffs）集合。其中所谓赢得是指如果一个特定的策略关系被选择，每一局中人所得到的效用。所有的博弈问题都会遇到这三个要素。

美国密西根大学有一位叫做罗伯特·艾克斯罗德的政治科学家，他组织了一场计算机竞赛。这个竞赛的思路非常简单：任何想参加这个计算机竞赛的人都要扮演"囚徒困境"案例中一个囚犯的角色。他们把自己的策略编入计算机程序，然后他们的程序会被成双成对地融入不同的组合。分好组以后,参与者就开始玩"囚徒困境"的游戏。他们每个人都要在合作与背叛之间做出选择。关键问题在于,他们不只玩一遍这个游戏,而是一遍一遍地玩上200次。这就是博弈论专家所谓的"重复的囚徒困境"。

"重复的囚徒困境"更逼真地反映了具有经常而长期性的人际关系。而且,这种重复的游戏允许程序在做出合作或背叛的抉择时参考对手程序前几次的选择。如果两个程序只玩过一个回合,则背叛显然就是唯一理性的选择。但如果两个程序已经交手过多次,则双方就建立了各自的历史档案,用以记录与对手的交往情况。同时,它们各自也通过多次的交手树立了或好或差的声誉。虽然如此,对方的程序下一步将会如何举动却仍然极难确定。实际上,这也是该竞赛的组织者艾克斯罗德希望从这个竞赛中了解的事情之一。一个程序总是不管对手作何种举动都采取合作的态度吗?或者,它能总是采取背叛行动吗?它是否应该对对手的举动回之以更为复杂的举措?如果是,那会是怎么样的举措呢?

事实上,竞赛的第一个回合交上来的 14 个程序中包含了各种复杂的策略。但使爱克斯罗德和其他人深为吃惊的是,竞赛的桂冠属于其中最简单的策略:一报还一报。我把它叫做"以其人之道,还治其人之身"。

五、价格战博弈

现在我们经常会遇到各种各样的家电价格大战,彩电大战、冰箱大战、空调大战、微波炉大战……这些大战的受益者首先是消费者。每当看到一种家电产品的价格大战,百姓都会"没事儿偷着乐"。在这里,我们可以解释厂家价格大战的结局也是一个"纳什均衡",而且价格战的结果是谁都没钱赚。因为博弈双方的利润正好是零。竞争的结果是稳定的,即是一个"纳什均衡"。这个结果可能对消费者是有利的,但对厂商而言是灾难性的。所以,价格战对厂商而言意味着自杀。从这个案例中我们可以引申出两个问题,一是竞争削价的结果或"纳什均衡"可能导致一个有效率的零利润结局。二是如果不采取价格战,作为一种敌对博弈论(vivalry game)其结果会如何呢?每一个企业,都会考虑采取正常价格策略,还是采取高价格策略形成垄断价格,并尽力获取垄断利润。如果垄断可以形成,则博弈双方的共同利润最大。这种情况就是垄断经营所做的,通常会抬高价格。另一个极端的情况是厂商用正常的价格,双方都可以获得利润。从这一点,我们又引出一条基本准则:"把你自己的战略建立在假定对手会按其最佳利益行动的基础上"。事实上,完全竞争的均衡就是"纳什均衡"或"非合作博弈均衡"。在这种状态下,每一个厂商或消费者都是按照所有的别人已定的价格来进行决策。在这种均衡中,每一企业要使利润最大化,消费者要使效用最大化,结果导致了零利润,也就是说价格等于边际成本。在完全竞争的情况下,非合作行为导致了社会所期望的经济效率状态。如果厂商采取合作行动并决定转向垄断价格,那么社会的经济效率就会遭到破坏。这就是为什么 WTO 和各国政府要加强反垄断的意义所在。

六、污染博弈

假如市场经济中存在着污染,但政府并没有管制,企业为了追求利润的最大化,宁愿以牺牲环境为代价,也绝不会主动增加环保设备投资。按照看不见的手的原理,所有企业都会从利己的目的出发,采取不顾环境的策略,从而进入"纳什均衡"状态。如果一个企业从利他的目的出发,投资治理污染,而其他企业仍然不顾环境污染,那么这个企业的生产成本就会增加,价格就要提高,它的产品就没有竞争力,甚至企业还要破产。这是一个"看不见的手的有效的完全竞争机制"失败的例证。只有在政府加强污染管制时,企业才会采取低污染的策略组合。企业在这种情况下,获得与高污染同样的利润,但环境将更好。

七、贸易战博弈和艾克斯罗德博弈

这个问题对于刚刚加入 WTO 的中国而言尤为重要。任何一个国家在国际贸易中都面临着保持贸易自由与实行贸易保护主义的两难选择。贸易自由与壁垒问题,也是一个"纳什均衡",这个均衡是贸易双方采取不合作博弈的策略,结果使双方因贸易战受到损害。X 国试图对 Y 国进行进口贸易限制,比如提高关税,则 Y 国必然会进行反击,也提高关税,结果谁也没有捞到好处。反之,如 X 和 Y 能达成合作性均衡,即从互惠互利的原则出发,双方都减少关税限制,结果大家都从贸易自由中获得了最大利益,而且全球贸易的总收益也增加了。

博弈论——这是一个热得烫手的概念。它不仅仅存在于数学的运筹学中,也正在经济学中占据越来越重要的地位(近几年诺贝尔经济学奖就频频授予博弈论研究者),但如果你认为博弈论的应用领域仅限于此的话,那你就大错了。实际上,博弈论无处不在!在工作中,你在和上司博弈,也在和下属博弈,你也同样会跟其他相关部门人员博弈;而要开展业务,你更是在和你的客户以及竞争对手博弈。在生活中,博弈仍然无处不在。博弈论代表着一种全新的分析方法和全新的思想。

诺贝尔经济学奖获得者包罗·萨缪尔逊如是说:要想在现代社会做个有价值的人,你就必须对博弈论有个大致的了解。也可以这样说,要想赢得生意,不可不学博弈论;要想赢得生活,同样不可不学博弈论。

博弈中最优策略的产生。艾克斯罗德(Robert Axelord)在开始研究合作之前,设定了两个前提:一、每个人都是自私的;二、没有权威干预个人决策。也就是说,个人可以完全按照自己利益最大化的企图进行决策。在此前提下,合作要研究的问题是:第一、人为什么要合作;第二、人什么时候是合作的,什么时候又是不合作的;第三、如何使别人与你合作。

社会实践中有很多合作的问题。比如国家之间的关税报复,对他国产品提高关税有利于保护本国的经济,但是国家之间互提关税,产品价格就提高了,丧失了竞争力,损害了国际贸易的互补优势。在对策中,由于双方各自追求自己利益的最大化,导致了群体利益的损害。对策论还是以著名的囚犯困境来描述这个问题。

A 和 B 各表示一个人,他们的选择是完全无差异的。选择 C 代表合作,选择 D 代表不合作。如果 A,B 都选择 C 合作,则两人各得 3 分;如果一方选 C,一方选 D,则选 C 的得零分,选 D 的得 5 分;如果 A,B 都选 D,双方各得 1 分。

显然,对群体来说最好的结果是双方都选 C,各得 3 分,共得 6 分。如果一方选 C,一方选 D,总体得 5 分。如果两人都选 D,总体得 2 分。

对策学界用这个矩阵来描述个体理性与群体理性的冲突:每个人在追求个体利益最大化时,就使群体利益受损,这就是囚徒困境。在矩阵中,对于 A 来说,当对方选 C,他选 D 得 5 分,选 C 只得 3 分;当对方选 D,他选 D 得 1 分,选 C 得零分。因此,无论对方选 C 或 D,对 A 来说,选 D 都得分最多。这是 A 单方面的优超策略。而当两个优超策略相遇,即 A,B 都选 D 时,结果是各得 1 分。这个结果在矩阵中并非最优。困境就在于,每个人采取各自的优超策略时,得出的解是稳定的,但不是帕累托最优的,这个结果体现了个体理性与群体理性的矛盾。在数学上,这个一次性决策的矩阵没有最优解。

如果博弈进行多次,只要对策者知道博弈次数,他们在最后一次肯定采取互相背叛的策略。既然如此,前面的每一次也就没有合作的必要,因此,在次数已知的多次博弈中,对策者没有一次会合作。

如果博弈在多人间进行,而且次数未知,对策者就会意识到,当持续地采取合作并达成默契时,对策者就能持续地各得 3 分,但如果持续地不合作的话,每个人就永远得 1 分。这样,合作的动机就显现出来。多次对局下,未来的收益应比现在的收益多一个折现率 W, W 越大,表示未来的收益越重要。在多人对策持续进行下去,且 W 比较大,即未来充分重要时,最优的策略是与别人采取的策略有关的。假设某人的策略是,第一次合作,以后只要对方不合作一次,他就永不合作。对这种对策者,当然合作下去是上策。假如有的人不管对方采取什么策略,他总是合作,那么总是对他采取不合作的策略得分最多。对于总是不合作的人,也只能采取不合作的策略。

再来看看艾克斯罗德的实验:第一轮游戏有 14 个程序参加,再加上艾克斯罗德自己的一个随机程序(即以 50% 的概率选取合作或不合作),运转了 300 次。结果得分最高的程序是加拿大学者罗伯布写的"一报还一报"(tit for tat)。这个程序的特点是,第一次对局采用合作的策略,以后每一步都跟随对方上一步的策略,你上一次合作,我这一次就合作,你上一次不合作,我这一次就不合作。艾克斯罗德还发现,得分排在前面的程序有三个特点:第一,从不首先背叛,即"善良的";第二,对于对方的背叛行为一定要报复,不能总是合作,即"可激怒的";第三,不能人家一次背叛,你就没完没了的报复,以后人家只要改为合作,你也要合作,即"宽容性"。

为了进一步验证上述结论,艾氏决定邀请更多的人再做一次游戏,并把第一次的结果公开发表。第二次征集到了 62 个程序,加上他自己的随机程序,又进行了一次竞赛。结果,第一名的仍是"一报还一报"。艾氏总结这次游戏的结论是:第一,"一报还一报"仍是最优策略。第二,前面提到的三个特点仍然有效,因为 63 人中的前 15 名里,只有第 8 名的哈灵顿程序是"不善良的",后 15 名中,只有 1 个总是合作的是"善良的"。可激怒性和宽容性也得到了证明。此外,好的策略还必须具有的一个特点是"清晰性",能让对方在三、五步对局内辨识出来,太复杂的对策不见得好。"一报还一报"就有很好的清晰性,让对方很快发现规律,从而不得不采取合作的态度。

合作的进行过程及规律。"一报还一报"的策略在静态的群体中得到了很好的分数,那么,在一个动态的进化的群体中,这种合作者能否产生、发展、生存下去呢?群体是会向合作的方向进化,还是向不合作的方向进化?如果大家开始都不合作,能否在进化过程中产生合作?为了回答这些疑问,艾氏用生态学的原理来分析合作的进化过程。

假设对策者所组成的策略群体是一代一代进化下去的,进化的规则包括:第一,试错。人们在对待周围环境时,起初不知道该怎么做,于是就试试这个,试试那个,哪个结果好就照哪个去做。第二,遗传。一个人如果合作性好,他的后代的合作基因就多。第三,学习。比赛过程就是对策者相互学习的过程,"一报还一报"的策略好,有的人就愿意学。按这样的思路,艾氏设计了一个实验,假设 63 个对策者中,谁在第一轮中的得分高,他在第二轮的群体中所占比例就越高,而且是他的得分的正函数。这样,群体的结构就会在进化过程中改变,由此可以看出群体是向什么方向进化的。

实验结果很有趣。"一报还一报"原来在群体中占 1/63，经过 1000 代的进化，结构稳定下来时，它占了 24％。另外，有一些程序在进化过程中消失了。其中有一个值得研究的程序，即原来前 15 名中唯一的那个"不善良的"哈灵顿程序，它的对策方案是，首先合作，当发现对方一直在合作，它就突然来个不合作，如果对方立刻报复它，它就恢复合作，如果对方仍然合作，它就继续背叛。这个程序一开始发展很快，但等到除了"一报还一报"之外的其他程序开始消失时，它就开始下降了。因此，以合作系数来测量，群体是越来越合作的。

进化实验揭示了一个哲理：一个策略的成功应该以对方的成功为基础。"一报还一报"在两个人对策时，得分不可能超过对方，最多打个平手，但它的总分最高。它赖以生存的基础是很牢固的，因为它让对方得到了高分。哈灵顿程序就不是这样，它得到高分时，对方必然得到低分。它的成功是建立在别人失败的基础上的，而失败者总是要被淘汰的，当失败者被淘汰之后，这个好占别人便宜的成功者也要被淘汰。

那么，在一个极端自私者所组成的不合作者的群体中，"一报还一报"能否生存呢？艾氏发现，在得分矩阵和未来的折现系数一定的情况下，可以算出，只要群体的 5％ 或更多成员是"一报还一报"的，这些合作者就能生存，而且，只要他们的得分超过群体的总平均分，这个合作的群体就会越来越大，最后蔓延到整个群体。反之，无论不合作者在一个合作者占多数的群体中有多大比例，不合作者都是不可能自下而上的。这就说明，社会向合作进化的棘轮是不可逆转的，群体的合作性越来越大。艾克斯罗德正是以这样一个鼓舞人心的结论，突破了"囚犯困境"的研究困境。

在研究中发现，合作的必要条件是：第一，关系要持续，一次性的或有限次的博弈中，对策者是没有合作动机的；第二，对对方的行为要做出回报，一个永远不合作的对策者是不会有人跟他合作的。

那么，如何提高合作性呢？首先，要建立持久的关系，即使是爱情也需要建立婚姻契约以维持双方的合作（火车站的小贩为什么要骗人？为什么工作中要形成小组制度？）。第二，要增强识别对方行动的能力，如果不清楚对方是合作还是不合作，就没法回报他了。第三，要维持声誉，说要报复就一定要做到，人家才知道你是不好欺负的，才不敢不与你合作。第四，能够分步完成的对局不要一次完成，以维持长久关系，比如，贸易、谈判都要分步进行，以促使对方采取合作态度。第五，不要嫉妒人家的成功，"一报还一报"正是这样的典范。第六，不要首先背叛，以免担上罪魁祸首的道德压力。第七，不仅对背叛要回报，对合作也要作出回报。第八，不要耍小聪明，占人家便宜。

艾克斯罗德在《合作的进化》一书结尾提出几个结论。第一，友谊不是合作的必要条件，即使是敌人，只要满足了关系持续，互相回报的条件，也有可能合作。比如，第一次世界大战期间，德英两军在战壕战中遇上了三个月的雨季，双方在这三个月中达成了默契，互相不攻击对方的粮车给养，到大反攻时再你死我活地打。这个例子说明，友谊不是合作的前提。第二，预见性也不是合作的前提，艾氏举出生物界低等动物、植物之间合作的例子来说明这一点。但是，当有预见性的人类了解了合作的规律之后，合作进化的过程就会加快。这时，预见性是有用的，学习也是有用的。

当游戏中考虑到随机干扰，即对策者由于误会而开始互相背叛的情形时，吴坚忠博士经研究发现，以修正的"一报还一报"，即以一定的概率不报复对方的背叛，和"悔过的一报还一报"，即以一定的概率主动停止背叛。群体所有成员处理随机环境的能力越强，"悔过的一报还一报"效果越好，"宽大的一报还一报"效果越差。

艾克斯罗德的贡献与局限性。艾克斯罗德通过数学化和计算机化的方法研究如何突破囚徒困境，达成合作，将这项研究带到了一个全新境界，他在数学上的证明无疑是十分雄辩和令人信服的，而且，他在计算机模拟中得出的一些结论是非常惊人的发现，比如，总分最高的人在每次博弈中都没有拿到最高分。

艾氏所发现的"一报还一报"策略，从社会学的角度可以看做是一种"互惠式利他"，这种行为的动机是个人私利，但它的结果是双方获利，并通过互惠式利他有可能覆盖了范围最广的社会生活，人们通过送礼及回报，形成了一种社会生活的秩序，这种秩序即使在多年隔绝，语言不通的人群之间也是最易理解的东西。比如，哥伦布登上美洲大陆时，与印弟安人最初的交往就开始于互赠礼物。有些看似纯粹的利他行为，比如无偿捐赠，也通过某些间接方式，比如社会声誉的获得，得到了回报。研究这种行为，将对我们理解社会生活有很重要的意义。

囚徒困境扩展为多人博弈时，就体现了一个更广泛的问题——"社会悖论"，或"资源悖论"。人类共有的资源是有限的，当每个人都试图从有限的资源中多拿一点儿时，就产生了局部利益与整体利益的冲突。人口问题、资源危机、交通阻塞，都可以在社会悖论中得以解释，在这些问题中，关键是通过研究，制定游戏规则来控制每个人的行为。

艾克斯罗德的一些结论在中国古典文化道德传统中可以很容易地找到对应，"投桃报李"、"人不犯我，我不犯人"都体现了"tit for tat"的思想。但这些东西并不是最优的，因为"一报还一报"在充满了随机性的现实社会生活里是有缺陷的。对此，孔子在几千年前就说出了"以德报德，以直报怨"这样精彩的修正策略，所谓"直"，就是公正，以公正来回报对方的背叛，是一种修正了的"一报还一报"，修正的是报复的程度，本来会让你损失5分，现在只让你损失3分，从而以一种公正审判来结束代代相续的报复，形成文明。

但是，艾氏对博弈者的一些假设和结论使其研究不可避免地与现实脱节。首先，《合作的进化》一书暗含着一个重要的假定，即个体之间的博弈是完全无差异的。现实的博弈中，对策者之间绝对的平等是不可能达到的。一方面，对策者在实际的实力上有差异，双方互相背叛时，可能不是各得1分，而是强者得5分，弱者得0分，这样，弱者的报复就毫无意义。另一方面，即使对局双方确实旗鼓相当，但某一方可能怀有赌徒心理，认定自己更强大，采取背叛的策略能占便宜。艾氏的得分矩阵忽视了这种情形，而这种赌徒心理恰恰在社会上大量引发了零和博弈。因此，程序还可以在此基础上进一步改进。

其次，艾氏认为合作不需预期和信任。这是他受到质疑颇多之处。对策者根据对方前面的战术来制定自己下面的战术，合作要求个体能够识别那些曾经相遇过的个体并且记得与其相互作用的历史，以便作出反应，这些都暗含着"预期"行为。在应付复杂的对策环境时，信任可能是对局双方达成合作的必不可少的环节。但是，预期与信任如何在计算机的程序中体现出来，仍是需要研究的。

最后，重复博弈在现实中是很难完全实现的。一次性博弈的大量存在，引发了很多不合作的行为，而且，对策的一方在遭到对方背叛之后，往往没有机会也没有还手之力去进行报复。比如，资本积累阶段的违约行为，国家之间的核威慑。在这些情况下，社会要使交易能够进行，并且防止不合作行为，必须通过法制手段，以法律的惩罚代替个人之间的"一报还一报",规范社会行为。这是艾克斯罗德的研究对制度学派的一个重要启发。

【案例分析】

案例2 ● 出人意料的博弈——麦琪的礼物 ●

德拉(Della)与吉姆(Jim)是一对类似《麦琪的礼物》里的夫妻。"谁也不会计算"他们彼此的爱情。他们彼此都愿意——甚至迫切希望——为对方作出任何牺牲,换取一件真正配得起对方的圣诞礼物。德拉愿意卖掉自己的头发,给吉姆买一条表链,配他从祖先那儿继承下来的怀表,而吉姆则愿意卖掉这块怀表,买一把梳子,配德拉的漂亮长发。

假如他们真的非常了解对方,他们就该意识到,为了给对方买一份礼物,两人都有可能卖掉他或者她的心爱之物,结果将是一个悲剧性的错误。德拉应该三思而行,好好想想留下自己的长发等待吉姆的礼物会不会更好。同样,吉姆也不要考虑卖掉自己的怀表。当然,假如他们两人都能克制自己,谁也不送礼物,又会变成另外一种错误。

尽管这对夫妻的利益在很大程度上是一致的,但他们的策略还是会相互影响。对于任何一方,两种错误都会得到坏的结果。为了具体说明这一点,我们给这个坏结果打0分。而在一个送礼物而另一个收礼物的两种结果中,假设各方均认为献出(2分)胜过接受(1分)。如图10.6所示。

图 10.6 麦琪的礼物

通过划线法,可知有两个纳什均衡。即(吉姆卖表,德拉不卖发)和(吉姆不卖表,德拉卖发)。可知,他们两个都没有优势策略。由于"出人意料"是礼物的一个重要特点,因此他们不会提前商量以达成共识。这是一个混合策略。

【项目小结】

本项目主要是介绍了博弈论的基础知识、纳什均衡和博弈论里面常见的几个经典博弈。

1.纳什均衡指的是在给定竞争对手的选择行为后,博弈方选择了它所能选择的最好的策略。它指的是参与人的这样一种策略组合,在该策略组合上,任何参与人单独改变策略都不会得到好处。

2.智猪博弈给了竞争中的弱者以等待为最佳策略的启发。在小企业经营中,学会如何"搭便车"是一个精明的职业经理人最为基本的素质。在某些时候,如果能够注意等待,让其他大的企业首先开发市场,是一种明智的选择。这时候有所不为才能有所为。

3.囚徒困境反映了个人理性与集体理性之间的矛盾。

4.斗鸡博弈则说明一方强,则另一方弱;一方弱,则另一方强。

【实训练习】

一、名词解释

1.纳什均衡

2.占优策略均衡

二、简答题

1.什么是纳什均衡？纳什均衡一定是最优的吗？

2.常见的几个经典博弈有哪些？各自的结论分别是什么？

三、论述题

论述博弈论在现实中的应用。

项目十一 市场失灵及矫正

【项目目标】

1.掌握市场失灵的涵义与原因；

2.掌握垄断如何引起市场失灵；

3.掌握公共物品如何引起市场失灵；

4.掌握外部效应如何引起市场失灵；

5.掌握信息不对称如何引起市场失灵；

6.理解如何矫正市场失灵。

【引导案例】

案例1 ● 济南水资源紧张 ●

济南以泉水众多著称于世,素有"泉城"的美誉。清代刘鹗的《老残游记》中有"家家泉水,户户垂杨"的描写。泉水与济南的城市发展息息相关,它在做出历史性贡献的同时,也抚育了李清照、辛弃疾等诸多文化名人。泉水是济南的灵魂。但自20世纪80年代以来,泉水时涌时停,断流周期缩短且断流持续时间逐渐增长,最长断流时间多达926天。

造成泉水断流的主要原因有两个:一是上游水土流失,涵养水源能力降低。二是下游地下水超采。随着济南市人口和城市规模的扩大,泉水是具有外部性的公共物品,济南人人都可享用它的社会以及生态效应,这是一种典型的外部正效应。什么是外部性？斯蒂格利茨认为,"当个人或厂商的一种行为直接影响到他人,却没有给予支付或得到补偿时,就出现了外部性",或"未被市场交易所体现的额外成本和额外收益称为外部性"。按照一般说法,外部性指的是私人收益与社会收益、私人成本与社会成本不一致的现象。

你在屋前栽种花草,行人赏心悦目的同时,你并没有经过市场交易而得到他们支付的价格;当你发明了一种好办法清除外溢出来的原油时,这一好处将为许多未向你付款的人所享用,这产生了外部效应。我们将其称为正外部性。正外部性是指一种经济行为给外部造成的积极影响,使他人减少成本,增加收益。当造纸厂排出的生产废水,给下游人们的生活和生产产生了损害,也不是经过市场交易而向下游的人们支付了相应的价格;当你向小溪中倒入一桶酸液时,它会将鱼和植物杀死。但你没有向任何人赔偿这场灾难的损失,从而导致了负外部性的产生。负外部性指一种经济行为给外部造成消极影响,导致他人成本增加,收益下降。正如萨缪尔森所说的,"外部性是无意识的但却是有害的经济行为"。

解决外部性的主要方法是将外部性内部化。关于政府如何解决外部性的问题,济南水资源紧张就是个很好的例子。

对泉水资源的过度开采会破坏生态环境,具有明显的外部负效应,从根本上说,环境的破坏也使得济南的每个居民收益受损。外部正效应的存在,意味着提供保护泉水的这项服务的生产者的边际效益小于社会边际效益,导致生产者缺乏足够的积极性去进行这种活动,也就是说,从经济角度考虑,作为独立的投资者,因为受益小或无收益,没有私人投资者愿意投资保护泉水这项活动。泉水外部性的存在,则使泉水的使用者(泉水采水户)无需支付必要的代价就可获得较大的利益。由于采用地下泉水资源不必支付高代价,济南泉域内的公共供水企业和采用地下泉水的企事业单位,受经济收益的影响,人人都趋向于多采用地下泉水资源,而不愿使用高成本的地表水和黄河"客水",从而导致地下泉水资源被过度使用。

通过以上分析可以看出,济南泉水的保护仅靠某一个时期采取的紧急工程措施、行政措施是不能持久解决问题的,政府不可能也不应该提供完全足量的资金进行连续的投入,而必须对泉水保护进行合理的制度安排。

解决公共物品外部性问题的方法有政府方法和市场方法。政府手段一:加强政策管制,强化政府的监管职能。政府手段二:运用财政手段,促使外部效应内部化。同时,还可以采取市场手段。市场手段一:建立水权交易制度,促进用水效率的提高。市场手段二:调水、供水等公共物品的提供引进竞争。

市场失灵的英文名称:market failure。其定义:对于非公共物品而言由于市场垄断和价格扭曲,或对于公共物品而言由于信息不对称和外部性等原因,导致资源配置无效或低效,从而不能实现资源配置零机会成本的资源配置状态。

所谓市场失灵就是市场无法有效率地分配商品和劳务的情况。主要包括以下几个方面:公共产品、外部效应、市场垄断、不完全市场、不完全信息、分配的不公平、宏观经济总量失衡等。比如公共产品铁路,这个关系国计民生的产品就不能完全由市场价格来决定其行为,否则就会出现春运大家都急于回家而抢购火车票时,火车票价格疯涨,许多人没钱回家过年的情况。市场失灵就需要政府进行宏观调控,主要调控措施有财政政策与货币政策两种。

市场失灵是指市场无法有效率地分配商品和劳务的情况。对经济学家而言,这个词汇通常用于无效率状况特别重大时,或非市场机构较有效率且创造财富的能力较私人选择为佳时。另一方面,市场失灵也通常被用于描述市场力量无法满足公共利益的状况。在此着重于经济学主流的看法。经济学家使用模型化理论解释或了解这个状况,市场失灵的两个主要原因为:成本或利润价格的传达不适切,进而影响个体经济市场决策机制。

市场失灵即市场机制配置资源的缺陷表现在很多方面,它要求人们科学地认识市场机制的作用。本书主要从垄断、公共物品、外部性和不完全信息等四个方面来分析市场失灵及矫正。

任务1　垄断

一、垄断的成因

垄断市场简称为垄断,指的是整个行业中只有唯一的一个厂商的市场组织。形成垄断的原因有主要有以下几个:第一,独家厂商控制了生产某种商品的全部资源或者基本资源的供给。这种对生产资源的独占,排除了经济中的其他厂商生产同种产品的可能性。第二,独家厂商拥有了某种商品的专利权。这使得独家厂商可以在一定时间内垄断该产品的生产。第三,政府的特许。政府往往在某些行业实行垄断政策,如铁路运输部门、供电供水部门等,于是,独家企业就成了这些行业的垄断者。第四,自然垄断。有些行业的生产具有这样的特点:企业生产的规模经济需要在一个很大的产量范围和相应的巨大的资本设备的生产运行水平上才能得到充分的体现,以至于整个行业的产量只能由一个企业来生产时才有可能达到这样的生产规模。该行业就是自然垄断行业。

二、垄断的低效率

垄断产生垄断价格,导致低效率,损失经济福利,而且,为获得与维持垄断地位,垄断企业将进行非法的"寻租"活动,导致经济福利进一步减小。

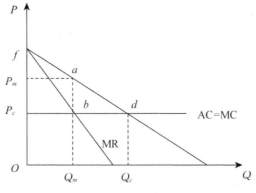

图 11.1 垄断和低效率

以图 11.1 给出的自然垄断情形为例,垄断状态为 a 点,帕累托最优状态为 d 点。垄断企业为了实现利润极大化,将把产量定位 Q_m,此时,边际成本曲线(MC)与边际收益曲线(MR)相交。在该产量下,垄断价格为 P_m,这个价格明显高于边际成本(MC),没有达到帕累托最优状态,是一种低效率状态,存在帕累托改进的余地。帕累托最优状态出现在需求曲线(D)与边际成本曲线(MC)的交点(d),此时,产量为 Q_c,价格为 P_c,达到帕累托效率,不再存在帕累托改进余地。

垄断状态下,消费者剩余是 aP_mf,垄断企业的经济利润(即垄断利润)为 abP_cP_m,经济福利(即企业的经济利润与消费者剩余之和)为 abP_cf。价格 P_c 为平均成本曲线(AC)与需求曲线(D)交点所决定的平均成本,此时,经济利润为 0,企业仅获得正常利润。帕累托最优状态下,消费者剩余为 dP_cf,企业的经济利润为 0,经济福利为 dP_cf。由此可见,垄断状态下,消费者剩余减少了(abP_cP_m+abd),经济福利减少了 abd,而且,经济福利的减少和企业的垄断利润都转嫁给了消费者,这就是垄断的低效率和不公平。

此外,垄断企业为了获得和维持垄断地位,将不惜牺牲部分甚至全部的垄断利润 abP_cP_m,进行非生产性的寻利活动,即所谓的"寻租"活动,从而导致较垄断价格引起的经济福利损失 abd 更大的经济损失。当整个市场上存在多个寻租者时,单个寻租者的经济损失较只有一个寻租者时更大,而且,随着寻租市场竞争程度的加剧而不断增大,总的寻租损失即所有寻租者的经济损失之和更是惊人。寻租导致经济福利的损失,更严重的是导致腐败,并进而恶化市场失灵。

三、垄断的价格管制

从上述分析可知,垄断导致资源配置缺乏效率和社会不公,虽然垄断企业获得垄断利润,但消费者的利益与社会的经济福利都受到损失,这说明有必要对垄断进行政府管制。政府对垄断的管制工具主要是反垄断法和价格管制。这里仅介绍价格管制。

从图11.1可以看出,降低价格可以增大消费者剩余和经济福利,但现实中如何确定管制价格却是件比较复杂的事。价格管制一般遵循"效率优先,兼顾公平"原则,尽量将价格确定在帕累托最优状态附近。常见的定价法有边际成本定价法、平均成本定价法、双重定价法和资本回报率定价法。

(一)边际成本定价法

边际成本定价法就是政府将价格定在边际成本曲线(MC)与需求曲线(D)的交点所确定的边际成本的水平上,此时,价格管制的目的是为了提高效率。但我们看到,在此价格下,企业的经济利润为负,即企业的平均收益小于平均成本;为维护企业的利益,政府补贴企业的亏损。

(二)平均成本定价法

平均成本定价法就是政府将价格定在平均成本曲线(AC)与需求曲线(D)的交点所确定的平均成本的水平上,此时,价格管制的目的是为了消除经济利润,企业获得正常利润。

(三)双重定价法

实际管制过程中,为了减少财政补贴,同时尽可能兼顾消费者和企业的利益,可采用双重或多重定价法,即允许企业对部分消费者收取介于垄断价格和平均成本之间的较高的价格,从而获得一定的经济利润,同时,要求企业对购买能力较低的消费者按边际成本定价法收取较低的价格,制定价格计划的原则是企业的总的经济利润为0,即企业从较高价格获取的利润补偿因较低价格所遭受的亏损。

(四)资本回报率定价法

资本回报率定价法是指政府也可以通过规定一个接近"竞争的"或"公正的"资本回报率来管制价格,成为资本回报率定价法。资本回报率相当于等量的资本在相似技术和相似风险条件下所能获得的平均市场报酬。

资本回报率定价法必须解决以下问题:(1)确定"公正的"资本回报率的客观标准;(2)消除企业的信息优势;(3)计算未折旧资本量;(4)尽量减小管制滞后的影响。

任务2　公共物品

经济社会生产的产品大致可以分为两类,一类是私人物品,一类是公共物品。简单地讲,私人物品是只能供个人享用的物品,例如食品、住宅、服装等。而公共物品是可供社会成员共同享用的物品。例如国防就是公共物品。它带给人民安全,公民甲享用国家安全时一点都不会影响公民乙对国家安全的享用,并且人们也无须花钱就能享用这种安全。

一、私有物品的特征

私有物品典型的特征是排他性和竞争性。排他性——当某人占有时,其他人就不可能同时占有。例如：当你购置了一套住房后，其他人就不可能拥有这套住房。竞争性——当某人多消费一个单位物品时，其他人就会少消费。例如：当资源有限时，生产者只为那些愿意出高价的消费者生产。谁不出钱谁就不可能得到所需要的物品。

二、公共物品的特征

公共物品是相对于私人物品来讲的，公共物品具有非竞争性和非排他性。非竞争性——增加一个消费者的边际成本为零。例如：天气预报增加一个消费者的边际成本为零。

非排他性——不能够将那些没有付钱的消费者排除在消费过程之外。例如：国防一旦建立之后，就不能把那些不付钱的消费者排除在外。

公共物品：具有非排他性和非竞争性的物品。如国防、公共教育、气象预报、警察、节日烟火、公共道路、公共走廊、公园、灯塔、路灯、无线电频道等。

三、准公共物品

有些物品是竞争性的，但是非排他性的，例如：在海洋中捕鱼，如果你捕得越多，别人捕鱼的代价越大。但捕鱼是非排他性的（因为很难只让那些付钱的人捕鱼）。有些物品是排他的，但是非竞争性的，例如：在长江大桥上可以设立收费站，只有付钱后才能过桥；但如果桥面不拥挤，则是非竞争性的（增加一个过桥者的边际成本为零）。

四、公共物品无法由私人提供

公共物品的边际成本为零，这样要求公共物品的供给价格为零，否则资源无法实现社会最优配置；同样，公共物品具有非排他性意味着不能将那些获得收益但又不付钱的消费者排斥在外，生产者无法占有所应得的收益。

政府如何确定公共物品的供给？由于公共物品市场中存在大量"搭便车"现象，市场信号无法正确指示公共物品的最优供给量。公共物品的供给在更大意义上是一种政治决策，政府应该负责公共物品的供给。

任务3　外部性

外部效应是指一项经济活动对非当事人的第三者所产生的影响。单个生产者或消费者的经济行为对社会上其他人的福利产生的影响。

当一项经济活动中存在外部效应时，经济活动主体将不会承担全部成本或占有全部收益。

一、外部效应产生的形式

当一个生产者采取的经济行动对他人产生了有利的影响，而自己却不能从中得到报酬时，便产生了生产的外部经济。反之，当一个生产者采取的经济行动使他人付出了代价而又未给他人以补偿时，便产生了生产的外部不经济。生产过程中产生的外部效应包括生产的外部经济和外部不经济。例如下列几种情况：(1)一个企业对其工人进行培训，而这些工人可能转到其他单位工作。该企业并不能从其他单位获取培训费或者其他形式的补偿。因此该企业从培训工人中得到的私人利益就小于该活动的社会利益,就属于生产的外部经济;(2)一个企业可能因为排放脏水而污染了河流,或者因为排放烟尘而污染了空气,就属于典型的生产的外部不经济。等等。

当一个消费者采取的经济行动对他人产生了有利的影响,而自己却不能从中得到报酬时,便产生了消费的外部经济。反之,当一个消费者采取的经济行动使他人付出了代价而又未给他人以补偿时,便产生了消费的外部不经济。消费过程中产生的外部效应包括消费的外部经济和外部不经济。例如下列几种情况:(1)某人对自己的房屋和草坪进行保养和维护时,其邻居也从中得到了不用支付报酬的好处,这就是典型的消费的外部经济;(2)你的邻居使用高档轿车、居室装修豪华使你倍感压抑属于典型的消费的外部不经济。等等。

二、外部效应的影响

(一)正的外部效应——收益外溢

在很多时候,生产者和消费者的一项经济活动会给其他社会成员带来好处,但他自己却不能由此而得到补偿。此时,这个人从其活动中得到的私人利益就小于该活动所带来的社会利益,这种性质的外部影响被称为外部经济或者正的外部性。当存在正的外部效应时,将会导致资源投入不足。

(二)负的外部效应——社会负担

另一方面,在很多时候,生产者和消费者的一项经济活动会给其他社会成员带来坏处,但他自己却不为此而支付成本。此时,这个人从其活动中得到的私人利益就大于该活动所带来的社会利益,这种性质的外部影响被称为外部不经济或者负的外部性。当存在负的外部效应时,将会导致资源过度使用。

三、纠正外部效应的途径

对于具有正的外部效应的经济活动,政府应该鼓励,例如:对教育与科学研究给予支持;对于具有负的外部效应的经济活动,政府应该惩罚,例如:对污染环境的企业征收排污费、明确产权等。

科斯定理也可以纠正外部效应。如果交易费用为零,只要产权界定清楚,就能克服外部性,实现帕累托最优。科斯定理的内容是:只要财产权是明确的,并且其交易成本为零或者很小,则无论在开始时将财产权赋予谁,市场均衡的最终结果都是有效率的。

四、固体废弃物排放的外部效应

固体废弃物的排放存在外部不经济性,固体废弃物处理存在外部经济性。消费者排放固体废弃物,既减少了环境容量,又使社会付出废弃物处理成本。相反,废弃物处理者通过妥善处理废弃物,向社会提供了环境容量及其他服务,但因固体废弃物被人为地冠以"公共资源"属性而环境容量与服务性产品又具有公共物品属性等多种原因,消费者并未为其排放行为受到惩罚,废弃物处理者也并未从其利人行为获得应有的报酬,从而产生废弃物排放的外部不经济性和废弃物处理的外部经济性。

（一）外部性的低效率

当废弃物排放具有外部不经济时,因排放者从废弃物排放或消费中获得利益却不为排放的废弃物处理买单,将纵容排放者消费并排放更多的废弃物。显然,排放者可以从收益中拿出一部分用于减小社会成本,即存在帕累托改进余地,换言之,当废弃物排放存在外部不经济性时的排放状态不是帕累托最优状态。

同样的,当废弃物处理存在外部经济性时,可以从社会所得到的收益中拿出一部分来补偿企业的损失,即存在帕累托改进余地,因此,废弃物处理存在外部经济性时的状态也不是帕累托最优状态。至于废弃物处理的外部经济性如何导致低效率,可从图11.2得出。

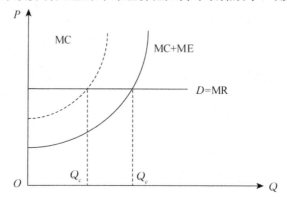

图 11.2　资源配置的失当:生产的外部经济

当废弃物处理存在外部经济性时,企业的边际成本(MC)高于社会的边际成本(MC＋ME),ME即废弃物处理的外部经济。企业为追求利润极大化,按边际成本(MC)等于边际收益(MR)组织生产,产量为 Q_c,但社会利益极大化要求社会的边际成本(MC＋ME)等于边际收益(MR),即产量应为 Q_e。显然,$Q_e > Q_c$,即废弃物处理的外部经济性将导致企业的投资趋于保守,其产量低于社会所要求的最优水平。

（二）外部性的管制政策

在废弃物排放与处理存在外部性条件下,依靠市场机制,不能实现帕累托改进。一是因为责任分散效应(旁观者效应),废弃物排放者会尽量推卸责任,很难在废弃物排放者与处理者之间,及在排放者内部,达成一致意见。二是因为搭便车效应,很难防止一些消费者不负担一揽子支付计划而享受低价格的好处。此外,固体废弃物治理还存在邻避效应和不值得定律。正是因为这些心理效应的存在,加上废弃物排放者与处理者对政府的依赖心理,同时,也为了降低交易成本,废弃物排放者与处理者都会选择不合作占优策略。为了纠正外部性引起的资源配置不当,政府必须采取适宜的政策工具进行管制。可能采用的政策工具有税收和津贴、产权的确认和可转让、主体整合。

1.税收和津贴

对废弃物排放者收税或收费,提高排放成本,减小外部不经济。理论上,税(费)数额应该等于排放者给社会其他成员造成的损失。目前,要求排放者承担的费用主要有废弃物处理费和生态补偿费,这是"污染者负责"和"受益者补偿"原则在税收上的体现。固体废弃物处理费用于支付废弃物收集、运输、处理、处置等作业的费用。生态补偿费用于生态恢复和补偿因废弃物与废弃物处理引起的发展机会的流失所招致的损失。

对废弃物处理者给予津贴,补偿外部经济,使得企业收益与社会成本和社会收益相等,提高企业加大投资的积极性。

2. 产权的确认和交易

废弃物排放的外部不经济性很大原因在于废弃物"产权"不确定。如果明确废弃物排放前属于排放者的"私人物品",即对"排放权"确权,则排放者必须为排放前废弃物的分流分类、储存、排放与付费负责,即可将废弃物排放的外部不经济部分内部化,同时,允许排放权交易,筑牢废弃物排放的经济门槛,又可进一步内部化废弃物排放的外部不经济性。废弃物产权(排放权)的确认和交易使排放者为其外部不经济影响支付了代价,从而减小了废弃物排放的外部不经济性。

废弃物处理的外部经济性也很大程度是因为"环境权"或"环境容量"产权的不确定。废弃物处理的"环境权"或"环境容量"可以通过处理者拥有的废弃物处理能力加以评估,一般而言,废弃物处理能力是较方便评估的。如果对环境权或环境容量进行了确权,并制定了计量计价标准,则可减小搭便车效应,减小废弃物处理的外部经济性。进一步,也允许"环境权"或"处理能力"交易,可进一步减小废弃物处理的外部经济性。环境权或处理能力产权的确认与交易使废弃物物处理的受益者为其收益支付了代价,表现在图 11.2 上的 ME 减小,因而 MC 曲线与(MC+ME)曲线靠近,Q_e 与 Q_c 靠近。

3. 主体整合

通过整合外部不经济性的主体与外部经济性的主体,让外部性"内部化"。固体废弃物治理的主体整合的重点与难点是整合废弃物排放者与处理者。通过整合废弃物排放者和处理者,使之形成利益共同体,让废弃物排放的外部不经济消化废弃物处理的外部经济,即所谓的外部性"内部化",可以消除废弃物治理的外部影响。主体整合的具体措施有"属地负责,划片而治",允许废弃物处理者参与源头需求侧管理并将源头需求侧管理资本化,建设生态工业园,合并外部不经济性的生产企业与外部经济性的生产企业。

五、食品安全问题的外部效应及其解决方式

从大米里我们认识了石蜡,从火腿里我们认识了敌敌畏,从咸鸭蛋、辣椒酱里我们认识了苏丹红,从火锅里我们认识了福尔马林,从银耳、蜜枣里我们认识了硫黄,从木耳中认识了硫酸铜,三鹿又让同胞知道了三聚氰胺的化学作用……

瘦肉精事件、染色馒头事件、三聚氰胺牛奶震惊国内外,以至于网友编出如上的顺口溜聊以自慰。

一位消费者为了不让自己吃过的火锅成为不法商贩的地沟油,向吃过的火锅里倒墨汁。消费者已经对整个行业产生质疑,可见地沟油这种行为产生了负外部效应。

地沟油,泛指在生活中存在的各类劣质油,火锅、中餐等在加工食物过程中所产生的废油。部分商家使用地沟油加上媒体的曝光放大,使这种商家节约成本的行为的外部效应扩大。对于我国屡屡出现的食品安全问题,在某种程度上,与外部效应有着密切的关系。

外部效应是一个经济学名词指一个人的行为直接影响他人的福祉,却没有承担相应的义务或获得回报即某人或厂商从事某项经济活动影响了他人或厂商,却没有为之承担应有的成本费用或没有获得应有报酬的现象。也可简单定义为未在价格中得到以反映的经济交易成本或效益,即私人边际成本和社会边际成本之间或私人边际效益和社会边际效益之间的非一致性。当存在外部效应时,人们在经济活动中决策所依据的价格,既不能精确地反映

其全部的社会边际效益,也不能精确地反映其全部的社会边际成本。价格失真,从而使得社会资源配置发生错误,达不到帕累托效率的最佳状态。

(一)分析过程

某厂家所生产的不安全食品能够对另一企业的安全食品产生负面外部效应,由于该企业生产的食品不符合安全食用的标准或者是其质量低下,消费者购买食用后受到一定的负面影响,消费者在接下来的购买中,将会因为之前购买无良厂家食品受到伤害的负面影响而使消费者有了一定的心理暗示致使导致消费者怀有对该类食品的不信任态度而减少或者避免了对该类食品的消费,这对生产同类食品但诚信经营的厂家产生了一定的负面影响,减少了该类厂家的收益。再从另一方面来看,诚信经营的厂家由于正规经营而使消费者对该类产品产生足够的信赖感,正规厂家将会给该类行业带来正面的外部效应,促进同一食品行业的收益。这类情形可以从地沟油事件可以看出,由于不良商家为了使其产品兼具美味和廉价,使消费者的身体健康遭受到了重大威胁,在事件曝光后,给中国的餐饮行业带来了非常严重的打击,人们对中国餐饮行业的不信任度增高。由于正规的厂商没有因为产生有益的外部效应而受惠,而那些不正规的无良厂家没有因为其产生外部危害而轻易付出代价或者承担责任,其结果是如果仅仅依靠市场的价格机制,生产伪劣食品的厂家其行为可以损害其他正规厂家,而无须考虑招致损害的机会成本,与此同时非正规厂家得到正规厂家带来的边际收益,正规厂家的情形则相反。价格机制的失灵即市场的失灵,在这种情况下,才会有许多无良的厂家前仆后继地藐视法律,生产危害人体健康,质量低下的食品,这也是我国食品安全问题频发的原因。

(二)解决方案

从外部效应的内在化着手(调整某种物品或服务的私人边际效益或成本,使得个人或企业的决策考虑其所产生的外部效应,即考虑实际的社会效益或成本),这个过程是矫正外部效应,使资源配置由不具有效率到具有效率。然而我们必须明确政府的任务并不是完全消灭外部不经济,而是促进厂家把负效应控制在社会认可的程度之内。

1. 政府应该采取积极的措施,直接进行管制

我国食品安全问题的频发在某方面来说可以看出政府监管力度的薄弱,政府实行公权力效率的不彰。因此进一步完善食品安全的法律法规、理顺食品安全监管体系,加强监管力度,成为解决食品安全问题的重中之重。政府应该加强对食品生产企业的监管力度,加强对厂家食品生产流程的监控,并对不良厂家的非法行为进行严肃处理,以杜绝不法行为的发生。

2. 政府的鼓励及补助

政府应该对在同一食品行业中表现突出,诚信经营的厂家进行一定的补助,并且在社会中以树典型的目的对诚信厂家进行宣传,以鼓励其的诚信经营,此举不仅会使正规食品厂家因为其的诚信经营得到一定收益并且将会带动其他厂家纷纷效仿,以达到更大的边际收入效益,从而使食品安全问题得以解决。

3. 企业合并

如果外部性的影响是小范围的,将施加和接受外部成本或利益的经济单位合并是解决外部性的一种手段,如某家小型的食品生产厂家的不正规生产行为导致了负面的外部效应,政府可以出面,促成其小型的厂家与较大型的厂家进行合并,通过合并,使外部成本内部化。

4.公民的参与

解决外部性问题的方法还需要的是公民的参与。公民应该增强国家社会的主人公意识,积极与政府进行配合,提高公民的素质,增强公民的维权意识,共同监督相关食品厂家经营。

5.社会制裁

道德的作用,社会的舆论压力在某方面来说比政府的强制行为所起到的作用更为有效。由于现代科技的逐渐发展,互联网等媒体正在让这个社会变得越来越透明,这让社会对企业的期望也越来越高,这也导致了外部效应已经逐渐内化了。所以我们应该运用互联网等众多媒体的力量,对食品生产企业进行舆论监督,外部效应能够逐渐内化,从而解决食品安全问题。

任务 4　不完全信息

一、信息不完全的含义

信息的不完全,不仅指因信息传播途径受阻和人的认识能力限制引起的信息不完全,还包括市场经济本身不能够生产出足够的信息并有效地配置它们。信息不对称是指一主体拥有比其他主体更多或更有价值的信息。

现实生活中有很多信息不对称的例子。下面列举一些常见的:第一,旧车市场。假定市场中存在两类旧车,好的与劣的。买者不完全了解信息,他只愿意按旧车市场的平均价格来决定。但这时对于劣车的主人来说,以高于其内在价格出售其车,而好车的车主则只能按低于其内在价值的价格出售其产品。结果是更多的好的旧车退出这一市场,旧车的质量平均水平下降。第二,保险公司价格确定的依据是投保人的平均健康水平。健康状况差的人一般有较大的投保热情。如果这类人在市场中比例上升,保险公司将被迫提高定价,结果是健康的人将更远离这一市场。第三,黑球与黑哨,销售人员不努力,经理追求自身利益等。第四,投保人在投保之后的行为与投保前的行为不一样。

在信息不完全和不对称情况下,废弃物处理者的投资带有一定的盲目性,废弃物排放者的消费可能出现"失误",社会对废弃物治理的不完全认识可能产生误解甚至严重阻碍废弃物治理规划和计划的实施,委托人对代理人的监督可能"失效"等等,这些都将导致资源配置不当和市场失灵。信息不对称会产生很多问题,典型的是逆向选择和道德风险。

(一)逆向选择

逆向选择指的是发生在交易之前,那些最有可能造成不利后果的交易对象,往往最积极寻找交易并有可能被选中。它会导致一些市场的消失,以致市场经济不再充分有效。当市场中发生劣质产品驱逐优质产品时,就出现了逆向选择;逆向选择的出现将会导致市场交易规模萎缩,甚至市场逐渐消失;逆向选择在大多数市场中都可能发生。

逆向选择是一种典型的劣币驱逐良币,坏的公司和企业最终在市场竞争中胜出而好的公司和企业在市场竞争中却失败、亏损,面临被淘汰的命运,或者使好的公司和企业加入造假、制假的队伍,成为坏的公司和企业。总之,逆向选择鼓励造假制假,造成资源配置的失当。

逆向选择典型的例子是疯牛病。1986年在英国发现,20世纪90年代流行达到高峰。2000年7月英国有34万个牧场的17万多头牛感染此病,且由英国向西欧、全欧和亚洲扩散,受累国家超过100个。病人约100多例,有科学家推测处于潜伏期的病人约50万人,发病后表现为进行性痴呆,记忆丧失,共济失调,震颤,神经错乱,最终死亡。

在牛肉市场上,很少有人能够判断出来哪些牛肉是感染疯牛病的牛制造出来的,哪些是质量较好的牛肉,真假难辨,鱼目混珠,最终坑害消费者。如果疯牛病没有最后被揭露出来,那些生产制造假牛肉的公司和企业会把生产制造质量好的牛肉的企业挤出牛肉市场。

(二)道德风险

道德风险是指一方利用信息不对称做出有损对方的行为;例如:投保人向保险公司隐瞒健康状况;借款人从事投机活动而对贷款人造成的风险。

由于信息不对称的存在,造假制假者就有欺骗消费者的可能性,同行业的生产厂家道德水平越来越低,甚至出现大家都不遵守法律法规,蔑视人性、道德等乱象。例如:吃避孕药的鱼。一些农民在整治鱼塘塘底的时候,除了要整治泥土之外,还会在塘底铺上一层"环丙沙星"或避孕药。这些药品除了起到防治鱼病的作用之外,还加速鱼的生长,这种鱼人吃了以后会对人体的健康有很大的破坏作用,据悉当地养鱼的人自己并不吃鱼。在鲜鱼市场上,没有人能够判断出来哪些鱼肉是质量较差的,哪些是质量较好的,同样是真假难辨,鱼目混珠,最终坑害消费者。

遏制信息不完全和不对称,首先是要在规划、设计阶段充分考虑避免信息不完全和不对称的方式方法与途径,二是及时总结与发布信息,完善信息传播渠道,增大信息透明度,三是建立信息共享制度。政府应该及时提供充足充分的信息以便消费者做出正确的选择。

二、非典与信息不对称

医药行业的人士可能清楚记得,2003年2月中旬的广州,市场曾出现每袋几毛钱的板蓝根暴涨到50元以上一袋,其他抗病毒的药品价格也跟着大幅上涨,远远偏离正常的市场价格;四月下旬的北京,由于有了广州市场的前期教训,政府采取了一些措施,北京市场的药品零售价格虽然没有出现大幅上涨的现象,但药品流通的中间环节和以前是完全不同,变得异常热闹,正常情况下在批发价50%以下就可售出的一些药品,一下子要按批发价的90%以上甚至零售价卖给零售商(药店和医院),若直接卖给相关团体单位药品价格就没有谱了,中草药的价格就高的太离奇了,确实让一些"药商"欢喜了一阵。笔者在此称"药商"是因为在4月中下旬,很多药品不是通过正规的医药商业企业流转到消费者手中,而是流入到炒作市场的药品商贩手中。

根据经济学理论,在充分竞争完备的市场上,由于价格和竞争等市场机制的作用,厂商和消费者在追求自身利益最大化的过程中,自愿达成了双方均能接受的合约,商品的价格达到了均衡、市场出清,在"看不见的手"的调节下,稀缺的资源得到了合理配置,"自动"达到了"帕累托最优",全社会的福利达到了最大化。市场调节及价格机制发生作用的前提条件是完备的充分竞争的市场,但在现实中并不存在,实现充分竞争的条件不具备,所以现实中的市场本身不是万能的。在2月中旬的广州、4月的北京,药品市场乃至食品市场有明显失灵表现。局部区域药品的供应量不能够解决市场需求的平衡,导致局部市场药品价格大幅上涨(事实上很多药品就全国市场是供过于求的);市场上出现很多假冒伪劣的防治非典的产品,如不合格的口罩、消毒水、体温计、防护服、甚至过效期的药品等;有些企业为了降低成本,不采取相关的非典防控措施,给整个社会带来了威胁;类似现象严重损害了普通消费者的利益,造成社会整体福利的降低。

斯蒂格里兹论证过"市场失灵",是基于"信息不对称性"。在非典市场中,正是由于消费者、药品零售商、药品批发商、生产商、原料供应商等,相互之间的信息是严重的不对称所致的市场失灵。消费者缺乏对非典知识的了解,加上谣言传播,产生恐惧心理,完全凭自己的经验或从部分媒体了解到的有限信息,盲目的跟着感觉走,进行"抢购";同时又对市场上商品的供应情况缺乏了解,涨价、缺货假象加剧了"抢购"心理,从而价格越高,越要大量采购。药品零售商、批发商对整体市场药品供应情况也缺乏了解,出现先付款后提货,价格提高也同样采购,尽快去迎合顾客的需求。在这种信息严重不对称的情况下就出现了很多不法的"个人药商",进一步加剧市场恶化,所以广州竟出现每袋板蓝根 50 多元的现象。

看不见的手失灵需要由看得见的手来矫正,即政府来调节市场机制,弥补市场缺陷,纠正市场失灵。上面出现的失灵现象,政府立即通过及时通报各种信息、价格管制、政府组织采购、责令相关单位强制执行预防非典措施,广州、北京的市场失灵现象在很快得到了控制,可以说政府的调控措施是相当有效的。

三、食品不安全与信息不对称

近几年来,全世界食品安全问题越演越烈。凡是食品安全问题都是由信息不对称引起的。在食品市场,消费者对于食品质量了解的信息远远少于生产者,因为消费者很难通过肉眼观察和经验判断出来食品质量的好与坏。这样,食品生产厂家就有可能利用消费者信息的缺失进行食品掺假,生产假冒伪劣的食品,从而坑害消费者。食品安全问题的例子不胜枚举,经典的例子有三鹿奶粉事件。也称 2008 年中国毒奶制品事件,是一起严重的中国食品污染事件。

事件起因是很多食用三鹿集团生产的婴幼儿奶粉的婴儿被发现患有肾结石,随后在其奶粉中发现化工原料三聚氰胺。根据我国官方公布的数字,截至 2008 年 9 月 21 日,因使用婴幼儿奶粉而接受门诊治疗咨询且已康复的婴幼儿累计 39,965 人,正在住院的有 12,892人,此前已治愈出院 1,579 人,死亡 4 人,另截止到 9 月 25 日,香港有 5 人、澳门有 1 人确诊患病。事件引起各国的高度关注和对乳制品安全的担忧。中国国家质检总局公布对国内的乳制品厂家生产的婴幼儿奶粉的三聚氰胺检验报告后,事件迅速恶化,包括伊利、蒙牛、光明、圣元及雅士利在内的 22 个厂家 69 批次产品中都检出三聚氰胺。该事件亦重创中国制造商品信誉,多个国家禁止了中国乳制品进口。9 月 24 日,中国国家质检总局表示,牛奶事件已得到控制,9 月 14 日以后新生产的酸乳、巴氏杀菌乳、灭菌乳等主要品种的液态奶样本的三聚氰胺抽样检测中均未检出三聚氰胺。

同样包装的奶粉根本不可能从外观上直接分辨出哪些奶粉掺有三聚氰胺,哪些奶粉没有掺有三聚氰胺,面对如此混乱的市场,生产奶粉的厂商最后敢于冒天下之大不韪,纷纷在奶粉中掺有三聚氰胺,制造了震惊中外的恶性事件。

【案例分析】

案例2 ● 农产品信息不对称 ●

海南琼海市农产品信息网上辣椒价格持续下跌,2月1日泡椒收购价每斤仅3.5角钱,红辣椒也仅7角钱,均低于当地椒农估算的保本价泡椒每斤5或6角钱、红椒8或9角钱。今冬琼海瓜菜种植面积13万多亩,其中种植椒类6万多亩,泡椒上市以来最高收购价达到过每斤9角钱。但由于广东、广西等内地市场对海南辣椒的需求不如预期,琼海辣椒价格大幅下跌,不少椒农面对不断长大的辣椒只得忍痛亏本卖掉,而挑别的老板也挑出大量稍有瑕疵的辣椒当垃圾倒掉。

一、价格遭遇"倒春寒",海南泡椒滞销的真正原因

2010年,海南椒类蔬菜获得丰收,但收购价格较2009年普遍大幅下降,只有去年的三分之一到四分之一。其中尖椒价格由2009年同期的每市斤1.8元下降到目前的0.5元,泡椒价格由每市斤1.5元下降到0.3至0.4元。

为解决海南椒类蔬菜滞销问题,商务部组织全国经销企业赴海南开展产销对接,共签订瓜菜购销协议152万吨,其中椒类55万吨,椒类蔬菜滞销困难得到缓解。

有专家指出,要根本解决海南反季节瓜菜产销中存在的问题,不能仅仅依靠这种临时、应急的对接,还需要建立全国范围内农产品信息平台,打通生产、流通过程中的制约"瓶颈"。

二、海南泡椒丰收遭遇价格"倒春寒"

2011年12月底海南泡椒刚一上市,收购价格就远远低于往年,并且持续下跌。

琼海市是此次海南椒类蔬菜滞销的重灾区,现有泡椒4.2万亩、尖椒2.12万亩、圆椒0.93万亩。记者在琼海市福田村田间看到,大量应采摘的泡椒仍然没有采摘。据了解,由于滞销、冷库不足等原因,大量辣椒迟迟没有采摘,已错过最佳上市时期,并直接影响下一茬质量。

椒类蔬菜具有种植技术简单、投资少、见效快的特点,每亩地投入800元到1000元即可收获。据琼海市农业局局长叶海涛介绍,前几年行情好的时候,每亩地收入达5000元至10000元,当地农民收入的近20%来自椒类种植。而当前的价格仅能补偿农民投入的成本,种植大户则会面临较大亏损。

文昌、万宁等海南其他椒类蔬菜产地也普遍存在椒类产品价格低迷、滞销现象。

据海南永青现代热带农业股份有限公司副总经理龚农介绍,椒类蔬菜滞销也影响到其他瓜菜的出岛。以往运输反季节瓜菜北上的车辆均以椒类蔬菜为主,顺带豆角等一部分其他蔬菜。现在椒类农产品滞销,其他蔬菜的出岛量也减少了。

三、市场、气候双重制约决定反季节瓜菜产业脆弱

海南反季节瓜菜占全国反季节瓜菜市场的三分之一。虽然运费占成本比例较高,但与北方相比,不需要投资建设大棚、购买取暖设备,有天然的优势。

与工业产品不同,农业产品的生产和销售不仅受市场约束,还受自然条件约束。海南冬季温暖的气候以及反季节瓜菜耐储性较差等问题使其在面对市场波动时显得尤其脆弱。

2012年海南泡椒滞销,主要受去年10月台风影响,已种椒苗被台风破坏后,补种泡椒上市时间推迟,与广东、广西等产地椒类蔬菜上市时间重合,导致出现大量产品同时上市、市场供过于求的现象。

农产品信息网缺乏，信息滞后、失真问题比较突出，也加剧了产销的不确定性。农户、龙头企业等生产主体对市场信息的接收、判断、预测能力参差不齐，多数依据往年行情安排来年生产。受去年椒类价格走高的影响，今年各地种植面积大量增加，一定程度上催生了"卖难"局面。据海南省农业厅副巡视员林道孔介绍，今年海南辣椒种植面积达60万亩，其中泡椒种植面积12万亩，比去年多1.1万亩，广东、广西等产地种植面积也有不同程度的增加，导致供求矛盾加剧。

另外，海南反季节瓜菜运输半径最长、环节最多、供求波动幅度最大，对存储、运输提出了较高的要求。但海南农产品运输仅出岛过海费每车就需要1800元到2000元，运输过程中损耗20%左右，大大提高了成本。

冷藏储存能力不足，不能满足大量农产品集中上市的需要，也是造成此次椒类蔬菜价格大跌的原因。

四、发展现代农业需打破产销"瓶颈"

产销信息的缺乏，使海南农产品生产多年来难以走出"多了少、少了多"、"当年价格决定下一年的产量、下一年的产量决定再下一年的价格"的怪圈。如果提前获知全国各地生产规模、上市日期，并及时调整生产结构，或能避免此次滞销情况。

记者在采访中发现，覆盖主要产区和销售市场的农产品信息平台是当前海南农业龙头企业最需要的。海南省商务厅市场体系建设处处长王学钟说，由于信息不对称，加上海南地处偏远，农产品生产、销售很难及时根据市场变化作出反应。龚农说："现在我们最需要的是全国各个市场的蔬菜储备情况、全国各地的各类蔬菜种植面积，这样我们就能以市场为导向，调整产品结构、合理安排生产。"

先生产、再找买主的现象在海南反季节农产品生产、农产品供求中仍很普遍。深圳市农产品股份有限公司运营部部长钟卫国说，海南要大力推广订单生产，在品种规格上与市场需求对接，这样不但可以降低市场风险，而且能实现规模经济，并减少批发环节，提高收益。

收储能力不足是当前海南反季节瓜菜生产面临的另一个重要制约因素。海南现有冷库规模仅能满足三分之一的冷藏需求，大部分农产品采摘后急需上市，时间上没有调节余地。据中海集装箱运输海南有限公司冷链运输部副经理符传育介绍，农产品采摘下来后，要经过分拣等过程，然后进入冷库预冷，这个过程对时间要求非常严格。目前，海南省预冷系统覆盖面较小，仅为12万吨左右，不能满足大量农产品集中上市的需要，烂在田里的现象仍时常出现。

有专家指出，政府还应对重要农产品进行商业储备，在出现临时"卖难"时可以先行收购，发挥储备的"蓄水池"作用，有效调节市场。

【项目小结】

本项目主要介绍市场失灵的定义，造成市场失灵的四个原因：垄断、公共物品、外部性和信息不对称，以及如何纠正市场失灵。

1.垄断是市场失灵的一个重要原因。垄断超额利润的存在说明垄断市场有帕累托改进的余地，垄断企业为了维持垄断地位会主动采取寻租活动，垄断企业为了追求和维护垄断地位而花费的代价是一种纯粹的浪费，是社会的净损失。政府对付垄断的办法是对垄断企业进行价格管制。

2.由于公共物品市场中存在大量"搭便车"现象,市场信号无法正确指示公共物品的最优供给量。公共物品的供给在更大意义上是一种政治决策,政府应该负责公共物品的供给。

3.外部性是造成市场失灵的又一个重要原因。具有外部经济的行为主体私人收益小于社会收益,具有外部不经济的行为主体私人成本小于社会成本,这样就是鼓励外部不经济行为而抑制外部经济行为。对付外部不经济有三种方法:一是税收和补贴;二是企业合并;三是明确财产权。

4.在现实经济生活中,处处存在信息的不完全和信息的不对称,市场机制的作用受到很多限制,而且会发生逆向选择和道德风险。所以,政府应该及时提供充足充分的信息,以便消费者做出正确的选择。

【实训练习】

一、名词解释

1.市场失灵　　2.公共物品　　3.外部经济

4.外部不经济　5.科斯定理

二、简答题

1.什么叫市场失灵?哪些情况会导致市场失灵?

2.垄断为什么会降低效率?

3.外部影响怎样会使资源配置失当?

4.简述解决外部性问题的措施

5.公共物品为什么不能靠市场来提供?

6.在信息不完全的情况下,为什么市场是失灵的?

三、论述题

试述市场失灵的原因及其解决对策

宏观篇

HONGGUANPIAN

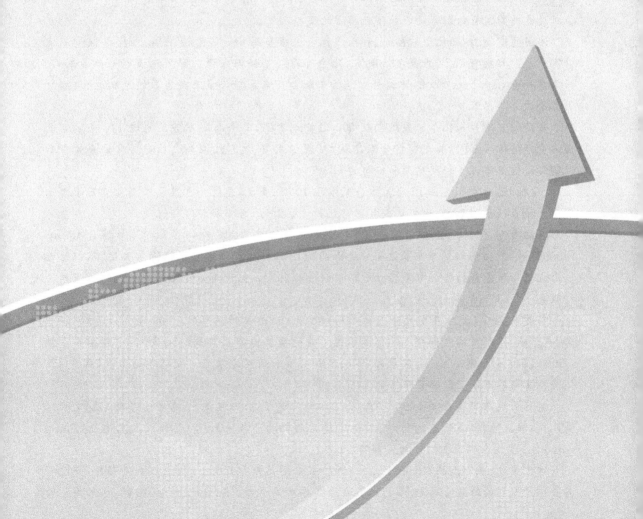

项目十二　国民收入核算理论

【项目目标】

1.掌握国内生产总值的含义及核算；

2.掌握用支出法计算国内生产总值；

3.理解国民收入核算中五个总量的关系；

4.了解实际国民生产总值与名义国民生产总值的关系。

【引导案例】

案例1 ◆ **超级富豪能够买下的国家** ◆

这些美国富豪的财富足以买下世界上的某些国家。

法国的城堡、加勒比海的岛屿、私人飞机……福布斯400富豪榜（The Forbes 400）的上榜富豪手中共握有1.27兆美元的财富，几乎可以买下任何东西。那么能买下一个国家吗？只要看一看CIA Fact Book，你就会知道福布斯400富豪榜许多上榜富豪的个人财富，堪比世界上的某些国家。

美国最富有的人比尔·盖茨坐拥500亿美元身家，其个人财富甚至超过140个国家的国内生产总值（GDP），其中包括哥斯达黎加、萨尔瓦多、玻利维亚和乌拉圭。这位微软梦想家的财富仅仅略低于坦桑尼亚和缅甸的GDP。

"股神"巴菲特在过去12个月中身家缩水100亿美元，是这一年度福布斯400富豪榜上最大的输家。尽管如此，他仍然拥有400亿美元的财富，可以和朝鲜相媲美。

在福布斯400富豪榜中有一位上榜富豪确实"掌管"着一座城市：彭博（Michael Bloomberg）。虽然纽约市市长这一职务和当地经济的举步维艰已经让他焦头烂额，但他透过财经信息服务和媒体公司彭博社所积累的个人财富相当于南非赞比亚共和国的所有商品与服务总值（175亿美元）。

有些人会说，土地开发大亨布伦（Donald Bren）是加州橘郡（Orange County）的"经营者"——确实，那里的大部分土地都属于他。他的资产遍布橘郡周边地区，其中包括475座办公楼、115个公寓小区、41家零售中心、度假项目和新住宅项目。而从理论上说，拥有120亿美元身家的布伦还能够买下海地。

博彩业龙头艾德森（Sheldon Adelson）的资产净值达90亿美元，和巴哈马的GDP（90亿美元）相当。凭借55亿美元的财富，全球最大的拍卖市场eBay的创始人奥米迪亚（Pierre Omidyar）理论上可以支配索马里市场。

曾执导过《星际大战》（Star Wars）和《印第安纳琼斯》（Indiana Jones）系列影片，并经营着全球最盈利的特效公司ILM的好莱坞著名导演卢卡斯（George Lucas）拥有30亿美元财富,和盖亚那的 GDP 不相上下。

在福布斯 400 富豪榜上榜富豪中,虽然有些人的资产净值和 10 亿美元相比略有不及,但却也足以买下世界上的许多国家。凭借在大型农场的股份而拥有科罗拉多州水权的麦纳斯(Gary Magness)拥有 9 亿 9000 万美元的身家,恰好超过万那杜的 GDP(9 亿 8850 万美元)。

(摘自《星洲日报/财经》2009 年 11 月 17 日)

在以上案例中,那些富可敌国的美国富豪的财富是很容易被计算的,但由千千万万个家庭、企业和其他组织所构成的国家的财富又该如何度量呢? 这种度量方法是不是完美无缺呢? 案例中讲到的国内生产总值(GDP)又是什么呢? 如何才能够增加一国的财富总量呢? 带着这些问题,本章中我们将学习有关国民收入的核算理论与方法。

任务 1　宏观经济学前言

“宏观经济学”一词,最早是挪威经济学家弗里希在 1933 年提出来的。经济学中对宏观经济现象的研究与考察,可以上溯到古典学派。法国重农学派创始人魁奈的《经济表》,就是经济学文献对资本主义生产总过程的初次分析。然而,在古典经济学家和后来的许多庸俗经济学家的著作中,对宏观经济现象和微观经济现象的分析都并存在一起,并未分清。特别是自所谓“边际主义革命”以来,经济学家大多抹杀经济危机的可能性,无视国民经济总过程中的矛盾与冲突,只注重于微观经济分析,以致宏观经济问题的分析在一般经济学著作中几乎被淹没了。但随着传统庸俗经济学在二十世纪 30 年代经济危机的袭击下破产,随着凯恩斯的《就业、利息和货币通论》一书出版,宏观经济分析才在凯恩斯的收入和就业理论的基础上,逐渐发展成为当代经济学中的一个独立的理论体系。

宏观经济学是以国民经济总过程的活动为研究对象,因为主要考察就业总水平、国民总收入等经济总量,因此,宏观经济学也被称作就业理论或收入理论。

宏观经济学主要由宏观经济理论、宏观经济政策和宏观经济计量模型三部分构成。宏观经济理论包括:

(1)国民收入决定理论、消费函数理论、投资理论、货币理论、失业与通货膨胀理论、经济周期理论、经济增长理论、开发经济理论。

(2)宏观经济政策包括:经济政策目标、经济政策工具、经济政策机制(即通过经济政策工具如何达到既定的目标)、经济政策效应与运用。

(3)宏观经济计量模型包括根据各派理论所建立的不同模型。这些模型可用于理论验证、经济预测、政策制定,以及政策效应检验。这三个部分共同构成了现代宏观经济学,其具体内容主要包括经济增长、经济周期波动、失业、通货膨胀、国家财政、国际贸易等方面,涉及国民收入及全社会消费、储蓄、投资及国民收入的比率,货币流通量和流通速度,物价水平,利息率,人口数量及增长率,就业人数和失业率,国家预算和赤字,出入口贸易和国际收入差额等。

宏观经济学与微观经济学的差异性表现为:

(1)研究对象不同。微观经济学的研究对象是单个经济单位,如家庭、厂商等。正如美国经济学家 J. 亨德逊(J. Henderson)所说居民户和厂商这种单个单位的最优化行为奠定了微观经济学的基础。而宏观经济学的研究对象则是整个经济,研究整个经济的运行方式与规律,从总量上分析经济问题。正如萨缪尔逊所说,宏观经济学是根据产量、收入、价格水平和失业来分析整个经济行为。美国经济学家 E. 夏皮罗(E. Shapiro)则强调了宏观经济学考察国民经济作为一个整体的功能。

(2)解决问题不同。微观经济学要解决的是资源配置问题,即生产什么、如何生产和为谁生产的问题,以实现个体效益的最大化。宏观经济学则把资源配置作为既定的前提,研究社会范围内的资源利用问题,以实现社会福利的最大化。

(3)研究方法不同。微观经济学的研究方法是个量分析,即研究经济变量的单项数值如何决定。而宏观经济学的研究方法则是总量分析,即对能够反映整个经济运行情况的经济变量的决定、变动及其相互关系进行分析。这些总量包括两类,一类是个量的总和,另一类是平均量。因此,宏观经济学又称为总量经济学。

(4)基本假设不同。微观经济学的基本假设是市场出清、完全理性、充分信息,认为"看不见的手"能自由调节实现资源配置的最优化。宏观经济学则假定市场机制是不完善的,政府有能力调节经济,通过"看得见的手"纠正市场机制的缺陷。

(5)中心理论和基本内容不同。微观经济学的中心理论是价格理论,还包括消费者行为理论、生产理论、分配理论、一般均衡理论、市场理论、产权理论、福利经济学、管理理论等。宏观经济学的中心理论则是国民收入决定理论,还包括失业与通货膨胀理论、经济周期与经济增长理论、开放经济理论等。

任务 2　国民收入的相关概念

一、国内生产总值

(一)国内生产总值的(Gross Domestic Product)定义

在理解这一概念之前,先让我们思考下面一个问题:假定处在某一生产环节的某企业2008 年生产和销售 500 万美元制成品,那么,我们能否说企业创造了 500 万美元的价值呢?如果不是,那么什么是企业的产出呢?

答案是否定的。因为生产中必须消耗原材料、能源等,而这些生产资料在生产过程中仅仅是进行了价值的转移,而企业真正创造出的价值不应当包含这一部分。因此,企业的产出是指企业创造的价值增值。在上例中,假定企业购进的原材料价值 200 万美元,则企业创造的价值增值为 300 万美元,这才是该企业的产出。

在对企业产出的概念有所认识后,我们再来看下面一个例子:假定一件上衣从生产到消费者最终购买到该上衣共要经历五个阶段:种棉、纺纱、织布、制衣和销售,各阶段的行为结果依次对应于棉花、纱、布、衣和收入,各阶段产成品和经济行为获得的价值如图 12.1 所示。

```
                      单位:美元
          种棉 ──→ 纺纱 ──→ 织布 ──→ 制衣 ──→ 销售
          棉花 ──→  纱  ──→  布  ──→  衣  ──→ 收入
           15        20        30        45        50
```

图 12.1　最终产品上衣的生产环节

从上图可见,种棉阶段的产成品棉花价值 15 美元,纺纱阶段的产成品纱价值 20 美元,织布阶段的产成品布价值 30 美元,制衣阶段的产成品衣价值 45 美元,最终销售上衣后的销售收入为 50 美元。假定种棉阶段不计算生产棉花所需的肥料、种子等费用,则生产出棉花的价值增值为 15 美元,生产出纱的价值增值为 5 美元,生产出布的价值增值为 10 美元,生产出衣服的价值增值为 15 美元,销售上衣环节增值 5 美元,所有环节价值增值累计 15＋5＋10＋15＋5＝50 美元,它正好等于最终产品衣服的售价。这就是新创造的价值。

以上例子仅仅是社会最终产品中的一件上衣的价值创造过程,而现实中,我们可以将之推广为无数的社会最终产品的价值创造,又由于一定时期内一国的产出就是该时期内不同社会最终产品的价值增值之和,故我们可以得到如下结论:一国在一定时期内的产出(创造的财富)就等于生产这些最终产品的各环节所创造的价值增值总和,也等于生产的最终产品的价值总和。因此,求解一国在一定时期内所创造的价值只需要把该国生产的社会最终产品价值加总求和即可。也正是从上述意义出发,在西方经济学中,国内生产总值(GDP)被定义为在一定时期内(一个季度或一年),一个国家或地区运用生产要素所生产出的全部最终产品和劳务的市场价值。

(二)国内生产总值的特征

国内生产总值的定义从以下方面揭示了国内生产总值的本质特征:

第一,市场性。国内生产总值是一个市场价值的概念。各种最终产品的价值都是用货币加以衡量的,而产品市场价值又是用这些最终产品的单位市场价格乘以产量获得的,因此,国内生产总值同时受到最终产品价格和数量变动的影响。此外,要计入国内生产总值的最终产品必须是经过市场销售的最终产品,由于那些自给性产品或自我服务性劳务等并不进入市场交易,因而也就不存在价格,也就不能计入国内生产总值。

第二,地上性。国内生产总值只反映了可观察的、合法的经济活动,而对不可观察的、非法的经济活动并没有核算,如走私、卖淫、贩毒等。没有考虑这些地下经济活动的根本原因主要是这些活动是非法的,我们无法掌握其具体数据。但实际上,地下经济规模的持续增加已经严重危害了各国经济的正常发展。以韩国为例,韩国的经济学家 2008 年 1 月发布了名为《地下经济情况及要点》的报告,此报告指出,韩国国内的地下经济规模 07 年最大可达 250 兆韩元(约合 2529 亿美元),其规模约占韩国 GDP 总值的三成,远高于经济合作和发展组织成员国的平均值。

第三,时期性。国内生产总值一般是指一定时期内所生产出来的最终产品的市场价值,它是流量而非存量,因而在计算时不应当包括以前时期所生产的产品的总市值。例如:非当期所生产而在当期销售出的存货,或非当期所建造而成却在当期转手销售的房产等,因为这些产品在生产当期已经计入了当期的国内生产总值。但是,涉及这些产品交易的中介费用却应当计入交易当期的国内生产总值,因为这属于中介提供服务所获得的劳务报酬。

第四,生产性。国内生产总值是一定时期内所生产出来的而非所售卖掉的最终产品市场价值。例如:若某企业年生产 1000 万美元的产品,但却只销售掉了 600 万美元的产品,那么所余下的 400 万美元的产品可以被视为是该企业的存货投资,它相当于该企业自己买入了剩余产品,因此,它应当被计入当期国内生产总值。同理,若该企业当期销售掉的不是 600 万美元,而是 1300 万美元,那么,多销售的 300 万美元显然应当是属于企业先期的存货投资部分商品,故计入当期国内生产总值的应当是 1000 万美元。

第五，非中间产品性。在国内生产总值的定义中强调了核算时只计入最终产品和劳务，而不计入中间产品。其中劳务的生产过程和消费过程是同步的，在生产的过程中即被消费掉了，不存在中间产品的问题。对于有形的物质产品只能计算最终进入消费和投资领域的部分，如果将各种中间投入品也计入，会出现大量的重复计算，生产的迂回过程越长，被重复计算的中间产品值就会越大。例如，生产汽车的过程中，要投入轮胎、钢铁、玻璃等中间产品，如果将轮胎、钢铁、玻璃、汽车的价值一并加总起来，轮胎等中间产品就会重复计算一次，造成国内生产总值虚增。

第六，非持续性。国内生产总值反映的是总产出，但是产出分为消费类产出和非消费类产出，只有消费类产出才代表一国的福利水平。比如美国在第二次世界大战时，国内生产总值持续增长，但主要是坦克飞机等非消费的产出增长，人民的福利反而下降了9%。另外，国内生产总值没有反应对地球资源的使用状况和对环境的破坏程度，这些都是一国福利的内容。因此，从这个意义上说，国内生产总值的增加并不一定意味着结构的改善、福利的提升和经济社会的可持续发展。

（三）名义国内生产总值与实际国内生产总值

国内生产总值是按当前市场价格计算得出一个经济社会所生产的最终产品和劳务的市场价值，在数值上等于每种产品和劳务的产量和价格的乘积之和，当产量或价格其中之一发生变动，都会引起GDP变动。当价格水平提高时，GDP会高估实际产量的增长，而当价格水平下降时，GDP又会低估实际产量的减少。

名义GDP是所生产的最终产品和劳务的产量乘以其各自当期市场价格后的市场价值总和。而实际GDP则是指所生产的最终产品和劳务的产量乘以其各自基期市场价格后的市场价值总和。与名义GDP相比，实际GDP剔除了物价变动因素。例如，设某经济社会只生产一种最终产品——个人电脑，其数据如表12-1所示。

表12-1　某经济社会的个人电脑数量、价格和名义GDP

年份	个人电脑数量（台）	电脑价格（元）	名义GDP（元）
2004	120	6000	720000
2005	240	8000	1920000
2006	390	10000	3900000

从表12-1的数据可知，该经济社会2005年名义GDP为192万元，比2004年增长了166.7%，2006年390万，增长了103.1%，增长速度惊人，但我们同时观察到电脑价格从6000元提高到8000元，再到2006年提高到10000元，分别上涨了33.4%和25%。

在该社会只有一种最终产品的情形下，隐含的实际GDP及其增长率可以直接用个人电脑数量来表示，从2004年到2006年分别增长了100%和62.5%。如果我们以2005年作为基期，即以2005年个人电脑的价格计算，则2004年的实际GDP为96万元，比其名义GDP增加了33.4%，2005年的实际GDP为192万元，与名义GDP相同，2006年的实际GDP为312万元，这一数值小于该年的名义GDP。如图12.2所示。

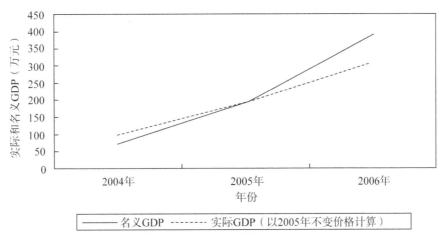

图 12.2　某经济社会的名义 GDP 与实际 GDP

通常,我们把名义国内生产总值与实际国内生产总值之比定义为国内生产总值平减指数(GDP Deflator),又称 GDP 缩减指数或 GDP 紧缩指数或折算系数,它的计算基础比 CPI 广泛得多,涉及全部商品和服务,除消费外,还包括生产资料和资本、进出口商品和劳务等。因此,这一指数能够更加准确地反映一般物价水平走向。如上例中,2006 年的名义 GDP 为 390 万元,而以 2005 年作为基期的不变价格计算的 2006 年的实际 GDP 为 312 万元,因此,2006 年的 GDP 平减指数为 1.25。

二、其他国民收入的相关概念

西方国民收入核算体系中的国民收入概念,实际上包括以下几个具体概念:国民生产总值、国民生产净值、国民收入、个人收入和个人可支配收入。其含义如下:

(一)国民生产总值(Gross National Product)

国民生产总值(简称 GNP)是指一个国家(地区)所有常住机构单位在一定时期内(年或季)收入初次分配的最终成果。常住机构单位是指在一国经济领土内具有经济利益中心的经济单位。经济领土是指由一国政府控制或拥有的地理领土,也就是在本国的地理范围基础上,还应包括该国驻外使领馆、科研站和援助机构等,并相应地扣除外国驻本国的上述机构(国际机构不属于任何国家的常住单位,但其雇员则属于所在国家的常住居民)。经济利益中心是指某一单位或个人在一国经济领土内拥有一定活动场所,从事一定的生产和消费活动,并持续经营或居住一年以上的单位或个人,一个机构或个人只能有一个经济利益中心。一般就机构(单位)而言,不论其资产和管理归属哪个国家控制,只要符合上述标准,该机构在所在国就具有了经济利益中心。就个人而言,不论其国籍属于哪个国家,只要符合上述标准,该居民在所在国就具有经济利益中心。一个国家常住机构单位从事生产活动所创造的增加值(国内生产总值)在初次分配过程中主要分配给这个国家的常住机构单位,但也有一部分以劳动者报酬和财产收入等形式分配给该国的非常住机构单位。同时,国外生产单位所创造的增加值也有一部分以劳动者报酬和财产收入等形式分配给该国的常住机构单位,从而产生了国民生产总值概念,它等于国内生产总值加上来自国外的劳动报酬和财产收入减去支付给国外的劳动者报酬和财产收入。用公式表示 GNP 与 GDP 的关系,即:

GNP＝GDP－国外要素从本国获得的收入＋本国要素从国外获得的收入＝GDP＋(本

国要素从国外获得的收入－国外要素从本国获得的收入)＝GDP＋本国要素净收入

对于 GNP 与 GDP 的关系,我们还可从图 12.3 中形象地看出:

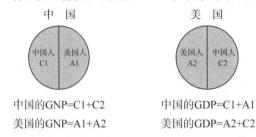

中国的GNP=C1+C2   中国的GDP=C1+A1
美国的GNP=A1+A2   美国的GDP=A2+C2

图 12.3　某经济社会的名义 GDP 与实际 GDP

如图 12.3 所示,假定世界由中国和美国两国构成,在中国本土既有中国人也有美国人,而在美国本土同样既有美国人也有中国人,进一步假定在中国疆域内的中国人在一定时期内创造了 C1 的财富,而在中国疆域内的美国人同期创造了 A1 的财富,同时,在美国疆域内的美国人同期创造了 A2 的财富,而在美国疆域内的中国人同期创造了 C2 的财富。这样,该时期内,中国的 GNP＝C1＋C2,美国的 GNP＝A1＋A2,中国的 GDP＝C1＋A1,美国的 GDP＝A2＋C2。那么,中国的 GNP 大于中国的 GDP 是什么意思呢? 显然,它就是本国要素获得了正的净收入。

(二)国民生产净值(Net National Product)

任何产品价值中不但包含有消耗的原材料、燃料等等的价值,还包含有使用的资本设备的折旧。最终产品价值并未扣去资本设备消耗的价值,因此,它还不是净增加值,因而最终产品市场价值总和只能称为国民生产总值。基于此,我们把国民生产净值(简称 NNP)定义为国民生产总值减去折旧费以后的余额,它表示经济社会在补偿了资本存量损耗以后所生产的净产品总值,也是一个国家或地区在一定时期内,国民经济各部门生产的最终产品和劳务价值的净值。公式表示为国民生产净值(NNP)＝国民生产总值(GNP)－资本折旧。

(三)国民收入(National Income)

这里的国民收入(简称 NI)是指按照生产要素报酬计算的国民收入。从国民生产净值中扣除间接税和企业转移支付加政府补助金,就可得到一国生产要素在一定时期内提供生产性服务所得报酬即工资、利息、租金和利润的总和意义上的国民收入。间接税和企业转移支付虽构成产品价格,但不成为要素收入,相反,政府给企业的补助金虽不列入产品价格,但成为要素收入。故此,前者应扣除,后者应加入。

(四)个人收入(Personal Income)

个人收入(简称 PI)概念的出现主要是由于生产要素报酬意义上的国民收入并不会全部成为个人的收入。例如,利润收入中要给政府缴纳公司所得税,公司还要留下一部分不分配给个人,只有一部分利润才会以红利和股息形式分给个人。职工劳动收入中也有一部分要以社会保险费的形式上缴有关机构。另一方面,人们也会以各种形式从政府那里得到转移支付,如退伍军人津贴、工人失业救济金、职工养老金、职工困难补助等。因此,从国民收入中减公司未分配利润、公司所得税及社会保险税(费),加上政府给个人的转移支付,大体上就得到个人收入。

(五)个人可支配收入(Personal Disposable Income)

个人可支配收入(简称 PDI)是指一个国家所有个人(包括私人非营利机构)在一定时期

（通常为一年）内实际得到的可用于个人开支或储蓄的那一部分收入。个人可支配收入等于个人收入扣除向政府缴纳的所得税、遗产税和赠与税、不动产税、人头税、汽车使用税以及交给政府的非商业性费用等以后的余额。由于个人可支配收入是消费开支的最重要的决定性因素，因而常被用来衡量一国生活水平的变化情况。

表 12-2 是美国 2003 年和 2004 年上述总量的基本情况，它反映了各总量之间的关系。

表 12-2　美国 2003 年和 2004 年的国民收入　　　　单位:10 亿美元

序号		2003 年	2004 年
1	国内生产总值	11,004.0	11,728.0
2	加:本国来自国外的要素收入	329.0	……
3	减:本国向国外的要素支付	273.9	……
4	**等于:国民生产总值**	11,059.2	……
5	减:固定资产折旧	1,353.9	1,406.9
6	私人	1,35.9	1,177.9
7	国内企业	942.6	966.9
10	家庭和机构	193.3	210.9
11	政府	218.1	229.0
12	政府部门	183.6	192.3
13	政府企业	34.5	36.7
14	**等于:国民生产净值**	9,705.2	……
15	减:统计误差	25.6	……
16	**等于:国民收入**	9,679.6	……
17	减:经存货价值和资本消耗调整后的公司利润	1,021.1	……
24	加:个人从资产获得的收入	1,322.7	1,386.6
25	个人当前转移收	1,335.4	1,406.3
26	**等于:个人收入**	9,161.8	9,659.1

任务3　国民收入的核算方法

国民收入核算是对国民经济运行过程的系统描述，是在一定经济理论指导下，综合应用统计、会计、数学等方法，为衡量一国或一地区在特定时期内的经济活动和经济成果而构成的一个相互联系的指标系统，其目的在于构建完善的宏观经济调控体系，为国家宏观经济决策提供依据。在任务2中，我们以上衣的生产过程为例说明了一种产品的产出即该产品所有生产环节的价值增值之和，将之推广到一个国家，那就是一定时期内一国的产出就是该时期内不同社会最终产品的价值增值之和。因此，从理论上讲，核算一国的国民收入可以运用生产法加总求和该国所生产的所有最终产品的价值增值之和，然而，现实中的产品数不胜数,生产法缺乏可操作性。于是,我们必须寻找核算国民收入的替代性方法。仍然回想上衣生产的例子,我们可以看到它不仅说明了产出总是等于价值增值,还说明了产出总是等于收入,以及产出总是等于支出。

为何产出总是等于收入呢?在上衣生产例子中,假定棉农共生产 15 美元棉花,并假定这 15 美元就是新增价值,那么,这实际上是假定 15 美元价值就是生产棉花所投入的生产要素(劳动、资本、土地)共同创造的。这 15 美元棉花卖给纺纱厂纺成纱卖 20 美元,增值 5 美元,怎么会增值的呢?因为纱厂把棉花纺成纱也需要投入劳动、资本、土地等生产要素,这 5 美元的增值被认为就是这些要素共同创造的。由于企业使用要素必须支付代价,劳动者要付工资,使用资本要付利息,使用土地要付租金,这些要素报酬就等于这些要素在生产中做出的贡献,因而这 5 美元的增值要转化为要素提供者的收入。假定工资是 2 美元,利息是 1.5 美元,地租是 0.5 美元,则 5 美元售价中还剩余 1 美元,它就是企业家才能所获取的利润。纱厂情况是这样,织布厂、制衣厂、售衣商的情况也是这样。他们生产的价值,都要转化为生产要素报酬和企业利润,即转化为要素提供者和企业经营者的收入。由于把利润看做是产品卖价扣除工资、利息和地租等成本支出后的余额,因此,产出(生产的价值)总等于收入。一个企业的产出总等于收入,一个国家的总产出也必然等于总收入。

为何产出又总是等于支出呢?这是因为,最终产品的销售收入,就是最终产品购买者的支出。例如,生产了一件上衣卖 50 美元,就是购买上衣的消费者支出了 50 美元,这 50 美元就是生产和经营上衣的五阶段的厂商(棉农、纱厂、织厂、制衣厂及售衣商)创造的价值,即产出。上衣是这样,千千万万最终产品生产都是这样。因此,从全社会看,总产出就总等于购买最终产品的总支出。

这样,我们便找到了核算国民收入的两种替代性方法:收入法和支出法。

一、国民收入核算的收入法

收入法是指用要素收入,即企业生产成本核算国内生产总值。严格来说,最终产品市场价值除了生产要素收入构成的成本,还有间接税、折旧、未分配利润等内容。因此,收入法核算的国民收入公式如下:

GDP＝工资＋利息＋租金＋利润＋间接税和企业的转移支付＋折旧

其中:工资、利息、租金是最典型的要素收入;工资中包括所得税、社会保险税;利息是指提供给企业使用而产生的利息,所以需要剔除政府公债利息和消费信贷利息;租金除了租赁收入外,专利和版权的收入也应归入其中;利润是税前利润,包括公司所得税、红利、未分配利润等;间接税包括货物税、销售税、周转税等;企业转移支付包括对非营利组织的慈善捐款和消费者的呆账;资本折旧虽然不是要素收入,但它包括在总投资中,故也应计入 GDP。

在实际统计工作中,人们以收入法核算国民收入时,还常用以下公式计算 GDP 增加值:

GDP 增加值＝劳动者报酬＋生产税净额＋固定资产折旧＋营业盈余

其中:劳动者报酬指劳动者从事生产活动所应得的全部报酬。包括劳动者应得的工资、奖金和津贴,既有货币形式的,也有实物形式的,还有劳动者所享受的公费医疗和医药卫生费、上下班交通补贴和单位为职工缴纳的社会保险费等。对于个体经济来说,其所有者所获得的劳动报酬和经营利润不易区分,这两部分统一作为劳动者报酬处理。在计算劳动者报酬时,需要注意作为劳动者报酬的实物性收入与中间消耗的界限。如果生产单位向从事生产活动的劳动者提供的货物或服务,可以满足劳动者在闲暇时间里的需要,并可改善和提高他们的实际生活水平,同时,其他普通消费者也可以在市场上购买到这些货物和服务,那么这部分货物和服务就属于劳动者的实物收入。生产单位为了生产能正常进行,为劳动者购买的货物和提供的服务,如因特殊工作需要提供的服装或鞋,因公出差提供的运输和旅馆服务费用等,属于中间投入。

生产税净额指生产税减生产补贴后的差额。生产税指对生产单位从事生产、销售和经营活动以及因从事生产活动使用某些生产要素,如固定资产、土地、劳动力所征收的各种税、附加费和规费,包括销售税金及附加、增值税、管理费中开支的各种税、应交纳的养路费、排污费和水电费附加、烟酒专卖上缴的专项收入等。生产补贴与生产税相反,是对生产单位单方面的转移支付,因此视为负生产税处理,包括政策性亏损补贴、价格补贴等。

固定资产折旧指一定时期内为弥补固定资产损耗按照核定的固定资产折旧率提取的固定资产折旧,或按国民经济核算统一规定的折旧率虚拟计算的固定资产折旧。它反映了固定资产在当期生产中的转移价值。各种类型企业和企业化管理的事业单位的固定资产折旧指实际计提的折旧费。不计提折旧的单位,如机关、非企业化管理的事业单位和居民住房的固定资产折旧则是按照统一规定的折旧率和固定资产原值计算的虚拟折旧。原则上,固定资产折旧应按固定资产的重置价值来计算,但是我国目前尚不具备对全社会固定资产进行重估价的基础,所以暂时只能采用上述方法来计算。

营业盈余指常住单位创造的增加值扣除劳动者报酬、生产税净额和固定资产折旧后的余额。此外,由于核算误差的存在,通常还需要加上一个统计误差。

我们以经济合作与发展组织 OLIS 数据库中美国 2000 年收入法核算的国内生产总值(单位:亿美元)为例,见表 12-3,表中美国国内生产总值各构成项与前述各项略有差异,但其基本原理是相同的。

表 12-3　收入法核算美国 GDP

美国	United States	
劳动者报酬	Compensation of Employees	57873
工农业盈余和混合收入	Gross Operation Surplus and Gross Mixed Income	34401
税减产品补贴	Taxes Less Subsidies on Production and Imports	6646
统计误差	Statistical Discrepancy	−1272
国内生产总值	Gross Domestic Product	97648

二、国民收入核算的支出法

用支出法来核算国民收入,就是通过核算在一定时期内整个社会购买最终产品的总支出来计量国内生产总值。那么,社会最终产品的购买者都包括谁呢? 现实中,它包括居民、企业、政府和外贸四大部分。相应地,用支出法核算国民收入就是核算经济社会在一定时期内居民消费(C)、投资(I)、政府消费(G)以及净出口(X−M)这几方面支出的总和。用公式表示,即:

$$GDP = C + I + G + (X - M)$$

在我国的实际统计中,一般习惯于把居民消费和政府消费统一定义为最终消费,于是,上述公式变为：

$$GDP = (C + G) + I + (X - M)$$

最终消费指常住单位为满足物质、文化和精神生活的需要，从本国经济领土和国外购买的货物和服务的支出，它不包括非常住单位在本国经济领土内的消费支出。最终消费分为居民消费和政府消费。

居民消费指常住住户在一定时期内对于货物和服务的全部最终消费支出。居民对于货物的最终消费支出在货物的所有权发生变化时记录，对于服务的最终消费支出在服务提供时记录。居民消费按居民支付的购买者价格计算，货物的购买者价格是购买者取得交货所支付的价格，它包括购买者支付的运输和商业费用。居民消费除了直接以货币形式购买的货物和服务的消费支出外，还包括以其他方式获得的货物和服务的消费支出，即所谓的虚拟消费支出。居民虚拟消费支出包括如下几种类型：单位以实物报酬及实物转移的形式提供给劳动者的货物和服务；住户生产并由本住户消费了的货物和服务，其中的服务仅指住户的自有住房服务和付酬的家庭雇员提供的家庭和个人服务；金融机构提供的金融媒介服务；保险公司提供的保险服务。

政府消费指政府部门为全社会提供的公共服务的消费支出和免费或以较低的价格向居民住户提供的货物和服务的净支出，前者等于政府服务的产出价值减去政府单位所获得的经营收入的价值，后者等于政府部门免费或以较低价格向居民住户提供的货物和服务的市场价值减去向住户收取的价值。

投资即指资本形成，资本形成总额指常住单位在一定时期内获得减去处置的固定资产和存货的净额，包括固定资本形成总额和存货增加两部分。

固定资本形成总额指生产者在一定时期内获得的固定资产减去处置的固定资产的价值总额。固定资产是通过生产活动生产出来的，且其使用年限在一年以上、单位价值在规定标准以上的资产，不包括自然资产。可分为有形固定资本形成总额和无形固定资本形成总额。有形固定资本形成总额包括一定时期内完成的建筑工程、安装工程和设备购置（减处置）价值，以及土地改良、新增役、种、奶、毛、娱乐用牲畜和新增经济林木价值。无形固定资本形成总额包括矿藏的勘探、计算机软件等获得减处置价值。

存货增加指常住单位在一定时期内存货实物量变动的市场价值，即期末价值减去期初价值的差额，再扣除当期由于价格变动而产生的持有收益。存货增加可以是正值，也可以是负值，正值表示存货上升，负值表示存货下降。存货包括生产单位购进的原材料、燃料和储备物资等存货，以及生产单位生产的产成品、在制品和半成品等存货。

净出口指货物和服务出口减去货物和服务进口的差额。出口包括常住单位向非常住单位出售或无偿转让的各种货物和服务的价值；进口包括常住单位从非常住单位购买或无偿得到的各种货物和服务的价值。由于服务活动的提供与使用同时发生，一般把常住单位从非常住单位得到的服务作为进口，非常住单位从常住单位得到的服务作为出口。货物的出口和进口都按离岸价格计算。

我们以世界银行数据库中中国1990年和2000年支出法核算的国内生产总值（单位：亿人民币）为例，见表12-4。

表 12-4　支出法核算中国 1990 年和 2000 年 GDP

国家和地区	Country or Area	1990	2000
中国	China		
按当年价格计算	In Current Prices		
居民消费支出	Household Final Consumption Expenditure	9451	45855
政府消费支出	General Government Final Consumption Expenditure	2640	15661
资本形成总额	Gross Capital Formation	6747	34843
货物和服务出口	Exports of Goods and Services	3555	23143
减:货物和服务进口	Less:Imports of Goods and Services	2905	20753
国内生产总值	Gross Domestic Product	18548	99215

同样,我们以中国国家统计局所公布的统计数据为例,来说明中国支出法核算国民生产总值的具体方法,见表 12-5。

表 12-5　支出法核算中国 GDP

年份	支出法国内生产总值（亿元）	最终消费支出	资本形成总额	货物和服务净出口
1978	3605.6	2239.1	1377.9	−11.4
1979	4092.6	2633.7	1478.9	−20.0
1980	4592.9	3007.9	1599.7	−14.7
1981	5008.8	3361.5	1630.2	17.1
1982	5590.0	3714.8	1784.2	91.0
1983	6216.2	4126.4	2039.0	50.8
1984	7362.7	4846.3	2515.1	1.3
1985	9076.7	5986.3	3457.5	−367.1

任务 4　国民收入的基本恒等关系

在上一个任务中,我们分别从收入法和支出法角度说明了一国或地区国民收入的核算问题,在本任务中,我们将依据国民收入的基本公式,继续推导出宏观经济学中一个十分重要的命题,即:投资—储蓄恒等式。这里,我们采用由简到繁的分析方式,逐步将经济社会的不同部门加入到分析当中。

一、两部门经济的投资-储蓄恒等

在两部门经济中,假设一个社会只有消费者(居民)和企业两个部门,没有政府部门和外贸部门,所以就没有企业间接税等税收项目,也没有政府消费和进出口贸易。为了分析简便起见，先不考虑折旧。这样，国内生产总值就等于国民收入。一方面，从支出的角度看，国内生产总值等于总支出，即消费支出和投资支出的总和，用公式表示为 GDP＝Y＝C＋I。另一方面，从收入的角度来看，国内生产总值等于国民总收入，而总收入的一部分用来消费，剩余的一部分用来进行储蓄（用字母 S 表示），用公式表示为 GDP＝Y＝C＋S。由前面的分析中可以看出，从这两种角度核算的国内生产总值应该相等，即 GDP＝C＋I＝Y＝C＋S，从而有 I＝S，即得到投资-储蓄恒等式。投资-储蓄恒等式是根据国内生产总值核算方法的定义得出的，它实际上就是两部门经济的总供给（C＋S）和总需求（C＋I）的恒等关系。

二、三部门经济的投资-储蓄恒等

在两部门经济的基础上加上政府部门的活动，就构成了三部门经济。政府支出 G 主要包括政府对商品和劳务的购买以及政府给居民的转移支付，而政府收入主要来源于政府向企业和居民的征税，但由于政府在征税同时也要转移支付，故两者之差的政府净收入才是政府的真正收入（用字母 T 表示）。于是，一方面，从支出角度来看，国内生产总值等于居民消费支出、投资支出和政府消费支出的总和，用公式表示为 GDP＝Y＝C＋I＋G。另一方面，从收入角度看，国内生产总值仍是所有要素所得的收入之和，即工资、利息、租金和利润的总和，而它们除了用于消费和储蓄之外，还要有一部分用来交纳税金，但考虑到政府转移支付，于是得到国内生产总值的收入法构成为 GDP＝Y＝C＋S＋T。因为两种核算法下的 GDP 应当相等，因此有 GDP＝C＋I＋G＝Y＝C＋S＋T，从而得到 I＝S＋(T－G)，它表示整个社会的投资恒等于整个社会的储蓄（包括私人储蓄和政府储蓄）。特别地，当 T＞G 时，表示政府储蓄为正，意即政府财政盈余；当 T＜G 时，表示政府储蓄为负，意即政府财政赤字；当 T＝G 是，表示政府储蓄为零，意即政府财政收支平衡。

三、四部门经济的投资-储蓄恒等

四部门经济就是在三部门经济中再引入一个外贸部门。考虑到国际间本国可能对外国所进行的转移支付（例如本国对外国发生灾难时进行的资金援助，用字母 K 表示），于是国内生产总值的收入法公式为 GDP＝Y＝C＋S＋T＋K，而国内生产总值的支出法公式为 GDP＝Y＝C＋I＋G＋(X－M)，故可得 C＋I＋G＋(X－M)＝Y＝C＋S＋T＋K，即 I＝S＋(T－G)＋(M－X＋K)，意即社会总投资与社会总储蓄恒等。这里，S 为私人储蓄，(T－G) 为政府储蓄，(M－X＋K) 为外国对本国的储蓄。

任务5 国民收入核算体系的缺陷

GDP 是衡量国民经济发展情况最重要的指标，对于公众了解国民经济的发展、政府宏观经济决策有着重要的意义，在国际交往中具有重要作用。美国著名经济家、诺贝尔经济学奖获得者萨谬尔森认为，GDP 是 20 世纪最伟大的发明之一。与太空中的卫星能够描述整个大陆的天气情况非常相似，GDP 能够提供经济状况的完整图像。没有像 GDP 这样的总量指标，政策制定者会陷入杂乱无章的数字海洋而不知所措。GDP 和有关数据就像灯塔一样，帮助政策制定者引导经济向着主要目标发展。我国自 1985 年以来建立起相应的 GDP

核算制度,在我国宏观经济管理中发挥了重要作用。但由于种种原因,GDP 并不是对经济产量或福利的完美度量,它只是部分反映了经济活动状况。归纳而言,它主要存在以下几个问题:

第一,GDP 无法反映一个国家或地区经济活动的全貌。一是 GDP 是按照商品和劳务的市场交易价格来计算的,非市场交易活动则无法计入经济总量。但在世界上许多国家,特别是那些市场经济落后的国家,大都存在着不少非市场性的商品和劳务活动。比如,家庭自给自足性质的劳务、家务、物物交换等经济活动所创造的产品和价值由于没有通过市场交换而不能体现出市场交换价格,因而也游离于 GDP 之外。但若这些自给自足性质的经济活动改由雇工来承担,并由雇主支付报酬给雇工,那么该经济活动就有了交易价格,其创造的价值也就可计入 GDP 了。此时,一国的 GDP 就会上升,但国民经济的实际产出并没有增加。事实上,一个国家市场化程度越低,GDP 遗漏的可能性就会越大,GDP 也就越低;反之,一个国家市场化程度越高,GDP 遗漏的可能性就会越小,GDP 也就会越高。二是地下经济活动无法得以反映。不论是发达国家还是发展中国家,都不同程度地存在着一些非法经济交易活动。比如,非法的地下工厂和地下生产,各种形式的黑市交易,偷税漏税的走私活动等。虽然这些非法经济活动也经过市场交换,有其交易价格,但因为是黑市交易、是暗中私下进行的,因而也就无法计入 GDP。

第二,GDP 无法反映一个国家或地区的国民福利。虽然 GDP 指标能反映一国的经济增长水平及经济总量的变化,但实际上人们的收入却不一定能随着每年 GDP 的高增长率而提高,人们所得到的社会福利也不一定能随着经济总量的增加而得到应有的改善。比如,在 GDP 高速增长、经济总量大幅增加的同时,人们却忙于工作、苦于加班而无奈放弃假日和休闲,从而造成人们闲暇时间和感受人生、享受生活时间的减少,而闲暇时间的减少,就从一个角度说明了在 GDP 增长的同时,人们的社会福利在减少;产品质量的提高和产品结构的优化升级,有利于优化人们的消费结构,提高人们的生活质量,但却不一定都能表现为 GDP 的增长和经济总量的增加;产品分配制度也是决定和影响人们社会福利水平和状况的主要因素,但经济总量却不能反映社会分配制度和产品分配情况,因而无法体现社会公平和社会福利。比如,A 和 B 两个 GDP 相等的国家,若 A 国收入分配制度科学合理、社会平等,而 B 国则贫富不均、两极分化严重,那么,A 国的国民福利水平就高,B 国的国民福利水平就低。又如,A 和 B 两个 GDP 相等的国家,若 A 国行政费用庞大,而 B 国在科教文卫以及社会保障方面投入较多,显然,B 国的福利水平要高于 A 国的福利水平。但上述问题 GDP 是无法反映出来的。

第三,GDP 无法反映经济增长方式和质量。GDP 只能反映一个国家或地区经济增长的数量,却不能反映经济增长的结构性问题。比如,两个 GDP 相等的国家,一个国家以开发和生产电脑软件为主,而另外一个国家以生产或加工民用产品为主,显然,这两个国家经济发展水平、技术发展水平是不在一个档次上的,但 GDP 无法反映。此外,在一个工业社会中,经济总量的扩张往往伴随着环境的污染、城市噪音、交通拥挤的产生,但 GDP 仍对此无能为力。最后,GDP 也无法对经济活动的社会价值进行道德判断,比如我国假冒伪劣产品、有毒有害产品同样招摇和欺骗市场,昂贵的医疗费用甚至使得病者成为劳动 GDP 的动力,这些问题都是 GDP 的缺陷所在。

基于 GDP 在上述方面所存在的种种缺陷,世界各国开始试图建立起能全面反映经济社会发展水平和质量的指标。例如,不丹王国最早提出了衡量人的幸福快乐的指标——国民幸福总值(Gross National Happiness,简称 GNH),它由政府善治、经济增长、文化发展和环境保护四级组成。美国的世界价值研究机构此后也开始了对"幸福指数"的研究。英国则创设了"国民发展指数(MDP)",它考虑了社会、环境成本和自然资本。日本也开始采用另一种形式的国民幸福总值(GNC),它更强调文化方面的因素。在中国,为了树立和全面落实全面、协调、可持续发展观,建立资源节约型和环境友好型社会,加快实现环境保护的"三个转变",国家环境保护总局和国家统计局于 2004 年 3 月联合启动了《中国绿色国民经济核算(简称绿色 GDP 核算)研究》项目,并于 2005 年开展了全国十个省市的绿色国民经济核算和污染损失调查评估试点工作,最终提交了《中国绿色国民经济核算研究报告(2004)》。这里,所谓的绿色国民经济核算包括了自然资源核算与环境核算,其中环境核算又包括环境污染核算和生态破坏核算。

【案例分析】

案例 2 ● **交换母亲** ●

假设有两位母亲,她们分别是 M_1 和 M_2,并进一步假定母亲 M_1 的孩子为 C_1,母亲 M_2 的孩子为 C_2,那么,当两位母亲分别照看自己的孩子并为他们洗衣做饭时,她们所提供的劳务活动是否计入当期的国内生产总值呢?现在,我们再次假定两位母亲分别将自己的孩子交给对方去照看,并分别向对方母亲支付一定的劳务报酬,那么,此时两位母亲的劳务活动又是否计入当期的 GDP 呢?特别地,此时两个孩子的福利水平如何呢?

案例 3 ● **破窗理论** ●

在经济学中,有一个著名的理论叫"破窗理论",它是说小约翰打破了史密斯叔叔家一扇窗户的玻璃,弄得史密斯要花六块钱去找玻璃匠修理,玻璃匠从而得到六块钱的生意,他拿这六块钱去买了上好的面包回来给老婆孩子享用,大家都很快乐,而面包房的师傅因为也得到了六块钱的收入,可以如此这般地利用它的价值。这样一直推下去,小约翰的破坏行为,虽然从道德角度考察很有问题,但却为小镇居民带来了不可估量的精神幸福和经济活力,因此这是一桩有利于社会的行为,应该鼓励。那么,破窗理论反映出了什么问题呢?

分析:

在本项目案例 1 中,我们提到了国家财富的度量问题,在完成了本项目学习后,我们可以回答如下,即国家财富的度量从理论上讲有生产法、收入法和支出法三种方法,但现实中常用的是后两种方法,特别是支出法更是被广泛应用。当前的国内生产总值核算体系是有着内在缺陷的,它仅仅反映了经济总量问题,却不能反映出经济社会的全貌以及经济社会的结构和福利问题。要增加一国的财富总量,从国内生产总值的支出法构成来看,可以通过刺激消费、增加投资、促进出口三个方面入手,也因此这三者被称作拉动经济增长的"三驾马车"。在案例 2 中,由于交换母亲前,母亲照看自己孩子的劳动属于家务劳动,并不存在市场交易,也就更不存在市场价格,故不计入 GDP。而交换母亲后,由于存在市场交易关系,相互的报酬支付是要计入 GDP 的。因此,交换母亲后社会的 GDP 增加了,但孩子的福利水平通常一定是会下降的。道理很简单,有谁会比亲生母亲更加呵护自己的孩子呢?在案例 3 中,小约翰的破坏性行为却引起了经济社会的在消费方面的连锁反应,从而使得国民收入开始增加,但实际上这种增加是非理性的,它以对经济社会的破坏作为代价。与交换母亲的案例相同,破窗理论实际上反映出了 GDP 核算体系的固有缺陷。

【项目小结】

本项目作为宏观经济学部分的第一个重要内容,分别介绍了宏观经济学前言、国民收入的相关概念、国民收入的核算方法、国民收入的基本恒等关系以及国民收入核算体系的缺陷。

宏观经济学前言的内容包括宏观经济学的研究对象、宏观经济学的主要内容以及宏观经济学和微观经济学的差异,其要点是:宏观经济学是以国民经济总过程的活动为研究对象;宏观经济学主要由宏观经济理论、宏观经济政策和宏观经济计量模型三部分构成;宏观经济学和微观经济学的差异性表现在研究对象不同、解决问题不同、研究方法不同、基本假设不同、中心理论和基本内容不同。

国民收入的相关概念的内容包括国内生产总值以及其他有关国民收入的相关概念,其要点是:国内生产总值(GDP)是指在一定时期内(一个季度或一年),一个国家或地区运用生产要素所生产出的全部最终产品和劳务的市场价值;国内生产总值具有市场性、地上性、时期性、生产性、非中间产品性、非持续性这六大特征;名义 GDP 是所生产的最终产品和劳务的产量乘以其各自当期市场价格后的市场价值总和,而实际 GDP 则是指所生产的最终产品和劳务的产量乘以其各自基期市场价格后的市场价值总和,且名义 GDP 与实际 GDP 之比被定义为 GDP 平减指数;与国内生产总值相关的概念包括国民生产总值、国民生产净值、国民收入、个人收入和个人可支配收入。

国民收入的核算方法的内容包括国民收入核算的收入法以及国民收入核算的支出法,其要点是:收入法是指用要素收入即企业生产成本核算国内生产总值,其具体内容包括工资、利息、租金、利润、间接税、企业的转移支付和折旧;支出法就是通过核算在一定时期内整个社会购买最终产品的总支出来计量国内生产总值,其具体内容包括居民消费、投资、政府消费以及净出口。

国民收入的基本恒等关系的内容包括两部门经济的投资—储蓄恒等、三部门经济的投资—储蓄恒等以及四部门经济的投资—储蓄恒等,其要点是:在只有消费者(居民)和企业的两部门经济中,全社会投资与全社会储蓄(私人储蓄)恒等;在加入了政府部门之后的三部门经济中,整个社会的投资仍然恒等于整个社会的储蓄(包括私人储蓄和政府储蓄);在继续加入了外贸部门之后的四部门经济中,社会总投资与社会总储蓄(包括私人储蓄、政府储蓄和外国对本国的储蓄)仍然恒等。

国民收入核算体系的缺陷的内容包括:第一,GDP 无法反映一个国家或地区经济活动的全貌;第二,GDP 无法反映一个国家或地区的国民福利;第三,GDP 无法反映经济增长方式和质量。也正是基于 GDP 在上述方面所存在的种种缺陷,世界各国开始试图建立起能全面反映经济社会发展水平和质量的指标。

【实训练习】

一、名词解释

1.名义国内生产总值　2.实际国内生产总值　3.GDP 缩减指数　4.国民生产总值

5.国民生产净值　　6.国民收入　　　　7.个人收入　　　8.个人可支配收入

二、简答题

1.国内生产总值的特征有哪些？

2.什么是国民收入核算的收入法？

3.什么是国民收入核算的支出法？

4.什么是投资—储蓄恒等？

三、论述题

国民收入核算体系存在哪些缺陷？

项目十三　简单国民收入决定理论

【项目目标】

1.掌握凯恩斯的消费函数,了解其他消费函数的内容;

2.掌握两部门、三部门经济国民收入的决定,了解四部门经济国民收入的决定;

3.掌握乘数的含义,掌握投资乘数、政府购买支出乘数、税收乘数、政府转移支付乘数及平衡预算乘数的意义。

【引导案例】

案例1 ● 节俭悖论 ●

18世纪,荷兰的德曼德维尔博士在《蜜蜂的寓言》一书中讲过这样一个有趣的故事。一群蜜蜂为了追求豪华的生活,大肆挥霍,结果这个蜂群很快兴旺发达起来。而后来,由于这群蜜蜂改变了习惯,放弃了奢侈的生活,崇尚节俭,结果却导致了整个蜜蜂社会的衰败。

蜜蜂的故事说的是"节俭的逻辑",在经济学上叫"节俭悖论"。众所周知,节俭是一种美德,既然是美德,为什么还会产生这个悖论呢?

宏观经济学的创始人凯恩斯对此给出了让人们信服的经济学解释,他认为从微观上分析,某个家庭勤俭持家,减少浪费,增加储蓄,往往可以致富;但从宏观上分析,节俭对于经济增长并没有什么好处。公众节俭会导致社会总消费支出下降,进一步带来社会商品总销量的下降,厂商生产规模缩小、失业人口上升、国民收入下降、居民个人可支配收入下降……1931年1月,凯恩斯在广播中断言,节俭将促成贫困的"恶性循环",他还说"如果你们储蓄五先令,将会使一个人失业一天"。关于这种观点,我国明代学者陆楫也有相似的论述,陆楫认为:"自一人言之,一人俭则一人可免于贫;自一家言之,一家俭则一家可免于贫。至于统论天下之势,则不然。"

为什么节俭对于某一个消费者或者某一个家庭而言,可以令其致富,但是对于一个国家而言,就会减少国民收入呢? 为了弄明白这个问题,我们有必要弄清楚凯恩斯消费理论的基本内容及国民收入的决定过程。

案例2 ● 奥运经济 ●

奥运会作为世界上规模最大、历史最久、知名度最高的体育盛会,自进行商业化运作以来,其影响力已远远超出了体育范畴,具有了政治、社会、文化和经济意义,奥运经济初露端倪。经过几年的成功运作,奥运会对举办国特别是对举办城市社会经济的深远影响,早已被国内外所瞩目和公认。众多经济学家均认为,举办奥运会可进一步促进中国经济的发展,由奥运会带来的大规模经济建设将平均每年对GDP增长贡献0.3~0.4个百分点,奥运会的

成功举办惠及各业,具体表现为三个方面:

第一,北京奥运会提出"绿色奥运、科技奥运、人文奥运"的主题。自申办成功后,北京市在环境治理、绿化带建设、中心花园城市建设、"三废"治理等许多方面都有大的投入。

第二,申奥成功带来的大规模的经济建设,直接拉动经济增长。为举办奥运会,北京投入2800亿元,其中有1800亿元用于基础设施建设,713亿元用于环境保护及污染治理,170亿元用于场馆建设,113亿元用于运营费用。这么大的投入,对北京乃至全国的经济都产生很大的拉动作用。

第三,奥运会带动广告业、旅游业、体育博彩业、地方零售业、公共交通、房地产业的发展。在奥运会举办期间,就业机会增加,居民收入上升,这从消费角度拉动了经济增长。

（案例来源:刘华,李克国.经济学案例教程.大连理工大学出版社,2007.10）

为什么奥运会的举办会促进国民收入的增长呢?要解释这个问题,我们必须要清楚国民收入的决定过程并弄明白乘数原理的基本内容。

任务1 投资-储蓄恒等

一、均衡产出的概念

凯恩斯的著作《就业、利息与货币通论》出版于1936年,其写作背景正是1929—1933年的经济大萧条时期,那时工人大批失业,资源大量闲置。在这种情况下,社会总需求增加时,只会使闲置的资源得到利用,生产增加,而不会使资源的价格上升,从而产品成本和价格大体上能保持不变。这条凯恩斯定律被认为是适用于短期分析,即分析的是短期中收入和就业如何决定。因为在短期中,价格不易变动,或者说具有黏性,当社会需求变动时,企业首先考虑的是调整产量,而不是改变价格,因此在分析经济社会的均衡产出时首先要假定不论需求量为多少,经济社会均能以不变的价格提供相应的供给量。这就是说,社会总需求变动时,只引起产量和收入变动,使供求相等,而不会引起价格变动。这在西方经济学中有时被称为凯恩斯定律。

经济社会的产量或者说国民收入决定于总需求。和总需求相等的产出就是均衡产出或收入。当产出水平等于总需求水平时,企业生产就会稳定下来。若生产(供给)超过需求,企业所不愿意有的过多的存货就会增加,企业就会减少生产;若生产低于需求,企业库存会减少,企业就会增加生产。总之,由于企业要根据产品销路来安排生产,一定会把生产定在和产品需求相一致的水平上。由于两部门经济中没有政府和对外贸易,总需求就只由居民消费和企业投资构成。于是,均衡产出可用公式表示为:

$$y = c + i$$

这里,y、c、i都用小写字母表示,分别代表剔除了价格变动的实际产出或收入、实际消费和实际投资,而不是上一章里用大写字母表示的名义产出、消费和投资。还要指出的是,公式中的c和i,代表的是居民和企业实际想要有的消费和投资,即意愿消费和投资的数量,而不是国民收入构成公式中实际发生的消费和投资。举例来说,假定企业部门由于错误估计形势,生产了1200亿美元产品,但市场实际需要的只是1000亿美元的产品,于是就有200

亿美元产品成为企业的非意愿存货投资或称作非计划存货投资。上一章讲过,存货投资是企业掌握的存货价值的变动。存货是处于生产过程中的产品和待出售的成品的存量,包括原材料在制品和企业暂时持有的待售产品。企业要正常持续生产经营,必须保有一定数量的存货。符合生产经营所需要的存货变动是意愿存货投资或计划存货投资,超过生产经营所需要的存货变动就是非意愿或非计划存货投资。这部分存货投资在国民收入核算中是投资支出的一部分,但不是计划投资的部分。因此,在国民收入核算中,实际产出就等于计划支出(或称为计划需求)加非计划存货投资。但在国民收入决定理论中,均衡产出指与计划需求相一致的产出。因此,在均衡产出水平上,计划支出和计划产出正好相等。因此,非计划存货投资等于零。

均衡产出是和总需求相一致的产出,也就是经济社会的收入正好等于全体居民和企业想要有的支出。假定企业生产 100 亿美元产品,居民和企业要购买产品的支出也是 100 亿美元,则此 100 亿美元的生产就是均衡产出或者说均衡收入。换句话说,社会经济要处于均衡收入水平上,就有必要使实际收入水平引起一个相等的计划支出量。因为只有这样才能使这一收入水平继续被维持下去。

二、投资等于储蓄

若用 E 代表支出,y 代表收入,则经济均衡的条件是 $E=y$,也可以用 $i=s$ 来表示。这是因为计划支出等于计划消费加投资,即 $E=c+i$,而生产创造的收入等于计划消费加计划储蓄,即 $y=c+s$。因此,$E=y$ 也就是 $c+i=c+s$,等式两边消去 c,得到:

$$i=s$$

需要再次说明的是,这里的投资等于储蓄,是指经济要达到均衡,计划投资必须等于计划储蓄。而国民收入核算中的 $i=s$,则是指实际发生的投资(包括计划和非计划存货投资在内)始终要等于储蓄。前者为均衡的条件,即计划投资不一定等于计划储蓄,只有二者相等时,收入才处于均衡状态;而后者所指的实际投资和实际储蓄是根据定义而得到的实际数字,从而必然相等。

任务 2　消费函数和储蓄函数

国民经济的整体运行状态,取决于其各个组成部分,如消费、储蓄和投资等经济变量之间的相互联系。通过分析消费、储蓄、投资的结构及关系,来说明它们对国民收入决定的影响。

一、消费函数

(一)消费倾向

消费是一个国家或地区一定时期内居民个人或家庭为满足消费欲望而用于购买消费品和劳务的所有支出。从实际情况来看,影响居民个人或家庭消费的因素是很多的,如收入水平、消费品的价格水平、消费者个人的偏好、消费者对其未来收入的预期、社会制度、消费偏好及风俗习惯,甚至消费信贷及其利率水平等,都直接或间接地影响到消费。在以上诸多因素中,凯恩斯认为居民个人或家庭的收入水平是影响消费的最重要因素。

消费和收入之间的依存关系就是消费函数。如果以 c 表示消费，y 表示收入（可支配收入），则消费函数可以表示为：

$$c = c(y) \tag{13.1}$$

在其他条件不变的情况下，消费随着收入的变动而同方向变动，但它们之间并不一定按相同比例变化。消费与收入之间的关系可以用平均消费倾向（APC）和边际消费倾向（MPC）来进一步说明。

平均消费倾向是指消费总量在收入总量中所占的比例。其公式为：

$$APC = \frac{C}{Y} \tag{13.2}$$

边际消费倾向（MPC）是指消费增量在收入增量中所占的比例。如果用 ΔC 表示消费增量，ΔY 表示收入增量，则边际消费倾向的公式为：

$$MPC = \frac{\Delta C}{\Delta Y} \tag{13.3}$$

一般而言，人们在任何情况下都要消费，只不过消费有多有少而已，所以平均消费倾向肯定是大于零，即 APC＞0。另一方面，随着收入的增加，消费者消费的绝对量虽然一直在增加，但增加的速度越来越慢。即消费增量与收入增量的比例随着收入的增加而逐渐减少，这就是所谓的边际消费倾向递减规律。

（二）消费曲线

在短期，消费可以分为自发性消费和引致性消费。自发性消费是指满足人的基本生理需求的消费，如维持吃、住等，它不依存于收入，这部分消费无论有无收入都是必不可少的。引致性消费是指随着收入的变动而变动的消费，这部分消费取决于收入和边际消费倾向的大小，若用 c 表示消费，α 表示自发性消费，β 表示边际消费倾向，y 表示收入，则短期消费函数可以表示为：

$$c = \alpha + \beta y \tag{13.4}$$

据此可以做出消费曲线，如图所示。

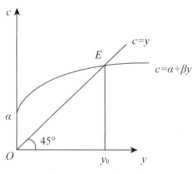

图 13.1　消费曲线

在图 13.1 中，横轴代表收入，纵轴代表消费，45°线上的任一点到横轴和纵轴的距离都相等，即线上任一点都表示消费等于收入。当收入为零时，所有消费就是自主性消费 α；消费曲线 c 与 45°线相交于 E 点，表示收入与消费支出相等；当收入小于 y_0 时，消费大于收入，储蓄为负值；当收入大于 y_0 时，消费小于收入，储蓄为正值。在短期中，边际消费倾向小于平均消费倾向。

以上所述消费函数只是凯恩斯所提出的一种消费函数,它假定消费是人们收入水平的函数,被称为凯恩斯的绝对收入消费理论。凯恩斯的《就业、利息和货币通论》出版以后,这一简单的消费函数得到了补充、修改,产生了其他一些理论,如杜森贝利的相对收入假定,莫迪利安尼的生命周期假定以及弗里德曼的永久收入假定等。

（三）关于消费函数的其他理论

1.美国经济学家杜森贝利的相对收入假定

这种理论包括两个方面含义:一是指消费支出不仅受自身收入的影响,也受别人消费和收入的影响。如果一个家庭收入增加了,但周围的人或自己同一阶层的人收入也同比例增加了,则他的消费在收入中的比例并不会变化。反之,如果他的收入并没有增加,但他周围或同一阶层的人的收入增加了,则他的消费在收入的比例会提高。这是因为他周围的人对他的消费具有"示范效应"。他的消费开支要能维持他在左邻右舍中体面生活的地位,因此,他的消费倾向不是取决于他的绝对收入水平,而是取决于他的收入的相对水平(与周围的人相比的水平)。二是指消费支出不仅受目前收入的影响,还要受过去收入和消费的影响。如果一个人当前收入超过以前高峰期收入,则他的消费与当前收入有关。如果当前收入低于从前高峰期收入,则人们在收入下降时为维持已经有过的生活水平,会改变消费倾向,提高消费在收入中的比例,这就是所谓消费的"棘轮效应"。

2.美国经济学家弗朗科·莫迪利安尼的生命周期假定

这种理论把人生分为青年、壮年、老年三个阶段,认为消费者总是要估算一生总收入并考虑在人生命过程中如何最佳分配自己的收入,以获得一生中最大的消费满足。一般说来,年轻人家庭收入总体偏低,这时消费会超过收入,随着他们进入壮年,收入日益增加,这时收入大于消费,一方面偿还青年时欠下的债务,一方面积累些钱以备养老用;一旦年老退休,收入下降,消费又会超过收入。根据这种理论,如果社会上年轻人和老年人比例增大,则消费倾向会提高,如果社会上中年人比例增大,则消费倾向会下降。

3.美国经济学家米尔顿·弗里德曼的持久收入假定

这种理论认为,消费者的消费支出主要不是由他现期收入决定,而是由他的持久收入决定的。所谓持久收入,是指消费者可以预计到的长期收入,即他一生中可得到收入的平均值。

持久收入在统计计量中的数值,大致上可根据所观察到的若干年收入的数值之加权平均数计得。距现在时间越远,权数越小;反之,则权数越大。由于消费取决于持久收入,因此,如果持久收入是一个常数,长期消费倾向就会很稳定。例如,一个有前途的大学生可能在其暂时收入以外多花不少钱,这会使他欠不少债,但他相信自己将来收入会非常高。再如,当经济衰退时,虽然收入减少了,但消费者仍然按持久收入消费,故衰退时期的消费倾向高于长期的平均消费倾向(因为衰退时收入较低,但消费并不低)。相反,经济繁荣时尽管收入水平提高了,但消费按持久收入消费,故这是消费倾向低于长期平均消费倾向。根据这种理论,政府向通过增减税收来影响总需求的政策,是不能奏效的,因为人们因减税而一时增加的收入,并不会立即用来增加消费。同样,即使人们因增税而减少了收入,也不会立即减少消费支出。

除了这些理论以外,经济学家还探讨了影响消费的其他因素,例如利率、价格水平和价格预期等。一般说来,利率上升会刺激储蓄、减少消费,反之亦然;从物价水平看,如价格水平上升比名义收入(货币收入)上升快,说明实际收入在下降,实际消费支出会下降;反之,当实际收入上升时,实际消费支出会上升。从价格预期来说,如果消费者估计未来价格将上涨,则当前消费会增加,如估计未来价格将下降,则当前消费会减少。

二、储蓄函数

(一)储蓄倾向

储蓄是人们收入中没有用于消费的剩余部分。个人、家庭或厂商都为着某种目的进行储蓄,社会各成员或集团的储蓄之和构成社会总储蓄。影响储蓄的因素很多,如收入、利息率、消费者预期等,但最主要的还是收入水平。如果仅考察收入对储蓄的影响,可得到储蓄函数为:

$$s = s(y) \tag{13.5}$$

式中,s 表示储蓄,y 表示收入,说明储蓄是收入的函数。在其他条件不变的情况下,储蓄与收入同方向变化,收入增加或减少,会引起储蓄相应增加或减少。但是储蓄与收入并不是按同一比例变化。储蓄与收入之间的关系可以用平均储蓄倾向和边际储蓄倾向来进一步说明。

平均储蓄倾向(APS)是指在某一收入水平上储蓄在收入中所占的比例,即储蓄总量与收入总量之比。其公式为:

$$APS = \frac{s}{y} \tag{13.6}$$

边际储蓄倾向(MPS)是指在增加的收入中用于增加的储蓄部分所占的比例,即储蓄增量与收入增量之比。如果用 Δs 表示储蓄增量,Δy 表示收入增量,边际储蓄倾向的公式为:

$$MPS = \frac{\Delta s}{\Delta y} \tag{13.7}$$

储蓄曲线如图 13.2 所示。

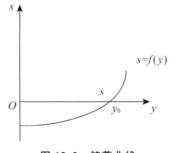

图 13.2　储蓄曲线

在图 13.2 中,横轴表示收入,纵轴表示储蓄,$s = f(y)$ 表示储蓄与收入之间的依存关系。y_0 点是储蓄曲线与横轴的焦点,即储蓄为零,表示消费等于收入;在 y_0 点左边,有负储蓄;在 y_0 点右边,则有正储蓄。储蓄曲线向右上方弯曲。表明储蓄随着收入的增加而增加,且增加的幅度越来越大。

在收入既定条件下,如果用于消费支出的多了,则储蓄减少;反之,用于消费支出少了,则储蓄增加。根据消费与储蓄之间的关系及短期消费函数 $c = \alpha + \beta y$ 可以推出短期储蓄函数的具体表达式为:

$$s = -\alpha + (1-\beta)y \qquad (13.8)$$

其中，$(1-\beta)$ 代表边际储蓄倾向，$(1-\beta)y$ 表示收入引致的储蓄。

$s = -\alpha + (1-\beta)y$ 的含义是：储蓄等于收入引致的储蓄减去自发消费或基本消费。例如 $\alpha = 500$，$\beta = 0.25y$。这就是说，如果收入增加一个单位，其中就有 25% 用于储蓄。只要 y 为已知，就可以计算出储蓄数值。

（二）消费函数与储蓄函数的关系

第一，当短期曲线与 45°线相交时，短期储蓄曲线必定与横轴相交。这是因为短期消费曲线与 45°线相交意味着收支相抵，这时储蓄必然为零。

第二，在任何可支配收入水平上，也就是在横轴的任何一点上，短期储蓄曲线的纵坐标必然等于 45°线相应的纵坐标与短期消费曲线的纵坐标之差。

第三，消费函数和储蓄函数之和等于收入。即

$$c + s = \alpha + \beta y - \alpha + (1-\beta)y = y$$

这样，两个函数只要有一个确立，另一个就随之确立。

第四，APC 和 APS 互为补数，二者之和永远等于 1；MPC 和 MPS 互为补数，二者之和也永远等于 1。即

$$APC + APS = 1$$

$$MPC + MPS = 1$$

以上所述消费函数只是凯恩斯提出的一种绝对收入消费函数理论，其他理论提出之前，它曾被广泛接受并作为分析影响国民收入决定的基本前提。凯恩斯认为，对消费者个人与家庭来说，存在边际消费倾向（MPC）递减，而对全社会来说，这种递减也是存在的，因此，按照这一规律，随着社会收入的增加，增加的收入中消费所占的比重越来越小，于是就引起对消费品需求的不足。

任务 3　国民收入决定

宏观经济学的核心内容是研究均衡国民收入的决定问题。国民收入决定理论是要说明总需求和总供给如何决定均衡的国民收入水平，以及均衡国民收入是如何变动的。在这里必须区分潜在的国民收入与均衡的国民收入。潜在国民收入又称充分就业的国民收入。指劳动力实现了充分就业即资源充分利用时所能达到的国民收入。在长期中，潜在国民收入水平取决于自然失业率、资本存量和技术状态。均衡国民收入是指社会总供给与总需求相一致时的国民收入，其均衡条件也可以表示为注入量等于漏出量。均衡国民收入决定可以先不考虑货币因素的影响，仅分析产品市场的均衡问题，这就是简单国民收入决定模型，也称简单凯恩斯模型。

简单国民收入决定模型有三个假设前提：第一，充分就业的国民收入水平不变，即可支配的生产能力不变，排除了劳动力数量、资本设备与技术水平的变化；第二，假定社会上存在着闲置资源，如劳动力、机器、设备等，处于小于充分就业状态，分析总需求对收入水平与就业的影响，国民收入的变化主要取决于资源利用状况；第三，假定物价水平保持稳定，国民收入的变化是由实际产品与劳务数量的变化引起的，这种国民收入的均衡就是实际国民收入

的均衡。

简单国民收入决定模型按设计的部门不同可以分为两部门国民收入决定模型、三部门国民收入决定模型和四部门国民收入决定模型。我们首先以最简单的两部门均衡国民收入决定为例来进行分析,然后将这种分析方法推广至三部门和四部门经济中均衡国民收入的决定。

一、两部门经济中国民收入的决定及变动

(一)两部门经济中国民收入的决定——使用消费函数决定收入

前面已经说明了均衡收入指与计划总支出相等的收入,假设社会经济中只存在家庭(居民户)和厂商(企业)两个部门,不考虑政府和国外部门。两部门国民收入决定模型有以下行为方程:$y = c + i$,即计划支出由消费和投资构成。为使分析简化,在收入决定的简单模型中,总是先假定计划净投资是一个给定的量,不随利率和国民收入水平而变化。根据这一假定,只要把收入恒等式和消费函数结合起来就可求得均衡收入。

由于 $y = c + s$。均衡国民收入是总支出等于总收入时的收入,所以,决定两部门均衡收入的条件是:

$$\begin{cases} y = c + i \\ c = \alpha + \beta y \end{cases}$$

解联立方程,就得到均衡收入:

$$y = \frac{\alpha + i}{1 - \beta} \tag{13.9}$$

可见,如果知道了消费函数和投资量,就可得均衡的国民收入。例如,假定消费函数为 $c = 1000 + 0.8y$,自发的计划投资始终为 600 亿美元,则均衡国民收入为:

$$y = \frac{1000 + 600}{1 - 0.8} = 8000 \text{(亿美元)}$$

下面再用列表和作图形式说明均衡国民收入的决定。

表 13-1 显示了消费函数为 $c = 1000 + 0.8y$ 及自发投资为 600 亿美元时均衡国民收入决定的情况。

表 13-1 均衡国民收入的决定 单位:亿美元

(1)收入	(2)消费	(3)储蓄	(4)投资
3000	3400	−400	600
4000	4200	−200	600
5000	5000	0	600
6000	5800	200	600
7000	6600	400	600
8000	7400	600	600
9000	8200	800	600
10000	9000	1000	600

表 13-1 的数据说明,当 $y = 8000$ 亿美元时,$c = 7400$ 亿美元,$i = 600$ 亿美元,因此,$y = c + i = 8000$ 亿美元,说明 8000 亿美元是均衡的收入。如果收入小于 8000 亿美元,比方说 6000 亿美元时,$c = 5800$ 亿美元,加上投资 600 亿美元,总支出为 6400 亿美元,超过了总

供给 6000 亿美元,这意味着企业销售出去的产量大于它们生产出来的产量。存货出现意外的减少,这时扩大生产是有利可图的。于是,企业会增加雇佣工人,增加产量,使收入向均衡收入靠拢;相反,如果收入大于 8000 亿美元,比如 10000 亿美元,说明企业生产出来的产量大于它们的销售量,存货出现意外增加,于是,企业便会减少生产,使收入仍向 8000 亿美元靠拢。只有收入达到均衡水平时,既没有非计划存货投资,也没有非计划存货负投资(即存货意外减少),产量正好等于销量,存货保持正常水平,这就是企业愿意保持的产量水平。

均衡收入决定也可以用图来表示,图 13.3 表示如何用消费曲线加投资曲线和 45°线相交决定收入。

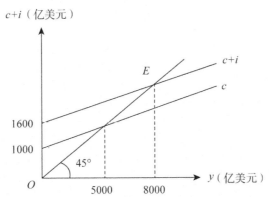

图 13.3 消费加投资曲线和 45°线相交决定收入

图 13.3 中,横轴表示收入,纵轴表示消费加投资,在消费曲线(c)上加投资曲线(i)得到消费投资曲线 $c+i$,这条曲线就是总支出曲线。由于投资被假定为始终等于 600 亿美元的自发投资,因此,消费曲线加投资曲线所形成的总支出曲线与消费曲线相平行,其间垂直距离即 600 亿美元。总支出线和 45°线相交于 E 点,E 点决定的收入水平是均衡收入 8000 亿美元。这时,家庭部门想要有的消费支出与企业部门想要有的投资支出的总和,正好等于收入(即产出)。如果经济离开了这个均衡点,企业部门销售额就会大于或小于它们的产出,从而被迫进行存货负投资或存货投资,即出现意外的存货减少或增加,这就会引起生产的扩大或收缩,直到回到均衡点为止。

(二)使用储蓄函数决定收入

上面说明使用总支出等于总收入(总供给)的方法决定均衡收入,下面再用计划投资等于计划储蓄的方法求得均衡收入。计划投资等于计划储蓄即 $i=y-c=s$,而储蓄函数为 $s=-\alpha+(1-\beta)y$。

将此二式联立:

$$\begin{cases} i=s=y-c \\ s=-\alpha+(1-\beta)y \end{cases}$$

求解同样可得均衡收入:$y=\dfrac{\alpha+i}{1-\beta}$

上例,当 $c=1000+0.8y$ 时,$s=-1000+(1-0.8)y=-1000+0.2y$,$i=600$,令 $i=s$,即 $600=-1000+0.2y$,得 $y=8000$ 亿美元。这一结果也可从表 13-1 得到,从表中可见,只有当收入 $y=8000$ 亿美元时,s 和 i 才正好相等为 600 亿美元,从而达到了均衡。

用计划投资等于计划储蓄的方法决定收入,也可用图 13.4 来表示。

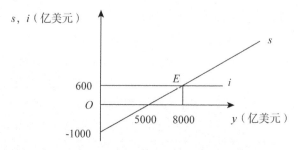

图 13.4　储蓄曲线和投资曲线相交决定收入

图 13.4 中,横轴表示收入,纵轴表示储蓄和投资,s 代表储蓄曲线,i 代表投资曲线。由于投资是不随收入而变化的自发投资,因而,投资曲线与横轴平行,其间距离始终等于 600 亿美元。投资曲线与储蓄曲线相交于 E 点,与 E 点对应的收入为均衡收入。若实际产量小于均衡收入水平,表明投资大于储蓄,社会生产供不应求,企业存货意外地减少,企业就会扩大生产,使收入水平向右移动,直到均衡收入为止。相反,若实际生产大于均衡收入,表明投资小于储蓄,社会上生产供过于求,企业存货意外地增加,企业就会减少生产,使收入水平向左移动,直到均衡收入为止。只有在均衡收入水平上,企业生产才会稳定下来。

以上两种方法,其实是从同一关系中引申出来的,因为储蓄函数本来就是从消费函数中派生出来的。因此,无论使用消费函数,还是使用储蓄函数,求得的均衡收入都一样。

二、三部门经济中国民收入的决定

前面已经说过,在有政府起作用的三部门经济中,国民收入从总支出角度看,包括消费、投资和政府购买,而从总收入角度看,则包括消费、储蓄和税收,这里的税收,是指总税收减去政府转移支付以后所得的净纳税额。因此,加入政府部门后的均衡收入应是计划的消费、投资和政府购买之总和,同计划的消费、储蓄和净税收之总和相等的收入,即:

$$c + i + g = c + s + t$$

消去上式等号两边的 c,得:

$$i + g = s + t$$

即三部门经济中宏观均衡的条件。

在这里,税收可有两种情况,一种为定量税,即税收量不随收入而变动,用 t 来代表;另一种为比例所得税,即随收入增加而增加的税收量。我们先讨论定量税的情况。

假设消费函数为 $c = 1600 + 0.75 y_d$,y_d 表示可支配收入,定量税收为 $t = 800$,投资为 $i = 1000$,政府购买性支出为 $g = 2000$(单位均为亿美元)。根据这些条件,求均衡收入时,要求先求得可支配收入 $y_d = y - t = y - 800$,然后可根据消费函数求得储蓄函数 $s = y_d - c = y_d - (\alpha + \beta y_d) = -\alpha + (1 - \beta) y_d = -1600 + 0.25(y - 800) = 0.25y - 1800$,最后将 i、g、s 和 t 代入经济均衡的公式:$i + g = s + t$,得到:

$$1000 + 2000 = 0.25y - 1800 + 800$$

$$\therefore y = \frac{4000}{0.25} = 16000,即均衡收入为 16000 亿美元。$$

这一情况可用图 13.5 表示。

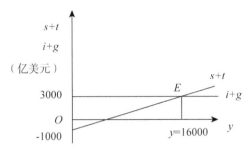

图 13.5　三部门经济国民收入的决定

在图 13.5 中，$i+g=3000$ 亿美元，表示投资加政府支出所形成的支出曲线，而 $s+t=0.25y-1800+800=0.25y-1000$，表示储蓄加定量税所形成的曲线。当收入为 4000 亿美元时，$s+t=0$，这是因为收入为 4000 亿美元时，储蓄为 -800 亿美元（从 $s=0.25y-1800$ 中得到），税收 t 又假定为 800 亿美元时，因此二者之和为零，另一方面，当 $y=0$ 时，$s+t=-1000$ 亿美元（从 $s+t=0.25y-1000$）中得到。$i+g$ 线和 $s+t$ 线相交于 E 点，和 E 点相对应的收入为均衡收入 $y=16000$ 亿美元。

现在假定税收从 800 亿美元增加到 $t=1200$ 亿美元，而消费函数仍为 $c=\alpha+\beta y_d=1600+0.75y_d$，因而储蓄函数也仍为 $s=-1600+0.25y_d$，但 $s+t$ 线就从 $s+t=-1600+0.25(y-800)+800=0.25y-1000$ 变为 $s+t=-1600+0.25(y-1200)+1200=0.25y-700$。可见，$s+t$ 曲线的斜率未变化，但截距从 -1000 变动到 -700。定量税变动会改变 $s+t$ 曲线的截距，其图示如图 13.6 所示。

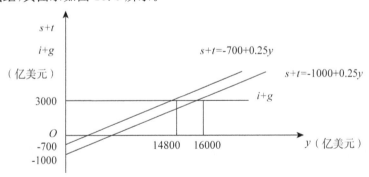

图 13.6　定量税变动改变 $s+t$ 的截距

在图 13.6 中，定量税从 800 亿美元增加到 1200 亿美元，则 $s+t$ 线的截距从 -1000 增加到 -700，从而均衡收入从 16000 亿美元（$y=\dfrac{4000}{0.25}=16000$）减至 14800 亿美元（$y=\dfrac{3700}{0.25}=14800$），比原来低了 1200 亿美元，原因是税收从 800 亿美元增加到 1200 亿美元，$s+t$ 线的截距相应向上移动 300 亿美元，由于该线斜率就是储蓄曲线的斜率，而储蓄曲线的斜率 $\text{MPS}=0.25$（$\text{MPS}=1-\text{MPC}=1-0.75=0.25$），因此，收入必须相应下降 $\dfrac{300}{0.25}=1200$。

现在我们来讨论比例税的情况。假设消费函数为 $c=1600+0.75y_d$，y_d 表示可支配收入，假定边际税率 $t_0=0.2$（$0<t_0<1$），则比例税收为 $t=0.2y$，投资为 $i=1000$，政府购买性支出为 $g=2000$（单位均为亿美元）。根据这些条件，求均衡收入。

具体过程为：

$$\begin{cases} y = c + i + g \\ c = 1600 + 0.75y_d \\ y_d = y - t \\ t = 0.2y \\ i = 1000 \\ g = 2000 \end{cases}$$

即 $y = 1600 + 0.75 \times (y - 0.2y) + 1000 + 2000$

$\therefore y = 11500$

需要注意的是,在比例税的情况下,税收的表达式发生了变化,税收此时不再是一个常数,而是一个受收入影响的变量(假定边际税率不变)。所以,在比例税情况下,三部门经济的国民收入均衡条件也可以由以下已知条件推出。

已知: $\begin{cases} y = c + i + g \\ c = \alpha + \beta y_d \\ y_d = y - t \\ t = t_0 y \end{cases}$

则均衡收入为: $y = \dfrac{\alpha + i + g}{1 - \beta(1 - t_0)}$ (13.10)

可见,比例税情况下的三部门国民收入比定量税情况下的国民收入小了。因为分母从定量税下的 $1 - \beta$ 变成了比例税下的 $1 - \beta(1 - t_0)$,分母变大了,均衡收入 y 自然就小了。

考虑了政府转移支付的三部门经济国民收入也可以用同样的方法推导出来。

三部门经济国民收入的均衡条件(定量税、转移支付):

由 $\begin{cases} y = c + i + g \\ c = \alpha + \beta y_d \\ y_d = y - t + t_r \end{cases}$ 得:

$$y = \frac{\alpha + i + g - \beta t + \beta t_r}{1 - \beta} \tag{13.11}$$

而关于比例税及包括转移支付的三部门经济国民收入的均衡条件,我们把结论写出来,具体过程希望同学们可以自己尝试。

$$y = \frac{\alpha + i + g + \beta t_r}{1 - \beta(1 - t_0)} \tag{13.12}$$

三、四部门经济中国民收入的决定

当今世界各国的经济都是不同程度的开放经济,即与外国有贸易往来或其他经济往来的经济。在开放经济中,一国均衡的国民收入不仅取决于国内消费、投资和政府支出,还取决于净出口,即:

$$y = c + i + g + nx$$

式中,nx 指净出口,为出口与进口之差额:$nx = x - m$,它现在成了总需求的一部分,其中出口表示本国商品在外国的销售,代表国外对本国商品的需求。在需求中为什么要引入进口这一因素呢?这是因为 $c + i + g$ 虽然代表了家庭,企业和政府的全部支出,但并不意味着这些支出一定会全部花费在本国生产的商品上。企业可能会购买外国设备,政府可能购买外国武器,家庭可能购买外国的消费品。因此,应当从国内总支出($c+i+g$)中扣除进口部分的支出,才是真正代表对本国产品的总支出或总需求。于是,$c+i+g+x-m$才成为对本国产品的真正需求。显然,进出口变动也会同其他变量(如需消费、投资、政府购买、税收、储蓄等)一样,影响国民收入。可见,这里有两个概念要加以区分:一是本国对产品的需求(包括对本国产品的需求和对外国产品的需求即进口需求),二是对本国产品的需求(包括本国对本国产品的需求和外国对本国产品的需求即出口需求)。

在净出口nx中,当国民收入水平提高时,一般可假定nx会减少,而国民收入水平下降时,nx会增加。这是因为,在$nx=x-m$中,出口x是由外国的购买力和购买需求决定的,本国难以左右,因而一般假定是一个外生变量,即$x=\bar{x}$。反之,进口却会随本国收入提高而增加,因为本国收入提高后,人们对进口消费品和投资品(如机器设备、仪器等)的需求会增加。影响净出口的除了本国收入,还有汇率。当本国货币与外国货币交换比率发生变化时,进口和出口都会受到影响。这样,可以把进口写成收入的一个函数:

$$m=m_0+\gamma y \tag{13.13}$$

式中,m_0为自发性进口,即和收入没有关系或者说不取决于收入的进口部分,例如本国不能生产,但又为国计民生所必需的产品,不管收入水平如何,是必须进口的。γ表示边际进口倾向,即收入增加1单位时进口会增加多少。

有了净出口以后,国民收入决定的模型可以表示如下:

$$y=c+i+g+x-m$$
$$c=\alpha+\beta y_d$$
$$y_d=y-t+t_r$$
$$t=\bar{t}$$
$$i=\bar{i}$$
$$g=\bar{g}$$
$$t_r=\bar{t_r}$$
$$x=\bar{x}$$
$$m=m_0+\gamma y$$

得四部门经济中均衡收入为:

$$y=\frac{1}{1-\beta+\gamma}(\alpha+\bar{i}+\bar{g}-\beta\bar{t}+\beta\bar{t_r}+\bar{x}-m_0) \tag{13.14}$$

同样地,如果在四部门经济中考虑的是比例税而不是定量税的话,推导均衡的国民收入时只需要将税收t这个常数换成$t=t_0y$即可,其中,t_0仍然是边际税率。具体方法同前面在三部门经济中的推导。同学们可以自己尝试。

进一步地,容易发现在仅仅考虑定量税的情况下,两部门和三部门经济国民收入的均衡条件都是在以$1-\beta$为分母的情况下分析的,但是在四部门经济国民收入的均衡条件中,由于加入了边际进口倾向γ,使得分母变成了$1-\beta+\gamma$。由于$0<\gamma<1$,所以,分母较两部门和三部门都变大了,也就是y变小了。

任务 4　乘数论

一、乘数的基本思想

乘数又称为倍数,是指自发总需求增加所引起的国民收入增加的倍数,或国民收入增加量与引起这种增加的自发总需求增加量之间的比率。乘数可以用公式表示为:

$$k = \frac{\Delta y}{\Delta AD}$$

式中:k 代表乘数,Δy 表示国民收入增加量;ΔAD 表示自发总需求增加量。自发总需求之所以能够引起国民收入成倍数地增加,是因为自发总需求的增加首先会使国民收入等量增加,这种国民收入的增加中必然有一部分用于支出,从而使总需求又一次增加,这种总需求的增加又会使国民收入再一次增加,如此不断反复,最终使国民收入的增加数倍于最初自发总需求的增加。当然,如果总需求减少,会使国民收入的减少数倍于最初自发总需求的减少。因此,乘数是一把"双刃剑"。由于总需求由消费、投资、政府购买及净出口两个方向对于国民收入变动的放大效应常被称为"乘数效应"。下面我们就来分析几种主要的乘数。

二、投资乘数

前面在两部门经济国民收入的决定中已经提到,若自发投资量是 600 亿美元,均衡的国民收入是 8000 亿美元;若投资增加到 700 亿美元,则国民收入就会增加到 8500 亿美元。在这里,投资增加 100 亿美元,收入增加 500 亿美元,增加的收入是增加的投资的 5 倍。可见,当总投资增加时,收入的增量将是投资增量的数倍。可见,投资乘数指收入的变化与带来这种变化的投资支出的变化的比率,在上述例子中,投资乘数为 5。

为什么投资增加 100 亿美元时,收入会增加 5 倍呢? 这是因为,增加 100 亿美元投资用来购买投资品时,实际上是用来购买制造投资品所需要的生产要素。因此,这 100 亿美元以工资、利息、利润和租金的形式流入生产要素的所有者手中,即居民手中,从而居民收入增加了 100 亿美元,这 100 亿美元是投资对国民收入的第一轮增加。

也许人们会说,100 亿美元投资怎么都会转化为居民的收入呢? 如果这 100 亿美元投资是购买机器设备,难道这些机器设备中不包含制造设备所需要的原材料价值吗? 难道这些原材料价值也会转化为居民的收入吗? 西方学者解释这一问题的关键是要记住这 100 亿美元投资购买的机器设备是最终产品,犹如消费者购买的上衣是最终产品一样。最终产品的价值是国民收入,也就是说,这批机器设备的价值等于为生产这批机器设备所需要全部生产要素(包括开采铁矿、炼钢铁、制造机器等整个生产过程中所需要的各种生产要素)所创造的价值。这些价值都被认为转化为工资、利息、利润和租金,因此,投资买 100 亿美元机器设备,就会使收入增加 100 亿美元。

假定该社会的边际消费倾向是 0.8,因此,增加的这 100 亿美元中会有 80 亿美元用于购买消费品。于是,这 80 亿美元又以工资、利息、利润和租金的形式流入生产消费品的生产要素所有者手中,从而使该社会居民收入又增加 80 亿美元,这是国民收入的第二轮增加。

同样,这些消费品生产者会把这 80 亿美元收入中的 64 亿美元($100 \times 0.8 \times 0.8 = 64$)用于消费,使社会总需求提高 64 亿美元,这个过程不断继续下去,最后使国民收入增加 500 亿美元,其过程是:

$$100 + 100 \times 0.8 + 100 \times 0.8 \times 0.8 + \cdots + 100 \times 0.8^{n-1}$$
$$= 100(1 + 0.8 + 0.8^2 + \cdots + 0.8^{n-1})$$
$$= \frac{1}{1 - 0.8} \times 100$$
$$= 500(\text{亿美元})$$

此式表明,当投资增加 100 亿美元时,收入最终会增加 500 亿美元。如以 Δy 代表增加的收入,Δi 代表增加的投资,则二者之比率 $k_i = \dfrac{\Delta y}{\Delta i} = 5$,这里,$k_i$ 即为投资乘数。因此,$\Delta y = k \Delta i$。

上面的例子也说明,

$$\text{投资乘数} = \frac{1}{1 - \text{边际消费倾向}}$$

$$\text{或} \quad k_i = \frac{1}{1 - \text{MPC}}$$

如果用 β 代表 MPC,则上式可写为:

$$k_i = \frac{1}{1 - \beta} \tag{13.15}$$

由于 $\text{MPS} = 1 - \text{MPC}$,因此,

$$k_i = \frac{1}{1 - \text{MPC}} = \frac{1}{\text{MPS}} \tag{13.16}$$

可见,乘数大小和边际消费倾向有关,边际消费倾向越大,或边际储蓄倾向越小,则乘数就越大。

以上是从投资增加的方面说明乘数效应的。实际上,投资减少也会引起收入若干倍减少,可见,乘数效应的发挥是两方面的。

乘数效应也可以用图 13.7 来表示。在图中,$c+i$ 代表原来的总支出线,$c+i'$ 代表新的总支出线,$i' = i + \Delta i$,原来的均衡收入为 y,新的均衡收入为 y',$\Delta y = y' - y$,$\Delta y = k \Delta i$,相当于上例中投资从 600 亿美元增加到 700 亿美元即 $\Delta i = 100$ 亿美元时,收入从 8000 亿美元增加到 8500 亿美元,即 $\Delta y = 500$ 亿美元,$k = 5$。

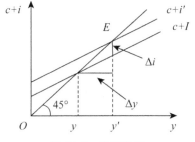

图 13.7　乘数效应

以上说明的是投资变动引起国民收入变动有乘数效应。实际上,总需求的任何变动,如消费的变动、政府支出的变动、税收的变动、净出口的变动等等,都会引起收入若干倍变动。

拿消费来说，假定原来的消费函数为 $c = 1000 + 0.8y$，投资 $i = 600$ 亿美元，则均衡收入为 8000 亿美元，如果自主消费因人们节俭而从 1000 亿美元减为 800 亿美元，则收入将变为 7000 亿美元（$y = \dfrac{800 + 600}{1 - 0.8} = 7000$）。可见，消费需求减少 200 亿美元，国民收入减少 1000 亿美元。

三、政府购买支出乘数

西方学者认为，加入政府部门以后，不仅投资支出变动有乘数效应，政府购买、税收和政府转移支付的变动，同样有乘数效应，因为政府购买性支出、税收、转移支付都会影响国民收入。

所谓政府购买支出乘数，是指收入变动引起这种变动的政府购买支出变动的比率。以 Δg 表示政府支出变动，Δy 表示收入变动，k_g 表示政府购买支出乘数，则：

$$k_g = \frac{\Delta y}{\Delta g} \tag{13.17}$$

由于三部门经济中总支出为：$y = c + i + g = \alpha + \beta(y - t) + i + g$，这里，假定 t 仍然是定量税，在这种情况下，均衡收入为：

$$y = \frac{\alpha + i + g - \beta t}{1 - \beta}$$

若其他条件不变，只有政府购买支出 g 变动，则政府购买支出为 g_0 和 g_1 时的收入分别为：

$$y_0 = \frac{\alpha_0 + i_0 + g_0 - \beta t_0}{1 - \beta}$$

$$y_1 = \frac{\alpha_0 + i_0 + g_1 - \beta t_0}{1 - \beta}$$

$$y_1 - y_0 = \Delta y = \frac{g_1 - g_0}{1 - \beta} = \frac{\Delta g}{1 - \beta}$$

$$\therefore \frac{\Delta y}{\Delta g} = k_g = \frac{1}{1 - \beta} \tag{13.18}$$

可见，政府购买支出乘数和投资乘数相等。由于投资 i 和政府购买支出 g 都是从总支出（即总需求）角度去分析国民收入决定的，所以这两个乘数也叫做支出乘数。

四、税收乘数

税收乘数指收入变动与引起这种的税收变动的比率。税收乘数有两种：一种是税率变动对总收入的影响，另一种是税收绝对量变动对总收入的影响，即定量税对总收入的影响。这里仅说明后者。

根据税收乘数的含义，以 Δt 表示税收变动，Δy 表示收入变动，k_t 表示政府税收乘数，则：

$$k_t = \frac{\Delta y}{\Delta t} \tag{13.19}$$

假设在 $y = \dfrac{\alpha + i + g - \beta t}{1 - \beta}$ 的公式中，只有税收 t 变动，则税收为 t_0 和 t_1（这里的 t_0 和 t_1

分别指税收变化前后的两个总量,仍然是两个不受收入变化影响的变量,假定为常数,不是前面分析的边际税率。)时的收入分别为:

$$y_0 = \frac{\alpha_0 + i_0 + g_0 - \beta t_0}{1 - \beta}$$

$$y_1 = \frac{\alpha_0 + i_0 + g_0 - \beta t_1}{1 - \beta}$$

$$y_1 - y_0 = \Delta y = \frac{-\beta t_1 + \beta t_0}{1 - \beta} = \frac{-\beta \Delta t}{1 - \beta}$$

$$\therefore \frac{\Delta y}{\Delta t} = k_t = \frac{-\beta}{1 - \beta} \tag{13.20}$$

式中,税收乘数 k_t 为负值,这表示收入随税收增加而减少,随税收减少而增加,其原因是税收增加,表明人们可支配收入减少,从而消费会相应减少。

例如,若 $\beta = 0.8$,则 $k_t = \frac{-0.8}{1 - 0.8} = -4$,如果政府增税 200 亿美元则国民收入减少 800 亿美元;政府减税 200 亿美元,则国民收入增加 800 亿美元。

五、政府转移支付乘数

政府转移支付乘数是指收入变动与引起这种变动的政府转移支付变动的比率。政府转移支付增加,增加了人们的可支配收入,因而消费会增加,总支出和国民收入增加,因而政府转移支付乘数为正值,用 k_{t_r} 表示政府转移支付乘数,则:

$$k_{tr} = \frac{\Delta y}{\Delta t_r} \tag{13.21}$$

在三部门经济中,加入了政府的转移支付后,净税收 t 为 $t = t_g - t_r$,这里,t_g 表示纳税总额即总税收。这样,可支配收入为 $y_d = y - (t_g - t_r) = y - t_g + t_r$。

因此,$y = c + i + g = \alpha + \beta y_d + i + g = \alpha + \beta(y - t_g + t_r) + i + g$

$$\therefore y = \frac{\alpha + i + g + \beta t_r - \beta t_g}{1 - \beta}$$

在其他条件不变,只有 t_r 变动时,则转移支付为 t_{r0} 和 t_{r1} 时的国民收入分别为:

$$y_0 = \frac{\alpha_0 + i_0 + g_0 + \beta t_{r0} - \beta t_{g0}}{1 - \beta}$$

$$y_1 = \frac{\alpha_0 + i_0 + g_0 + \beta t_{r1} - \beta t_{g0}}{1 - \beta}$$

$$y_1 - y_0 = \Delta y = \frac{\beta t_{r1} - \beta t_{r0}}{1 - \beta} = \frac{\beta \Delta t_r}{1 - \beta}$$

$$\therefore \frac{\Delta y}{\Delta t_r} = k_{t_r} = \frac{\beta}{1 - \beta} \tag{13.22}$$

可见,政府转移支付乘数也等于边际消费倾向与 1 减边际消费倾向之比,或边际消费倾向于边际储蓄倾向之比,其绝对值和税收乘数相同,但符号相反。

例如,若边际消费倾向 $\beta = 0.8$,$k_{t_r} = \frac{0.8}{1 - 0.8} = 4$。如果政府增加转移支付 200 亿美元,则国民收入增加 800 亿美元;转移支付减少 200 亿美元,则国民收入减少 800 亿美元。

比较以上政府购买支出乘数、税收乘数和转移支付乘数的绝对值,可以看到,$|k_g| >$

$|k_t|$，$|k_g| > |k_{t_r}|$，原因是政府购买支出增加 1 美元，一开始就会使总支出即总需求增加 1 美元，但是，减税 1 美元，只会使可支配收入增加 1 美元，这 1 美元中只有一部分用于增加消费，另一部分是用来增加储蓄的。

六、平衡预算乘数

平衡预算乘数指政府收入和支出同时以相等数量增加或减少时国民收入变动与政府收支变动的比率。用 Δy 表示政府支出和税收各增加同一数量时国民收入的变动量，则：

$$\Delta y = k_g \Delta g + k_t \Delta t = \frac{1}{1-\beta}\Delta g + \frac{-\beta}{1-\beta}\Delta t$$

由于假定 $\Delta g = \Delta t$，因此，

$$\Delta y = \frac{1}{1-\beta}\Delta g + \frac{-\beta}{1-\beta}\Delta g = \frac{1-\beta}{1-\beta}\Delta g = \Delta g$$

或 $\Delta y = \frac{1}{1-\beta}\Delta t + \frac{-\beta}{1-\beta}\Delta t = \frac{1-\beta}{1-\beta}\Delta t = \Delta t$

可见，$\dfrac{\Delta y}{\Delta g} = \dfrac{\Delta y}{\Delta t} = \dfrac{1-\beta}{1-\beta} = 1 = k_b$ （13.23）

式中，k_b 即平衡预算乘数，其值为 1。

例：假设某经济的消费函数 $c = 100 + 0.8y_d$，投资 $i = 50$，政府购买性支出 $g = 200$，政府转移支付 $t_r = 62.5$，税收 $t = 250$（单位均为 10 亿美元）。

（1）求均衡收入；

（2）试求投资乘数、政府购买支出乘数、税收乘数、转移支付乘数、平衡预算乘数。

解题思路：根据已知条件知这是一个在三部门经济中且定量税条件下求解均衡收入的题目，所以直接用前面我们学过的均衡收入的条件代入即可。而第二步求各种乘数，由于这些乘数大都可以用边际消费倾向来表示，所以根据已知的消费函数很容易找到边际消费倾向，则可顺利解答此题。

解：（1）均衡收入为：

$$y = \frac{\alpha + i + g - \beta t + \beta t_r}{1-\beta} = \frac{100 + 50 + 200 - 0.8 \times 250 + 0.8 \times 62.5}{1-0.8} = 1000（10 亿美元）$$

（2）投资乘数 $k_i = \dfrac{1}{1-\beta} = \dfrac{1}{1-0.8} = 5$

政府购买支出乘数 $k_g = \dfrac{1}{1-\beta} = \dfrac{1}{1-0.8} = 5$

税收乘数 $k_t = -\dfrac{\beta}{1-\beta} = -\dfrac{0.8}{1-0.8} = -4$

转移支付乘数 $k_{t_r} = \dfrac{\beta}{1-\beta} = \dfrac{0.8}{1-0.8} = 4$

平衡预算乘数 $k_b = k_g + k_t = 5 + (-4) = 1$

需要特别说明的是，目前我们分析的所有乘数都是在封闭经济条件且定量税的条件下展开的。如果这两个任意一个发生了改变，则乘数的结果可能就要变化。以投资乘数为例：

首先，假定在三部门经济中，考虑比例税的情况。我们已经知道，当国民收入 $y = c + i + g$，$c = \alpha + \beta y_d$，$y_d = y - t_0 y + t_r$（这里 t_0 是边际税率）时，均衡的国民收入为 $y =$

$\dfrac{\alpha + i + g + \beta t_r}{1 - \beta(1 - t_0)}$。

而投资乘数为：$k_i = \dfrac{\Delta y}{\Delta t}$

其中，$\Delta y = y_1 - y_0 = \dfrac{\alpha_1 + i_1 + g_1 + \beta t_{r_1}}{1 - \beta(1 - t_0)} - \dfrac{\alpha_0 + i_0 + g_0 + \beta t_{r_0}}{1 - \beta(1 - t_0)}$

现假定除了投资以外，其他所有因素都不变，则：

$$\Delta y = \frac{i_1 - i_0}{1 - \beta(1 - t_0)} = \frac{\Delta i}{1 - \beta(1 - t_0)}$$

所以，$\dfrac{\Delta y}{\Delta i} = k_i = \dfrac{1}{1 - \beta(1 - t_0)}$ 　　　　　　　(13.24)

可见，当定量税的条件改变为比例税后，投资乘数变小了。以此类推就可以得到在比例税条件下的其他各个乘数，这些乘数都因为均衡收入条件中分母的变化而最终变小了。特别指出的是，平衡预算乘数在比例税条件下不再等于1，而是小于1。

其次，考虑在四部门经济中定量税条件下的投资乘数。在四部门中，国民收入的均衡条件为 $y = \dfrac{1}{1 - \beta + \gamma}(\alpha + \bar{i} + \bar{g} - \beta\bar{t} + \beta\bar{t_r} + \bar{x} - m_0)$，根据此式求出的投资乘数为：

$$k_i = \frac{\Delta y}{\Delta i} = \frac{1}{1 - \beta + \gamma}$$　　　　　　　　(13.25)

由此可见，当三部门经济的条件改变为四部门时，投资乘数的形式也会发生变化，它与在封闭经济条件下由定量税向比例税变化一样，k_i 都是变小了。同理可证，其他的乘数也都在四部门经济中变小了。同学们在遇到这一类问题时，一定要特别注意。

综合这一章的知识，我们来做下面的题目：

假定某经济社会的消费函数 $c = 30 + 0.8y_d$，净税收即总税收减去转移支付后的金额 $t_n = 50$，投资 $i = 60$，政府购买性支出 $g = 50$，净出口即出口减进口以后的余额为 $nx = 50 - 0.05y$，试求：(1)均衡收入；(2)在均衡收入水平上净出口余额；(3)投资乘数；(4)投资从 60 增至 70 时的均衡收入和净出口余额。

解题思路：首先根据已知条件判断这是一个四部门经济的国民收入分析，所以在求解均衡收入时应该使用四部门经济的均衡条件式；第二，净税收 $t_n = 50$ 其实是 $t_n = t - t_r = 50$；第三，净出口 nx 可以表示为 $nx = x - m = x - (m_0 + \gamma y) = x - m_0 - \gamma y = 50 - 0.05y$，也就是说，$x - m_0 = 50$，而 $-\gamma y = -0.05y$，那么 $\gamma = 0.05$。第四，在求解投资乘数时需要使用加入边际进口倾向以后的公式。弄清楚了这些关系，下面就可以解题了。

解：(1)均衡收入为：

$$y = \frac{1}{1 - \beta + \gamma}(\alpha + \bar{i} + \bar{g} - \beta\bar{t} + \beta\bar{t_r} + \bar{x} - m_0)$$

$$= \frac{30 + 60 + 50 - 0.8(t - t_r) + x - m_0}{1 - \beta + \gamma}$$

$$= \frac{140 - 0.8 \times 50 + 50}{1 - 0.8 + 0.05} = 600$$

(2)净出口余额

$nx = 50 - 0.05y = 50 - 0.05 \times 600 = 20$

（3）投资乘数

$$k_i = \frac{1}{1-\beta+\gamma} = \frac{1}{1-0.8+0.05} = 4$$

（4）投资增加时的均衡收入和进出口余额

$$\because k_i = 4, \Delta i = 70 - 60 = 10$$

$$\therefore \Delta y = k_i \cdot \Delta i = 4 \times 10 = 40$$

即，均衡收入由投资为 60 时的 600 增加到投资为 70 时的 600＋40＝640。

此时的进出口余额为：$nx = 50 - 0.05y = 50 - 0.05 \times 640 = 18$

【案例分析】

案例3 ● 创业板周年魔咒 ●

10 年轮回，中国创业板终于"破茧"。

孕育了 10 年的创业板，在此时"化蝶"，是我国资本市场发展的重大事件。在国际金融危机大背景下，创业板的推出将对我国经济发展产生乘数效应。

一方面是直接乘数效应，创业板推出将使创业企业获得来自资本市场的资金支持和资产定价，从而带来融资乘数效应和财富乘数效应；另一个方面是间接乘数效应，创业板推出将使一大批具有自主知识产权、细分行业龙头地位的中小企业获得经营发展的新起点，从而带来很好的产业乘数效应，对区域经济发展也会产生示范效应，对国家创新经济体系建设具有聚变效应。

具体而言，首先，融资乘数效应将使一批创业型中小企业获得来自资本市场的直接融资，进而带动上市公司间接融资、大股东间接融资和流通股东间接融资等三方面的融资扩大。根据理论模型的估算，这一融资乘数约为 3—6 倍。祖略计算，假定创业板的推出能使 1000 家创业型中小企业获得来自资本市场的直接融资，每家融资额为人民币 8000 万元，则总共 800 亿元直接融资带来的潜在间接融资规模可在 2400 亿—4800 亿元左右，这一潜在的间接融资规模可望形成新的投资于消费需求，从而带动经济发展。

其次，财富乘数效应。创业型中小企业能够获得来自股票市场的定价基准，这种定价基准将更好地体现企业的真实价值，从增加股东的"财富效应"，进一步推动社会投资与消费。以 1000 家创业板上市公司计，按每家发行前股本 2000 万，发行市盈率 15 倍估算，创业板的推出将带来不低于 3000 亿元人民币的社会财富增加，同时这笔分散于千家企业的众多发起人的"民间"财富，将能更好地发挥私人部门的投资效率与消费作用，从而促进经济的发展。

再其次，产业乘数效应，将使大量中小企业获得发展壮大所需的宝贵资金，同时，由于创业板企业多为具有"六高两新"特点的行业龙头企业或代表企业，这些企业将因其在产业链中的核心作用而形成产业乘数效应。

此外，创业板对区域经济发展起到推动示范效应。它不仅在经济发达地区产生较强的集聚效应，更将在经济欠发达地区和广大农村产生明显的带动作用，从而发挥创业板的区域经济推动及示范效应。

最后，创业板对国家创新经济体系建设的推动具有巨变效应。在我国促进经济可持续健康发展的国家创新经济体系中，创业板是最重要缓解。创业板的推出，将对国家创新经济体系的建设起到巨大的推动聚变效应。

分析：

乘数效应是一种宏观的经济效应，也是一种宏观经济控制手段。乘数效应包括正反两个方面。当政府投资或公共支出扩大、税收减少时，对国民收入有加倍扩大的作用，从而产生宏观经济的扩张效应。当政府投资或公共支出消减、税收增加时，对国民收入有加倍收缩的作用，从而产生宏观经济的紧缩效应。

由于中小企业筹资难，创业板的推出，是希望能够为中小企业的发展筹集所需资金，因此创业板上市，能够促使创业企业获得来自资本市场的资金支出和资产定价，从而带来融资乘数效应和财富乘数效应；同时，创业板的推出将使一大批具有自主知识产权、细分行业龙头地位的中小企业获得经营发展的新起点，从而带来很好的产业乘数效应，对区域经济发展也会产生示范效应。

创业板企业上市后，可筹集所需资金，因此，可以为其扩大发展规模、提高生产能力创造条件，提高企业以及职员收入，并可以进一步增加投资，推进相关产业发展，并扩大消费，进而促进经济连续发展，产生乘数效应。

当然，乘数效应也有其另一方面的作用。在政府支出削减时，乘数效应也会对国民收入产生加倍收缩的作用。因此，一定要掌控好经济运行，充分利用乘数效应在经济发展中的作用，使其更好地服务经济发展。

案例4 ● 假日经济 ●

20世纪90年代后期，为了拉动内需，进而促进国内经济增长，人们把希望寄托在"五一"、"十一"、春节长假带动消费上，并称之为假日经济。假期经济能够实现一国经济的振兴吗？

（案例来源：梁小民.宏观经济学纵横谈.北京：生活·读书·新知三联书店，2001.1）

分析：

消费函数理论告诉我们，影响消费的因素很多，但最重要的因素是收入水平。既然消费取决于收入而不是有没有时间消费，那么，如果收入水平不提高，假期再长也难以增加消费。或者说，刺激消费的方法是增加收入，而不是放假。从我国的情况看，出现消费不足的原因不在于人们没有时间消费，而在于占人口绝大多数的低收入者没钱去消费。当城市中失业人口和低收入者居高不下时，放假有什么用呢？特别是我国的农村人口，他们是我国消费的主力军。但自20世纪80年代上半期农民解决了温饱问题之后，由于各种原因，农民收入增加缓慢，很多地方甚至出现了实际收入水平下降的情况。农村消费市场长期启而不动，其原因就在于农民收入增长缓慢。不从根本上解决低收入者，尤其是农民的收入增加问题，靠放假刺激消费增长不过是一厢情愿。

消费函数理论还告诉我们，在长期中，消费函数是稳定的，即人们收入中消费的比例，从整个社会看是稳定的。这意味着，假日经济尽管会增加几百亿元的消费，但并没有增加社会总消费或提高人们的边际消费倾向，只是改变了消费的时间和方式而已。节假日商场内人头攒动，销售额猛增，但节日过后冷冷清清，平均起来并没有什么增加。长假使人们有机会外出旅游，但收入中用于旅游的支出增加了，其他物品的消费很可能会减少。比如，少买几件时尚服装，少去几次餐馆，或推迟购车计划，等等。假日期间消费的增加仅仅是购买时间的调整和消费方式的不同，对整体经济并没有什么影响。

消费函数的稳定性决定了靠刺激消费来带动经济增长较为困难。在总需求中，波动最大的是投资。因此,使经济摆脱衰退的关键不是刺激消费而是刺激投资,把拉动经济增长的希望寄托于假日经济是对假日经济的神话。

【项目小结】

1.与总需求相等的产出称为均衡产出,或者说均衡的国民收入。在均衡产出水平上,计划或意愿的投资一定等于计划或意愿的储蓄。

2.消费与收入的依存关系称为消费函数和消费倾向,消费倾向有边际消费倾向和平均消费倾向之分。相应地,储蓄倾向也有边际储蓄倾向和平均储蓄倾向之分。

3.在两部门经济中,均衡国民收入决定的公式是 $y = \dfrac{\alpha + i}{1 - \beta}$;在三部门经济中,若用 t 表示定量税,用 t_r 表示政府转移支付,则均衡收入决定的公式为 $y = \dfrac{\alpha + i + g + \beta t_r - \beta t}{1 - \beta}$;在四部门经济中,若用 $m = m_0 + \gamma y$ 表示进口函数,则均衡收入决定的公式是 $y = \dfrac{\alpha + i + g + \beta t_r - \beta t + \bar{x} - m_0}{1 - \beta + \gamma}$。

4.乘数是指自发总需求增加所引起的国民收入增加的倍数,或国民收入增加量与引起这种增加的自发总需求增加量之间的比率。投资乘数是 $k_i = \dfrac{1}{1 - \beta}$;在定量税情况下,政府购买支出乘数 $k_g = \dfrac{1}{1 - \beta}$,税收乘数 $k_t = \dfrac{-\beta}{1 - \beta}$,政府转移支付乘数 $k_{t_r} = \dfrac{\beta}{1 - \beta}$,平衡预算乘数为 $k_b = 1$。

【实训练习】

一、名词解释

1.均衡产出　　　　　2.边际消费倾向　　　　　3.平均消费倾向

4.边际储蓄倾向　　　5.平均储蓄倾向　　　　　6.投资乘数

7.政府购买支出乘数　8.税收乘数　　　　　　　9.政府转移支付乘数

10.平衡预算乘数

二、简答题

1.能否说边际消费倾向和平均消费倾向都总是大于零而小于1?

2.简述凯恩斯消费理论的主要内容。

3.为什么一些西方经济学家认为,将一部分国民收入从富者转给贫者将提高总收入水平?

4.为什么有了对外贸易之后,封闭经济条件下的乘数会变小?

三、论述题

1.在均衡产出水平上,是否计划存货投资和非计划存货投资都必然为零?

2.为什么政府购买支出乘数的绝对值大于政府税收乘数和政府转移支付乘数的绝对值?

项目十四　产品市场均衡与货币市场均衡

【项目目标】

1.掌握投资的决定因素和投资函数的基本含义；

2.掌握资本边际效率的意义及资本边际效率的递减规律；

3.掌握 IS 曲线的含义、IS 曲线移动的因素及结果；

4.掌握货币需求的三个基本动机；

5.掌握流动偏好陷阱的含义；

6.掌握货币需求函数及其影响因素；

7.掌握利率的决定过程；

8.掌握 LM 曲线的含义、LM 曲线移动的因素及结果；

9.掌握产品市场和货币市场同时均衡的 IS-LM 模型。

【引导案例】

案例 1 ● **食品价格上涨对通货膨胀的影响** ●

自 2006 年以来,我国外汇储备增加带来的基础货币投放导致了流动性泛滥,加上固定资产投资增速过快,引发了宏观层面对于通货膨胀的担忧。但是统计数据显示,高经济增长、高固定资产投资、高货币增长并未伴随明显的通货膨胀,平和的 CPI 数据缓解了市场对于紧缩的预期,进而对债券市场形成一定支撑。然而,近几个月伴随食品价格的大幅上涨,CPI 数据不断攀升,引起了市场对于未来通胀继续上升的担忧,并由此引发了对于宏观政策将进一步紧缩的担心。

食品价格上升引起居民消费价格指数上升。尽管 2006 年对 CPI 各组成部分的权重作出了适当调整,降低了食品在 CPI 中的比重,但调整幅度并不大,权重估计仍然在 30% 以上,因此,食品价格的上涨成为推动 CPI 上升的主要因素。11 月食品价格比去年同月上升 3.7%,高于上月 2.2% 的水平;非食品类价格比去年同月上升 1.0%,与上月持平;在食品价格上涨的拉动下,全月 CPI 上升至 1.9%。1 至 11 月份累计,居民消费价格总水平比去年同期上涨 1.3%。从食品各分项近期的价格变动趋势可以看出,今年 10 月以来,特别是 11 月,粮食、油脂、肉禽及其制品、蛋的价格月同比均出现了较为明显的上升趋势,尤其是蛋、肉禽及其制品和油脂的涨幅比较大。各主要产品价格的普遍上涨,拉动了食品价格的快速上升。

食品价格上涨不会对 CPI 上行产生很大压力。首先,要看到粮食价格的上涨会向下游传导,饲料价格的上升会引起养殖成本上升,进而拉动肉禽及其制品、蛋的价格上涨、考虑 CPI 计算的指标为月同比,即便目前粮食价格不出现进一步上涨,但相对于上年同期价格而言仍在较高水平,对食品价格上涨形成一定压力。其次,从保护农民角度来看,稳步而适当的粮价上升,有利于增加农民收入,提高农村地区消费能力,对从整体上提高我国内需水平,并改善我国消费结构,具有战略性的积极意义。但粮食价格关系国计民生,过高、过快的粮食价格上涨,也会加大社会其他阶层的负担,给宏观调控带来新的难题,因此,正如我们已经看到的那样,政府会在粮价高涨时通过市场化操作平抑粮价。而从我国连续三年农业的丰收和政府所实施的一系列有利于农民的政策措施(如取消农业税等)来分析,目前中国政府是有足够的实力来实现粮价基本稳定这一目标的。因此,预计明年尽管食品价格还会有一定幅度的上涨空间,但不会带动 CPI 出现大幅上扬,而是小幅上涨,不会对我国明年通货膨胀产生很大的压力。因此,仅从粮食价格的角度看,我们认为其带来的 CPI 上行压力不足以导致央行出台进一步紧缩的政策,而从货币政策调控来看,对于基础消费品价格也并非十分有效。但是,目前的全球流动性过剩问题仍然存在,前期食品价格的平稳对于稳定 CPI 起到重要作用,如果后期非食品类价格不能维持稳定,投资过热不能被有效抑制,CPI 上行压力将会较大,央行出台紧缩性政策将不可避免。

(案例来源:中国证券报,2007 年 1 月 4 日,第 A10 版,颜炬)

案例 2 ● **加息,房价会往下拐吗?** ●

央行 2007 年 3 月 17 日下午宣布,从 3 月 18 日起,同步上调金融机构人民币存贷款基准利率 0.27 个百分点。这是央行 2007 年以来,在连续两次上调存款准备金率后,首次上调银行基准利率。央视经济信息联播消息称,今年 2 月份的数据显示,投资、信贷、物价增长幅度都较大,这是促成央行决定加息的直接原因。专家认为,此次加息可能会成为房价下降的一个拐点。业内人士同时认为,它可能会挤压股市中存在的部分泡沫。

某城市一位居民 2002 年贷款买房,经历过多次银行加息,五年时间里,只见加息不见减息;贷款余额越来越少,月供却越来越高,从最初的 2450 元,变成了眼前的 3077 元。随着本次加息,从明年 1 月 1 日开始,月供还得增加几十元。今天增加一点明天增加一点,温水煮青蛙,每次加息时没有多少感觉,但前后一算,眼看着月供就增加了 600 多元。每次加息,那些不露庐山真面目的专家们都会说会打压房价,可事实呢? 从 2002 年到现在,北京房价低的涨了百分之三四十,高的涨了将近两倍。全市几乎找不出一个降价的楼盘,除了因资金链断裂而被拍卖的烂尾楼和产品质量严重不合格的楼盘。

而在此过程中,受损害最大的,显然是那些普通的急于买房的工薪阶层。不论是提高首付,还是加息,也不论是增加营业税和物业税,对于那些有一定经济实力的炒房者来说,算不上巨大的不可承受的负担。但是对于普通工薪族,买一套房多付几万元,或者每月增加一两百元的月供,就往往是她们难以承受之重。

(案例来源:转载于《南京晨报》,2007 年 3 月 20 日,童大焕)

任务 1 IS 曲线

上一章介绍的国民收入决定模型,仅局限于产品市场,被称为简单凯恩斯模型。而在现实生活中,产品市场和货币市场有非常紧密的联系,比如当一个经济社会的总产出增加时,要想实现均衡就要求居民和企业等用更多的货币来购买这些最终产品,也就是说货币的需求会增加,而在货币供给保持不变的情况下,就会导致货币的价格随利率上升,那么投资就会因为利率的变化而下降,从而通过乘数的作用导致国民收入成倍地减少。可见,产品市场和货币市场联系在一起的分析才是更加接近现实经济生活的分析。

在前面的分析中,投资始终是一个外生变量,我们把它假定为一个常数,其实投资是会受到很多因素的影响而发生改变的。从本章开始,投资不再是一个常数,由外生变量转变为内生变量。所以,我们第一个要解决的问题就是投资是由什么决定的。

一、投资的决定

(一)投资的含义和影响因素

经济学上的投资指增加或更换资本资产。一般有三种形态:第一种是指以企业为主体的固定资产投资,例如购买机器设备的支出;第二种是指以居民为主体的住房投资;第三种是指以企业为主体的存货投资,包括企业未销售出去的成品、半成品和原材料等。可以看出,经济学上所讲的投资是指实际资产的增加,而购买股票等行为在经济学上不是投资,只是财产所有权在不同人之间的转移。

投资会受到很多因素的影响而发生变动,概括起来主要有以下五个方面:

第一,利率。利率是资本的价格。企业在发展初期往往需要从银行或其他渠道获得贷款,那么为贷款所支付的成本就是由利率决定的。所以当利率水平上升时,即意味着企业使用资本的成本上升,那么投资的数量就会下降;反之,当利率水平下降时,即意味着企业使用资本的成本下降,投资更具有吸引力,所以投资的数量就会增加。综合来说,利率和投资的变动是反方向的。

第二,预期收益率。企业进行投资的根本目的是为了获利,预期收益率的高低直接刺激着企业的投资动机。很显然,当预期收益率较高时,企业投资的欲望就会强烈,投资的数量越多;反之,当预期收益率较低时,企业投资的欲望就会减弱,投资的数量越少。综合来说,预期收益率和投资的变动是同方向的。

第三,折旧。总投资包括净投资和重置投资两部分。当企业拥有的固定资产数量越多,则为固定资产损耗进行的弥补就越多,也即折旧越大,所以总投资就越多。反之亦然。

第四,预期通货膨胀率。如果预期发生通货膨胀,则产品价格和原材料的价格都会上涨,但一般来说,产品价格变动稍快于原材料的价格变动,那么在产品价格上涨后和原材料价格上涨前的这一段时间中,企业的利润会因收益增加而成本不变而上升,这会刺激企业的投资欲望,则投资增加。不过这种分析仅限于短期内,因为原材料价格会跟着产品价格上涨的。

第五,风险。从理性经济人的角度出发,风险越大,则投资越少;反之,风险越小,则投资越多。

凯恩斯认为影响投资的主要因素是利率和预期收益率。当预期收益率高于利率时,代表企业进行投资的未来收益大于成本支出,则投资是有利的;反之,当预期收益率低于利率时,代表企业进行投资的未来收益小于成本支出,则投资是不利的。我们接下来分别分析利率和资本边际效率。

(二)利率及投资函数

由于利率是投资的影响因素,所以投资函数可以写为:

$$i = i(r) \tag{14.1}$$

进一步地,与消费函数和进口函数相类似,投资也由两个部分组成。一个是自发性投资,用 e 表示,指不受利率变动而变动的投资,它和我们前面学过的消费函数中的 α 以及进口函数中的 m_0 是类似的;另一个是引致性投资,是由于利率波动而发生变动的投资。其中,表示投资受利率波动的敏感程度的系数是 d,这个系数越大,就表示利率波动引起的投资变动幅度较大;系数越小,就表示利率波动引起的投资变动幅度较小。因此,d 也称作投资对利率的敏感系数。

投资函数可写作:$i = e - dr$ (14.2)

根据投资函数可知,在坐标平面上,投资曲线表现为一条向右下方倾斜的曲线,其倾斜程度受 d 的大小影响。

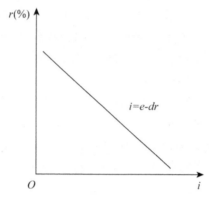

图 14.1　投资曲线

(三)资本边际效率(MEC)

资本边际效率即预期收益率,它是一种贴现率,这种贴现率正好使一项资本品在其使用期内每一年可以获得的预期收益的现值之和等于它的供给价格或重置成本。

什么是贴现率和现值呢? 我们用下面的例子来说明。

假定你要到银行去存 100 美元,年利率为 5%,则:

第 1 年的本利和为:$100 \times (1+5\%) = 105$(美元)

第 2 年的本利和为:$105 \times (1+5\%) = 100 \times (1+5\%)^2 = 110.25$(美元)

第 3 年的本利和为:$110.25 \times (1+5\%) = 100 \times (1+5\%)^3 = 115.76$(美元)

以此类推,现在以 r 表示利率,R_0 表示本金,R_1、R_2、R_3 分别表示第 1 年、第 2 年、第 3 年的本利和,则各年本利和为:

$R_1 = R_0(1+r)$

$R_2 = R_1(1+r) = R_0(1+r)^2$

$R_3 = R_2(1+r) = R_0(1+r)^3$

……

$R_n = R_0(1+r)^n$,这个过程是由已知现值求未来某一时刻的终值的。现在我们把这个过程反过来,即将未来的价值折算成现在的价值,这就是贴现,折算的比率就是贴现率。即:

$$R_0 = \frac{R_n}{(1+r)^n}$$ (14.3)

根据前面我们所述的资本边际效率的概念得知,这里的 r 即为贴现率,也就是 MEC。

假定某企业准备投资 30000 元购买一台机器,这台机器的使用期限是 3 年,3 年后全部耗损。假定扣除其他所有成本后，这台机器的预期收益分别是 11800 元、12300 元和 14000 元。已知贴现率为 10%。试问，企业如果进行这笔投资是否值得？

解题思路：要想判断企业的投资是否值得，就是判断机器在未来三年内的收益之和的现值与现在的投资额 30000 元之间的大小关系。如果未来的收益现值之和大于 30000，则说明这笔投资是值得的，反之就不值得。

在解这一类题目时，最好用一个时间轴来辅助思考。

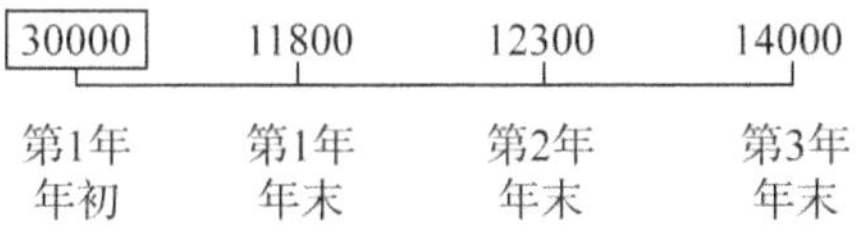

30000	11800	12300	14000
第1年年初	第1年年末	第2年年末	第3年年末

图 14.2　时间轴

由图 14.2 知，欲投资的 30000 元和三年使用期的预期收益 11800 元、12300 元、14000 元这四个数字是分别存在于三个不同的时间点上的。故考虑市场利率的变化，它们的实际价值并不相同。所以，考虑投资是否值得时，并不能将三年获得的收益直接相加。而要用贴现率把这三个不同时间点上的收益分别折算为第 1 年年初的价格，这样才能与同为第 1 年年初的投资额 30000 元相比较。

解：根据已知得：
$$R_0 = \frac{11800}{1+10\%} + \frac{12300}{(1+10\%)^2} + \frac{14000}{(1+10\%)^3}$$
$$\approx 10727.3 + 10165.3 + 10518.4$$
$$= 31411(元)$$

所以，投资预期收益的现值之和为 31411 元，大于投资支出的 30000 元，因此，投资是值得的。

（四）资本边际效率递减

凯恩斯认为形成资本主义经济萧条的根源是由于消费需求和投资需求所构成的总需求不足以实现充分就业。消费需求不足是由于边际消费倾向小于 1，即人们不会把增加的收入全用来增加消费，而投资需求不足是由于资本边际效率在长期内递减。关于消费倾向递减我们在消费函数一节中已经学习过了，现在我们要学习的是为什么资本的边际效率是递减的。

一方面随着投资的增大，资本物品的供给价格上升，成本提高；另一方面随着投资的增大，未来产品数量增多，供过于求，从而使预期收益下降。鉴于这两方面的原因，任何一项资本资产的边际效率，都会随着投资数量的不断增加而递减，即 MEC 递减。

（五）资本边际效率的意义

显然，作为预期收益率的资本边际效率如果大于市场利率，就值得投资；反之，如果资本边际效率小于市场利率，就不值得投资。在资本边际效率既定的条件下，市场利率越低，投资的预期收益率相对而言也就会越高，投资就越多；而市场利率越高，投资的预期收益率相对而言也就会越低，投资就越少。因此，与资本边际效率相等的市场利率是企业投资的最低参考界限。所以，可将资本边际效率与投资的反方向变动关系表现为市场利率与投资量的反方向变动关系。资本边际效率与投资量的反方向变动关系可用图 14.3 来表示。

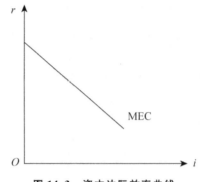

图 14.3 资本边际效率曲线

图中,横轴表示投资量,纵轴表示资本边际效率或利率,MEC 为资本边际效率曲线。资本边际效率曲线向右下方倾斜,表示投资量与利率之间存在反方向变动关系,即利率越高,投资量越小;利率越低,投资量越大。

(六)预期收益的影响因素

1.对投资项目的产出的需求预期

市场对该项目的产品未来的需求量有多大？其价格走势如何？企业的预期收益有多大？这些都会对投资产生影响。

2.产品成本

工资成本变动对投资需求的影响具有不确定性。

一方面,工资成本上升在其他条件不变时会降低企业利润,尤其是劳动密集型行业,更会减少预期投资收益,降低投资需求。另一方面,工资成本上升会使企业更多地考虑采用新的机器设备,从而使投资需求增加。

3.投资税抵免

有的国家的政府为鼓励企业投资,规定投资的厂商可以从他们的所得税单中扣除其投资总值的一定的百分比。这一政策称之为投资抵免政策。例如,假定某企业在某一年投资 1 亿元,若规定投资抵免率是 10％,则该企业就可以少缴所得税 1000 万元,这 1000 万元等于是政府为企业支付的投资项目的成本。如果该企业在这一年的所得税不足 1000 万元,只有 600 万元,则所余 400 万元还可以到来年甚至第 3 年再抵扣,这种投资抵免政策对投资的影响,在很大程度上取决于这种政策是临时的,还是长期的。如果是临时性采取的,则此政策的效果也是临时的,过了政策期限,投资需求可能反而下降。比如,政府为了刺激经济,如果宣布在某一年实行投资抵免,则这一年的投资可能大幅度增加,甚至本来准备来年投资的项目也可能提前到这一年进行,但来年投资需求会明显下降,或政策实行的前一年,企业会把一些项目推迟到有政策鼓励时再进行投资。

二、IS 曲线

(一)产品市场均衡的条件

产品市场是由消费品和投资品构成的市场,由于投资是利率的函数,我们用 $i = i(r)$ 来研究商品市场均衡的决定。

仍假定是两部门经济,不考虑政府和对外贸易;再假定消费和储蓄是收入的函数,投资

是利率的函数,则两部门经济国民收入均衡的模型可表示为:

消费函数:$c = c(y)$

储蓄函数:$s = s(y)$

投资函数:$i = i(r)$

均衡条件:$y = c(y) + i(r)$ 或 $i(r) = y - c(y) = s(y)$

即产品市场均衡的条件是:$i(r) = s(y)$

此时,均衡收入的公式可写为:$y = \dfrac{\alpha + e - dr}{1 - \beta}$ (14.4)

(二)IS 曲线的形成

西方经济学把上述表明商品市场均衡下的利率(r)与收入(y)之间关系的曲线称为 IS 曲线。它表示:曲线上任一个点(即任一给定的利率相对应的收入)都符合商品市场均衡条件即投资等于储蓄($i = s$)。

如图 14.4 所示,如果以国民收入为横轴,利息率为纵轴,IS 曲线将是向右下方倾斜的曲线。

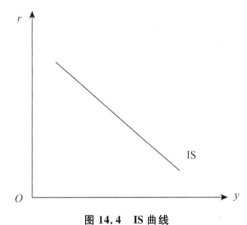

图 14.4　IS 曲线

应该指出,IS 曲线的意义并不表明利息率与国民收入存在着严格的函数变化,也不意味着国民收入是利息变化和国民收入存在着这样一种关系时,投资和储蓄保持相等,国民收入均衡的条件得到了满足。

按照当代西方经济学家的解释,IS 曲线的形成过程如下:

现代货币原理表明,投资是利息率的函数,它随着利息率的上升而减少。投资和利息率之间的函数关系的图像称为投资边际效率曲线(MEI)。它在以横轴表示投资,纵轴表示利息率的坐标系里,是一条向右下方倾斜的曲线。另外,储蓄是国民收入的函数,它随着国民收入的增加而增加。在以横轴表示国民收入,纵轴表示储蓄的坐标系里,储蓄曲线(s)是向右上方倾斜的曲线。45°线表示商品市场的均衡条件($i = s$)。

在图 14.5 中,(a)和(b)的横轴,(b)和(c)的纵轴,(c)和(d)的横轴,(d)和(a)的纵轴,都表示同样的变量,而且它们的单位都分别相同。

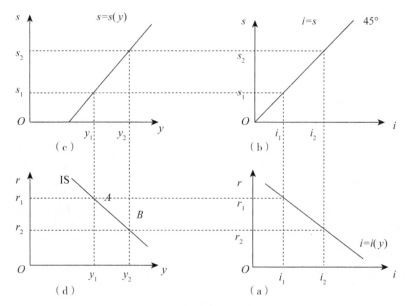

图 14.5　IS 曲线的推导

图 14.5(a)中是投资函数,假定利息率是 r_1 ,按照投资曲线,相应的投资是 i_1 。(b)图是代表投资和储蓄相等的 45°线。从(b)图中可以看到,与投资 i_1 相等的储蓄是 s_1 。根据(c)图中的储蓄曲线,使储蓄达到 s_1 的国民收入是 y_1 。这说明,在利息率为 r_1 时,保证储蓄等于投资的国民收入是 y_1 。因而在(d)图上可以得到利息率 r_1 和国民收入 y_1 的对应点 A 。

现在假定利息率发生了变化,从 r_1 下降到 r_2 ,投资将从 i_1 增加到 i_2 。同样的,通过(b)图中的 $i=s$ 线,与 i_2 相等的储蓄为 s_2 。再将这一储蓄水平反映到(c)图中,得到与 s_2 相对应的国民收入 y_2 。这样,我们就找到了第二组利率和国民收入的组合点,即(d)图中的 B 点,将 A 点和 B 点连成一条直线,就得到了代表国民收入和利率之间一一对应关系的曲线:IS曲线。显然,在 IS 曲线上的任何一点上,投资都等于储蓄($i=s$)。IS 曲线就是由此得名的。

通过上述分析,可以得出结论:IS 曲线上任何一点都表示投资等于储蓄的商品市场均衡状态下收入和利率的组合。而位于 IS 曲线外的任何一点都表示投资与储蓄不相等。那么究竟是投资大于储蓄还是投资小于储蓄,我们来进行一个简单的证明。

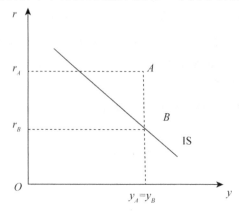

图14.6　IS 曲线外任一点投资与储蓄不相等

对于 IS 曲线右方的任一点:例如图 14.6 中的 A 点与位于 IS 曲线上的 B 点有相同的收入水平,即:$y_A = y_B$。因为收入决定了储蓄,所以 A 点和 B 点的储蓄是相同的,即:$s_A = s_B$。而 A 点和 B 点的利率水平不同,$r_A > r_B$,根据利率和投资之间的反向变动关系知:$i_A < i_B$。由于在 B 点处有:$i_B = s_B$,所以,在 A 点有:$i_A < s_A$。即 IS 曲线右边的点都表示投资小于储蓄的产品市场非均衡状态之下收入与利率的组合。同理可证明位于 IS 曲线左方的任一点都表示投资大于储蓄的产品市场非均衡状态之下收入与利率的组合。

在产品市场上,利息率与国民收入成反方向变动是因为利息率与投资成反方向变动。我们知道,投资的目的是为了实现利润最大化。投资者一般要贷款来投资,而贷款必须付出利息,所以,利润最大化实际上是偿还利息后纯利润的最大化。这样,投资就要取决于利润率和利息率。如果利润率既定,则投资就要取决于利息率。利息率越低,纯利润就越大,从而投资就越多;反之,利息率越高纯利润率就越小,从而投资就越少。因此,投资和利息率成反方向变动。投资又是总需求的一个重要组成部分,投资增加,总需求增加,投资减少,总需求减少。而总需求又与国民收入同方向变动。因此,利息率与国民收入成反方向变动。

（三）IS 曲线的斜率

由前可知,两部门经济均衡收入的表达式为:$y = \dfrac{\alpha + e - dr}{1 - \beta}$

整理可得 IS 曲线的表达式:$r = \dfrac{\alpha + e}{d} - \dfrac{1 - \beta}{d}y$　　　　　　　　　(14.5)

即 IS 曲线斜率的绝对值为 $\dfrac{1 - \beta}{d}$,β 和 d 的大小将决定 IS 曲线的平缓和陡峭程度。

1. β 与 IS 曲线斜率大小的关系

前面已经讲过,β 为边际消费倾向,是大于 0 小于 1 的。当 d 不变时,β 越大,$1 - \beta$ 则越小,那么,$\dfrac{1 - \beta}{d}$ 就越小,即 IS 曲线斜率的绝对值越小,IS 曲线越平缓。所以,β 的大小和 IS 曲线斜率的绝对值之间是反向变动的关系。

从支出乘数的角度来看,β 较大,意味着支出乘数较大,从而当利率变动引起投资变动时,收入会以较大幅度变动,因而 IS 曲线就较为平缓。反之则较为陡峭。

2. d 与 IS 曲线斜率大小的关系

当 β 不变时,d 越大,$\dfrac{1 - \beta}{d}$ 就越小,即 IS 曲线斜率的绝对值越小,IS 曲线越平缓。所以,d 的大小和 IS 曲线斜率的绝对值之间也是反向变动的关系。

d 是投资对利率的敏感系数,表示利率变动一定幅度时投资变动的程度。如果 d 的值较大,即投资对利率变化比较敏感,利率的较小变动就会引起投资较大变化,进而引起收入较大的变化,反映在 IS 曲线上是:利率较小变动就要求收入较大变动与之相配合,才能使产品市场均衡。所以 d 越大,IS 曲线斜率的绝对值就越小,即 IS 曲线较为平缓。反之则较为陡峭。

西方学者认为,影响 IS 曲线斜率大小的,主要是投资对利率的敏感系数,原因是边际消费倾向比较稳定,不轻易变动。

（四）IS 曲线的移动

这里我们仅仅分析 IS 曲线平移的情况,也就是影响 IS 曲线的斜率大小的 β 和 d 不变,

而 $α$ 和 e 变动。同时,由于 IS 曲线是由投资曲线和储蓄曲线推导出来的,所以当投资函数中的自发投资 e 和储蓄函数中的自发消费 $α$ 发生变动时,IS 曲线会随之变动。由于这两个引起 IS 曲线移动的因素都是自发支出量,所以这里也可以把引起 IS 曲线平移的因素称为自发支出量的变动。一般来说,投资增加,投资曲线向右移动,IS 曲线也向右移动;投资减少,投资曲线向左移动,IS 曲线也向左移动。储蓄增加,储蓄曲线向左移动,IS 曲线也向左移动,储蓄减少,储蓄曲线向右移动,IS 曲线也向右移动。

1.储蓄不变,投资发生变动

假定 s 不变,如果 i 增加,投资曲线与储蓄曲线的交点向右上方移动,IS 曲线向右上方平行移动;反之,IS 曲线向左下方平行移动,如图 14.7 所示。

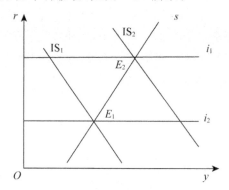

图 14.7　投资变动与 IS 曲线移动

2.投资不变,储蓄发生变动

假定 i 不变,如果 s 增加,投资曲线与储蓄曲线的交点向左平行移动,IS 曲线向左下方平行移动;反之,IS 曲线向右上方平行移动,如图 14.8 所示。

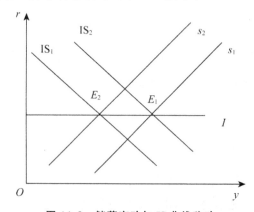

图 14.8　储蓄变动与 IS 曲线移动

上述分析,为简单起见,假定两部门经济,并不考虑政府因素,西方经济学认为,加入政府支出和税收因素后,上述产品市场均衡条件下收入利率的关系,仍然成立。总之,只要影响总需求的自发变量发生变动,都会引起 IS 曲线的平行移动。

IS 曲线表明商品市场均衡下收入与利率的组合关系,对应于每一个不同的利率水平,会有一个不同的均衡收入水平,要知道实际收入,先要知道实际利率水平,而利率的确定,必须借助于货币市场的分析,以及产品市场与货币市场的综合分析。

任务2 LM曲线

一、货币概述

货币对于人类来讲相当重要,人们每天都离不开货币。货币是商品交换的产物,货币从萌芽到稳定于金属货币,是人类社会不断发展的结果。货币首先是商品,但它又不是一般的商品,而是特殊商品,这种特殊性体现在货币本身就是社会财富的象征,因此货币在商品世界中具有与众不同的地位。

(一)商品世界中的货币

在现实生活中,谁拥有货币,谁就拥有财富和支配权。所以,人们对货币情有独钟。但是,从经济学的角度理解,货币只不过是可以方便地用来进行交易的资产,或者说,货币是一种人们普遍愿意接受的高流动性的资产。

流动性是指资产转变为现实支付能力的难易程度,如果某项资产很难转变为现实的支付能力,或者需要为此付出较大的成本,则这项资产的流动性就低;如果某项资产能够快速地变现,并且无需承担损失,这项资产的流动性就高。从这个意义上来讲,现金无疑是流动性最高的。在老百姓眼中,现金就是钱,钱就是货币。

(二)货币的职能及发展形态

货币的这种地位和性质是由其职能决定的,一般而言,货币有三种基本职能:计价单位、交易媒介和价值储存。

1.计价单位

货币作为计价标准是衡量商品价值的尺度。不同的商品必须有一个适当的计价单位才能进行比较。不同地区或不同国家之间进行价值比较都需要这样的标准。如果我们想知道中国和美国以及世界上其他国家的经济实力究竟有多大差距,有了货币和汇率,这种比较就轻而易举了;另外,如果没有货币这样一个统一的衡量标准,在丰富多彩的商品世界里,商品之间的相对价格将无法方便地表示出来。比如,当一盒火柴和一头大象进行价值比较时,用几万分之一的大象来表示一盒火柴的交换价值是十分麻烦的。货币的出现为衡量千差万别的商品的相对价格提供了一个适当的标准。商品之间的相对价格是通过它们各自与货币相交换的比例反映出来的。经济中资源的配置也是按照商品和劳务用货币表示的相对价格来进行配置的。

2.交易媒介

由于货币是一种普遍接受的交易媒介,通过货币这个一般等价物,不同商品的生产者可以互换自己的劳动成果。如果没有货币这一交易媒介,商品交换将会变得非常麻烦。设想有这样一种情况:一个农民想用稻米交换铁匠的锄头,而此时这个铁匠却不想要稻米。而想用锄头去交换屠夫的猪肉;可是锄头对屠夫并没有用,屠夫想用猪肉作为报酬请一个木匠来修好他的猪圈;不巧的是,这个木匠又是一个素食主义者,从不吃猪肉,他需要的是农民的稻米。这位想得到一把新锄头的农民除非能幸运地找到想要稻米的木匠,并先说服木匠为屠夫修理猪圈换取猪肉,然后用自己的稻米从木匠那里换来猪肉,再拿猪肉去跟铁匠交换,才能最终获得一把新锄头。如果木匠需要的不是稻米,而是建筑学教程,那么这位可怜的农民就徒劳了。货币的出现,彻底免去了这样的麻烦,因而大大地提高了交易的效率。

3.价值储存

在经济生活中,大多数产品在实物形态上是无法或不便于长期储存的,如果没有货币,对那些无法长期储存的产品,只能是当期生产、当期消费,因而不能充分发挥生产的效率,货币可以使这些产品在价值形态上得以储存。有了货币,生产者可以将其多余的产品卖给产品的需求者,换取货币,等到自己需要时,可以再用货币将该种产品买回来。通过货币的这种职能,人们可以在不同时期有效地配置资源,以实现福利的最大化。

货币还提供了将当前的购买力转移到未来的手段,所以货币会成为人们获取收入的一般形式,工资和薪金采用货币形式,解决了物物交换下无法进行价值储存而带来的麻烦。现实生活中,当获得工资后,很少有人把它全部花完,大多数人都会将它储存起来,以备今后一段时间的生活所需。虽然未来的物价有可能上涨,但人们还是必须要持有一部分货币用来购买未来所需的商品或劳务。如果没有货币,人们的这种安排就无法实现。所以,货币的价值储存职能把现在的购买力转化为未来的购买力,增加了人们的选择余地,提高了他们的效用水平。

二、利率的决定

(一)货币需求

凯恩斯认为,如果资本的边际效率(MEC)不变,投资就决定于利息率,而利息率是由货币的需求和供给决定的。

凯恩斯认为,人们所以愿意以货币形式保存一部分财富,是由于以下三个动机:交易动机、谨慎动机和投机动机。

第一,交易动机。指个人和企业需要货币是为了进行正常的交易活动。由于收入和支出在时间上不是同步的,因而个人和企业必须有足够货币资金来支付日常的需要开支。个人或企业处于这种交易动机所需要的货币量,决定于收入惯例和商业制度,而惯例和商业制度在短期内一般可假定为固定不变,于是按凯恩斯的说法,这一货币需求量主要取决于收入,收入越高,为应付日常开支所需的货币量就越大。

第二,谨慎动机或称预防性动机。指为预防意外支出而持有一部分货币的动机。如个人或企业为应付事故、失业、疾病等意外事件而需要事先持有一定数量的货币,因此如果说货币的交易需求产生收入和支出缺乏同步性,则货币的预防性需要产生于未来收入和支出的不确定性。西方经济学家认为,这个人对货币的预防性需求量主要确定于他对意外时间的看法,但从全社会来看,这一货币需求量大体上也和收入成正比,是收入的函数。

因此,如果用 L_1 表示交易动机和谨慎动机所产生的货币需求量,用 y 表示收入,则这种货币需求量和收入的关系可表示为:

$$L_1 = L_1(y)$$
$$或者,L_1 = ky \tag{14.6}$$

式中 k 为出于上述二动机所需货币量同实际收入的比例关系; y 为具有不变购买力的实际收入,例如,若实际收入 $y = 1000$ 万美元,交易和谨慎需要的货币量占实际收入的 20% ,则 $L_1 = 1000 \times 0.2 = 200$ 万美元。

第三,投机动机。指人们为了抓住有利的购买有价证券的机会而持有一部分货币的动机。假定人们一时不用的财富只能用货币形式或债券形式来保存,债券能够带来收益但有风险,而闲置货币没有风险,但也没有收益,那么,人们为什么不全部购买债券而要在二者之间做出选择呢?因为人们想利用利率水平或有价证券价格水平的变化进行投机。在实际生活中,债券价格高低以反向关系来表现利率高低。假定一张债券,每年可得 10 美元债息,若利息率调高至 20%,则该债券价格下降为 50 美元。由此可以看出,由于债券的市场价格是经常变动的,凡预计债券价格将上涨(即预计利息率将下降)的人,就会用现款买进债券以备日后以更好的价格卖出;反之,凡预计债券价格将下跌(即预计利息率将上升)的人,就会卖出债券保存货币以备日后债券价格下降时再买进。为了从事这种谋利的活动,人们需要手头保存一笔货币。这就是对货币的投机性需求。可见,债券未来价格的不确定性是货币投机需求的必要前提。如果人们完全能够确定债券价格在日后会有变化,则决不会因投机需求而保留货币。

投机需求动机和利率成反方向变化。利率越低时,一方面持有货币的成本越低,即人们因持有现金而丧失的利息收入越少,因而人们愿意多持有货币;另一方面,人们估计债券价格跌落的可能性越大(因为利率越低,意味着债券价格越高,高于正常水平,人们就会预计这样高的债券价格只会跌,不会再涨),就越不愿意购买债券,以免债券价格跌落时遭受损失。于是人们对货币的需求量就越大。反之,利率越高,人们对货币的需求量就越小。

总之,对货币的投机性需求取决于利率,如果用 L_2 表示货币的投机需求,用 r 表示市场利率,则这一货币需求量和利率的关系可以表示为:

$$L_2 = L_2(y)$$
$$或者, L_2 = - hr \tag{14.7}$$

式中, h 是货币投机需求的利率系数,负号表示货币投机需求与利率变动有负向关系。

对货币的总需求是人们对货币的交易需求、预防需求和投机需求的总和,货币的交易需求和谨慎需求决定于收入,即 $L_1 = L_1(y)$,而货币的投机需求决定于利率,即 $L_2 = L_2(y)$,因此,对货币的总需求为:

$$L = L_1 + L_2 = L_1(y) + L_2(r) = ky - hr \tag{14.8}$$

(二)流动偏好陷阱

货币作为支付工具和贮藏手段,具有较强的灵活性或流动性,利息则是放弃货币的这种灵活性或流动性的报酬。所以,个人和企业对货币的需求也可称为"流动偏好",如图 14.9所示:垂线 L_1 表示为满足交易动机和谨慎动机的货币需求曲线,它和利率无关,因而垂直于横轴。而表示投机动机的货币的需求曲线 L_2 ,开始向右下方倾斜,当利率为 r_1 时,货币的投机需求为零,这说明利率如此之高,把人们手中的"流动性"投机需求全部吸走。当利率极低时,低到 r_3 时,财富持有人相信它不会再低下去,即债券价格决不会再涨而只会跌落时,人们有了货币决不肯再去买债券,只想把货币留在手中成为闲置的货币余额,即使银行增加货币供给,也不会导致利率下降,这时货币的投机需求成为无限的了,这种现象称为"流动偏好陷阱"。由于这一提法是凯恩斯首先提出并特别强调的,因而又叫"凯恩斯陷阱"。见图14.9(a)。

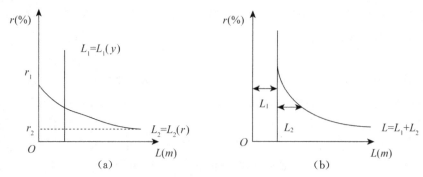

图 14.9　货币需求曲线及流动偏好陷阱

进一步地,根据图 14.9(a),如果要表示出货币的需求曲线,也可以根据 $L = L_1 + L_2 = L_1(y) + L_2(r)$ 来表示。图 14.9(b)中,L 线是包括 L_1 和 L_2 在内的全部货币需求曲线,其纵轴表示利率,横轴表示货币需求量,由于具有不变购买力的实际货币一般用 m 表示,因此横轴也可用 m 表示。这条货币需求曲线表示在一定收入水平上,货币需求量和利率的关系,利率上升时,货币需求量减少,利率下降时,货币需求量增加。

（三）货币供给

货币供给是一个存量概念,它是一个国家在某一时点上所保持的不属于政府和银行所有的硬币、纸币和银行存款的总和。货币供给有狭义的货币供给和广义的货币供给之分。狭义的货币供给是指硬币、纸币和银行活期存款的总和（一般用 M 和 M_1 表示）。活期存款可随时提取,并可当做货币在市面上流通,因而是货币的一个组成部分。在狭义的货币供给上再加上定期存款,便是广义的货币供给（一般用 M_2 表示）。再加上个人和企业所持有的政府债券等流动资产或"货币近似物",便是意义更广泛的货币供给（一般用 M_3 表示）。下面我们所讲的货币供给是指侠义的货币供给量 M_1,M_1 与经济活动密切相关,所以从政策的角度,M_1 是被各国货币当局严格控制的货币量。实际货币量必须用价格指数来调整,把名义货币量按不变价格折算出来。假设 M 为名义货币量,m 为实际货币量,P 为价格指数,则 $m = \dfrac{M}{P}$。

实际货币量（m）分成两部分:一是为满足交易动机和谨慎动机引起的货币量（m_1）;二是满足投机动机引起的货币量（m_2）,即:$m = m_1 + m_2$。

西方经济学家认为,货币供给量是由国家用货币政策来调节的,是一个外生变量,其大小与利率高低无关,因此货币供给曲线是一条垂直于横轴的直线,如图 14.10 所示。

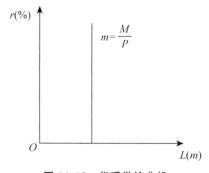

图 14.10　货币供给曲线

（四）利率的决定

图 14.10 中的 m 直线，这条货币供给曲线和货币需求（L）相交的点（E）决定了利率的均衡水平（r_0），它表示，只有当货币供给等于货币需求时，货币市场才到达均衡状态，如图 14.11 所示。如果市场利率低于均衡利率（r_0），则说明货币需求超过供给，这时人们感到手中持有的货币太少，就会卖出有价证券，证券价格就要下降，亦即利率要上升。对货币需求的减少，一直要持续到货币供求相等时为止。相反，当利率高于均衡利率（r_0）时，说明货币供给超过货币需求，这时人们感到手中持有的货币太多，就会用多余的货币买进有价证券。于是，证券价格要上升，亦即利率要下降。这种情况也一直要持续到货币供求相等时为止。只有当货币供求相等时，利率才不再变动。

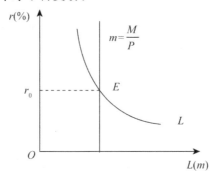

图 14.11　均衡利息率的决定

货币需求曲线的变动或货币供给曲线的变动，会引起均衡利率的变动。如图 14.12 所示，货币需求曲线 L 和货币供给曲线 m 决定了均衡利率 r_0，若货币需求增加，则 L 向右移动到 L_1，与 m 相交于 E_1，从而由新均衡点 E_1 决定的利率就上升到 r_1；若货币供给增加，m 向右移动到 m_1，与原来的货币需求曲线 L 相交于 E_2，从而决定了新的均衡利率为 r_2；若货币供给和货币需求同时增加到 m_1 和 L_1 相交的均衡 E_3 点，新决定的均衡利率为 r_3。

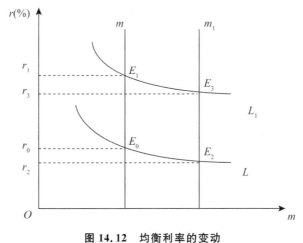

图 14.12　均衡利率的变动

三、LM 曲线的形成

（一）货币市场的均衡条件

货币市场的均衡表示货币需求与货币供给相等的状态。由于货币需求表示为：$L =$

$L_1(y) + L_2(r) = ky - hr$，而货币供给为 m。所以，货币市场的均衡条件是 $L = m$，也即 $ky - hr = m$。从这个等式中可知，当 m 为一定量时，L_1 增加时，L_2 必须减少，否则不能保持货币市场的均衡。L_1 是货币的交易需求（由交易动机和谨慎动机引起），它随着收入增加而增加。L_2 是货币的投资需求，它随利率上升而减少。因此，国民收入增加使货币交易需求增加时，利率必须相应提高，从而使货币投机需求减少，才能维持货币市场的均衡。反之，收入减少时，利率必须相应下降，否则，货币市场就不能保持均衡。

总之，当货币市场实现均衡时，表示利息率和国民收入函数关系的曲线称为 LM 曲线。其表达式可以由 $ky - hr = m$ 得到。

$$即 \quad r = \frac{ky}{h} - \frac{m}{h} \tag{14.9}$$

与 IS 曲线相似，LM 曲线表示要使货币需求量等于货币供给量，国民收入和利息率必须具备的关系；或者说，它表示国民收入和利息率应该怎样相配，才能保证货币需求量和货币供给量相等。图 14.13 表明，如果以横轴代表国民收入，以纵轴代表利息率，LM 曲线是一条向右上方倾斜的曲线。同样应该注意，LM 曲线的意义并不是表明利息率与国民收入存在函数关系，也不意味着两者之间存在因果关系。它只表明，当利息率和国民收入存在这样一种关系时，货币需求量和货币供给量保持相等，货币均衡的条件得到满足。

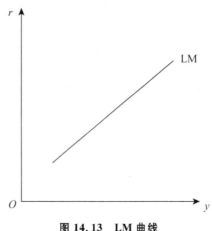

图 14.13　LM 曲线

货币供求的分析表明，货币需求 $L = L_1 + L_2$。L_1 是国民收入的函数，它随着国民收入的增加而增加。因此，它在横轴表示国民收入，纵轴表示货币需求量的坐标中是一条向右上方倾斜的曲线。L_2 则是利息率的函数，它随着利息率的上升而下降，它在横轴表示货币需求，纵轴表示利息率的坐标中表现为一条向右下方倾斜的曲线。

（二）LM 曲线的推导

在图 14.14 中，(a) 图是 L_2 曲线，它表示处于投机动机的货币需求量与利息率的关系。(b) 图是在两轴上截取等距的 45°线，它表示在货币供给量不变的条件下，要保持货币的需求量和供给量相等，L_2 增加多少，L_1 就要减少多少，以使货币需求量 L 保持不变。(c) 图是 L_1 曲线，它表示处于交易动机和谨慎动机的货币需求与国民收入的关系。(d) 图用于说明 LM 曲线是怎样形成的。在图中，(a) 和 (b) 的横轴，(b) 与 (c) 的纵轴，(c) 与 (d) 的横轴，(d) 与 (a) 的纵轴分别表示同一个变量，并使用同样的单位。如图 14.14 所示，LM 曲线是根据投机需求和交易及预防需求取得的。现在从 (a) 开始，假定利息率等于 r'，按照 L_2 曲线，相应的投

机金额是 m'_2，从 45°线可以看到，交易余额和谨慎余额必然等于 m'_1。根据 L_1 曲线，当交易余额和谨慎余额等于 m'_1 时，国民收入水平为 y'。因此，当利息率为 r' 时，使货币需求量和货币供给量相等的国民收入是 y'，利息率和国民收入的对应点是(d)图中的 A 点。

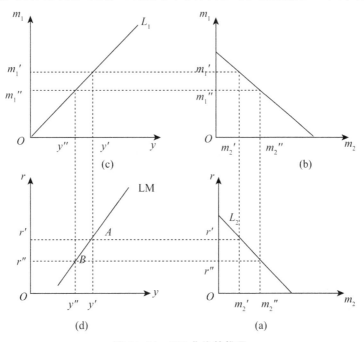

图 14.14   LM 曲线的推导

在货币供给量不变的条件下，假定利息率从 r' 下降到 r''，投机余额相应的从 m'_2 增加到 m''_2。由于货币供给量不变，交易余额和谨慎余额从 m'_1 减少到 m''_1。要使交易余额和谨慎余额减少到 m''_1，国民收入必须从 y' 降低到 y''。这样在(d)图中又得到利息率和国民收入的对应点 B 点。用同样的方法还可以得到另外的对应点，把这些对应点连接起来就可以得到 LM 曲线。由此可见，LM 曲线上任何一点都可以表示货币供给量等于货币需求量（$L = m$），LM 曲线也是因此而得名的。

通过上述分析，可以得出结论：LM 曲线上任何一点都表示货币需求与货币供给相等的货币市场均衡状态下收入和利率的组合。而位于 LM 曲线外的任何一点都表示货币需求与货币供给不相等。那么货币供给和货币需求究竟谁更大一些，我们来进行一个简单的证明。

对于 LM 曲线右方的任一点：例如图 14.15 中的 B 点与位于 LM 曲线上的 A 点有相同的收入水平，即：$y_A = y_B$。因为收入决定了出于交易动机和谨慎动机的货币需求量 L_1，所以 A 点和 B 点的交易货币需求是相同的，即：$L_{1A} = L_{1B}$。而 A 点和 B 点的利率水平不同，$r_A > r_B$，根据利率和出于投机动机的货币需求之间的反向变动关系知：$L_{2A} < L_{2B}$。由于在 A 点处有：$L_{1A} + L_{2A} = m$。因为货币供给 m 不变，所以在 B 点有：$L_B > m_B$。即 LM 曲线右边的点都表示货币需求大于货币供给的货币市场非均衡状态之下收入与利率的组合。同理可证明位于 LM 曲线左方的任一点都表示货币需求小于货币供给的货币市场非均衡状态之下收入与利率的组合。

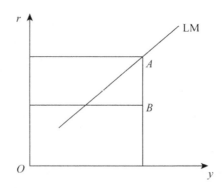

图 14.15　LM 曲线外任一点货币需求与货币供给不相等

从以上 LM 曲线形成的过程可以看出,LM 曲线的斜率取决于货币的投机需求和交易需求。从货币的投机需求看,如果货币需求对利率变动的反映很敏感,即货币需求的利率弹性较大,则表示较小的利率变动就会使货币需求有较大的变动,LM 曲线比较平坦。因为,货币需求的利率弹性较大时,利率稍有下降或上升,货币的投机需求 L_2 就会有较大增加或者减少,由于货币供给不变,从而货币的交易需求 L_1 就要有较多的减少或增加。于是,均衡的收入也要有较大幅度下降或上升,所以 LM 曲线比较平坦。

从货币交易需求来看,如果货币的交易需求较大,表示较低的收入水平需要较多的货币来交易,从而会使得 LM 曲线比较陡峭。如果没有货币的投机需求,表明货币全部用作交易,从而 LM 曲线是一条垂直线,斜率无穷大。

由于货币交易需求比较稳定,所以一般认为 LM 曲线的斜率主要由货币投机需求与利率的关系决定。由于货币的投机需求与利率的高低成反方向的变动关系,即利率越高,货币投机需求越小;利率越低,货币投机需求越大,这就决定了 LM 曲线是自左向右上方倾斜的形状,斜率为正。因为,当货币供给既定时,如果货币的交易需求与预防需求(L_1)增加,为了保持货币市场均衡,则货币的投机需求(L_2)必然减少。L_1 的增加是国民收入增加的结果,而 L_2 的减少又是利息率上升的结果。因此,在货币市场上实现了均衡时,国民收入与利息率之间必然是同方向变动的关系。

(三)LM 曲线的斜率

由于 LM 曲线的表达式写作:$r = \dfrac{ky}{h} - \dfrac{m}{h}$

所以,LM 曲线的斜率为 $\dfrac{k}{h}$,k 和 h 的大小将决定 LM 曲线的平缓和陡峭程度。

1. k 与 LM 曲线斜率大小的关系

k 为出于交易动机(包括谨慎动机)的货币需求对收入的敏感系数。当 h 不变时,k 越大,意味着货币需求对收入变动的敏感程度越高,则 $\dfrac{k}{h}$ 就越大,即 LM 曲线的斜率越大,LM 曲线越陡峭。反之,k 越小,则 $\dfrac{k}{h}$ 就越小,即 LM 曲线的斜率越小,LM 曲线越平缓。所以,k 的大小和 LM 曲线的斜率之间是同向变动的关系。

2. h 与 LM 曲线斜率大小的关系

h 为出于投机动机的货币需求对利率的敏感系数。当 k 不变时,h 越大,意味着货币需

求对利率变动的敏感程度越高,则 $\dfrac{k}{h}$ 就越小,即 LM 曲线的斜率越小,LM 曲线越平缓。反

之,h 越小,则 $\dfrac{k}{h}$ 就越大,即 LM 曲线的斜率越大,LM 曲线越陡峭。所以,h 的大小和 LM

曲线的斜率之间是反向变动的关系。

西方学者认为,货币的交易需求函数一般比较稳定,因此,LM 曲线的斜率主要取决于货币的投机需求函数。

（四）LM 曲线的移动

LM 曲线的移动主要取决于货币供给 m 和货币需求 L 的变化。

1. 货币需求 L 不变,货币供给 m 变动

假定 L 不变,如果 m 增加,则货币供求均衡点下移,LM 曲线向右下方平行移动;反之,LM 曲线向左下方平行移动,如图 14.16 所示。

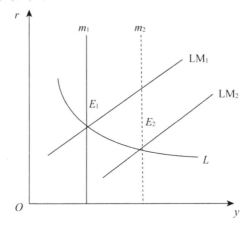

图 14.16　货币供给变动与 LM 曲线移动

货币供给 m 不变,货币需求 L 变动。假定 m 不变,如果 L 增加,则货币供求均衡点上移,LM 曲线向左上方平行移动;反之 LM 曲线向右下方平行移动,如图 14.17 所示。

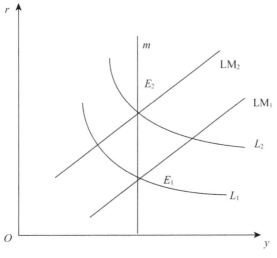

图 14.17　货币需求变动与曲 LM 线移动

任务 3　IS-LM 模型

按照凯恩斯理论,投资决定于利率和资本边际效率,利率由货币需求(即流动偏好)与货币供给决定,而货币需求又依存于收入和利率,这形成一个不合逻辑的循环推导。其矛盾在于,在利率既定前提下,商品市场均衡才能确定均衡收入;在收入既定前提下,货币市场均衡才能确定均衡利率,这必然要求把商品市场和货币市场结合起来,同时确定均衡收入和均衡利率,这就是要建立 IS-LM 模型。

一、IS-LM 模型的含义

以上我们分别研究了商品市场与货币市场的均衡,并推导出了 IS 曲线和 LM 曲线。IS 曲线、LM 曲线代表商品市场与货币市场分别实现了均衡,利率与国民收入的对应关系。但从两个市场互相影响、互相制约的角度看,每个市场的均衡都是不稳定的,只有两个市场同时达到均衡才能使均衡利率和均衡国民收入的对应关系最终稳定下来。

假定在经济体系内只有五个内生经济变量,即 y、s、i、L、r,利用已经求得的 IS 曲线和 LM 曲线,建立 IS-LM 模型。

在图 14.18 中,横轴 y 表示国民收入,纵轴 r 表示利率,做出 IS 曲线和 LM 曲线。在 IS 曲线上,都有 $i=s$;在 LM 曲线上,都有 $L=m$。设 IS 曲线和 LM 曲线的交点为 E,E 点为均衡点,表明了此时商品市场与货币市场同时实现均衡,均衡点的利息率为 r_e,均衡的国民收入为 y_e,由交点 E 决定的均衡利率和均衡国民收入是唯一的。

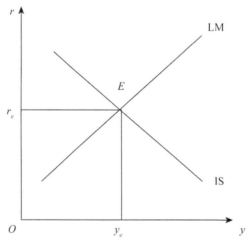

图 14.18　IS-LM 模型

二、IS-LM 模型的分析

IS 曲线上的任意一点代表产品市场的均衡,LM 曲线上的任意一点代表货币市场的均衡。而 IS 曲线和 LM 曲线的交点则代表产品市场和货币市场同时达到均衡的情况。那么在 IS 曲线和 LM 曲线交点外的区域代表了什么含义呢? 在图 14.19 中,我们可以看到,IS

曲线和 LM 曲线的相交使得整个坐标平面被分成了四个区域,这四个区域中都存在产品市场和货币市场的非均衡状态。

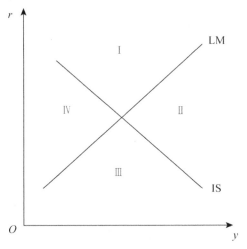

图 14.19　IS-LM 曲线划分的四个区域

例如,区域 I 中任何一点,一方面在 IS 曲线右上方,因此有投资小于储蓄的非均衡;另一方面又在 LM 曲线左上方,因此有货币需求小于供给的非均衡。其余三个区域中的非均衡关系也可以这样推出。这四个区域中的非均衡关系如表 14-1 所示。

表 14-1　产品市场和货币市场的非均衡

区域	产品市场	货币市场
I	$i<s$ 有超额产品供给	$L<m$ 有超额货币供给
II	$i<s$ 有超额产品供给	$L>m$ 有超额货币需求
III	$i>s$ 有超额产品需求	$L>m$ 有超额货币需求
IV	$i>s$ 有超额产品需求	$L<m$ 有超额货币供给

各个区域中存在的各种不同的组合的 IS 和 LM 非均衡状态会得到调整,IS 不均衡会导致收入变动:投资大于储蓄会导致收入上升,投资小于储蓄会导致收入下降;LM 不均衡会导致利率变动:货币需求大于货币供给会导致利率上升,货币需求小于货币供给会导致利率下降。这种调整最终都会趋向均衡利率和均衡收入。

三、非均衡向均衡调整的过程

由前已知,表示产品市场和货币市场同时达到均衡的利率与收入的组合只有唯一的一个。那么,如果出现了非均衡的状态,该如何向均衡来调整呢?

首先,所有位于 IS 曲线上的点都表示投资等于储蓄,而位于 IS 曲线右侧的任意一点,都表示投资小于储蓄,即 $i<s$,也就是总需求($c+i$)小于总供给($c+s$)。此时,经济社会生产的产品和劳务超出了所有人的需求,厂商会缩减生产规模,导致产出下降,即收入 y 降低。在 IS 曲线的坐标平面上,y 降低,即图 14.20 中的 A 点会有向左移动的趋势。相反,如果是 IS 曲线左侧的一点,则其运动的趋势是向右,如 B 点。

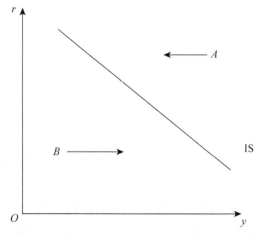

图 14.20　IS 曲线外一点向均衡调整的过程

其次,所有位于 LM 曲线上的点都表示货币需求等于货币供给,而位于 LM 曲线右侧的任意一点,都表示货币需求大于货币供给,即 $L > m$。此时,利率 r 会上升。在 LM 曲线的坐标平面上,r 上升,即图 14.21 中的 C 点会有向上移动的趋势。相反,如果是 LM 曲线左侧的一点,则其运动的趋势是向下,如 D 点。

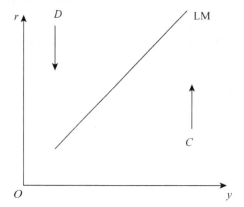

图14.21　LM 曲线外一点向均衡调整的过程

将以上两种情况综合起来,就可以分析在 IS-LM 模型中非均衡向均衡调整的过程了。如图 14.22 所示,位于 IS 曲线右侧、LM 曲线左侧的 A 点分别表示投资小于储蓄和货币需求小于货币供给,因此对于 A 点而言,$i < s$ 会使 A 点向左运动,$L < m$ 会使 A 点向下运动,这样两个不同方向的作用力的综合结果必然使 A 点向左下方运动。假定 A 点移动到 B 点的位置,可以判断 B 点所处的区域与 A 点相同,所以分析过程也相同,这里我们假设 A 点移动到了 IS 曲线上的 C 点,与 A 和 B 所不同的是,C 点代表产品市场达到均衡,而货币市场非均衡的状态。由于货币需求小于货币供给,所以 C 点的移动趋势是垂直向下。假定 C 点移动到位于 IS 左侧和 LM 左侧的 D 点时,它表示产品市场上的投资大于储蓄以及货币市场上的货币需求小于货币供给,因此 D 点的移动方向受到向右和向下两个作用力的影响,而最终的作用结果是 D 点向右下方移动。继续分析下去则不难发现,位于非均衡区域中的任意一点由于在产品市场和货币市场上需求与供给的作用力促使其最终趋向均衡。由于调整过程的轨迹类似于螺旋状,因此,这种非均衡向均衡的调整也叫做“螺旋式调整”。

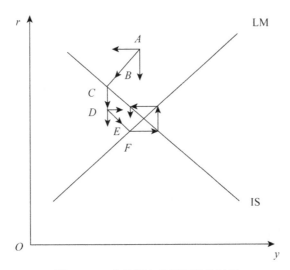

图 14.22　非均衡向均衡调整的过程

四、均衡国民收入和利息率的变动

影响 IS 曲线或 LM 曲线的因素变化，IS 曲线或 LM 曲线会发生移动，由 IS-LM 模型决定的均衡收入和均衡利率也会发生变化。一般地，如果 IS 曲线向右上方移动，均衡收入和利率提高；反之，均衡收入和利率下降。如果 LM 曲线向右下方移动，均衡收入增加，均衡利息率降低；反之，均衡收入减少，均衡利率提高。导致 IS 曲线向右上方移动的因素有：储蓄和税收的减少，私人投资和政府购买增加。导致 LM 曲线向右下方移动的因素：货币需求减少，货币供给增加。

（一）LM 曲线不变，IS 曲线的移动

投资和储蓄的变动会使 IS 曲线发生移动，这种移动对原均衡点的影响如图 14.23 所示。图中，IS_0 与 LM 相交于 E_0，决定了均衡国民收入为 y_0，均衡利率为 r_0。若 IS_0 曲线向右移动到 IS_1，则会引起国民收入由 y_0 增至 y_1，利率由 r_0 提高到 r_1；若 IS_0 曲线移至 IS_2，国民收入由 y_0 降至 y_2，利率则由 r_0 降至 r_2。

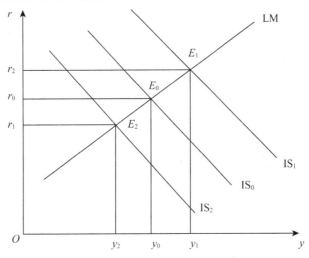

图 14.23　IS 曲线移动对均衡的影响

（二）IS 曲线不变，LM 曲线的移动

货币需求和货币供给的变动会使 LM 曲线发生移动，这种移动对原均衡点的影响如图 14.24 所示。图中，LM_0 与 IS 相交于 E_0，决定了均衡利率为 r_0，均衡国民收入为 y_0，若 LM_0 曲线向右移动至 LM_1，则会引起国民收入由 y_0 增至 y_1，利率由 r_0 下降至 r_1；反之，若 LM_0 曲线向左移至 LM_2，利率将由 r_0 上升到 r_2，则国民收入由 y_0 降至 y_2。

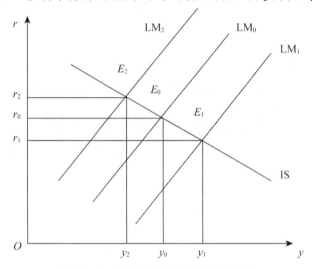

图 14.24　LM 曲线移动对均衡的影响

（三）IS 曲线和 LM 曲线同时移动

若 IS 曲线与 LM 曲线因各种因素的共同作用而同时变动，则 IS 与 LM 曲线的新的交点将随着 IS 与 LM 曲线变动的方向与程度的不同而不同。在各种情况下，利率与收入的变动，可以从上面两种情况中推导出来。

【案例分析】

在引导案例 1 中，我们可以由产品市场和货币市场的均衡理论来分析。产品市场的变化将导致货币市场的变动，粮食价格的普遍上涨，将导致居民消费价格指数上行，加大了通货膨胀的可能性。要维持产品市场和货币市场的平衡，就要采取紧缩性货币政策，减少货币供应量。因此，一旦粮食价格上涨的幅度偏大，不可避免地要实施紧缩性货币政策。这是因为，价格上涨——企业利润上升——投资需求上升——总需求上升——供不应求问题更加严重——通货膨胀压力更大，这样一种恶性循环的可能性是存在的。

引导案例 2 论述了在利率不断上涨的今天，房价不但没有下降，反而在连年上涨。按照总供给和总需求理论，利率上涨，会抑制投资、消费，稳定物价，降低总需求。那么总需求的下降，会导致物价降低。按照此理论，房价会由于加息而降低。但是现实却相反，我国的房价一直在上涨。这说明在我国仅仅靠利率的变动，对我国总需求的影响很小。因此在制定宏观政策时要考虑我国的国情。

【项目小结】

本章重点可以被归结如下：

1.在国民收入决定的简单模型中，投资被当做外生变量；当把货币因素纳入收入决定模型时,投资就成为一个内生变量,要受多种因素影响。其中,利率是最重要的;作为投资的成本,投资与它有反方向依存关系,这就是投资需求函数。

2.从产品市场均衡要求计划投资等于计划储蓄这一点出发,可以得到一条反映利率和收入相互关系的曲线,即 IS 曲线。IS 曲线的斜率主要由边际消费倾向和投资需求对利率变动的敏感程度决定,也受税率等因素的影响。当投资意愿、储蓄意愿、政府支出税收以及进出口发生变化时,IS 曲线就会移动。

3.利率决定于货币需求和供给,货币需求按凯恩斯说法决定于交易、谨慎和投机三大动机,并由此得到货币需求函数:$L = L_1(y) + L_2(r) = ky - hr$,用 m 表示实际货币供给,则货币市场均衡的公式 $m = ky - hr$ 可表示为满足货币市场均衡条件下收入 y 与利率 r 的关系,表示这一关系的图形即 LM 曲线。

4.IS 和 LM 曲线交点的利率和收入就是产品市场和货币市场同时达到均衡的利率和收入。这一利率和收入的数值可以通过 IS 方程和 LM 方程联立求解而获得。任何不在均衡水平上的利率和收入在两个市场充分自由条件下总会有走向均衡的趋势。IS 和 LM 曲线的移动会使均衡利率和收入发生变动。

5.IS-LM 分析是对凯恩斯经济理论整个体系的最流行的阐释。

【实训练习】

一、名词解释

1.资本边际效率　　　　2.IS 曲线　　　　　3.货币需求

4.交易动机　　　　　　5.谨慎或预防动机　6.投机动机

7.流动偏好陷阱　　　　8.LM 曲线　　　　　9.IS-LM 模型

二、简答题

1.资本边际效率为什么递减?

2.货币需求有哪些动机?它们分别受什么因素的影响?

3.哪些因素的变动会导致 IS 曲线发生平移?如何移动?

4.哪些因素的变动会导致 LM 曲线发生平移?如何移动?

三、论述题

怎样理解 IS-LM 模型是凯恩斯主义宏观经济学的核心?

项目十五　宏观经济政策

【项目目标】

1. 掌握财政政策与货币政策的含义及目标；
2. 理解财政政策与货币政策的具体手段与运用；
3. 掌握财政政策与货币政策的效果分析；
4. 掌握财政政策与货币政策的搭配使用。

【引导案例】

案例1 ● 关于 **2012** 年美国财政政策的几点看法 ●

财政会在多大程度上影响 2012 年美国经济的增长？

美国两党基本达成 2012 年度财政预算,避免政府被迫关门。两党于上周通过了金额约 1 万亿美元的 2012 年度财政预算,奥巴马亦表示支持,将保证联邦政府在 2012 年财政年度不会出现因为缺乏资金而被迫关门的情形——相对今年美国 3 次出现政府几乎被迫关门,极大扰乱市场信心的情形来说,这是非常积极的信息。

但明年财政政策对美国经济的支持作用将会减弱。2012 年是美国的大选年,两党之间的斗争增加了 2012 年财政政策的复杂性与不确定性。根据国会办公室的估算,2012 年美国财政赤字占 GDP 比例预计将减少 2.3 个百分点,来源既包括随经济复苏自动实现的部分,也含有政策变化主动实现的部分。

与 2011 年相比,2012 年财政对美国经济增长的支持最多可减弱约 2%。2012 年财政对美国经济的支持减弱主要来自三个方面:第一,社会安全税与失业救济延长的优惠政策到期(对 GDP 增长拉动作用减少约 0.9%);第二,中期财政预算平衡需要减少部分政府支出(拖累 GDP 增长约 0.2%);第三,奥巴马刺激计划部分条款将过期——按这部分对经济拉动作用减少 1% 计,2012 年财政对美国经济增长的支持减弱最多可达约 2%。社会安全税减免有望延长,但期限未定仍威胁美国经济复苏。国会正在讨论延长社会安全税减免,目前两党都同意有必要继续延长该税收减免,但最终延期多久还未确定,目前两党的分歧还是在于如何为税收减免延期提供资金。如果社会安全税减免延长一年,失业救济继续延期,那么财政对经济增长的支持可能只减弱 1% 左右。

2014 年前美国的财政赤字仍将保持在较高的位置。根据 CBO 测算,2012 年美国财政赤字占 GDP 的比例约为 6.2%,债务占 GDP 比重超过 100%。2013 年财政赤字进一步下降为 GDP 的 3.2%。2014—2021 年美国财政赤字预计将保持在 GDP 的 1.1%～1.5% 左右(部分现行减税条款能否延期影响财赤/GDP 比重)。

奥巴马就业法案零星闯关,短期影响小。

如我们此前预期的一样,数周前美国国会参众两院全票通过奥巴马就业法案分拆后的零星部分,鼓励企业雇用退伍军人,以及支持政府工程承包商。具体来说,政府将对雇用退伍军人的企业提供税收减免。2006 年相关法案中要求各级政府截流政府承包商部分款项3％的规定也被推翻。从规模上看,鼓励企业雇用退伍军人法案预算仅为 9.6 亿美元,支持政府工程承包商所减少的政府收入在未来 10 年为 110 亿美元。这些仅占原方案总额 4470 亿美元的很小比例。从时效上看,这些法案预计到 2013 年才开始生效,短期内对美国经济的影响较小。

(摘自全景网政策频道,2011 年 12 月 23 日,作者林暾)

在以上案例中,美国政府采取的财政政策有何目的呢?其在经济发展过程中又会对经济造成哪些影响?在本项目中,我们将就此问题从经济学角度进行讨论,这之前,我们很有必要了解宏观经济政策的目标、手段,以及学会分析这些经济政策会带来什么样的影响?

任务 1　经济政策目标

20 世纪 30 年代以前,在西方经济学界占统治地位的是以马歇尔和瓦尔拉斯为代表的新古典经济学,认为在完全竞争市场条件下,供求会自动达到均衡,经济中不会出现经济过剩的危机。其政策主张自亚当·斯密以来都认为国家无需对经济进行干预,国家的主要作用在于当好守夜人。然而,20 世纪 30 年代以来的经济大萧条,打破了一直以来新古典经济学自由竞争、自由放任即可实现经济稳定增长的美梦,资本主义经济出现了大衰退,生产能力大量过剩,失业人数剧增,在这样的背景下,凯恩斯主义应运而生。按照凯恩斯的理论,资本主义自由放任的条件下,由消费需求和投资需求构成的有效需求,不足以实现充分就业,市场机制不能使总需求与总供给在充分就业水平上达到均衡。当总需求不足时,必然出现萧条和失业;当需求过度时,必然会出现通货膨胀。因此,需要政府为了维持经济的稳定进行市场调节,其政策手段就是运用宏观经济政策进行总需求管理。在此后的几十年里,政府运用经济政策对经济进行调节以达到一定的经济目标已逐渐成为各国政府的共识,宏观经济政策也越来越普遍地为各国政府所运用。

一、经济政策的含义

经济政策是指国家或为了增进社会福利而制定的解决经济问题的指导原则和措施,它是政府为了达到一定的经济目而对经济活动的有意识的干预。各国的经济政策都是根据所处的经济环境,为了达到一定的政策目标而制定的。经济政策有宏观经济政策和微观经济政策之分。宏观经济政策包括财政政策、货币政策、收入政策等;微观经济政策是指政府制定的一些反对干扰市场正常运行的立法以及环保政策等。宏观经济政策是指国家和政府为使宏观经济政策运行达到一定效果,有意识地运用干预和影响经济的措施,运用宏观经济政策,政府可以有意识有目的的改变宏观经济运行中的一些变量,进而影响宏观经济运行,达到预期的经济目标。本章我们主要讨论的是宏观经济政策,即财政政策和货币政策。

二、经济政策目标

按照西方经济学者的解释,宏观经济政策目标主要包括充分就业、物价稳定、经济增长和国际收支平衡四大目标。

充分就业(Full employment)是宏观经济政策的首要目标。充分就业广义上是指一切生产要素(包括劳动)都有机会以自己愿意接受的报酬或价格参加生产的状态;狭义上是指一切劳动者在愿意接受现在的报酬条件下都有工作。充分就业是一个有多重含义的经济术语。它的概念是英国经济学家 J. M. 凯恩斯在《就业、利息和货币通论》一书中提出的。

西方经济学家通常用失业率作为衡量充分就业与否的尺度。失业率指失业人数对劳动力人数的比率。劳动力是指一定年龄范围内有劳动能力并且有劳动意愿的人。劳动年龄范围之外的人如老人孩子以及不愿意工作的人,都不能称之为劳动力。劳动力人数与人口总数的比率称为劳动力参与率。失业者仅指劳动力中那些想找工作但未找到工作的人。

充分就业并非百分之百的就业,充分就业时仍有一定的失业,凯恩斯认为,消除了非自愿失业的就业状态就是充分就业。充分就业并不等于全部就业或者完全就业,而是仍然存在一定的失业。通常把失业率等于自然失业率时的就业水平称为充分就业。在不同国家和不同时期具有不同的自然失业率的具体数值,各国政府可以依据具体情况来确定本国特定时期是否实现了充分就业。一般认为,就业率在 97% 以上为充分就业,95% 左右为一般就业水平。

物价稳定是宏观经济政策的第二个目标。物价稳定就是避免或减少通货膨胀,但并不是通货膨胀率为零。物价稳定是指整体物价总水平的稳定。在任何一个经济社会中,由于各种经济和非经济因素的影响,物价不可能保持在一个固定不变的水平上,一般来说,随着经济的发展会或多或少地有一些或高或低的通货膨胀,因此,物价稳定并不意味着每种商品和劳务的价格固定不变。西方学者一般用价格指数来衡量这一价格水平的变化。价格指数一般有消费物价指数、批发物价指数和国内生产总值折算指数三种。实践表明,通货膨胀无法完全消除,因此大部分国家都把一般较轻微的通货膨胀看成是基本正常的经济现象。西方经济学家们目前普遍认为,通货膨胀率在两位数以上时需要政府干预,而对于温和的通货膨胀,政府的介入反而会带来更严重的后果。

经济增长是指一个经济社会在一定时期内(通常为一年)所生产的商品和劳务,即产量或收入的增加,通常用一定时期内实际年均 GDP 或年人均 GDP 来衡量。经济增长和失业是相互关联的,如何维持较高的经济增长率以实现充分就业是西方宏观经济政策追求的目标。

国际收支平衡是指既无国际收支赤字又无国际收支盈余。从长期看,一国的国际收支状况无论是赤字还是盈余对一国经济的稳定发展都会产生不利的影响,会对其他宏观经济目标的实现造成障碍。具体说来,若国际收支长期处于盈余状态,会减少国内消费与投资,使社会总需求减少,不利于实现充分就业和经济持续稳定地增长;如果出现长期的国际收支赤字,赤字将由外汇储备或通过对外举债偿还,必将导致国内通货膨胀的发生。

从长期来看,这四个宏观经济目标之间是相互促进的。经济增长是充分就业、物价稳定和国际收支平衡的物质基础;物价稳定又是经济持续稳定增长的前提;国际收支平衡有利于国内物价的稳定,有利于利用国际资源扩大本国的生产能力,加速本国经济的增长;充分就业本身就意味着资源的充分利用,这当然会促进本国经济的增长。但是,在短期中,从迄今为止的各国宏观经济政策实践来看,这几个目标之间并不总是一致的,而是相互之间存在着矛盾。

经济政策之间的矛盾给制定宏观经济政策带来了一定的困难,但宏观经济政策是为了全面实现这四个宏观经济目标,而不仅仅是要达到其中某一、两个目标,这样,就需要考虑各种因素来对各种政策目标进行协调。

任务 2　财政政策

一、财政政策的概念

财政政策是一个国家的政府为了达到预期的经济目标而对政府收入、政府支出和公债水平所作出的决策。西方财政政策的理论依据是凯恩斯主义的有效需求不足理论。凯恩斯认为,国民收入水平和就业水平取决于社会总需求与总供给的均衡。在边际消费倾向递减、资本的边际效率递减以及流动偏好不断提高等规律的作用下,社会总需求总是不足的。不充分的有效需求所决定的国民收入水平不能使资源得到充分利用,从而导致生产下降和失业增加。为此政府需要对经济进行宏观调控,刺激社会总需求,进而增加就业,提高国民收入水平。相反,如果社会总需求过旺,政府可通过宏观调控抑制社会总需求,以减少国民收入水平。

二、财政政策工具及其运用

政府对经济生活的干预是通过政府的财政支出政策和财政收入政策进行的。财政支出政策主要包括政府购买支出和转移支付等;财政收入政策主要包括税收和公债等。

(一)财政政策工具

1.财政支出

一国政府的支出主要包括政府购买和转移支付。政府购买是政府对商品和劳务的购买,包括购买军需品、警察装备用品、政府机关办公用品、付给政府雇员的酬金、各种公共工程项目的支出等等都属于政府购买。可以说,政府购买涉及各种项目,从航空母舰到公务管理人员的薪金,无所不包。由于政府购买发生了商品和劳务的实际交换,直接形成了社会总需求和实际购买力,是国民收入的一个重要组成部分,因此是一种实质性的支出,它的大小是决定国民收入水平的主要因素之一,直接关系到社会总需求的规模。政府购买支出的变动对整个社会总支出水平起着举足轻重的调节作用。当社会总支出水平过低,人们的有效需求不足,存在严重的失业时,政府可以通过增加购买支出,例如兴办学校、增加教育投入、开展公共工程,以增加整个社会的总需求水平,减少失业,同经济衰退进行斗争。相反,当社会总支出水平过高、社会存在超额需求、存在通货膨胀时,政府应该采取减少政府的购买性支出的政策,以降低社会的总体有效需求,抑制通货膨胀,从而使经济达到充分就业的均衡。因此,通过改变政府购买性支出水平是政府财政政策的强有力手段之一。

政府支出的另一部分是转移支付,与政府购买性支出不同,政府转移支付是指政府的社会福利等支出,如卫生保健支出、收入保障支出、退伍军人福利、失业救济和各种补贴等方面的支出。既然转移支付也是政府支出的重要组成部分,政府转移支付的增减对整个社会总支出同样具有重要的调节作用。与政府购买性支出一样,政府转移支付也是一项重要的财政政策工具。一般来说,当社会总支出水平不足、社会的有效需求不足、经济社会失业增加时,政府可以通过增加政府的转移支付、提高社会福利水平,使公众手中的可支配收入增加,从而提高人们的消费水平,增加整个社会的有效需求,减少失业;当社会总支出水平过高、有效需求过旺、存在通货膨胀时,政府则应该减少政府的转移支付,降低社会福利水平,使人们的可支配收入减少,降低公众的消费水平,从而使社会的有效需求降低,以制止通货膨胀。总之,通过政府转移支付的变动达到总供给与总需求的均衡,实现经济持续稳定地增长。政府购买支出和转移支付的变动通过乘数效应作用于国民收入,由于购买支出乘数大于转移支付乘数,因此,政府的购买支出乘数效应大于转移支付乘数效应。

　　2.财政收入

　　在政府的收入中,税收是最主要的部分。经济学家普遍将税收这样定义:税收是国家为了实现其职能按照法律规定的标准,强制地,无偿地取得财政收入的一种手段,税收具有强制性、无偿性、固定性三个基本特征。西方国家财政收入的增长,在很大程度上源自于税收收入的增长。税收依据不同的标准可以进行不同的分类。根据课税对象的不同,税收可以分为:财产税、所得税和流转税三类。财产税是指对纳税人的动产和不动产课征的税收。许多国家对财产的赠予或继承征税,有些国家还对纳税人的净财产(资产减去负债)征税,称之为个人财产税。所得税是对个人和公司赚取的所得课征的税收。在西方政府税收中,所得税占有的比例较大,因此,其税率的变动对社会经济生活会产生巨大的影响。流转税是对流通中的商品和劳务的交易额课征的税收。增值税是其中主要的税种之一。根据收入中被扣除的比例,税收可分为累退税、累进税和比例税。累退税是指税率随征税客体总量增加而递减的一种税,比例税是税率不随征税客体总量变动而变动的一种税,即按一个统一的税率比例从收入中征收,多适用于流转税和财产税。累进税是税率随征税客体总量增加而增加的一种税。西方国家的所得税大部分属于累进税。这三种类型的税通过税率的变动反映了赋税的负担轻重和税收总量的关系,因此,税率的高低以及变动的方向对经济活动,如个人收入和消费、企业投资、社会总需求等都会产生极大的影响。

　　税收既是作为西方国家财政收入的主要来源之一,又是国家实施其财政政策的一个重要手段,它与政府的购买性支出、政府的转移支付一样,同样具有乘数效应,即政府税收的变动对国民收入的变动具有成倍的作用。在讨论税收乘数时,一般要分清两种情况:一种是税率的变化对国民收入的影响;另一种是税收绝对量的变动对国民收入的影响。因此,税收作为一种财政政策工具,既可以通过改变税率,也可以通过变动税收总量来实现宏观经济政策目标。例如,可以通过一次性减税,即变动税收总量来达到刺激社会总需求的目的,还可以通过改变税率使社会总需求得以变动,以此达到预定的目标。由于改变税率主要使所得税率变动,一般而言,当税率降低时,会引起税收的减少,个人和企业的消费和投资增加,以致整个社会的总需求增加,以及国民收入水平的提高。反之,税率的提高,会导致社会总需求的减少和国民收入水平的降低。因此,当经济社会有效需求不足时,一般可采用减税这种扩张性的财政政策抑制经济的衰退,而经济出现需求过旺、通货膨胀时,可通过增加税收这种紧缩性的财政政策抑制通货膨胀。

公债是政府向公众举借的债务,或者说是公众对政府的债权,它是政府财政收入的另一个组成部分。公债是相对于私债而言的,其最大的区别就在于公债的债务人是拥有政治权利的政府。公债与税收不同,公债是以国家(或政府)信用为基础的,是政府以其信用向公众筹集财政资金的特殊形式。从公债发行的主体看,有中央(联邦)政府公债和地方各级政府公债,通常将中央政府发行的内债称为国债,它是指本国公民持有的政府债券。公债一般分为短期公债、中期公债、长期公债三种形式。短期公债一般指偿还期在1年或1年以内的公债,短期公债最常见的形式是国库券,主要是为了弥补当年财政赤字或解决临时资金周转不灵的问题,利息一般较低,主要进入短期资本市场(货币市场)。中期公债是指偿还期限在1~5年的公债,主要目的是为了弥补财政赤字或筹措经济建设资金。长期公债则是指偿还期限在5年以上的公债,但一般按预先确定的利率逐年支付利息,主要是为了筹措经济建设资金。中长期公债由于期限长风险大因而利率较高,也是西方国家资本市场上最主要的交易手段之一。从以上对公债的性质的分析可以看出,政府发行公债,一方面能增加政府的财政收入,弥补财政赤字,筹措建设资金,影响财政收支,属于政府的财政政策;另一方面,又能对货币市场和资本市场在内的金融市场产生扩张和收缩的作用,通过公债的发行在金融市场上影响货币的供求,促使利率发生变动,进而影响消费和投资,调节社会总需求水平,对经济产生扩张和收缩的效应。因此,从这一点上来看,公债既具有财政政策的功能,又有一定的货币政策作用。

政府在运用财政政策工具时根据财政政策对总需求的影响可以分为扩张性财政政策、紧缩性财政政策和中性的财政政策。当经济出现有效需求不足,失业增加等衰退现象时,政府要实行扩张性财政政策,即增加政府支出、减少政府税收或二者双管齐下,以刺激总需求,解决衰退和失业问题;相反,当总需求过旺、价格水平持续上涨时,政府要实行紧缩性财政政策,如减少政府支出、增加政府税收或二者双管齐下,以抑制总需求,解决通货膨胀问题。这种根据不同的经济形势而交替使用的扩张性和紧缩性财政政策被称为补偿性财政政策或斟酌使用的财政政策。

(二)财政政策运用实例

财政政策一直是各国调控经济的重要手段。2010年以来世界主要经济体针对自己所面临的经济形势,都陆续采取了一系列财政政策来调节本国经济。2010年以来,美国和日本的经济复苏进程逐步减缓。面对低增长、高失业率与高财政赤字的两难处境,两国政府选择了前者作为当前政策主要着力点,而将解决财政赤字问题暂时搁置。为进一步刺激经济,增加就业,美国和日本都陆续推出新的经济刺激计划。2010年奥巴马政府向国会提交了总额超过3.8万亿美元的2011财年预算报告。其中包含了1000亿美元的新刺激经济计划,涉及个人及中小企业减税,基础设施开支及清洁能源计划等领域。三月份,为扩大本国产品的市场,提升就业率,美国政府公布了首个以推动出口为目标的专门战略——国家出口战略,计划将出口在未来5年内翻一番。随着二季度经济增长放缓和国会中期选举的临近,奥巴马在9月6日和8日接连提出了总额达3500亿美元的新经济刺激计划。2010年1月29日,日本国会通过了鸠山内阁提出的2009财年第二次补充预算方案,授权政府实施总额7.2万亿日元的经济刺激计划,以改善就业、帮助中小企业融资和促销环保类商品。9月10日,菅直人内阁推出了其上台后的首份经济刺激计划,总额达到9150亿日元。10月8日,为应对通货紧缩和日元升值所带来经济下行风险,日本政府在间隔不到1个月的时间内再次出台刺激措施,规模也上升至 5.05 万亿日元。美、日两国政府相继推出的经济刺激方案中既包含了刺激消费,增加就业等短期目标,也涉及更新基础设施,扶持新兴产业等远期发展战略。但从资金分配看,其政策重心仍是力图在短期内通过减少个人和企业税收,增加政府公共支出来刺激国内消费和投资,达到带动经济增长,增加就业的目的。由于制造业和建筑业是美国在本轮衰退中失业最为严重的两个行业,就业人口分别减少了 15% 和 25%,其刺激政策也相应地集中在这两个行业以及零售业。而日本则由于出口对其经济增长和就业影响较大,政策重心较为偏向出口部门。

与美国和日本相反,主权债务问题在 2010 年以后逐渐由希腊一国蔓延至西班牙、爱尔兰、葡萄牙和意大利等欧盟国家,并在 4 月演变成为一场波及欧洲多个国家的债务和欧元信用危机,这成为欧洲国家当前所面临的最大难题。主权债务危机使得欧盟各国开始下决心整顿政府财政并相继出台了各自的公共支出紧缩计划。在各国推出的紧缩计划中,主要包含了"节流"和"开源"两方面的内容,"节流"主要是改革退休制度、削减公务员岗位和薪酬以及政府在社会保障和社会福利方面的支出;"开源"则主要是增税或开征新税以增加政府收入。债务危机发生后,希腊、葡萄牙、爱尔兰、西班牙和意大利等国相继推出了公务员减薪和削减债务方案。6 月,德、法、英三国也提出了各自的紧缩计划。德国内阁通过了分 4 年削减 816 亿欧元的财政紧缩方案,计划将德国政府债务占 GDP 比重由目前的 5% 降至 3% 以内。方案包括裁减最多 1.5 万个公共部门的工作岗位,针对银行、航空旅行和核电业征收新税等措施。6 月 12 日,法国政府宣布采取紧缩措施,计划在未来 3 年中削减 450 亿欧元的公共开支,以便把法国国债占 GDP 比例由 8% 降到 3% 以下。6 月,英国推出了近 30 年来最严厉的财政紧缩预算《紧急预算案》,并于 10 月 20 日公布了具体的紧缩措施。为降低财政赤字,英国政府计划未来 5 年削减 830 亿英镑的财政预算。

无论是美国和日本为了刺激经济所采取的积极财政政策,还是欧洲各国为了解决债务危机所采取的公共支出紧缩计划,财政政策作为宏观经济政策的重要内容在实践中已经成为世界各国调节经济的重要手段。

三、财政政策效应

(一)自动稳定器

自动稳定器(automatic stabilizer)也称为内在稳定器,是经济中一种自动的作用机制,它可以自动地减少由于总需求变动而引起的国民收入波动,使经济发展较为平稳。自动稳定器主要是指那些对国民收入水平的变化自动起到缓冲作用的财政调节工具,如政府税收、转移支付等,它的功能表现在:当经济繁荣时自动抑制通货膨胀,在经济出现萧条时自动减轻萧条,而不需要政府采取任何措施。自动稳定器是通过以下几项制度发挥其作用的。

首先是政府税收。税收特别是个人所得税和公司所得税是重要的稳定器。在经济萧条时期,国民收入水平下降,个人收入减少,在税率不变的条件下,政府税收会自动减少,而人们的可支配收入也会因此自动地少减少一些,虽然萧条时期的消费和需求有一些下降,但会下降得少一些。在累进税制下,表现得尤为明显。例如,在累进税制地情况下,由于经济萧条会引起收入的降低,使某些原来属于纳税对象的人下降到纳税水平以下,另外一些人也被降到较低的纳税等级。结果,个人缴纳的税收因为国民收入水平的降低而减少了,政府税收下降的幅度会超过收入下降的幅度,从而起到抑制经济萧条的作用。反之,在通货膨胀时期,失业率较低,人们收入会自动增加,税收会因个人收入的增加而自动增加,使得个人可支配收入由于税收的增加而少增加一些,从而使消费和总需求自动增加得少一些。在实行累进税制情况下,经济的繁荣使人们收入增加,更多的人由于收入的上升自动地进入到较高的纳税等级。政府税收上升的幅度会超过收入上升的幅度,从而使得通货膨胀有所收敛。另外,公司所得税也具有同样的作用。

其次是政府转移支付。这里的政府转移支付主要包括政府的失业救济金和其他的社会福利支出。在经济出现衰退和萧条时期,由于失业人数增加,符合领取失业救济金的人数相应增加,政府转移支付会自动增加,使得人们的可支配收入会增加一些,这就可以抑制经济萧条使人们收入下降而使个人消费和总需求的下降,起到抑制经济萧条的作用。反之,当经济过热产生通货膨胀时,由于失业率降低,符合领取失业救济金和各种补贴的人数减少,政府的这笔支出会因此自动的减少,从而自动的抑制可支配收入的增加,使消费和总支出减少,内在稳定器在一定程度上可以起到降温和遏制通货膨胀的作用。

最后是农产品价格维持制度。经济萧条时期,国民收入水平下降导致价格水平会降低,农产品价格也将下降,政府为了抑制经济的衰退,依照农产品价格维持制度,按支持价格收购农产品,使农民收入和消费维持在一定水平上,不会因国民收入水平的降低而减少太多,也起到刺激消费和总需求的作用。当经济繁荣时,由于国民收入水平提高使整体价格水平上升,农产品价格也因此上升,这时政府减少对农产品的收购并售出库存的农产品,平抑农产品价格,无形中抑制了农民收入的增加,从而降低了消费和总需求水平,起到抑制通货膨胀的作用。

总之,在经济扩张时期,税收自动增加,失业保险、贫困救济等转移支付自动减收,有助于抑制经济过热。相反,在经济衰退期,税收自动减少,各项转移支付自动增加,有助于缓和经济的衰退。因此,税收、政府转移支付的自动变动和农产品的价格维持制度在一定程度上对宏观经济运行起到了稳定的作用,成为财政制度的内在稳定器和防止经济大幅度波动的第一道防线。但同时,各种自动稳定器不能充分调节社会总需求,其对经济的自动稳定作用有限,政府在经济出现波动时还需采取相机抉择的财政政策调节经济。

(二)财政政策的挤出效应

挤出效应是指由于政府支出增加从而使得私人部门的消费与投资减少。挤出效应可能是部分的,也可能是完全的。当私人投资的减少小于政府支出的增加时,这时的挤出效应就是部分的;当私人投资的减少量与政府支出的增加量相等时,挤出效应就是完全的。

当经济达到充分就业时,政府支出增加会导致私人投资以如下方式减少:由于政府支出增加,产品市场上产出水平达到极大,导致在产品市场上对商品和劳务的购买竞争加剧,物价水平上涨,如果在这时货币的名义供给量不变,实际的货币供给量必然会由于价格的上涨而减少。由于产出水平不变,用于交易需求的货币量(m_1)不变,只有使用于投机需求的货币量(m_2)减少。结果,债券价格会下跌,利率上升,必然导致私人投资支出减少。私人投资的减少,必将产生一系列的影响,首先使总需求减少,导致国民收入降低,影响人们的消费水平,使人们的消费随之降低。这就是说政府支出的增加"挤占"了私人的投资和消费。

如图 15.1 所示:当未增加政府支出时,初始均衡点为 E_0 点,国民收入为 y_0,利率为 r_0,政府支出增加会使 IS 曲线从 IS_1 右移至 IS_2,如果利率仍为 r_0 不变,则国民收入会从 y_0 增加至 y_2,然而由于政府支出增加使国民收入增加的同时,也导致利率也从原来的 r_0 上升至 r_1,因此国民收入并未增加至 y_2,而仅仅增加至 y_1,其中 y_1、y_2 即为政府支出增加导致利率上升从而带来的私人投资的下降,即政府投资对私人投资的挤出。

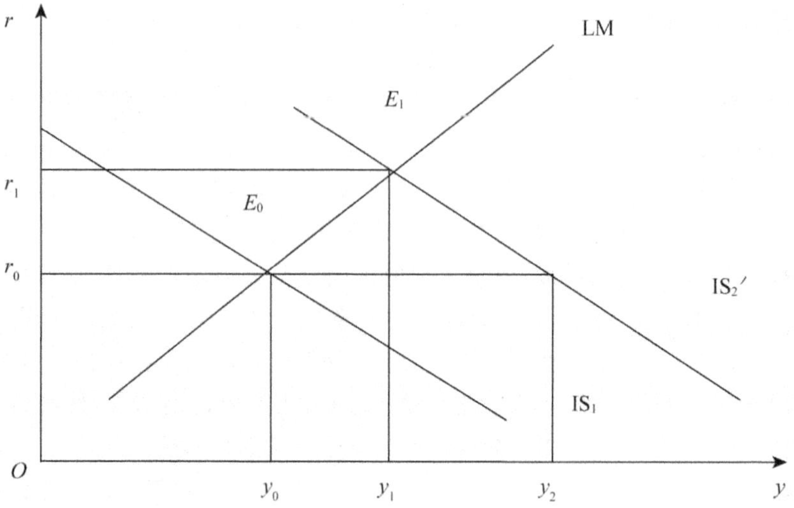

图 15.1　挤出效应

挤出效应的大小具体来说取决于以下几个因素。

第一,货币需求的收入弹性。货币需求的收入弹性就是货币需求函数($L=ky-hr$)中的 k。货币需求的收入弹性越大,LM 曲线越陡峭,说明货币需求对产出水平越敏感,一定的国民收入增加所引起的货币需求的增加也越大,在货币供给量不变的前提下,货币需求越大,利率上升得越高,私人投资和总需求减少得越多,国民收入增加得越少,即挤出效应越大。反之,货币需求的收入弹性越小,LM 曲线越平坦,挤出效应越小。

第二,货币需求的利率弹性。货币需求的利率弹性就是货币需求函数中的 h。货币需求的利率弹性越小,LM 曲线越陡峭,说明货币需求对利率越敏感,一定的货币需求增加需要利率上升很多,从而投资和总需求减少得就多,国民收入也就减少得越多,即挤出效应越大。反之,货币需求的利率弹性越大,LM 曲线越平坦,挤出效应就越小。

第三,投资的利率弹性。投资函数($i=e-dr$)中的 d 就是投资的利率弹性,它表示投资需求对利率的敏感程度。投资的利率弹性越大,说明投资需求对一定的利率变动越敏感,IS 曲线的斜率就越小,IS 曲线越平坦,一定的利率变动所引起的投资变动也就越大,使总需求和国民收入的变动就大,因而挤出效应就越大。反之,投资的利率弹性小,"挤出效应"也越小。

第四,支出乘数。支出乘数越小,IS 曲线斜率会越大,IS 曲线越陡峭,政府支出所引起的国民收入的增加也越少,但利率提高使投资减少所引起的国民收入的减少也越少,即挤出效应也越小;反之,支出乘数越大,IS 曲线斜率就越小,IS 曲线越平坦,"挤出效应"也越大。

在这些影响挤出效应的因素中,支出乘数主要取决于边际消费倾向。一般而言,边际消费倾向是比较稳定的,同时税率也不会轻易变动。货币需求的收入弹性 k 主要取决于人们的支付习惯和制度,一般也认为其比较稳定。因此,"挤出效应"的大小主要取决于货币需求的利率弹性和投资的利率弹性。

(三)财政政策效果分析

财政政策效果的大小取决于挤出效应,挤出效应越大,政策效应越小;反之,政策效应越大。影响挤出效应和财政政策效果的主要因素是 IS 曲线和 LM 曲线斜率的大小。下面我们将以 IS-LM 型为工具,分析财政政策效果的大小。

1.IS 曲线斜率对财政政策效果的影响

在 LM 曲线斜率一定时,IS 曲线的斜率即陡峭程度就决定了财政政策效果的大小。如图 15.2 所示,未实行财政政策时,较为平坦的 IS_1 曲线和较为陡峭的 IS_2 曲线与 LM 曲线初始状态下均衡点均为 E_0 点,初始状态下的均衡收入均为为 y_0,均衡利率均为 r_0。

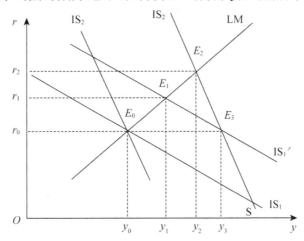

图 15.2　财政政策效果因 IS 曲线斜率而异

现假定政府实行一项扩张性的财政政策(增加政府支出或减少税收),增加相同的一笔支出量均为 Δg,则会使 IS 曲线右移,假定右移的距离是 E_0E_3,由于乘数作用,E_0E_3 为政府支出乘数和政府支出增加额的积,即 $E_0E_3 = K_g \cdot \Delta g$。由于 IS 曲线斜率的不同,国民收入的增加额大不相同且都小于 E_0E_3,因为要想使国民收入的增加额也为 E_0E_3,必须保持利率水平不变。但是,保持利率水平不变是不可能的。因为 IS_1 曲线、IS_2 曲线向右分别平行移动到 IS_1' 和 IS_2' 时,政府支出增加势必导致国民收入的增加,国民收入增加导致对货币交易需求增加,但货币供给不变(LM 曲线不变),这势必导致货币需求大于货币供给,利率必将上升,而利率的上升导致私人投资水平下降以及总需求水平进一步下降,扩张性财政政策的产出效应受到了限制,这种限制就是所谓的"挤出效应"。由于存在政府支出挤出私人投资的问题,因此,新的均衡点只能是 E_1 和 E_2,收入不可能增加到 y_3,而分别只能增加到 y_1 和 y_2。

从图中可以清楚地看到,如果 IS 曲线较为平坦,如图所示的 IS_1,则财政政策使 IS 曲线从 IS_1 右移至 IS_1',新的均衡点为 E_1 点,均衡国民收入从 y_0 增加至 y_1。而如果 IS 曲线较为陡峭如图 15.2 中的 IS_2,扩张性的财政政策使 IS 曲线向右平行移动到 IS_2',新的均衡点为 E_2,均衡国民收入从 y_0 增加到 y_2,明显可见 $y_0y_1 < y_0y_2$,即 IS 曲线越平坦财政政策效果越小,IS 曲线越陡峭财政政策对国民收入和利率的影响越大,政策效应越大。IS 曲线之所以影响财政政策效应,是与投资的利率弹性以及乘数相关的。IS 曲线的斜率的大小主要由投资的利率弹性大小所决定,IS 曲线的斜率越小,即 IS 曲线越平缓,说明投资的利率弹性越大,即利率变动一定幅度将引起投资较大幅度的变动。如果投资对利率变动的反应较为敏感,政府采取扩张性的财政政策使国民收入增加的同时,利率上升,而利率的上升必将使私人投资减少许多,"挤出效应"较大,国民收入增加的幅度较小。因此,IS 曲线越平缓,实行扩张性财政政策时挤出效应就越大,被挤出的私人投资就越多,国民收入增加得越少,即财政政策效果越小。反之,IS 曲线越陡峭,投资需求对利率的弹性越小,政府支出增加产生的"挤

出效应"较小,因而国民收入增加得较多,财政政策效果较大。就乘数而言,乘数越大,IS 曲线斜率就越小,IS 曲线越平坦,一定投资量和总需求的变动所引起的国民收入的变动就越大,"挤出效应"也越大,财政政策效果就越小。反之,乘数越小,IS 曲线斜率就越大,IS 曲线越陡峭,"挤出效应"越小,财政政策效果越大。

可见,当 LM 曲线不变时,IS 曲线斜率的绝对值越大,即 IS 曲线越陡峭,政府收支变化使 IS 曲线发生移动时,导致国民收入的变化就越大,财政政策的效果就越大;反之,IS 曲线斜率的绝对值越小,即 IS 曲线越平坦,则 IS 曲线发生移动时导致国民收入的变化就越小,财政政策效果也就越小。

2.LM 曲线斜率的大小对财政政策效果的影响

当 IS 曲线的斜率给定不变时,财政政策的效果则取决于 LM 曲线的斜率。LM 曲线斜率的绝对值越大,即 LM 曲线越陡峭,财政政策导致 IS 曲线平移时对利率的影响就越大,导致国民收入的变动越小,也就是说财政政策效果越小;反之,LM 曲线斜率的绝对值越小,LM 曲线越平坦,财政政策导致 IS 曲线平移时将引起国民收入发生较大的变动,即财政政策效果越大。如图 15.3 所示:图(a)中 LM 曲线斜率较小,较为平坦,实施扩张性的财政政策使 IS 曲线从 IS_1 右移至 IS_2,此时均衡点从 E_1 变为 E_2,均衡国民收入从 y_1 增加至 y_2。在图(b)中,LM 曲线较为陡峭,同样力度的财政政策使 IS 曲线从 IS_3 右移至 IS_4,此时均衡点从 E_3 变为 E_4,均衡国民收入从 y_3 增加至 y_4,两图比较可发现 $y_1 y_2$ 明显大于 $y_3 y_4$,即平坦的 LM 曲线实施财政政策对国民收入的影响较大,财政政策的效果更好。

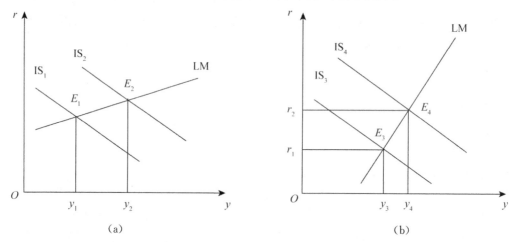

图 15.3 LM 曲线斜率与财政政策效果

LM 曲线的斜率之所以影响财政政策的效果是与货币需求的收入弹性和利率弹性相关的。政府增加相同的一笔政府支出,当 LM 曲线斜率较大即曲线较陡峭时,表示货币需求的利率弹性较小,或者说,货币需求对利率的反应较不敏感,意味着一定货币需求的增加需要利率较多地上升,利率上升得越多,对私人投资挤占得就越多,"挤出效应"越大,导致了财政政策效果越小。同时,LM 曲线越陡峭,货币需求的收入弹性越大,一定的国民收入水平提高所引起的货币需求增加得越多,在货币供给量不变的情况下,货币需求增加得越多,利率上升越高;利率上升得越高,私人投资减少得越多,国民收入增加的就少,财政政策的效果就小。相反,LM 曲线斜率越小,即 LM 曲线越平坦,表示货币需求的利率弹性越大,说明货币需求对利率的反应越敏感,当政府增加支出,即使通过发行公债向私人部门借了大量的货币,也不会使利率上升许多,利率上升得越小,对私人投资产生的影响越小,挤出效应越小,当政府支出增加时,将会使国民收入增加许多,即财政政策效果较大。同时,LM 曲线越平坦,货币需求的收入弹性越小,在货币供给量不变的情况下,一定的国民收入水平提高所引起的货币需求增加得越少,利率就上升得越少,从而私人投资减少得也越少,"挤出效应"则越小,国民收入增加的就多,财政政策的效果就大。

四、财政政策与财政收支平衡

财政在政策通过改变政府收支从而影响经济,因而财政政策的实施会影响到一个国家的财政收支平衡。

(一)财政收支平衡

财政收支平衡是指在一定时期内财政收入与财政支出之间的等量对比关系。事实上,财政收支在总量上的平衡只有在编制预算时候才存在。现实中预算执行的结果往往是收支不对称的情况。即财政收入大于财政支出,财政收入小于财政支出的情况。前者称之为预算盈余,后者称之为预算赤字。20 世纪 30 年代以前,西方国家奉行的理财思想基本上还是亚当·斯密在其《国富论》中提出的原则:一个谨慎行事的政府应该厉行节约,量入为出,每年预算都要保持平衡。这就是所谓的年度平衡预算思想,它要求每个财政年度的收支平衡。20 世纪 40 年代的凯恩斯主义者汉森在此基础上又提出了长期平衡或周期预算平衡理论,主张把萧条时期的财政赤字和繁荣时期的财政盈余结合起来。也就是说只要在一定期限内各财政年度收入和支出的总和能够平衡即可,不必苛求每一财政年度都实现财政平衡。这样,年度财政平衡预算思想发展为周期平衡预算思想,每个经济周期政府的盈余和赤字相抵,实现整个经济周期的预算平衡。

(二)功能财政

20 世纪资本主义经济大危机后,凯恩斯主义兴起,根据其主张的财政政策,政府在财政方面实施积极的政策的主要目的是实现物价稳定的充分就业水平。当实现这一目标时,预算可以是盈余的,也可以是赤字的。这样的财政称之为功能财政。

功能财政思想是凯恩斯主义的财政思想,是对凯恩斯以前的财政平衡预算思想的否定。20 世纪 30 年代的世界经济危机和"凯恩斯革命"使人们意识到在经济衰退时期机械地保持预算平衡既无必要,同时又会加深衰退。在衰退时税收会由于收入的减少而减少,要保持年度预算平衡,就必然减少政府支出或提高税率,结果加深了衰退;在经济繁荣、通货膨胀严重时,由于税收随收入的增加而增加,为了减少盈余,保持年度预算平衡,政府必然增加支出或降低税率,结果造成更严重的通货膨胀。因此,年度预算平衡的思想受到众多经济学家的质疑。这样,年度平衡预算思想发展为保持每一个经济周期的预算平衡思想,这就是周期平衡预算。在萧条时期政府采取扩张性政策,可以允许赤字的存在;在繁荣时期政府采取紧缩性政策,可以有预算盈余,但要以繁荣时期的预算盈余弥补衰退时期的预算赤字,使每个经济周期政府的盈余和赤字相抵,实现整个经济周期的预算平衡。周期平衡预算的思想仅从理论上讲十分完美,但具体实行起来却非常困难,因为在一个经济周期内很难准确地估计出繁荣和衰退的时间和程度,并且两者更难相等,因此,周期平衡预算缺乏现实意义。

功能财政的思想认为财政政策目标应该是提供足够的有效需求,在制止通货膨胀的同时实现充分就业,因此,不能机械地用财政预算收支平衡的观点对待预算盈余和预算赤字,而应从反经济周期的需要出发来合理地利用预算盈余和预算赤字。当存在通货紧缩缺口，即有大量失业存在时，政府有责任不惜一切代价实行扩张性财政政策，增加政府支出和减少税收，实现充分就业。即使原来存在预算赤字，政府也应不惜赤字的继续扩大而果断地执行扩张性的财政政策。当经济存在通货膨胀缺口时，政府要采取紧缩性财政政策，即减少支出、增加税收，即使原先存在预算盈余，也要不惜盈余的继续扩大，实施紧缩性政策。功能财政的中心思想就是：政府为了实现充分就业和物价的稳定，应根据经济形势的变化采取相应的政策措施，需要有赤字就有赤字，需要存在盈余就有盈余，而不应单纯为实现财政的收支平衡而影响政府制定和执行正确的财政政策。

功能财政思想否定了原来的预算思想，主张预算的目标是实现无通货膨胀的充分就业，而不是仅仅追求政府的收支平衡，因此，这一思想的提出同单纯强调政府收支平衡的思想相比是一大进步。但是，也因该看到，功能财政的实施也存在相当大的困难。一方面，经济形势的波动常常难以预测，对经济形势的估计也不会十分准确；另一方面，政府的决策需要一定的时间，并且效果也具有某种滞后性，所以导致这种政策难以奏效。例如，为消除失业采取了减税和增加政府支出等扩张性财政政策后，由于政策的滞后性，经济形势可能已转入了繁荣，但扩张性政策仍在实施，结果会导致更加严重的通货膨胀。

（三）财政赤字与公债

1.财政赤字

财政赤字(fiscal deficit)，又称预算赤字，是一国政府财政年度支出超过了年度收入的差额。预算赤字往往是政府采取扩张性的财政政策，即减税和扩大政府支出而造成的政府支出大于收入的结果。预算盈余则是政府实行紧缩性财政政策，即增加税收和减少政府支出而造成的政府的收入大于支出的结果，政府收入超过支出的余额产生了预算盈余。

依照功能财政的思想，政府实行扩张性财政政策，即政府增加支出或降低税率会提高国民收入水平，刺激经济。反之，政府采取紧缩性财政政策，如减少支出或提高税率将使国民收入水平降低，从而抑制经济。政府支出增加会使预算盈余减少或使预算赤字增加，而税率的提高则会使预算盈余增加或使预算赤字减少。这样就容易将预算盈余，或预算赤字作为衡量财政政策对经济产生影响大小的一种简单标准，一般将预算盈余减少或预算赤字增加看成扩张性财政政策的结果，将预算盈余的增加或预算赤字的减少看成紧缩性财政政策的结果，但事实并非如此。因为预算盈余或预算赤字有时并不是由财政政策的主动变动引起的，而是由某些自发的支出变动被动地引起的。例如，在经济衰退时期，由于收入水平下降，私人消费和投资支出的减少引起国民收入水平的下降，在自动稳定器的作用下，进而引起税收的自动减少，政府转移支付的增加，也会引起预算盈余减少或预算赤字增加；在经济高涨时期，由于收入水平上升，会引起私人消费和投资支出的增加，国民收入水平提高，在自动稳定器机制的作用下，税收自动会增加，政府转移支付会自动减少，从而使预算盈余增加或预算赤字减少。上述两种情况下出现的预算盈余或预算赤字的变动与财政政策本身无关，也就说明不能简单地将预算盈余或预算赤字的变动作为判断财政政策是紧缩性的还是扩张性的标准。引起预算盈余或预算赤字的变动的原因可能来自两方面：一是经济运行情况本身的变动，即经济趋向高涨时会引起预算盈余的增加或赤字的减少，经济趋向衰退时会引起预算盈余的减少或赤字的增加。二是财政政策的变动，即扩张性财政政策会使预算盈余减少或赤字增加，紧缩性政策会使预算盈余增加，赤字减少。因而，仅凭预算盈余或赤字的变动很难判断出财政政策是扩张性的还是紧缩性的。要使预算盈余或赤字成为衡量财政政策是扩张性的还是紧缩性的标准就必须消除经济周期波动本身的影响。美国经济学家 C·布朗（C·Brown）在 1956 年提出了充分就业预算盈余的概念。

充分就业预算盈余是指既定的政府预算在充分就业的国民收入水平（即潜在国民收入水平）上所产生的政府预算盈余，它是以充分就业的国民收入水平，而不是实际国民收入水平来衡量预算状况的。以实际国民收入水平衡量的预算盈余，是实际的预算盈余。充分就业的预算盈余和实际的预算盈余二者的差别就在于充分就业的国民收入水平和实际国民收入水平的差额。

西方经济学家认为，充分就业预算盈余概念的提出有两个重要的作用。第一，把国民收入水平固定在充分就业时的水平上，消除了经济中收入水平周期性波动对预算状况的影响，从而就能更准确地反应财政政策对预算状况的影响，并为判断财政政策究竟是扩张性还是紧缩性提供了一个较为准确的依据。如果充分就业的预算盈余增加了或者预算赤字减少了，就说明财政政策是紧缩性的，反之则说明政策是扩张性的。第二，充分就业预算盈余概念的提出，使政策的制定者更加重视充分就业的问题，把充分就业作为目标来确定预算盈余或赤字的规模，以便正确地确定财政政策。正因为如此，这一概念一经提出就得到了广泛的运用。但是，也要注意到，这一概念同样也存在着一定的缺陷，主要是充分就业的国民收入或者说潜在的国民收入很难被较为准确地估算出来。

遵循功能财政的思想，许多西方国家先后实行了政府干预经济的积极财政政策，这种政策就是逆经济风向行事的"相机抉择"。但由于政府出于政治上的考虑，大部分是实行消除失业的扩张性财政政策，结果造成财政赤字的上升和国家债务的累积。

2.公债

财政赤字是国家的预算开支超过收入的结果。弥补财政赤字的方法有两种：借债和出售政府债券。政府借债又有两种方法：一是向中央银行借款，由中央银行购买政府债券，这会引起货币供给增加。中央银行购买政府债券，实际上是通过创造新货币来进行支付，这种为赤字筹资的方式称为货币筹资，结果会引发通货膨胀，其本质上是用征收通货膨胀税的方法解决赤字问题。许多发展中国家解决赤字问题往往采用这种方法，但发达国家却很少使用这种方法。另一种方法是发行公债包括内债和外债。内债是政府向本国居民、企业和各种金融机构发行的债券，外债是向外国举借的债务，包括向外国借款和发行外币债券，发行债券可称为债务筹资。从一般意义上讲，内债是向国内公众举借的债务，是将购买力由公众向政府进行转移，由于基础货币并没有增加，故不会引起直接的通货膨胀。但政府债券的发行往往会引起债券价格下降，利率上升，中央银行要想稳定利率，只有在公开市场业务中买进政府债券，无形中增加了货币供给，使得预算赤字增加的同时引起了通货膨胀。

公债作为政府取得收入的一种形式起到了弥补财政赤字的作用，但政府发行公债毕竟是一种负债，与税收不同，发行公债是要还本付息的，当每年累积的债务构成了巨大的债务净存量时，这些债务净存量所支付的利息又构成政府预算支出的一个重要的部分。在美国，政府的利息支出在 GDP 中的比重在 20 世纪 60 年代为 1.3%，到 20 世纪 90 年代初上升到 3.5%，政府的利息支付在 30 年间增长了近 3 倍，利息支付已成为政府支出中的主要组成部分。在政府预算的总赤字中，包括两个主要部分：非利息赤字（除利息支出外的全部政府支出与政府收入之差）和利息支出。因此，当非利息赤字为零或不变时，只要利息支出增加，政府的预算赤字就会进一步增长。假设其他条件不变,赤字增长会引起政府增加债券的发行,导致政府债务增加,债务的增加又会引起政府利息负担的加重,使赤字进一步增长,如此循环往复,公债的利息支付与政府赤字、公债同步增长。衡量一国债务负担率的指标是债务——收入比率,它是一国债务与 GDP 的比率。债务——收入比率的变动主要取决于以下几个因素:公债的实际利率、实际 GDP 的增长率和非利息预算盈余的状况。当非利息预算盈余不变时,公债的利率越高,GDP 的增长率越低,这一比率将会上升;若非利息预算盈余不断增加,实际利率有所下降,实际 GDP 不断提高,则这一比率将会逐步下降。

目前世界上大多数国家的政府债务累积额都在不断地增加,1992 年底,美国的政府债务总量已达到 4 万亿美元。面对日益庞大并且不断增长的政府债务,西方经济学家对公债的是非功过提出了各自不同的看法,争论的焦点涉及两大问题:公债的资源配置效应和公债的收入分配效应。一些经济学家认为,公债无论是内债还是外债,和税收一样,都是政府加在人民身上的一种负担。原因是公债要还本付息,它最终是要通过征税和发行货币的方法得以解决,必然加重人民的负担。同时这种负担还将转移到未来几代人的身上,往往通过发行新债的办法来偿还旧债。然而,另外一些经济学家则认为,外债对一国公民而言是一种负担,因为其本金和利息必须是用本国公民创造的产品来偿还,但内债则不同,因为内债是政府欠人民的债,而内债的还本付息,归根结底来自课税,所以是"自己欠自己的债"。从整个国家来看,债权和债务总是恰好相抵的,因而不构成负担。况且政府总是存在的,会通过发行新债的办法偿还旧债;即使通过征税的办法来偿还债务,实际上也仅是财富的再分配而已,对整个国家来说,财富并未损失。尤其是当经济未达到充分就业时,由于发行公债可以促进资本的形成,增加有效需求,使经济增长速度加快,可以为子孙后代创造更多的财富,因此不会对子孙后代产生不良影响。只有在充分就业的情况下,发行公债并且不是用于资本的形成,或者公债的增加挤占了私人投资,这种公债的发行就会成为人们的负担。

任务3 货币政策

一、西方商业银行体系

(一)中央银行与商业银行

西方主要国家的金融机构不是完全相同的,但是,大体来说,主要包括中央银行和金融中介机构两类,金融中介机构中最主要的是商业银行,其他的还有专业性银行和信用协会、保险公司等非银行金融机构。

商业银行是以获取利润为经营目标、以多种金融资产和金融负债为经营对象、具有综合性服务功能的金融企业。商业银行的业务种类繁多,主要有负债业务、资产业务和中间业务。负债业务是商业银行筹措资金、借以形成资金来源的业务,按存款的性质分为活期存款、定期存款和储蓄存款。资产业务是指银行运用资产的业务,银行的资产业务主要在放款和证券投资上。放款业务是商业银行为企业提供贷款的业务,它是商业银行的一项基本业务,也是商业银行最重要的资产。证券投资业务是商业银行重要的资金运用业务,银行通过有价证券的买卖活动取得利息收入。中间业务是指商业银行通过为客户办理支付、进行担保和其他委托事项,从中收取手续费的各项业务。

中央银行是一国最高的金融当局,作为领导和管理国家货币金融的首脑机构,代表国家发行货币、制定和执行货币金融政策、处理国际性金融事务、对金融体系进行监管、通过货币政策影响经济活动。

中央银行具有以下三个职能:

第一,作为发行的银行,独享发行国家货币的权利。

第二,作为银行的银行,一方面通过票据再贴现、抵押贷款等方式为商业银行提供贷款,另一方面为商业银行集中保管存款准备金,还为各商业银行集中办理全国的结算业务。

第三,作为国家的银行,第一,提供政府所需资金,即由中央银行用贴现短期国库券等形式为政府提供短期资金,也可以帮助政府发行公债或以直接购买公债方式为政府提供长期资金,帮助政府弥补政府预算中出现的财政赤字。第二,代理国库,一方面将国库委托代收各种税款和公债价款等收入作为国库的活期存款,另一方面代理国库拨付各项经费,代办各种付款和转帐。第三,代表政府处理与外国发生金融业务关系。第四,监督、管理国家的金融市场活动。第五,根据经济形势采取适当的货币政策,与财政政策相配合,为宏观经济目标的实现服务。

与一般的商业银行和其他金融机构相比,中央银行具有如下特征:

第一,不以盈利为目的。

第二,不经营普通的银行业务,只与政府和各类金融机构往来,不办理厂商和居民的存贷款业务。

第三,具有服务机构和管理机构的双重性质,有执行金融监管、扶持金融发展的双重任务。

第四,处于超脱地位,在一些国家中甚至独立于中央政府,免受政治周期的影响。

（二）银行创造货币的机制

狭义的货币供给(M_1)是指硬币、纸币和活期存款的总和。现代西方经济学中货币被定义为在商品和劳务的交换以及债务的清偿中作为交换媒介或工具而被法定为普遍接受的物品,最符合这个定义的就是硬币、纸币和活期存款。一般说来,硬币和纸币通常被称为通货,由于活期存款可以和通货一样,随时支取,也可随时用来支付债务,因此,也将其看作严格意义上的货币,同时也是最重要的货币,因为在货币的供给中活期存款占了相当大的比例,更主要的是活期存款的派生机制还会创造货币。

在金融体系中商业银行具有创造货币的功能,原因是在金融体系中只有商业银行才允许接受活期存款,并可以签发支票,从而具有了创造货币的能力。商业银行创造货币应具备两个基本的前提条件。

第一,准备金制度。商业银行的准备金有法定准备金和超额准备金之分。在商业银行的经营过程中,银行除将客户的绝大部分存款贷放出去或购买短期有价证券以获取盈利外,只需留下一小部分的存款作为应付客户提款需要的准备金,这种银行经常保留的为应付客户随时提取存款的现金称为存款准备金。存款准备金占存款的比例叫存款准备金率或准备率。中央银行规定的存款准备金率叫法定准备率。商业银行按照法定准备率对自己所接受的存款而保留的准备金称为法定准备金。法定存款准备金一部分是银行的库存现金,另一部分存放在中央银行的存款账户上,它一般表现为中央银行的负债方的项目。超额准备金指商业银行持有的超过法定存款准备金的部分。

第二,非现金结算制度。在非现金结算制度下,所有经济主体之间的往来均通过银行开具的支票形式或转帐的方法进行结算,人们对现金的需要转而变成对存款的需要。只有满足这两个条件,银行才具有创造货币的功能。

假定商业银行系统的法定存款准备率为 20%,由于某种原因商业银行新增 1000 万元的存款,1000 万元新增货币究竟最终会增加多少银行存款呢? 这里必须有两个假定:(1)无论企业还是个人,都会将一切货币收入全部以活期存款的形式存入银行,不能将一分钱的现金放入自己的口袋中。(2)银行接受客户的存款后,除法定准备金外,全部贷放出去,没有超额准备金的存在。在这种情况下,客户甲将 1000 万元存入 A 银行,银行系统因此增加了 1000 万元的准备金,A 银行按法定存款准备率保留 200 万元准备金存入自己在中央银行的账户,其余 800 万元全部贷放出去;得到这 800 万元贷款的客户乙将全部贷款存入与自己有业务往来的 B 银行,B 银行得到了 800 万元的存款,在留足 160 万元的法定准备金并将其存入自己在中央银行的账户以后,将剩余的 640 万元再贷放出去;得到这 640 万元的客户丙又将全部贷款存入与其有业务往来的 C 银行,C 银行留下其中的 128 万元作为法定准备金而把其余 512 万元再贷放出去。如此反复,各商业银行的存款总额即为:

$$1000+1000\times0.8+1000\times0.8^2+1000\times0.8^3+1000\times0.8^4+\cdots$$
$$=1000(1+0.8+0.8^2+0.8^3+0.8^4+\cdots)$$
$$=\frac{1000}{1-0.8}$$
$$=5000(万元)$$

贷款总和为:

$$800+640+512+\cdots$$
$$=1000(0.8+0.8^2+0.8^3+0.8^4+\cdots)$$
$$=4000 万元$$

从以上的例子可以看出,存款总额(用 D 表示)同原始存款(用 R 表示)及法定准备率(用 r_d 表示)三者之间的关系是:$D=\dfrac{R}{r_d}$

或者:$\dfrac{1}{r_d}=\dfrac{D}{R}$

从该例中可以看出,这笔原始存款如果来自于中央银行增加的一笔原始的货币供给,而中央银行新增的这笔原始货币供给流入公众或企业手中并转存在支票账户上,就使活期存款总额,即货币供给量扩大为新增原始货币供给量的 $\dfrac{1}{r_d}$ 倍,这个 $\dfrac{1}{r_d}$ 倍数被称为货币创造乘数,如果用 k_m 表示货币创造乘数,则:$k_m=\dfrac{1}{r_d}$,即货币创造乘数等于法定准备率的倒数,它表示增加一美元存款所创造出的货币的倍数。另外,根据存款总额 D 同原始存款 R 及法定准备率 r_d 的关系,货币创造乘数又可表示为:$k_m=\dfrac{D}{R}$

由此可见,货币的供给不能仅看到中央银行最初发行了多少货币,而必须更为重视派生存款或派生货币,即由于货币创造乘数的作用使货币供给量增加了多少,这种增加被称为货币的创造。货币创造量的大小,不仅取决于中央银行新增的货币量,而且取决于法定准备率,法定准备率越大,货币创造乘数越小;反之,法定准备率越小,货币创造乘数越大,两者呈反比关系。这是因为,法定存款准备率越大,商业银行吸收的每一轮存款中,保留的法定准备金所占存款的比例越大,可用于贷款的份额越小,由于贷款又转化成下一轮的存款,因而造成下一轮的存款就越少。

以上对于货币创造乘数的分析实际上隐含有两个假定:第一,商业银行没有超额储备,商业银行将客户的存款在扣除了法定准备金后全部贷放了出去。第二,银行客户将一切借款都存入银行,经济活动中所发生的支付皆以支票形式进行。但是在实际经济运行中,往往这两个假定都难以满足。

首先,如果商业银行如果找不到合适的贷款对象,或厂商由于预期利润率低于市场贷款利率而不愿借款,诸如此类原因都会使银行的实际贷款小于其贷款能力,实际贷款小于其贷款能力的差额,即没有贷放出去的款项就是超额准备金,也就是中央银行规定的法定准备金要求以外的准备金(用 ER 表示)。超额准备金与全部存款的比率称为超额准备率(可用 r_e 表示),法定准备金与超额准备金之和形成了银行的实际准备金,法定准备率加上超额准备率就是银行的实际准备率。当存在超额准备率后,货币创造乘数就不再是 $\frac{1}{r_d}$,即法定准备率的倒数,而是变为: $k_m = \frac{1}{r_d + r_e}$

上式表明,货币创造乘数成为实际准备率的倒数,这时,派生存款总额为: $D = \frac{R}{r_d + r_e}$

法定准备金和超额准备金都是一种漏出,不能形成银行的派生存款,两者在存款总额中所占比重越大,银行的货币创乘数越小,派生存款总额越少。因此,货币创造乘数不但与法定准备率有关,还与超额准备率有关。所以,市场贷款利率(用 r 表示)越高,银行越不愿多留超额准备金,因为准备金不能给银行带来利润。因此,市场利率上升,导致超额准备率上升,从而实际准备率下降,货币创造乘数变大。另外,商业银行向中央银行的借款利率即再贴现率也会影响超额准备率。再贴现率上升,意味着商业银行向中央银行借款的成本增加,商业银行为此将自己多留准备金,超额准备率提高,从而提高了实际准备率,货币创造乘数变小。

其次,在现实经济生活中,每一位银行客户需要保留一部分现金。假如客户将得到的贷款没有全部存入银行,而是抽出一定比例的现金,这就是所谓的现金漏损。现金漏损指的是银行客户从得到的贷款中提留的一部分用于交易的现金。现金漏损会导致货币创造乘数的减小,因为现金与准备金一样不能形成派生的存款。如果用 r_c 表示现金在存款中的比率即漏现率,则存在超额准备和现金漏出时的货币创造乘数为: $k_m = \frac{1}{r_d + r_e + r_c}$,可见,货币创造乘数变小了。

从以上例子中我们还可以清除的看到,最初新增的这 1000 万元货币被客户存入银行后成为以后派生存款的基础,也就是说非银行部门如果将其持有的货币存入银行,则商业银行的超额准备金就会增加,这就为以后的货币创造提供了基础,因此我们将这种能带来存款扩张的货币称之为基础货币,基础货币包括公众持有的通货与商业银行持有的超额准备金以及商业银行存入中央银行的法定准备金总额。由于基础货币会派生出货币,因此是一种高能量的或者说活动力强大的货币,又被称为高能货币或强力货币。

高能货币＝准备金＋流通中的现金

　　　　　＝商业银行在中央银行的存款(法定准备金)

　　　　　＋商业银行的库存现金(超额准备金)

　　　　　＋流通中的现金

如果用 C_u 表示流通中的现金，R_d 表示法定准备金，R_e 表示超额准备金，H 表示高能货币，则：$H=C_u+R_d+R_e$，这是商业银行借以扩张货币供给的基础。另外，因为货币总供给是通货（C_u）与活期存款（D）之和，即严格意义上的货币供给 M_1，即：$M=C_u+D$，则：

$$\frac{M}{H}=\frac{C_u+D}{C_u+R_d+R_e}$$

把上式等号右边的分子与分母同除以活期存款（D），则：

$$\frac{M}{H}=\frac{\dfrac{C_u}{D}+1}{\dfrac{C_u}{D}+\dfrac{R_d}{D}+\dfrac{R_e}{D}}$$

式中，$\dfrac{C_u}{D}$ 代表漏现率 r_c，$\dfrac{R_d}{D}$ 表示法定准备率 r_d，$\dfrac{R_e}{D}$ 表示超额准备率 r_e，所以，上式又可表示为：$\dfrac{M}{H}=\dfrac{r_c+1}{r_d+r_e+r_c}$。其中，$\dfrac{M}{H}$ 就是货币创造乘数。该式表明，货币创造乘数与法定准备率、中央银行的贴现率、市场借款利率、漏现率有关。这就是说，货币供给是基础货币供给、法定准备率、中央银行的贴现率、市场借款利率、漏现率的函数，这些因素都可以归结到准备金对货币供给变动的影响上来，因为准备金是银行创造货币的基础。中央银行正是通过控制准备金的供给来调节整个经济体系的货币供给的。

二、货币政策工具及其运用

(一)货币政策工具及其运用

一个国家究竟选择哪种政策目标，直接受取决于该国当时面临的经济状况。但各国货币政策的共同点，都是从调节和控制货币供应量的角度来实现宏观经济目标。这样，货币供应量就成为货币政策的中间目标。货币政策手段通过调节货币供应量影响利率变动，从而影响总需求，最终作用于经济。常见的货币政策工具主要有：

1.法定准备率

法定准备率是中央银行控制货币供给量的有力工具。法定准备率的变化会直接改变商业银行的过度储备，引起银行贷款数量的变化，遏制商业银行的贷款扩张企图，避免挤提的倒闭风险。

由于法定准备率变动与市场上货币供给量的变动成反比例关系，因此，中央银行可以针对经济的繁荣与衰退以及银根的松紧状况调整法定准备率。例如：在经济处于需求不足和经济衰退的情况下，如果中央银行认为需要增加货币供给量，就可以降低法定准备率，使所有的存款机构对存款只要求保留较少的准备金，在货币创造乘数的作用下，整个货币市场上的货币供给量会多倍的增加。降低法定准备率，实际上是增加了银行的可贷款数量。当然，提高法定准备率，就等于减少了银行的可贷款数量。从理论上讲，变动法定准备率是中央银行调整货币供给量的一种最简单的手段。然而，中央银行一般不轻易使用法定准备率这一政策工具,原因在于银行与金融体系、信贷、存款量、准备金量之间存在着乘数放大的关系,而乘数的大小与法定准备率成反比,因此,即使法定准备率的一个很微小的变化,都会对金融市场和信贷状况产生强烈的影响。因此,法定准备率这一政策手段很少使用,一般几年才会改变一次,尤其是银行家们极不欢迎经常变动法定准备率。

2.再贴现率

这是美国中央银行最早运用的货币政策工具。贴现就是银行根据未到期票据的票面额,扣除一定的利息后把票面余额付给持票人的一种放款业务。再贴现则是商业银行持已办理过贴现的、具有清偿能力的商业票据作为担保,从中央银行取得贷款的一种借款方式。现在,都把中央银行给商业银行的贷款叫贴现,再贴现率就是中央银行对商业银行及其他金融机构贷款的利率。

再贴现政策的作用,主要是变动贷款条件的松紧程度和影响信贷的成本。当中央银行提高贴现率时,意味着商业银行向中央银行贷款的成本增加,将减少商业银行向中央银行贷款的需求,造成货币市场信贷规模收缩,在货币创造乘数的作用下,使货币供给量多倍地减少;当降低贴现率时,商业银行向中央银行贷款的成本就会降低,会激励商业银行向中央银行贷款的需求,出现市场信用扩张,在同样货币创造乘数的作用下,货币供给量会多倍增加。中央银行调整贴现率,不仅直接影响到商业银行的筹资成本,同时还间接地影响到商业银行对企业和个人发放贷款的数量,从而对企业和个人的投资与消费的经济活动产生影响。

贴现率对货币供给的影响机制大体可概括为:贴现率上升,商业银行向中央银行的贷款轻微下降,货币供给量有所减少;贴现率下降,商业银行向中央银行贷款有所上升,货币供给量将增加。贴现率的变动与货币供给量的变动成反比关系,同市场利率的变动成正比关系。

目前,贴现率的调整在货币政策中的作用与以前相比也大大地减弱。因为在现实经济活动中,商业银行和其他金融机构尽量避免在贴现窗口向中央银行借款,只是将其作为紧急求援的手段,不到万不得已不会轻易利用,以免被人误认为财务状况不佳。每个中央银行的贴现窗口都会执行中央银行关于商业银行和金融机构可以借款的数量和次数的规定,不会随货币政策的变动而变动。

另外,贴现政策也不是中央银行的主动性政策,原因在于中央银行只能等待商业银行向其借款,而不能要求商业银行向其借款,所以,这一货币政策的效果有限。另外,当商业银行的准备金十分缺乏时,即使再贴现率很高,商业银行依然会从中央银行的贴现窗口借款,中央银行想通过较高的贴现率来抑制商业银行的借款就起不到太大的作用。因此,通过贴现率的变动控制银行准备金的效果是相当有限的。当今,贴现率政策往往作为一种补充手段与公开市场业务政策结合使用。

3.公开市场业务

这是当代西方国家特别是美国中央银行控制货币供给量最重要,也是最常用的政策工具。公开市场业务是指中央银行在金融市场上公开买进或卖出政府债券,以控制货币供给量、影响利率、消费与投资即总需求,而最终达到预定的经济目标的政策行为。公开市场业务的目的是改变经济体系中货币与证券的相对供给量,从而改变利率,使公众以改变了的利率决定其持有资产的形式。中央银行买入政府债券,等于减少了市场上的债券数量,这会使债券价格上升,利率下降,公众才会愿意增加货币的持有量而减少政府债券的持有量,势必导致货币供给量增加。以美国为例,当经济形势的发展使中央银行认为有收缩银根的必要时,联邦储备系统下设的联邦公开市场委员会(FOMC)将在证券市场上出售政府债券,这一行动首先减少银行系统的基础货币(包括银行的存款准备金和公众手持的现金),同时通过银行系统的存款创造,导致货币供给量的多倍收缩;与此同时,由于政府出售债券,债券价格因供给量过大而下降,利率上升,企业投资降低,公众储蓄增加而消费降低,最终导致总需求降低,遏制经济的过热现象,降低通货膨胀率。反之,若经济出现萧条,失业问题严重,中央银行认为有放松银根的必要,就在公开市场中买进政府债券,增加基础货币,通过银行系统的存款创造,引起货币供给量的多倍扩张和利率的下降,使企业投资和公众消费增加,提高总需求水平,制止经济的衰退,减少失业。

由于中央银行既可以将公开市场业务作为一种防御性工具使用,例如在发生通货膨胀时,售出政府债券,使货币供给量减少,紧缩信用,抑制通货膨胀;又可以把公开市场业务作为一种进攻性工具使用,由中央银行主动决定买进或卖出政府债券的时间和数量,用以扩张或收缩信贷规模,通过货币供给量的调整来影响国民经济,达到预期的经济目标。因此,公开市场业务在西方国家被认为是最有效、最灵活的货币政策工具,也是最常使用的货币政策工具。

在西方国家,尤其是美国,一般认为公开市场业务是中央银行所能够掌握的最重要、最常使用的政策工具或手段。这是因为:第一,中央银行运用公开市场业务在金融市场上是一种"主动出击"而不是"被动等待"。就这点而言,这项政策工具比贴现率政策具有优越性。第二,使用这项政策工具,中央银行可以随时决定买卖债券的种类和数量,可以随时进行精细的调查,以便于较好地控制业务效果,这比一刀切式地调整法定准备率要好得多。第三,公开市场业务是由专门机构和专业人员根据总的政策方针灵活进行的,无需层层审批的繁琐程序,有利于适应瞬息万变的市场需要。

(二)货币政策的分类

根据货币供应量与货币需求量之间的对比关系,货币政策可以分为三种类型:扩张性货币政策、中性货币政策、紧缩性货币政策。

(1)扩张性货币政策,是指国家在一定时期通过扩张货币供应量来刺激和增加社会总需求的货币政策。其实施的基本前提是货币供应量大大小于货币需求量,从而使社会总需求大大小于社会总供给,导致通货紧缩。通过扩张货币供应量,以恢复货币供应量与货币需求量以及社会总需求与社会总供给的平衡,抑制通货紧缩。扩张性的货币政策主要包括降低存款准备金率、降低再贴现率以及在金融市场上公开购入政府债券等。

(2)中性货币政策,也称平衡性货币政策,是指通过保持货币供应量与货币需求量的大体平衡以保持社会总需求与社会总供给平衡的货币政策。即在社会总需求与总供给基本平衡的情况下保持货币政策的中性,既不扩张,也不紧缩。

(3)紧缩性货币政策,是指国家在一定时期内通过紧缩货币供应量来抑制和减少社会总需求的货币政策。其实施前提是货币供应量过分大于货币需求量、从而社会总需求严重超过社会总供给,导致通货膨胀。通过紧缩货币供应量,以恢复货币供应量与需求量、社会总需求与总供给之间的平衡,抑制通货膨胀。紧缩性的货币政策主要包括提高准备金率、提高再贴现率以及在金融市场上公开卖出政府债券等。

此外,还可按照政策内容将货币政策分为信贷政策、利率政策、汇率政策等。信贷政策是指中央银行为调节和控制社会信用而采取的各种方针和措施。其作用在于,一是为适应经济发展的需要而调节社会信用总量;二是为优化资源配置而调节社会信用量的结构和投向。利率政策是指中央银行为调节和控制利率的水平和结构而采取的各种方针和措施。其作用在于,一是通过调控利率水平来调控银根的松紧,实现货币供求的平衡;二是通过差别利率和优惠利率来调控微观经济主体的投资方向,使之符合国家宏观经济目标。汇率政策是指中央银行为调节和控制汇率而采取的各种方针和措施。其作用主要是调节外汇市场供求、控制国际资本流动、保持适度外汇储备和稳定国内货币流通。

(三)货币政策运用实例

近年来,货币政策在各国的政策实施过程中的作用也日益凸显,2010 年以来,美国和日本两国为了刺激经济,促进就业,也都进一步放宽货币政策。在陆续推出经济刺激计划的同时,美日两国央行继续实施低利率政策以维持国内宽松的信贷环境。美联储自 2008 年 12 月以来,一直将联邦基准利率的目标区间维持在 0～0.25% 不变,并一再重申将在较长时间内维持利率在"异常低位"。随着美国经济的大幅放缓,11 月 3 日,美联储宣布了规模达 6000 亿美元的国债购买计划,以进一步刺激支出和信贷。

2010 年 10 月,日本央行为阻止日元进一步升值和经济下滑,将隔夜拆借利率从 0.1% 降至 0～0.1%,时隔 4 年再次实行零利率政策。降息的同时,日本央行还推出了 5 万亿日元的资产购买计划,在主要发达经济体中率先启动新一轮量化宽松政策。此外,汇率政策也成为两国一系列经济刺激措施中的一个重要组成部分。美联储自实施低利率和量化宽松的货币政策以来,实际上是实行了美元贬值政策。弱势美元有利于减少美国的贸易赤字以及奥巴马政府 5 年出口倍增计划的实现。随着美元持续贬值,日元出现被动升值。为应对日元走强对出口造成的不利影响,日本政府要求日本中央银行进一步放松货币政策,必要时采取包括干预汇市等在内的措施以阻止日元升值。在 9 月 14 日日元汇率刷新 1 美元兑 83 日元的 15 年低点后,日本央行开始在外汇市场上直接抛售日元以压低日元汇率,这也是日本央行 6 年多来首次直接干预汇市。进入 2010 年,欧盟各国为刺激经济继续保持了宽松的货币政策。欧洲央行、英格兰银行分别将基准利率维持在 1% 和 0.5% 的水平上。货币政策作为宏观经济政策的重要内容在实践中对调节一国经济起到了越来越重要的作用。

三、货币政策效应分析

由以上分析可见,货币政策工具的作用,最终都是通过改变流通中的货币供给量从而影响利率和国民收入变化的。货币政策效应是指货币政策工具的变化影响利率和国民收入的变化程度。下面我们运用 IS-LM 模型对货币政策的效果进行分析。

(一)IS 曲线斜率对货币政策效果的影响

在 LM 曲线斜率一定时,IS 曲线越陡峭,IS 曲线的斜率越大,投资的利率弹性越小,当货币供给量增加使 LM 曲线向右移动而导致利率下降时,投资不会增加许多,国民收入增加就越小,即货币政策的效果越小。反之,IS 曲线越平坦,表示投资的利率弹性较大,当货币供给量的增加导致利率下降时,投资将增加许多,国民收入水平将有较大幅度的提高,货币政策的效果就大。如图 15.4 所示,两图中 LM 曲线的斜率是相同的,IS 曲线的斜率不同,初始时,产品市场和货币市场均衡点为 E_1 点,均衡收入和均衡利率相同,均为 y_1 和 r_1。由于实行一项扩张性货币政策,增加同样的一笔货币供给量 ΔM 时,LM 右移的距离相同,都从 LM_1 右移至 LM_2。$y_0 y_3$ 意味着利率 r_1 不变时由于货币供给量的增加能够使国民收入增加的部分。但实际上国民收入不可能增加到 y_0y_3，而仅能增加 y_1y_2，原因是货币供给量的增加会使利率下降，因为在增加的货币供给量中其中的一部分要用来满足增加的货币投机需求，只有一部分才用来满足增加的货币交易需求，这部分究竟有多大，决定于货币供给量增加时国民收入能增加多少。IS 曲线斜率之所以能够影响货币政策效果，是因为 IS 曲线的斜率主要是由投资的利率弹性决定的。从图(a)与图(b)的对比可以看出，图(a)中 IS 曲线较为平坦，图(b)中 IS 曲线较为陡峭，而图(a)中货币政策使国民收入移动的幅度明显大于图(b)。

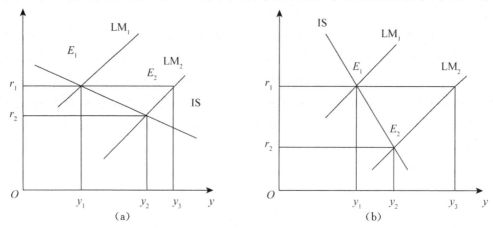

图 15.4　IS 曲线斜率与货币政策效果

由此可见当 LM 曲线的斜率不变时，IS 曲线越平坦即斜率越小，实行一项货币政策变动货币供给量，LM 曲线发生移动对国民收入变动的影响越大，货币政策效果越大；反之，IS 曲线越陡峭即斜率越大，LM 曲线的移动对国民收入变动的影响就越小，货币政策效果越小。

（二）LM 曲线斜率对货币政策效果的影响

IS 曲线的斜率一定时，货币政策效果就取决于 LM 曲线的斜率。

LM 越陡峭，表示货币需求受利率影响较小，货币供给量只要稍有增加就会使利率下降许多，因而货币供给量变动对利率变动的作用较大，使得增加货币供给量的货币政策将对投资和国民收入有较大的影响。反之，如果 LM 曲线较平坦，表示货币需求受利率的影响大，利率稍有变动会使货币需求变动很多，因而货币供给量变动对利率变动影响较小，货币政策对投资和国民收入的影响较小，即货币政策的效果较小。

如图 15.5 所示，图(a)与图(b)中 LM 曲线的斜率不同，图(a)中 LM 曲线的斜率小于图(b)中 LM 曲线的斜率，初始时的均衡点都为 E_1 点，均衡收入 y_1、均衡利率 r_1 都相同。若这时增加相同的货币供给量、LM 曲线从 LM_1 右移至 LM_2，由于 LM 曲线的斜率不同，产生的政策效果大不相同，图(a)中国民收入的增加幅度大于图(b)中国民收入的增加幅度。原因在于 LM 曲线的斜率对货币政策效果的影响与货币需求的利率弹性有关。货币供给量增加相同时，当 LM 曲线斜率较大即 LM 曲线较陡峭时，货币需求的利率弹性就较小，或者说，货币需求对利率的反应较不敏感，意味着一定货币供给的增加使利率下降得较多，导致投资和国民收入增加得较多。相反，LM 曲线斜率越小即 LM 曲线越平坦，表示货币需求的利率弹性越大，货币供给的增加会使利率下降得较少，导致投资和国民收入增加的较少。也就是说，在 LM 曲线比较陡峭时，货币当局实行的扩张性货币政策能使利率下降得较多，并且利率的下降对投资产生较大的刺激作用，这种货币政策的效果就越大；反之，在 LM 曲线比较平坦时,货币政策的效果就小。

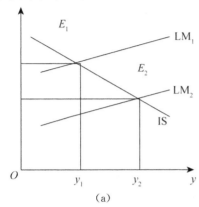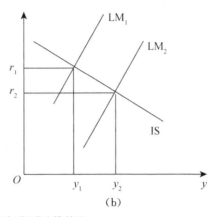

(a)　　　　　　　　　　　　　　　(b)

图 15.5　LM 曲线斜率与货币政策效果

由以上分析可见,LM 曲线斜率越大,即 LM 曲线越陡峭,货币政策使 LM 曲线移动导致的国民收入变动就越大,也就是说货币政策效果越大;反之,LM 曲线斜率越小即 LM 曲线越平坦,LM 曲线的移动对国民收入产生的影响就越小,即货币政策效果就越小。

任务 4　政策选择与组合

一、财政政策与货币政策的局限性

在宏观经济政策实践过程中,会有诸多制约因素影响其作用的发挥。首先,宏观经济政策的时滞问题。时滞主要包括认识时滞,即从问题的发生到人们认识到问题,需要经过一段时间;决策时滞,即从需要采取某种政策到政府决定采取某种政策,需要经过一段时间;实施时滞,即从采取政策措施到实际发生效果之间,需要的时间。由于时滞的存在,会影响宏观经济政策效果的发挥。

其次,实行财政政策时,存在不确定性。政府难以确定政策乘数的大小,从采取财政政策到实现预定目标之间的实践难以预测,而期间总需求可能会发生变化,从而政策效果与预期之间出现偏差。此外还有"挤出效应"的存在,从而使财政政策效果减弱。最后,货币政策在通胀下效果显著,但在通货紧缩时由于流动性陷阱的影响,效果有限。从投资来看,货币政策之所以有效是因为它先在货币市场上影响利率水平,其次在产品市场上引起一系列的变化。但这是有前提的,即货币流通速度不变。货币流通速度加快,意味着货币需求增加,反之,货币需求减少。例如如果央行货币供给增加一倍,但流通速度也增加一倍的话,政策就是无效的。货币政策效果还要受开放程度的不同。开放程度越大,外国资本对本国的影响就越大。无论实行哪种货币制度(浮动或固定),都会使原先的货币政策大打折扣。

二、财政政策与货币政策的搭配使用

财政政策与货币政策的特点和对国民收入的影响不同。财政政策目标的重点是通过税收、政府预算和社会保障等手段调节国民收入分配,实现社会总供给与总需求的均衡;通过结构调控以优化资源配置,实现生产结构与消费结构、供给结构与需求结构的协调。货币政策目标的重点则是通过调控货币供给量和货币需求量来实现社会总需求与社会总供给的均衡。财政政策、货币政策应根据各自的特点,发挥各自的优势,突出各自的政策目标重点,充分发挥各自的政策功能。财政政策与货币政策的搭配主要有四种组合:扩张性的财政政策与扩张性的货币政策组合、扩张性的财政政策与紧缩性的货币政策组合、紧缩性的财政政策与扩张性的货币政策组合、紧缩性的财政政策与紧缩性的货币政策组合。

(一)扩张性的财政政策与扩张性的货币政策组合

扩张性的财政政策如减税或者增加政府支出能够扩大总需求,增加国民收入水平,但同时会引起利率的提高,从而抑制私人投资,减少财政政策对经济的扩张作用。同时采取扩张性货币政策则会增加货币供应量,从而起到抑制利率上升,扩大信贷,刺激企业投资,增加国民收入的作用。

我们可用 IS-LM 模型分析这一政策组合的效果,如图 15.6 所示,实行扩张性的财政政策使 IS 曲线 IS_1 右移至 IS_2,此时在均衡国民收入从 y_1 扩张至 y_2 的同时,均衡利率也从 r_0 上升至 r_1。实行扩张性的货币政策使 LM 曲线从 LM_1 右移至 LM_2,在使国民收入从 y_2 继续增加至 y_3 的同时,均衡利率从 r_1 降至 r_2。扩张性的财政政策与扩张性的货币政策组合对均衡国民收入的影响相同,都增加了均衡国民收入水平,但对利率的影响不同,扩张性的财政政策带来利率的上升,扩张性的货币政策带来利率的下降,最终利率是上升还是下降要看财政政策与货币政策效果的大小。如果财政政策效果大于货币政策,则利率最终上升,反之如果货币政策的效果大于财政政策的效果,则利率最终会下降。

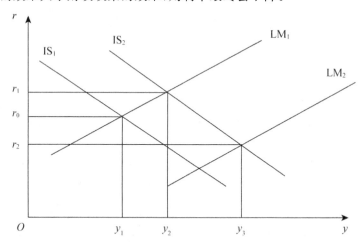

图 15.6　扩张性的财政政策与扩张性的货币政策组合

(二)紧缩性的财政政策与紧缩性的货币政策组合

与双扩张的政策相反,实行紧缩性的财政政策如减少政府支出,提高税率等,可以抑制总需求,抑制通货膨胀,减少国民收入,紧缩性的财政政策在抑制总需求的同时引起降低利率。而实行紧缩性的货币政策则可以减少货币供给量,减轻通货膨胀,紧缩性的货币政策在减轻通胀的同时也会同时造成利率上升,从而抑制投资。如图 15.7 所示。

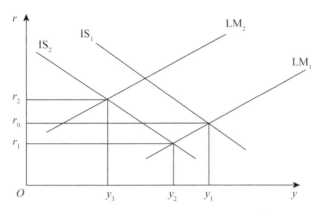

图 15.7　紧缩性的财政政策与紧缩性的货币政策组合

实行紧缩性的货币政策会使 IS 曲线从 IS$_1$ 左移至 IS$_2$，在国民收入从 y_1 减少至 y_2 的同时，利率也从 r_0 降低至 r_1。实行紧缩性的货币政策使 LM 曲线从 LM$_1$ 左移至 LM$_2$，一方面在使国民收入从 y_2 进一步减少至 y_3 的同时，利率升至 r_2。紧缩性的财政政策与紧缩性的货币政策组合对均衡国民收入的影响相同，都降低了均衡国民收入水平，但对利率的影响不同，紧缩性的财政政策带来利率的下降，紧缩性的货币政策带来利率的上升，最终利率是上升还是下降要看财政政策与货币政策效果的大小。如果财政政策效果大于货币政策，则均衡利率最终下降，反之如果货币政策的效果大于财政政策的效果，则均衡利率最终会上升。

（三）松紧搭配的政策组合

在宏观经济政策实践中，根据财政政策与货币政策各自的特点，按照相反方向配合使用这两种政策，可以达到宏观经济的特定目标。例如，在滞胀时期，为了刺激经济实行扩张性的财政政策与扩张性的货币政策将会加剧通货膨胀，而实行紧缩性的财政政策与货币政策虽可抑制通货膨胀，但又会加剧经济的衰退。此时采取松紧搭配的宏观经济政策有利于经济问题的解决。扩张性的财政政策有助于克服总需求不足，从而刺激经济增长，而紧缩性的货币政策则可以控制货币供给量的增长，从而减轻通货膨胀的压力。相反，如果采用紧缩性的财政政策与扩张性的货币政策组合则可产生相反的效果。紧缩性的财政政策有利于减少赤字，抑制经济过快增长，而扩张性的货币政策则可使货币供给量增加从而降低利率，刺激投资带动经济增长。下面我们以扩张性的财政政策与紧缩性的货币政策搭配为例来分析这样的政策组合的效果。如图 15.8 所示。

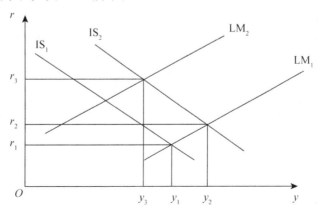

图 15.8　扩张性的财政政策与紧缩性的货币政策组合

扩张性的财政政策使 IS 曲线 IS_1 右移至 IS_2,此时在国民收入从 y_1 扩张至 y_2 的同时,利率也从 r_1 上升至 r_2。同时实行紧缩性的货币政策使 LM 曲线从 LM_1 左移至 LM_2,在使国民收入从 y_2 减少至 y_3 的同时,利率从 r_2 继续上升至 r_2。扩张性的财政政策与紧缩性的货币政策组合对利率的影响相同,都提高了利率水平,但对均衡国民收入的影响不同,扩张性的财政政策带来均衡国民收入的上升,紧缩性的货币政策带来均衡国民收入的下降,最终均衡国民收入是上升还是下降要看财政政策与货币政策效果的大小。如果财政政策效果大于货币政策,则均衡国民收入最终上升,反之如果货币政策的效果大于财政政策的效果,则均衡国民收入最终会下降。

各种政策组合对利率和国民收入的影响及其适用条件如表 15-1 所示。

表 15-1　各种政策组合对利率和国民收入的影响及其适用条件

	政策混合	产出	利率	政策效果
I	扩张性财政政策与扩张性货币政策	增加	不定	经济严重萧条,膨胀性财政增加总需求,扩张性货币降低利率
II	扩张性财政政策与紧缩性货币政策	不定	上升	经济萧条不太严重,扩张性财政政策刺激总需求,紧缩性货币政策控制通货膨胀
III	紧缩性财政政策与扩张性货币政策	不定	下降	不严重的通货膨胀,紧缩性财政减少总需求,扩张性货币降低利率,以免过度衰退
IV	紧缩性财政政策与紧缩性货币政策	下降	不定	严重通货膨胀,紧缩性货币提高利率,降低总需求。紧缩财政,以防止利率过高

【案例分析】

案例2 ● 中国稳健货币政策中的"适度从紧" ●

1997 年以来,我国所实行的货币政策长期被称为稳健的货币政策,这一政策强调的是货币信贷增长与国民经济增长大体保持协调关系,但在不同时期有不同的特点和重点,因为经济形势的变化,就要求适度调整的政策实施的力度和重点。例如,从 2001 年 11 月份开始,我国居民消费物价指数开始出现负增长,经济运行出现通货紧缩局面长达 14 个月,这种通货紧缩不仅表现为消费需求不足,也表现为投资需求不足,整个经济增长乏力。但是,在 2003 年居民消费物价指数由负转正仅一年时间,通货紧缩阴影尚未完全消散的情况下就出现了严重的投资过热趋势。这种过热,主要表现在钢铁、水泥、电解铝和房地产等几个行业,而有些产业例如农业的投资还严重不足。2003 年我国钢铁、水泥、电解铝等行业投资分别增长 96.6%、121.9% 和 92.9%,2004 年第一季度钢铁、水泥、电解铝投资增长又分别达到 107.2%、101.4% 和 39.3%,而农业投资增长率只有 0.4%。其原因有几个,一是 1998 年以来我国多年实施积极财政政策,这些政策实施中的投资项目大多为基础设施建设项目,这必然带动钢铁、水泥等行业热起来;二是地方政府的"投资冲动",各地搞"政绩工程";三是我国经济市场化程度提高后,利益主体也多元化,使地方政府与经济主体间形成默契与投资合力,再加上房地产行业在这几年的暴利引诱,造成钢铁、水泥等行业的异常投资冲动。固定资产投资增长过快、规模过大以及投资结构的严重失调这两大问题,在银行信贷上也得到了充分反映。钢铁、水泥、电解铝和高档房产等几个行业投资增长如此迅猛,后患无穷。最主要的有以下几方面:一是这种盲目投资,势必大大超出资源和环境承受能力,带来重要原材料和煤电油的全面紧张,使经济运行绷得过紧,进一步推动整个投资规模扩张;二是形成严重金融风险。中央政府高度警惕地看到了这一矛盾,及时做出了调控决策。考虑到积极财政政策已到了必须淡出的时候,所以必须从货币政策方面考虑调控,前几年我国为配合积极的财政政策,在1997—1998年实行了稳健货币政策中的适度从宽,以扩大内需,促进经济增长。为此,取消了贷款限额控制,下调了存款准备金,并一再降低存款利率。这样,各行各业包括上述投资过热的那些行业,不但有了极宽松的贷款环境,而且借贷成本极为低廉,这无疑为这些行业进行盲目投资放开了资金的水龙头。要收紧这个水龙头,央行采取了多种措施,唯独尚未提高利率的办法,这是考虑到种种因素,包括发达国家目前利率水平很低,如我国提高利率显然会使国外资金流入套利而形成人民币升值压力;还包括提高利率会加大企业利息负担(我国企业资产负债率普遍比较高)以及使股市更加雪上加霜等。为此,央行采取了其他一系列措施:一是提高法定准备率。二是实行差别存款准备金率,从2004年4月25日起,将资本充足率低于一定水平的金融机构的存款准备率提高0.5个百分点。三是建立再贷款浮动制度,2004年3月25日起,在再贴现基准利率基础上,适时确定并公布中央银行对金融机构贷款利率加点幅度,同时决定,将期限在1年以内、用于金融机构头寸调节和短期流动性支持的各档次再贷款利率在现行再贷款基准利率基础上统一加0.63个百分点,再贴现利率在现行基准利率基础上统一加0.27个百分点。四是加大公开市场操作力度,2004年一季度,央行通过外汇公开市场操作投放基础货币2916亿元,通过债券市场公开市场操作(卖出债券)回笼基础货币2810亿元,基本全额对冲外汇占款投放的基础货币。五是加强对商业银行贷款的窗口指导,促进优化贷款结构。例如,央行于2004年1月18日下发通知,要求商业银行积极采取措施,严格控制对钢铁、水泥、电解铝等"过热"行业的贷款,同时,积极鼓励和引导商业银行加大对中小企业、扩大消费和增加就业方面的贷款支持。六是积极支持"三农"经济发展,加快推进农村信用社改革。例如,2004年初,通过地区间调剂,央行对粮食主要产区增加再贷款40亿元;3月份对农村信用社单独安排增加50亿元再贷款,支持信用社发放农户贷款。

可见,央行这次调控,并不是"一把刀"的"急刹车",而是有限制和有支持的"点刹",即该刹车的刹车,该支持的支持,再配合其他一些调控措施。这些调控措施很快起到了成效,固定资产投资过快增长势头得到了遏制,部分投资过热的行业已明显降温。5月份全国生产资料价格总水平同比涨幅14.3%,持续7个月快速上涨后首次回落。相反,加强农业的政策极大地调动了农民的积极性,农业基础地位得到了加强,夏粮有望增产,将扭转连年下降的局面。整个国民经济继续保持平稳较快增长。当然,经济生活中的突出问题还未根本解决,包括固定资产投资增幅仍偏高,中长期贷款增加较多,煤电油运供求状况相当紧张等,因此,宏观调控任务仍很艰巨。

分析:

从本案例中可以看出,针对当时的经济形势,我国的货币政策逐步由稳健转为适度从紧,为此,央行采取了其他一系列措施:一是提高法定准备率。二是实行差别存款准备金率。三是建立再贷款浮动制度。四是加大公开市场操作力度。五是加强对商业银行贷款的窗口指导,促进优化贷款结构。六是积极支持"三农"经济发展,加快推进农村信用社改革。这些货币政策的实施,一方面配合了财政政策的运行,另一方面从案例中也可以看出货币政策使用上的灵活性。

【项目小结】

本章主要分析财政政策与货币政策的政策目标、政策工具及其运用,在此基础上用IS-LM模型分析了宏观经济政策的效果。主要内容如下:

1.宏观经济政策目标主要有四个方面:包括充分就业、物价稳定、经济增长和国际收支平衡。

2.财政政策是一个国家的政府为了达到预期的经济目标而对政府收入、政府支出和公债水平所做出的决策。财政政策工具主要包括政府购买、转移支付、税收和公债等。其中转移支付与税收具有适应经济波动而自动增减并进而影响社会总需求的特点,被称为自动稳定器。

3.财政政策的效果与挤出效应的大小有关,挤出效应越大,财政政策的效果越差;挤出效应越小,财政政策的效果越好。而挤出效应的大小取决于投资乘数、货币需求对收入的敏感程度、货币需求对利率的敏感程度以及投资对利率的敏感程度。而这些因素又与IS曲线和LM曲线斜率的大小相关。因此,IS曲线越陡峭,挤出效应越小,财政政策效果越好,反之越差;LM曲线越陡平缓,挤出效应越小,财政政策的效果越好,反之越差。

4.财政政策的实施会影响到一个国家的财政收支平衡。财政收支平衡是指在一定时期内财政收入与财政支出之间的等量对比关系。凯恩斯主义兴起后,根据其主张的财政政策,政府在财政方面实施积极的政策主要目的是实现物价稳定的充分就业水平。当实现这一目标时,预算可以是盈余的,也可以是赤字的。这样的财政称之为功能财政。功能财政的思想认为财政政策目标应该是提供足够的有效需求在制止通货膨胀的同时实现充分就业,因此,不能机械地用财政预算收支平衡的观点对待预算盈余和预算赤字,而应从反经济周期的需要出发来合理地利用预算盈余和预算赤字。

5.货币政策手段主要通过调节货币供应量影响利率变动,从而影响总需求,最终作用于经济。常见的货币政策工具主要有再贴现率、法定存款准备金率以及公开市场业务等。货币政策效应的大小也取决于IS曲线与LM曲线斜率的大小。LM曲线斜率越大,即LM曲线越陡峭,货币政策使LM曲线移动导致的国民收入变动就越大,也就是说货币政策效果越大;反之,LM曲线斜率越小即LM曲线越平坦,LM曲线的移动对国民收入产生的影响就越小,即货币政策效果就越小。

6.财政政策与货币政策可根据自身特点及对经济的影响不同搭配使用。两种政策的搭配模式主要有:双扩张政策、双紧缩政策和松紧搭配的政策组合。不同的政策搭配组合对经济的影响也有所不同。

【实训练习】

一、名词解释

1.财政政策　　　　2.货币政策　　　　3.挤出效应　　　　4.政府购买

5.政府转移支付　　6.自动稳定器　　　7.预算赤字　　　　8.预算盈余

9.充分就业预算盈余　　10.货币创造乘数　　　11.功能财政　　　12.年度平衡预算

13.基础货币　　　　　14.法定存款准备金率　15.公开市场业务　16.再贴现率

二、简答题

1.简述宏观经济政策目标的内容及其相互关系。

2.经济中的自动稳定器有哪些？它们是如何发挥作用的？

3.中央银行的货币政策工具主要有哪些？

4.什么是财政政策？这一政策是如何调节经济运行的？

5.假设政府想增加投资但保持产出不变。在 IS-LM 模型中,货币与财政政策如何配合才能实现这一目标？ 在 20 世纪 80 年代初,美国政府减税并有预算赤字,而美联储实施紧缩性货币政策,这种政策配合会有什么影响？

6.什么是财政政策的挤出效应,它受哪些因素影响？

7.财政政策效果与 IS 和 LM 曲线的斜率有什么关系？

8.货币政策效果与 IS 和 LM 曲线斜率有什么关系？

三、论述题

宏观经济政策手段有哪些？ 联系我国近年来宏观经济形势分析如何运用这些宏观经济政策手段来调节经济？

项目十六　经济波动中的失业与通货膨胀问题

【项目目标】

1. 掌握失业的含义与分类；
2. 理解失业的影响；
3. 掌握通货膨胀的含义与分类；
4. 掌握菲利普斯曲线的含义；
5. 理解总需求—总供给模型以及宏观经济的短期波动。

【引导案例】

案例1 ● **2012 全球失业率最高 17 国榜单** ●

　　美国财经杂志《福布斯》推出 2012 年全球失业率最高的 17 国榜单,深受欧洲债务危机的国家深陷"就业沦陷区",失业率高居不下。美国排名第五,而中国则位列第 14 名,失业率预计为 4%。2010 年中国登记失业率为 4.1%。《福布斯》指出,2012 年是"非常艰难的一年",支出占 GDP 中很大一部分的国家大多面临疲软的就业形势。排名前五名的均为欧美国家,位居第一的西班牙 2012 年的整体失业率更是达到了 19.7%。这也就意味着西班牙明年的失业人口将占总人口的近五分之一。

　　国际劳工组织 26 日发布研究报告,对全球目前的严峻就业形势提出了警告,指出现有的全球就业情况不可能在短期内迅速好转,而截至明年年底,甚至有失业数据翻倍增长的风险。国际劳工组织发布的报告指出,自 2008 年金融危机以来,G20 国家失业总数达到了2000 万人,截至明年年底,失业人数可能涨至 4000 万。2012 年失业率最高国家排名:19.7%西班牙,18.5%希腊,13.35%葡萄牙,9.15%法国,9.04%美国,7.8%英国,7.7%加拿大,7.5%巴西,7.5%芬兰,7.1%俄罗斯。

（资料来源:MSN 中文网理财频道）

　　清华大学教授胡鞍钢曾经用"中国正面临世界上最大的就业战争"来形容中国面临的就业难题。至少在未来 10 年,中国的人口还呈增加的趋势,劳动力供大于求的矛盾将长期存在。失业问题将尤为严峻。那么什么是失业,失业又会对一国经济和社会带来哪些影响呢?本章我们就首先来研究失业问题。

任务 1　失业

一、失业的含义

（一）失业的含义

简单来说，失业是指符合法定工作条件、有工作愿望的人，愿意接受现行工资且正在寻找工作但还没有找到工作的经济现象。失业者是指凡是在一定年龄范围内符合法定工作条件，愿意工作却没有工作，正在寻找工作的劳动者。把握失业的含义，必须注意两点：第一点，符合法定工作条件。失业者是相对于具有某种工作条件来说的人，比如达到法定的劳动年龄、具有劳动能力和劳动技能等。如果一个人没有工作过程中所需要的工作能力，没有劳动技能，虽然没有工作，也不属于失业者。第二点，有工作的愿望且接受现行的工资。对于有工作愿望且接受现行工资水平的人来说，尽管积极寻找工作但仍然没有找到工作，就属于失业者。如果没有工作的愿望，或虽然有工作愿望但不接受现行的工资水平而没有工作的人，不属于失业者。但是，有工作能力而没有工作，毕竟是一种劳动力的闲置。为了把这种劳动力的闲置与失业区别开，西方经济学把符合工作条件但不按现行工资寻找工作的人叫做自愿失业者，而把有工作愿望且接受现行工资水平、正在积极寻找工作但仍然没有找到工作的失业者叫做非自愿失业者。

失业分为广义失业和狭义失业。广义失业是指现有可用的一切生产要素（包括劳动、资本、土地、企业家才能、技术、信息等）没有得到充分利用的状态。狭义失业是指只有作为生产要素的劳动没有得到充分利用的状态。本章所提到的失业仅指狭义的失业，也就是劳动没有得到充分利用的状态。

（二）失业的衡量

衡量经济中失业状况的基本指标即失业率。失业率是失业人数（失业量）与劳动力总数（失业人口与就业人口之和）的比例。因此，失业率取决于劳动力总人数、就业人数（就业量）。失业人数＝劳动力总人数－就业人数。用 N 表示就业量，U 表示失业量，L 表示劳动总量，n 表示就业率，u 表示失业率，那么有：

$$n = \frac{N}{L}, u = \frac{U}{L} \tag{16.1}$$

这样，失业率 u 可以通过就业率 n 得到，因为 $u=1-n$。同样，知道了失业率 u，也可以得到就业率 n。因此，研究失业问题，实际也是研究就业问题，从某种意义上说，减少失业，就是扩大就业。

例如：如果一国就业人数为 1800 万，失业人数为 200 万，那么失业率＝失业人数/（失业人数＋就业人数）* 100％＝200/（1800＋200）* 100％＝10％

二、失业的分类

宏观经济学通常将失业分为三种类型，即摩擦性失业、结构性失业和周期性失业。

摩擦性失业是指在生产过程中由于难以避免的原因而造成的短期局部型失业。例如人们更换工作或者找新的工作便是摩擦性失业。摩擦性失业在任何时候都存在,是由于正常的劳动力流动所引起的,因此,摩擦性失业并不被认为是严重的经济问题。

周期性失业是指经济周期中的衰退或萧条时期因总需求下降而造成的失业。经济增长具有周期性,当经济增长处于高涨阶段时,就业量增加,失业量减少;经济增长处于下降阶段时,就业量减少而失业量增加。按照凯恩斯的说法,当实际的总需求小于充分就业的总需求时,消费疲软,市场不旺,造成企业投资减少,从而减少雇佣人员而形成周期性失业。通货紧缩时期的失业也可看做是周期性失业。

结构性失业是指由劳动的供给结构与劳动的需求结构不一致而导致的失业。劳动的需求结构是由包括产业结构、产品结构在内的经济结构决定的,劳动的供给结构是由人口总量和人口结构决定的,教育也是影响劳动的供给结构的重要变量。当经济结构变化时,比如有些部门或产业迅速发展,一些地区正在开发,同时,某些部门或产业正在衰落,这就使得对劳动的需求发生了变化。当劳动力因技术、性别、心理等原因而不能适应劳动需求的变化时,就会出现工作岗位与劳动人口的非均衡,从而形成结构性失业。在结构性失业出现后,劳动的供给结构必须根据产业结构和产品结构去调整。在这种调整中,年长者调整的速度低于年轻者,因为年长者接受新知识的主动性及经济行为的灵活性低于年轻者。所以,结构性失业人口中,年长者高于年轻者。存在结构性失业的经济中,一方面有失业者,另一方面又有职位空缺,但失业者因种种原因又不能填补现有的职位空缺。

除以上失业类型之外,经济学中还有一些其他的失业的类型,如季节性失业,技术性失业,求职型失业,隐性失业等等。季节性失业是指某一行业随着季节(包括自然季节、生产或销售季节)的变换而造成的失业。有些行业的生产与服务会随着季节的变化而变化,对劳动的需求也随着季节的变化而变化,生产和销售旺季所需的人手多,生产和销售淡季所需的人手少,因而出现季节性失业。季节性失业是在生产或销售处于淡季时,而出现的失业。建筑业、农业、旅游业等行业,季节性失业最明显。技术性失业是指技术进步所产生的机器排挤工人所造成的失业。技术水平不断提高是社会经济发展的必然趋势,当技术水平提高后,先进的设备会代替一部分工人的劳动,同量的生产就用不了太多的工人,企业这时就会解雇工人,从而造成失业,即技术性失业。属于技术性失业的人大都不能适应现代化技术要求。

求职性失业是指求职者不满意现有工作、为追求更理想的工作而不断转换工作所造成的失业。这种失业是劳动力需求市场在工资和工作条件的差异性、劳动力市场信息的不完全性造成的。当工人认为理想工作的收益大于寻求工作的成本时,工人宁愿失业去寻找工作,此时的失业就是求职性失业。求职性失业与摩擦失业尽管都是劳动力的流动造成的,但不是经济中难以避免的原因引起的,而是由工人自己造成的,属于自愿失业的类型。由于青年人不满意现状,渴望找到能够实现自己理想的工作,因此,求职性失业一般在年轻人身上居多。

隐性失业是指表面上有工作、但实际上对生产并没有做出贡献的现象,即有"职"无"工"。这一失业往往表现为一个人的活儿三个人干、两天的活儿干五天,这其实是劳动力资源未得到充分利用的一种表现,或者说是劳动效率低下所造成的。农村的剩余劳动力也属于隐性失业。存在隐性失业时,生产效率是低的。

由于摩擦性失业的普遍性和不可避免性,西方经济学认为,经济社会即使在充分就业条件下也并不意味着百分之百就业,而仍然存在一定的失业。自然失业率(natural rate of unemployment)即指充分就业下的失业率。也就是说自然失业率是指在没有货币因素影响下,劳动力市场和商品市场自发供求力量发挥作用时应有的处于均衡状态的失业率,即总产出在潜在水平上的失业率,也就是充分就业情况下的失业率。

三、失业的影响

(一)奥肯法则

奥肯法则是美国经济学家阿瑟·奥肯(1929~1979)提出来的失业率上升与经济增长率下降相互关系的原理。奥肯法则指出,实际 GNP 相对潜在 GNP 每下降 2%,失业率就上升 1%。反之,实际 GNP 增加 2%,失业率就下降 1%。比如,假定某一时期的 GNP 等于潜在 GNP,失业率为 4%,当 GNP 下降 4% 时,使现期的 GNP 为潜在 GNP 的 96%,那么失业率就会上升 2%,即由原来的 4% 上升为 6%。奥肯法则揭示了失业与经济增长之间的内在关系,失业的变动引起经济增长的变动,同样,经济增长的变动也引起失业的相应变动。从失业增加引起经济增长减少的角度看,奥肯法则其实说明了失业对经济带来的损失。

(二)失业的经济影响

失业无论是对单个厂商或家庭,还是对整个国民经济都有着重要的影响,严重的失业问题还有可能造成政局的动荡,因此世界各国对本国的失业问题都十分重视。失业的经济影响主要体现在以下几个方面:

(1)失业对家庭收入和消费的影响。失业增加使失业者的家庭收入和消费受到消极影响。失业后,家庭收入急剧下降,消费支出也随之下降。

(2)失业对厂商的影响。失业增加后,厂商产品的销售市场萎缩,有效需求下降。于是产出降低,生产能力闲置,利润率开始下降。厂商面临如此景况,就减少投资需求,减少新生产能力的形成。

(3)失业对国民经济的影响。失业增加后,由于家庭消费减少和厂商投资下降,使整个国民经济的增长受到抑制。根据奥肯法则,失业率提高 1%,可使经济增长率下降 2%。那么,如果失业率提高 2%,经济增长率就下降 4%。美国在 1930—1939 年的大萧条时期,平均失业率为 18.2%,经济下降带来的损失占该时期潜在 GNP 的 38.5%。美国经济学家萨缪尔森指出:高失业时期的损失是一个现代经济中最大的有记录的损失,它们比垄断所引起的微观经济浪费的无效率或关税、配额引起的浪费要大许多倍。

(三)失业的社会影响

失业会导致个人的尊严受损,从而会导致家庭关系紧张,会导致居民家庭的生活水平下降和疾病增多,失业还会导致犯罪增多和社会秩序的混乱。严重的失业甚至会导致一国政局的动荡,引发严重的社会问题。

任务 2 通货膨胀

一、通货膨胀的含义

通货膨胀是一般价格水平普遍和持续的上涨。一般价格水平是指物价总水平,而不是指个别商品的物价水平。衡量通货膨胀状况的经济指标是通货膨胀率。通货膨胀率是一般价格水平的上涨率。一般价格水平持续上涨而不是一时上涨，才是通货膨胀。衡量价格水平的经济指标是物价指数。物价指数也被称为商品价格指数，它是反映各个时期商品价格水准变动情况的指数。物价指数是一个与某一特定日期一定组合的商品或劳务有关的价格计量。当该商品或劳务的价格发生了变化，其价格指数也随之变化。物价指数一般分为消费物价指数、批发物价指数和国内生产总值（或国民生产总值）折算指数。居民消费价格指数（成批）是反映一定时期内城乡居民所购买的生活消费品价格和服务项目价格变动趋势和程度的相对数，是对城市居民消费价格指数和农村居民消费价格指数进行综合汇总计算的结果。利用居民消费价格指数，可以观察和分析消费品的零售价格和服务价格变动对城乡居民实际生活费支出的影响程度。生产价格指数（PPI）是衡量工业企业产品出厂价格变动趋势和变动程度的指数，是反映某一时期生产领域价格变动情况的重要经济指标，也是制定有关经济政策和国民经济核算的重要依据。国内生产总值折算指数（GDP折算指数）是名义的GDP和实际的GDP的比率。国内生产总值折算指数是重要的物价指数之一，能反映通货膨胀的程度与CPI、PPI同为衡量通货膨胀的物价指数。知道了基期和现期的物价指数，就可以计算出通货膨胀率，其方法是用现期物价指数与基期物价指数的差额，除以基期物价指数。即：

通货膨胀率＝{（本期价格指数－上期价格指数）/上期价格指数}×100%

可见，通货膨胀率不是价格指数，即不是价格的上升率，而是价格指数的上升率。

二、通货膨胀的类型

通货膨胀的类型是指通货膨胀的种类。通货膨胀具有不同的类型。依据不同的划分标准，通货膨胀的类型区分也不相同，总的说来，主要有以下几种分类。

（一）依据通货膨胀率的高低划分的通货膨胀类型

依据通货膨胀率的高低，通货膨胀分为温和的通货膨胀、奔腾的通货膨胀和恶性通货膨胀。

温和的通货膨胀是价格上涨缓慢的通货膨胀，通常是指每年物价上升的比例为10%以内的通货膨胀。当前，许多国家都存在温和的通货膨胀。

奔腾的通货膨胀是价格急速上涨的通货膨胀，通常是指通货膨胀率为10%以上和100%以内的通货膨胀。西方学者认为，此时会出现货币流通速度提高而实际购买力下降，当奔腾的通货膨胀发生以后，由于价格上涨速度很快，公众会产生价格进一步上涨的预期，这会导致通货膨胀进一步加剧。

恶性的通货膨胀是价格上涨失去控制的通货膨胀，通常是指通货膨胀率为100%以上的通货膨胀。恶性通货膨胀被看做十分严重的经济问题，此时价格持续猛涨，失去控制，各种正常的经济体系遭到破坏，以致货币体系和整个价格体系完全坍塌，甚至还会引起社会局势动荡。

（二）依据对价格影响的差别划分的通货膨胀类型

依据对不同商品价格影响的差别，可以把通货膨胀划分为平衡的通货膨胀和非平衡的通货膨胀。平衡的通货膨胀是指所有商品的价格每年上涨的比率完全相同的通货膨胀，包括各种商品以及各种生产要素的价格。非平衡的通货膨胀是指不同的商品的价格每年上涨比率不完全相同的通货膨胀。

（三）依据对通货膨胀的预料程度划分的通货膨胀类型

依据对通货膨胀的预料程度，把通货膨胀划分为可预期的通货膨胀和非预期的通货膨胀。可预期的通货膨胀是指商品价格上涨速率在人们预料之中的通货膨胀，非预期的通货膨胀是指商品价格上涨速率不在人们预料之中的通货膨胀。

（四）按照其表现形式划分的通货膨胀类型

依据通货膨胀的表现形式可将之划分为公开型、隐蔽型以及抑制型。公开型是指通货膨胀通过物价水平统计反映出来。隐蔽型是指没有通过物价水平统计反映出来。抑制型是指在价格管制条件下，通过排队、搜寻、寻租等途径反映出来的通货膨胀。

三、通货膨胀的成因

形成通货膨胀的原因是多方面的。宏观经济主体及其行为、微观经济主体及其行为，都会从货币供给量、需求、供给、经济结构等方面促成通货膨胀。

（一）古典的通货膨胀理论

古典经济学以货币数量论为基础来分析通货膨胀，把通货膨胀与货币供给联系起来。货币数量论用交易方程作为分析工具，提出了商品价格决定于货币供给量的理论。

货币数量论者提出的交易方程是：

$$MV = PY \tag{16.2}$$

式中的 M、V、P、y 分别表示货币的供给量、货币的流通速度、商品价格水平和实际国民收入。等式的左边，是经济中的总支出；等式的右边，是名义收入。货币数量论认为，在这个等式中，货币流通速度 V 和实际国民收入 y 在短期内都是常数，因此，物价水平 P 就随着货币供给量的变动而变动。当货币供给量增加时，物价水平就上升，形成通货膨胀。

货币数量论中的传统货币数量论和现代货币数量论在通货膨胀的原因上，具有相同的观点，但是，它们也有一个值得注意的区别，即传统货币数量论认为货币供给量的变动只是影响物价的变动，而现代货币数量论则认为货币供给量的变动会影响总产量或国民收入的变动。

（二）需求拉动的通货膨胀

需求拉动的通货膨胀也叫超额需求通货膨胀，是指因总需求增加超过总供给而引起的一般价格水平普遍和持续的上涨。

需求拉动的通货膨胀理论有两种。一种是凯恩斯提出的充分就业时的需求拉动的通货膨胀理论，一种是鲍莫尔提出的非充分就业时的需求拉动的通货膨胀理论。凯恩斯认为，当经济中实现了充分就业时，如果实际总需求大于实现了充分就业的总需求，其差额就构成了"通货膨胀缺口"，导致通货膨胀，如图 16.1(a)所示。当总需求不断增加、总需求曲线 AD_1 不断右移至 AD_2、AD_3 时，价格水平就相应由 P_1 上升到 P_2、P_3，同时，收入量也由 y_1 不断增加到 y_2、y_3——这一段的价格上涨是"瓶颈式"通货膨胀。当总需求 AD_3 继续增加至 AD_4 时，由于总供给已经达到充分就业水平，即 AS 曲线呈现垂直形状，总需求的增加不会使收入 y_3 再增加，故在总供给或收入不变的情况下，价格由 P_3 上升到 P_4——这一段的价格上涨就是"需求拉动"的通货膨胀。

鲍莫尔认为，不仅在实现了充分就业的条件下会出现通货膨胀，而且在没有实现充分就业的条件下也会出现通货膨胀。未实现充分就业时,总需求增加所引起的通货膨胀率的高低取决于总供给曲线的斜率。总供给曲线的斜率越大,总需求增加所引起的产量就越小,引起的物价上涨的幅度就越大,通货膨胀越严重,如图 16.1(b)所示。总供给曲线 AS 一定,总需求 AD 不断增加,当从 AD$_1$ 上升到 AD$_2$ 时,国民收入从 y_1 增加到 y_2;当从 AD$_2$ 上升到 AD$_3$ 时,国民收入从 y_2 上升到 y_3;当从 AD$_3$ 上升到 AD$_4$ 时,国民收入从 y_3 增加到 y_4,增加得越来越慢,而价格相应地从 P_1 上升到 P_2、从 P_2 上升到 P_3、从 P_3 上升到 P_4,上升得越来越快。可以看到,当总供给曲线越来越接近潜在产出时,需求增加推动国民收入增长的作用在下降,而推动物价上涨的作用则在上升。总之,当总供给曲线一定时,连续增加总需求,就会在推动国民收入增长的同时,推动物价水平的上涨。这样,当太多的货币支出追逐太少的商品时,就发生了需求拉动的通货膨胀。

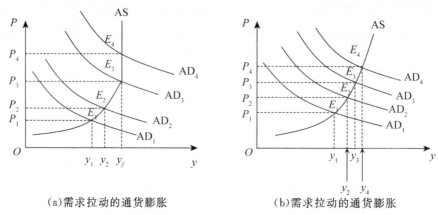

(a)需求拉动的通货膨胀　　　　(b)需求拉动的通货膨胀

图 16.1 需求拉动的通货膨胀

(三)成本推动的通货膨胀

成本推动的通货膨胀也叫做成本通货膨胀或供给通货膨胀,是指总供给的减少所引起的一般价格水平普遍和持续的上涨。

当总需求曲线一定时,总供给曲线因成本提高而向左移动,于是在国民产出降低的同时,物价却上涨了。如图 16.2 所示。

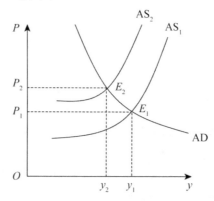

图 16.2　成本推动通胀

总需求曲线 AD 一定,当总供给减少即总供给曲线由 AS$_1$ 向左移动到 AS$_2$ 时,国民收入由 y_1 减少到 y_2,价格则由 P$_1$ 上升到 P$_2$。

成本推动的通货膨胀原因有工资成本增长、利润增长和进口原料成本增加,与此相应,有三种成本推动的通货膨胀的理论。第一种是关于工资成本推动通货膨胀的理论,第二种是关于利润推动通货膨胀的理论,第三种是关于原料成本推动通货膨胀的理论。

工资成本推动的通货膨胀是指工资的上涨而引起的物价的普遍上涨。关于工资成本推动通货膨胀的理论认为,工会组织对增加工资的要求是引起成本推动的通货膨胀的原因。在工会组织的要求下,劳动市场成为不完全竞争的生产要素市场,企业在许多工会会员失业的情况下,仍然支付高工资。由于工资决定中攀比原则的存在,没有工会的企业也支付高工资,因为工资低无法留住企业所需要的工人。于是,工资成本就会普遍上涨,导致物价普遍上涨,出现通货膨胀。

利润推动的通货膨胀是指具有垄断地位的企业为实现更多的利润而提高价格所引起的一般价格水平的普遍上涨。关于利润推动的通货膨胀的理论认为,垄断企业作为产品供给一方,不是市场价格的接受者,而是价格的操纵者,垄断企业能够操纵价格。操纵价格是一种能够得到高额利润的垄断价格。在操纵价格大量存在的条件下,会引起物价的普遍上涨,引发通货膨胀。

原料成本推动的通货膨胀是指由于进口原料的价格提高而引起的物价的普遍上涨。关于原料成本推动的通货膨胀的理论认为,一国从外国进口的商品,有些作为原料进入本国的生产过程。当这种进口商品的价格上涨后,本国的生产成本就会上升,推动本国物价上涨,引发通货膨胀。例如,进口石油的价格上升,就使以石油为原料的企业的生产经营成本上涨。

（四）结构性通货膨胀

结构性通货膨胀是指经济结构的非均衡状况所引起的一般价格水平普遍和持续的上涨。结构性通货膨胀理论的提出者认为,在没有需求拉动和成本推动的条件下,只是由于经济结构的失衡也可以引发通货膨胀。在现实经济中,有的部门劳动生产率高,有的部门劳动生产率低,有的部门属于先进部门,有的部门属于保守部门。一般说来,工业部门是劳动生产率不断提高的先进部门,而服务业则属于劳动生产率低的保守部门。劳动生产率高的生产部门提高了货币工资后,劳动生产率低的生产部门的货币工资也在"公平"原则下要求提高,否则劳动生产率低的生产部门的工人就感到"不公平"。当劳动生产率低的生产部门的货币工资也提高以后,劳动生产率低的生产部门提供的产品(或服务)的价格也必然提高。这样,整个社会工资增长率高于劳动生产率的增长率,从而引发了一般物价水平持续和普遍的上涨,出现通货膨胀。

四、通货膨胀的连续性

通货膨胀螺旋是指通货膨胀的连续性。通货膨胀螺旋的存在,是通货膨胀预期和惯性决定的。在现代经济中,人们根据市场上价格信息进行交易谈判,以契约形式决定产品和生产要素的价格。在存在通货膨胀的条件下,人们总是根据现有的通货膨胀率预期未来的通货膨胀率,并根据这种对未来的通货膨胀率的预期提高产品和生产要素的价格。这种经济现象持续下去,就形成了通货膨胀的连续性,形成通货膨胀螺旋。

美国经济学家萨缪尔森认为,通货膨胀螺旋的具体形式,是由实际失业率与自然失业率的相对关系决定的。当实际失业率小于自然实业率时,通货膨胀螺旋具有上升的趋势;当实际失业率大于自然失业率时,通货膨胀螺旋具有下降的趋势。

斯蒂格利茨认为,通货膨胀不是价格水平的一次性改变,而是价格水平一个月又一个月地持续上升。就像一个滑冰的人,只要开始推他一下,他就会不停地在冰上滑下去一样。他认为通货膨胀螺旋的基本特性是它的自我维持性。

五、通货膨胀的经济影响

通货膨胀无论是对一国的收入分配还是对一国的产出和就业都会产生重要影响。

(一)通货膨胀的收入分配效应

在市场经济中,产品价格和生产要素价格执行着收入分配的功能。通货膨胀这种普遍的物价上涨具有收入分配效应。第一,通货膨胀降低固定收入阶层的实际收入水平。在收入分配上不利于低收入者,有利于高收入者。因为低收入者一般是低工资劳动者,他们的实际收入因通货膨胀而减少或增长缓慢,他们是通货膨胀的受害者。而高收入者,一般是有其他资产形式和非工资收入的人,他们可以通过提高商品价格把通货膨胀的损失转嫁出去,并利用通货膨胀造成的人们购买行为的向前调整,增加商品的销售,提高利润水平。即使工人的货币工资能与物价同比例增长,在累进所得税下,货币收入增加使人们进入更高的纳税等级。税率的上升也会使工人的部分收入丧失,即把财富从居民手中转移到公共经济部门。第二,通货膨胀对储蓄者不利。随着价格上涨,存款的实际价值或购买力就会降低。同样,诸如保险金、养老金以及其他固定价值的证券财产等,它们本来是防患未然的,但在通货膨胀时其实际价值也会下降。第三,通货膨胀调整了债权人与债务人之间的分配关系。具体来讲,通货膨胀会牺牲债权人的利益而使债务人获利。在通货膨胀条件下,债务人可以用贬值的货币偿还债务,而债权人则只能以贬值的货币实现债权。实际利息率等于名义利息率与通货膨胀率的差额,如果通货膨胀率超过了名义利息率,债权人实现的实际利息将是负值。

(二)通货膨胀的产出和就业效应

通货膨胀的产出和就业效应是指物价普遍上涨对产出和就业的影响。价格水平的变化对产出水平的影响有以下几种情况:第一种情况,随着通货膨胀产出和就业都增加。这主要是由于需求拉上型通货膨胀的刺激,促进了产出水平的提高。许多经济学家也认为温和的需求拉上型通货膨胀对产出和就业有扩大作用。在通货膨胀条件下,人们的购买行为提前,从而使需求增加;物价上涨推动供给上升,从而刺激厂商增加投资、增加产出。产品市场需求和供给的增加,推动着对劳动需求的增加,从而增加就业。第二种情况,成本推动型通货膨胀引起产出和就业的下降。假定经济在当前的总需求水平下达到了充分就业与物价稳定,当出现成本推动型通货膨胀时,则原来的总需求所能购买到的实际产品的数量将会减少,即当成本推动的压力抬高物价水平时,既定的总需求只能在市场上支持一个较小的实际产出。这种情况下就会带来产出水平和就业水平的下降。最后,如果发生超级的通货膨胀,将会导致经济崩溃。这种情况下,随着价格水平的持续上升,居民和企业会产生通货膨胀的预期,为了不让自己的收入贬值,从而产生过度的消费购买,以致减少了储蓄和投资,使经济增长率下降。而劳动者由于生活费用的上升也会进一步要求涨工资,从而造成生产成本提高,影响企业扩大生产的积极性。尤其是在恶性通货膨胀下,人们对货币完全失去信心,货币无法执行其交换手段和储藏手段的职能,市场经济机制无法正常运行,甚至会出现大规模的社会动荡。

任务3　菲利普斯曲线

一、菲利普斯曲线的含义

英国经济学家 A·W·菲利普斯(Phillips)通过研究 1861—1957 年英国的失业率与货币工资增长率的统计资料,做出了一条表示失业率与货币工资变动率之间依存关系的曲线,这条曲线就叫被称为菲利普斯曲线。菲利普斯曲线是一条向右下方倾斜的曲线,力图揭示出失业与货币工资的变动之间存在着一种反向关系:当失业率较低时,货币工资趋向上升,当失业率较高时,货币工资趋向下降。菲利普斯曲线如图 16.3(a)所示。

菲利普斯曲线后经以萨缪尔森为首的新古典综合派的改造,将菲利普斯曲线中的工资变动率,变成为通货膨胀率。萨缪尔森认为,经过他们改造的菲利普斯曲线,可以阐明失业与通货膨胀之间的交替关系。新古典综合派对菲利普斯曲线的改造的出发点在于其认为通货膨胀率、货币工资增长率与劳动生产增长率之间存在如下关系:

通货膨胀率＝货币工资增长率 — 劳动生产增长率

根据这一关系,如果劳动生产增长率为零,则通货膨胀率即与货币工资增长率一致,因此改造后的菲利普斯曲线即可表示失业与通货膨胀之间的交替关系:失业率越高,通货膨胀率越低;失业率越低,通货膨胀率越高。经过改造的菲利普斯曲线如图 16.3(b)所示。以下所谈的菲利普斯曲线,其含义都是改造过的菲利普斯曲线。菲利普斯曲线是揭示通货膨胀率与失业率之间存在着替换关系的曲线:低水平的失业率,伴随着高水平的通货膨胀率;反之,低水平的通货膨胀率,对应着高水平的失业率。

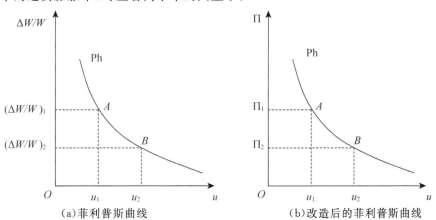

(a)菲利普斯曲线　　　　　　(b)改造后的菲利普斯曲线

图 16.3　菲利普斯曲线

如果用 Π 表示通货膨胀率,ε 表示价格对于失业率的反应程度,u 表示失业率,u^* 表示自然失业率,则简单的菲利普斯曲线方程可表示为:

$$\Pi = -\varepsilon(u - u^*) \tag{16.3}$$

该方程意味着如果失业率超过自然失业率,则价格水平下降,如果失业率低于自然失业率,则价格水平上升,至于升降的幅度,就看 ε 的大小了。改良后的菲利普斯曲线表明失业与通货膨胀之间存在着此消彼长的替代关系。也就是说通货膨胀率的增加可以换取一定的失业率的减少,反之亦然。政策制定者可以选择不同的失业率和通货膨胀率的组合。在具体实施过程中,如果一个经济社会先确定一个临界点,由此确定一个失业与通货膨胀的合理组合区域。如果实际的通货膨胀率和失业率在组合区域内,决策者不用采取任何措施。如果实际的通货膨胀率和失业率在该区域外,则可以根据菲利普斯曲线进行调节。如图 16.4 所示。

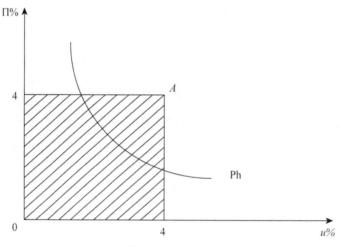

图 16.4　菲利普斯曲线的政策运用

上图中,假定当失业率和通货膨胀率在 4% 以内时,被认为是可容忍的,这时经济的临界点即为 A 点,由此形成的这个四边形阴影部分区域即为安全区域。如果实际失业率与通货膨胀率在安全区域以内则不必采取任何政策措施。如果实际的通货膨胀率在安全区域以外,这时根据菲利普斯曲线,政府可以采取紧缩性政策,以提高失业率为代价降低通货膨胀率。相反如果失业率在安全区域以外高于 4%,则应采取扩张性政策,以提高通货膨胀率为代价降低失业率。

二、附加预期的菲利普斯曲线

货币主义者在解释菲利普斯曲线时引入了预期的因素。其所用的预期即适应性预期,也就是人们会根据过去的经验来形成并调整预期,他们认为工人对于通货膨胀有预期。工人关注的是实际工资。人们预期通货膨胀率越高,名义工资增加就越快。在短期中,劳动者来不及调整其对通货膨胀的预期,预期的通货膨胀率低于以后实际发生的通货膨胀率,这样劳动者所得到的实际工资就会下降,从而使实际利润增加,刺激投资,扩大就业,失业率下降。在这种情况下,通货膨胀率与失业率之间存在替换关系。短期的菲利普斯曲线就是预期通货膨胀率保持不变时,低于实际发生的通货膨胀率时,通货膨胀率与失业率之间的交替关系。在考虑了预期之后,菲利普斯曲线方程也发生了变化,可表示为如下形式:

$$\Pi = \Pi e - \varepsilon(u - u^*) \tag{16.4}$$

这被称之为附加预期的菲利普斯曲线或现代菲利普斯曲线.此时,当实际通货膨胀等于预期通货膨胀时,失业处于自然失业率水平。这意味着附加预期的菲利普斯曲线在预期通货膨胀水平上与自然失业率相交。如图 16.5 所示。

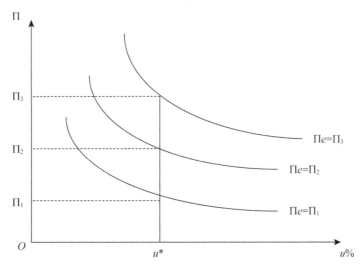

图 16.5　附加预期的菲利普斯曲线

三、长期的菲利普斯曲线

按照货币主义的观点,短期中由于人们的预期来不及调整,因此预期的通货膨胀率与实际的通货膨胀率来不及调整一致,失业率与通货膨胀率之间存在替换关系,而在长期中,人们会根据实际发生的通货膨胀率不断调整自己的预期,使预期的通货膨胀率最终与实际一致。此时,人们会要求名义工资增加,从而保持实际工资不变,从而通货膨胀就不会使实际利润增加,不能刺激投资,也就不能起到减少失业的作用,因此,长期的菲利普斯曲线是一条垂直于横轴的直线,它表示在长期中不存在通货膨胀与失业的替代关系。长期菲利普斯曲线是由短期菲利普斯曲线的移动形成的。如图 16.6 所示。

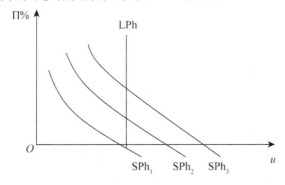

图 16.6　垂直的长期菲利普斯曲线

短期菲利普斯曲线的移动受着人们对通货膨胀的预期的影响。当通货膨胀率预期形成后,当失业率低于自然失业率时,通货膨胀率的现实使工人坚信通货膨胀还会持续下去,于是要求提高工资,当工资增加后推动了物价上升,使菲利普斯曲线向上移动。之后,尽管失业率增加到自然失业率的水平,但通货膨胀率仍然停留在通货膨胀预期的水平上。随着对通货膨胀预期的提高,在失业率为自然失业率时的通货膨胀率也相继提高。因此,长期菲利普斯曲线是垂直的,它不存在通货膨胀与失业的替代关系。政府减少失业、刺激就业的通货膨胀政策,在短期内是有效的,但在长期中,由于人们理性预期的存在,就失去有效性。实行通货膨胀的结果是物价不断上升,但失业并不会减少。

任务 4   AD-AS 模型与宏观经济波动

一、总需求-总供给模型

(一)总需求函数

在之前的 IS-LM 模型分析中,我们假定社会的价格水平不变,而在总需求－总供给分析中我们放松价格水平不变这一假设,分析价格水平变化与总产出之间的关系。总需求是指经济社会在不同价格水平上对产品和劳务的需求总量。其考察的是一定时期内,对本国产品和劳务的需求总量,也就是一个社会在一定时期内,所有经济主体按一定价格愿意而且能够购买的产品和劳务总量。

总需求由消费需求、投资需求、政府需求和国外需求构成,其中国外需求由国际经济环境决定,而政府需求主要是一个政策变量,因此消费需求和投资需求是决定总需求量的基本因素。

$$AD=C+I+G+(X-M) \tag{16.5}$$

总需求函数是产品市场和货币市场同时达到均衡时的一般价格水平 P 与国民收入 y 之间的依存关系。总需求函数可以表示为:

$$y=AD=f(P) \tag{16.6}$$

在其他条件不变的情况下,当一般价格水平 P 提高时,均衡国民收入 y 就减少;当一般价格水平 P 下降时,均衡国民收入 y 就增加,二者的变动方向相反。原因有以下几个方面:(1)利率效应:价格水平变动,引起利率同向变动,进而使投资和产出水平反向变动的现象。例如当价格水平上升时引起利率上升,进而导致总需求下降。由于当价格水平上升时,人们需要更多的货币从事交易,在货币供给一定时,价格水平的上升引起货币需求增加,从而导致利率上升。利率上升,投资水平随之而下降,从而导致总需求和收入水平的下降。宏观经济学中将这种由价格水平变化引起利率同方向变动,从而使投资和产出水平反方向变化的情况称之为利率效应。(2)实际货币余额效应:价格水平上升,使得人们所持有的货币及其他以固定货币价值衡量的资产的实际价值降低,人们会变的相对贫穷,消费水平相应减少。这种现象称之为实际余额效应。(3)税收效应:价格水平的上升,会使人们的名义收入增加,名义收入增加会使人们进入更高的税收档次,从而使人们的税负增加,可支配收入下降,从而使人们消费水平下降。这种现象称之为税收效应。(4)外贸效应:价格水平上升时,外国人眼里的中国商品相对价格上升,购买量下降,从而使出口需求下降;同时,国内认为外国商品变得相对便宜,从而购买外国商品替代本国商品,使得进口增加。最终导致本国净出口下降,进而总需求量减少。这称之为外贸效应。

总需求曲线是表示均衡国民收入与一般价格水平成反方向变动关系的曲线。总需求曲线是总需求函数的几何表达形式,图 16.7 中向右下方倾斜的 AD 曲线就是总需求曲线。总需求曲线描述总需求达到均衡时,一国总产出水平与价格水平之间关系。其他条件不变的前提下,当总需求增加时如采取了扩张性的财政政策或扩张性的货币政策,总需求曲线就会向左平移,相反,如果采取了紧缩性的财政政策或货币政策,则总需求曲线向右平移。

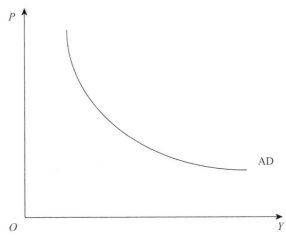

图 16.7　总需求曲线

(二)总供给曲线

总供给是指一国在一定时期内生产者和政府向国内和国外提供的,供最终使用的产品和劳务的总和,其取决于该国的要素数量与技术水平。总供给函数用来描述价格水平与总产量之间的关系。总供给曲线即为总供给函数的几何表示。根据货币工资与价格水平进行调整所需要的时间的长短,总供给曲线可以分为三种:古典总供给曲线、凯恩斯总供给曲线和常规总供给曲线。

1.古典总供给曲线

古典学派认为,在长期中,价格与货币工资具有伸缩性,因而经济总处在充分就业的状态上。古典学派一般研究经济事物的长期状态,在长期中,W 和 P 有充分的时间进行调整,使得实际工资处于充分就业应有的水平。因此古典总供给曲线是一条位于充分就业水平上的垂直的总供给曲线。根据垂直的古典总供给曲线,增加需求并不能增加产出,只能造成物价上涨。如图 16.8 所示。

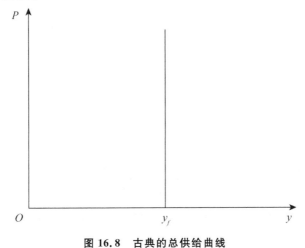

图 16.8　古典的总供给曲线

2.凯恩斯总供给曲线

凯恩斯主义者认为短期中货币工资具有刚性货币,货币工资 W 和价格水平 P 不能进行调整,因此总供给曲线是一条由垂直和水平线组成的"反 L"曲线。如图 16.9 所示,经济未达到充分就业时凯恩斯总供给曲线被认为是一条水平线,即 y_f 之前的部分,一旦经济达到充分就业时,其总供给曲线便为实现充分就业产量的垂直段。根据凯恩斯总供给曲线,在到达充分就业的国民收入以前,经济社会大致能够以不变的价格水平,提供任何数量的国民收入,而在达到最大国民收入之后,没有多余的生产能力,不论价格水平被提高到何种程度,该社会的国民收入不会增长,可能出现通货膨胀。因此,只要国民收入或产量处在小于充分就业的水平,那么国家就可以使用增加需求的政策来使经济达到充分就业状态。

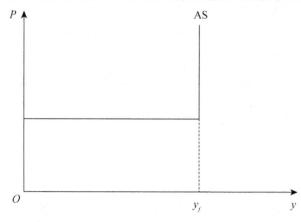

图 16.9　凯恩斯总供给曲线

3.常规总供给曲线

常规情况下,短期总供给曲线位于两个极端之间,是一条向右上方倾斜的曲线。常规总供给曲线向右上方倾斜表明,随着价格水平的提高,企业愿意提供的产品总量随之增加,因此总产量会偏离充分就业的潜在水平。如图 16.10 所示,西方学者认为,这种向右上方倾斜的总供给曲线可以代表西方经济的常规状态。

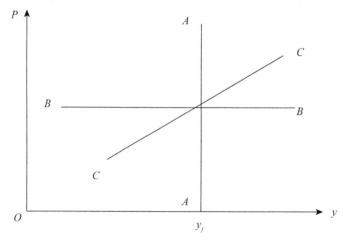

图 16.10　常规总供给曲线(线性)

(三)总需求与总供给的均衡模型

总需求－总供给模型(AD－AS 模型),是指将经常变动的价格水平与收入水平联系起来,研究总需求与总供给均衡,本质上是产品市场、货币市场、劳动市场同时均衡的理论模型。其中 AD 曲线已经表明产品市场和货币市场的均衡。AS 曲线则表明劳动市场的均衡。总需求曲线与总供给曲线的交点决定了均衡产出水平与均衡价格水平。

二、AD-AS 模型与宏观经济波动

(一)宏观经济的短期目标

短期的宏观经济目标是充分就业和物价稳定,即不存在非自愿失业,同时物价既不上升也不下降,如图 16.11 所示。

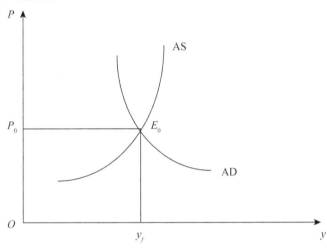

图 16.11　宏观经济的短期目标

图中 AS 曲线与 AD 曲线交于 E_0 点,此时产量处于充分就业水平 y_f,价格水平为 P_0,价格水平既不上升也不下降,总之 E_0 点即为宏观经济管理的短期目标,即充分就业和价格稳定。然而在现实经济中,只有在偶然的情况下,AS 曲线与 AD 曲线才能交于 E_0 点,经济中很多因素都会使得 AD 和 AS 发生移动,从而偏离充分就业点。下面我们分别阐述总需求曲线和总供给曲线移动的情况以及总需求曲线与总供给曲线平移所产生的经济影响。

(二)总需求曲线的移动

现实经济中自发投资支出、自发储蓄、货币供给的变化都会使总需求曲线移动,如果出现了总需求减少的情况,如投资减少,就会造成 AD 曲线左移。如图 16.12 所示,充分就业点为 E_0,充分就业的国民收入为 y_f,价格水平为 P_0,由于投资减少使 AD 曲线从 AD_0 左移至 AD_1,这样 AD_1 与 AS 曲线相交于 E_1 点,此时经济处于萧条状态,产量为 y_1,价格水平为 P_1,低于充分就业的产出水平与价格水平。但是,价格下降幅度越来越小于产量下降的幅度。相反,如果出现总需求过旺,总需求曲线向右平移,从图中 AD_0 右移至 AD_2,此时 AD 与 AS 曲线的交点 E_2 落在充分就业点右侧,产出水平与价格水平均高于充分就业水平,表明经济过热。

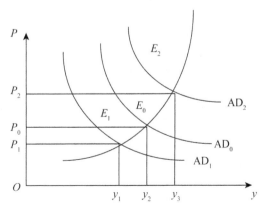

图 16.12　总需求曲线的移动

（三）总供给曲线移动

现实经济中的很多因素的变动如货币工

资率、劳动供给的变化以及技术进步的作用等都会使总供给曲线移动。如图 16.13 所示，经济中充分就业点为 E_0 点，充分就业的国民收入为 y_f，价格水平为 P_0，如果由于某种原因，如石油供给短缺造成了原材料价格上升，会使 AS 曲线向左平移，从图中 AS_0 左移至 AS_1，则 AD 与 AS_1 交于 E_1 点，产出水平低于充分就业水平，但价格水平高于原来水平，即经济中出现了经济停滞与通货膨胀并存的滞胀现象总供给曲线偏离 AS_0 的程度越大，失业和通货膨胀就会越严重。

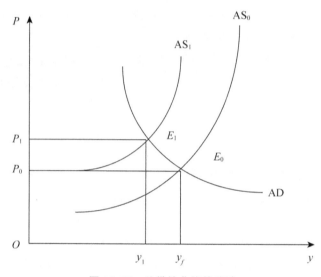

图 16.13　总供给曲线的移动

相反如果突然出现技术水平进步，则会使 AS 曲线向右平移，则会带来产量的增加和价格水平的下降. 然而值得注意的是，短期内，生产技术虽然有可能突然提高，但要使技术进步迅速应用于实际生产从而带来产量的提高却是很困难的。因此，AS 曲线左移的情况在短期中非常少见。

【案例分析】

案例2 ● **大萧条与罗斯福新政** ●

在 20 世纪 30 年代那场席卷西方资本主义世界的经济大萧条中，美国遭受危机的打击最为严重，工业生产持续下降达三年之久、1932 年全国工业生产比危机前的 1929 年下降了 46.3%。经济被抛回到 1913 年的水平。危机遍及各工业部门。重工业部门生产下降的幅度尤为惊人。钢铁工业下降了近 80%，汽车工业下降了 95%。危机期间，13 万家以上企业倒闭，成千上万的工人被赶出工厂，流浪街头。失业人数在 1993 年达到将近 1300 万，大约为劳动人口的 1/4。持续几年的危机使工业工人受尽饥寒之苦。

美国总统罗斯福于 1933 年 3 月 4 日入主白宫后，为了缓和空前严重的经济危机所造成的大萧条，立即开始推行"新政"。罗斯福的"新政"采纳了凯恩斯的一些主张。美国政府开始全面调节、干预经济，制定了一系列法规，对经济活动进行约束；成立了证券交易委员会等机构，对金融证券业进行管理。

同时，罗斯福根据凯恩斯的建议，采取政府主动增加赤字，增加对公共基础服务设计的投资，大力修建高速公路和电站，由此拉动了市场需求，刺激、带动了经济的复苏。例如在"新政"第二阶段，以工代赈，公共工程的规模得到进一步扩大。从1935年到1942年，为协调整个工程计划而设立的"工程进展署"花费了大约130多亿美元，雇用了约850万工人，修建了12.2万幢公共建筑、66.4万英里新道路、7.7万座新桥梁、285个新机场和2.4万英里地下水道。此外，还修好走字公园、游戏场、水库等。因为这些大规模的公共基础建设的投资，40%会转化为消费基金，所以带动了一大片产业，也带来了大量就业，同时又为日后的经济腾飞创造了基础条件。毫无疑问，就业始终是凯恩斯最关心的问题。因为正是20世纪30年代那场席卷整个资本主义世界的经济大萧条所带来的大量失业以及接踵而至的社会问题，才引发了凯恩斯对传统自由放任经济哲学的重新审视，从而形成那套主导了半个世纪经济学发展方向的宏观经济理论。如今，我们通过回顾大萧条与罗斯福新政，可以印证宏观经济学中的几个重要的原理。

分析：

首先，上述案例说明了失业与实际GDP之间存在负相关系，即当实际GDP增加时，失业率降低；而当实际GDP减少时，失业率上升。在宏观经济学中，失业与实际GDP之间的负相关关系被称作"奥肯定理"，以纪念第一个研究并发现两者关系的美国经济学家阿瑟·奥肯。其次，从上述案例中看到，罗斯福新政中所采用的促进就业的政策措施是建立在凯恩斯的"有效需求不足"的理论之上的。用现代宏观经济学的话来说，即：由于有效需求不足，使得总供给大于总需求，实际的经济产出没有达到充分就业水平所对应的产出量，因此存在着紧缩缺口。为了解决有效需求不足的问题，政府应该采取扩张性的财政政策与货币政策，来扩大总支出，从而刺激总需求。罗斯福根据凯恩斯的建议，采取政府主动增加赤字，增加对公共基础服务设施的投资，大力修建高速公路和电站等举措正是依据这一原理而作出的。

案例3 ● **我国90年代中期的通货膨胀** ●

我国1994年的通货膨胀率也是历史上最高的：全国商品零售物价指数涨幅高达27.1%，居民消费价格指数涨幅高达24.1%。

从货币投放量来看，我国1994年的货币投放并未超过经济增长所需要的数量。全年国家银行贷款余额为31602.9亿元，比上年增长19.5%，1994年末市场货币流通量约为7270亿元，经上年增长24%，与年工业总产值增长率21.35%的增幅相差不太大。但是，1992年流通中的货币量比上年增加了36.4%，1993年则增加了35.3%，两年的增长率均高于经济增长与物价上涨幅度之和。它们累积起来的影响滞后到1994年，最终导致零售物价和居民生活费用的上涨。

另外，当时正值我国价格改革迈出一大步之际，主要农产品收购价格和石油、煤炭等生产资料价格有明显提高。这本是对计划经济中不合理定价方式的调整，但在客观上提高了企业的生产成本。随后，中央又出台了税制改革和汇率并轨，以及国家机关、事业单位的工资改革，企业也进行了工资套改，这些都加重了各种企业的成本负担，最终造成物价上涨。

从投资需求看，20世纪90年代以来也开始呈现明显的膨胀。1985年，全社会的固定资产投资为2543亿元，1990年增至4451亿元，1993年猛增至11829亿元，1994年竟达16000亿元。就固定资产投资率来说，1993年已高达39.7%，1994年增速虽略有回落，但也仍然高达36.5%。投资结构本身也不够合理，这主要表现是：农业投入连年下降，工业的投入则猛增;高速增长的工业投入又与消费需求脱节之处,一些产品超过了市场需求(市场容量),造成生产能力过剩,其中尤以耐用品为突出。其中,汽车的生产能力过剩量达3/4,冰箱达2/3,彩色电视达1/2,空调达1/2,洗衣机达1/3,棉衣纺达1/3。生产过剩的结果必然是商业库存迅速增加。1984年,我国的商业库存仅为2000亿元,1990年突破了6000亿元。与此同时,国有企业亏损严重,到1994年末亏损面已超过40%。由于企业亏损过多,财政收入减少,支出大增,导致赤字。全国财政赤字硬预算1988年为78.55亿元,1994年为700亿元;软预算赤字1988年为349亿元,1993年突破了1000亿元。由于财政赤字越来越严重,政府不是向银行大量透支,就是大量发行国债,无论怎样做,都会促成大量的货币发行,引发通货膨胀。

分析:

关于通货膨胀的原因,经济学理论上一直未有定论。从短期分析的角度看,主要有需求拉动、成本推动和结构性原因三个方面;从长期分析的角度看,学术界一般认为,通货膨胀的原因在于货币量的增加:当中央银行大量供给货币时,货币的价值迅速下降,引起物价水平上升;而长期的货币增长引起了持续的通货膨胀。具体到中国1993—1994年代初通货膨胀的原因,已有的解释主要有以下几种:

(1)成本推动说。

(2)货币供给过量说。

(3)价格冲击说。

(4)体制说。

【项目小结】

本章主要内容可归纳如下:

1.失业可用失业人数和失业率来衡量。失业包括摩擦性失业、结构性失业和周期性失业。失业会对国内生产总值以及经济、社会的各方面都会造成影响。

2.通货膨胀是指价格水平的普遍持续上升,可用通货膨胀率表示。通货膨胀根据其成因不同可分为需求拉上型、成本推进型以及结构型通货膨胀。通货膨胀不仅影响收入分配,还会影响产出与就业。

3.从短期看,失业与通货膨胀之间存在替代关系,即通货膨胀率上升,失业率下降,即短期的菲利普斯曲线。长期的菲利普斯曲线是一条位于自然失业率水平上的垂线,表示在长期中通货膨胀率与失业率不存在替代关系。

4.总需求曲线是一条向右下方倾斜的曲线,表示商品市场和货币市场均衡条件下,总需求和价格水平之间的反方向关系。总供给曲线表示总供给与价格水平之间的关系。古典学派假设物价水平与名义工资可立即调整,因而总供给曲线为一条垂线,即古典极端。凯恩斯认为货币工资与价格水平之间的调整速度很慢,甚至根本不能调整,因此总供给曲线为一水平线即凯恩斯极端。一般情况下,常规的总供给曲线位于两个极端之间,向右上方倾斜。

5.总需求曲线与总供给曲线的交点即为短期宏观经济的均衡点,对应的收入和价格即为均衡收入和均衡价格。总需求曲线和总供给曲线的移动都会带来均衡收入和均衡利率的变动,从而导致宏观经济的短期波动。总需求曲线右移会带来物价水平和均衡国民收入都上升,反之总需求曲线左移则会引起物价水平和均衡国民收入的同时下降;总供给曲线右移会带来物价水平下降而均衡国民收入上升,反之总供给曲线左移则会引起物价水平上涨而均衡国民收入下降。

【实训练习】

一、名词解释

1.失业　　　　　　　2.自然失业率　　　　　　3.通货膨胀

4.居民消费品物价指数　5.结构性失业　　　　　　6.需求拉上型通货膨胀

7.工资推进型通货膨胀　8.菲利普斯曲线　　　　　9.附加预期的菲利普斯曲线

10.总需求　　　　　　11.总需求函数　　　　　　12.总需求曲线

13.总供给　　　　　　14.总供给曲线　　　　　　15.奥肯定律

16.利率效应　　　　　17.实际余额效应

二、简答题

1.什么是失业?失业有哪些种类?

2.简述通货膨胀的成因。

3.通货膨胀对经济有哪些影响?

4.什么是菲利普斯曲线?其政策含义是什么?

5.说明总需求曲线为什么向右下方倾斜?

6.简述凯恩斯总供给曲线的形状及形成原因。

7.简述常规总供给曲线的形状及其反映的内容。

8.为什么古典理论认为总供给曲线是垂直的?

三、论述题

1.利用本章所学的有关失业的相关知识,联系实际谈谈你对当前大学生就业难这一现象的看法。

2.分析哪些因素会造成总需求曲线与总供给曲线的平行移动,总需求曲线与总供给曲线平移会产生什么经济影响。

项目十七 经济增长与经济周期

【项目目标】

1. 掌握古典经济增长理论与凯恩斯主义；
2. 掌握哈罗德—多马模型；
3. 掌握新古典经济增长模型；
4. 了解货币学派、供给学派和理性预期学派的主要观点；
5. 了解真实经济周期的主要观点；
6. 了解新凯恩斯主义的主要观点；
7. 了解新增长理论的主要观点。

【引导案例】

案例1 ● **大萧条时代 1929—1941** ●

1929年10月中旬,美国前总统胡佛向无限乐观的美国人民宣布:征服贫穷不再是一个遥远的梦想,"我们有机会沿袭过去8年的政策继续向前,在上帝的帮助下,我们很快就会看到,把贫穷从这个国家驱逐出去的日子就在前头。"

言犹在耳,10月28日,纽约证券交易所迎来了"黑色星期一",当天,股指暴跌13%。接着第二天,历史上最黑暗的一幕迅即拉开,道琼斯指数一泻千里,暴跌22%……美国乃至全球历史上最恐怖的一次大危机就此拉开序幕,乐观的人们迎来了长达十年的大萧条时代。

在这次大灾难中,数以千计的人跳楼自杀,即便如费雪这样的大经济学家也不能幸免于难:在数天中,损失数百万美元,顷刻间倾家荡产,从此负债累累,在贫困潦倒中与世长辞。

那些曾经牛气冲天的大企业,如美国钢铁公司,股价从262美元缩水至21美元;通用汽车公司从92美元,缩水至7美元……同样伤痕累累,只剩残喘。

由通胀到萧条,5000万人失业,不计其数的人流离失所,仅美国在3年内企业即破产达10万家。全球工业生产下降37.2%,直接倒退至20、30年前的水平。

（摘自［美］韦克特《大萧条时代》）

在此案例中,西方世界爆发经济大危机的根源是什么呢？面对严重的经济衰退或经济过热,政府到底应当是成为有为的政府还是成为无为的政府呢？本项目将介绍有关经济学家的不同看法。

任务 1　古典经济增长理论

西方经济增长思想可以上溯至以自然经济为特征的西欧奴隶制和封建庄园经济时代。这个时期国家财富的增长主要靠战争掠夺获取，经济学者主要研究财富的分配问题，很少关注一国财富的增长。只有色诺芬认识到了专业化、分工、人口规模和市场等对劳动生产率的提高作用。这些认识对后世的增长思想产生一定的影响。

重商主义的增长思想是历史上最早的系统的增长思想，早期重商主义认为为了增加国民财富总额（即促进经济增长），就必须在对外贸易中严格实行多卖少买甚至只卖不买的原则，即货币差额论。晚期重商主义则认为只要在对外贸易中保持顺差就可以增加本国的财富（即促进经济增长），即贸易差额论。但作为重商主义者，其观点是一致的，那就是：第一，金和银是财富的唯一形态；第二，财富产生于流通领域而非生产领域；第三，对外贸易是获取财富的唯一形态；第四，一国应在对外贸易中只卖不买或多卖少买。

此后，英国经济学家配第和法国经济学家魁奈也分别阐述了他们的经济增长思想。配第认为经济增长的源泉是劳动和土地这两个要素，即他所说的"劳动是财富之父，土地是财富之母"。配第首先认识到分工对劳动生产率提高的作用，并意识到这就是经济增长的源泉。配第还进一步根据分工和市场扩展的需要，认识到从事生产性劳动的人口规模对经济增长和富裕的重要作用。他还把科学看作劳动生产率提高的因素，认为科学和技术发明会使财富得到成倍的增长，因而他主张重视普及教育和选拔技术人才。配第也对经济发展过程中三次产业的相对重要性和比重变化的必然性有比较正确的认识。以魁奈为代表的重农学派反对重商主义者的观点，把研究重心由流通转向生产领域。重农学派认为，交换是一种等价行为，流通不可能使财富增值，而只有农业生产才是增加国民财富的唯一源泉。魁奈的《经济表》是经济思想史上第一个经济增长模型，《经济表》虽然只是分析了社会总产品的简单再生产过程，但这是理解财富增值的基础。以上这些思想对亚当·斯密等古典学者的经济和增长理论都提供了重要依据。

在批判继承重商主义、配第和重农学派等经济增长思想传统的基础上，一些经济学者开始对经济增长问题进行了科学而系统的研究，他们被称为古典经济学家。古典经济学又称古典政治经济学、资产阶级古典政治经济学，是指大约从 1750—1875 年这一段政治经济学创立时期内的除马克思主义政治经济学之外的所有的政治经济学，其起源以大卫·休谟（David Hume）的有关著作出版（1752 年）为标志，以亚当·斯密（Adam Smith）的代表作《国民财富的性质和原因的研究》的出版（1776 年）为奠基。

英国政治经济学家亚当·斯密将"分工"作为"国民财富的性质和原因"的逻辑起点，根据历史事实论证了"富裕起因分工"的观点。他指出一国国民所需要的一切必需品和便利品供给情况的好坏应当视社会每年消费一切必需品和便利品对消费人数的比例大小而定，可见在亚当·斯密那里人均国民收入的大小已成为衡量一国社会经济状况的指标。亚当·斯密还提出了增加人均国民收入的两个主要途径，一是提高劳动者的生产率，二是提高生产性劳动者占总人口的比重，在此基础上他强调分工对提高劳动生产率的作用，以及资本积累对增加生产性劳动者人数的意义。

英国经济学家李嘉图继承和发展了亚当·斯密的理论,他把利润看做是促进经济增长和社会进步的动力。李嘉图极力主张发展资本主义生产力,他认为增加积累是扩大生产的必需选择,而刺激资本家增加积累就要靠利润的增长。李嘉图虽然因为受斯密教条的影响,忽视不变资本的存在,错误地认为积累的资本全部用到可变资本方面,但他还是看到了促进利润增加或经济增长的主要手段是提高劳动生产率,缩短必要劳动时间,降低工资。李嘉图理论中把积累和扩大生产看作高于一切的观点,充分代表和反映了资本主义上升时期的资产阶级利益。

德国经济学家李斯特认为财富的原因与财富本身是完全不同的,财富是交换价值,而财富的原因是生产力,财富的生产力比财富本身要重要许多倍。所以,必须动态地考虑一个国家的财富问题,必须从长期来看,既要考虑现在的财富量,也要考虑将来能够获得的财富量。他认为国家之间的贸易必须要考虑与国家现在和将来的生存、发展等有重要关系的因素,要考虑到一个国家的生产力。落后国家应该牺牲一些眼前的贸易利益,依靠保护贸易政策,使国内重要的幼稚产业的生产力达到发达国家的水平,然后再到国际市场上参与竞争。当本国幼稚产业发展起来之后,人们的损失会得到补偿,从长远看来可以增加本国财富。这种为了提高自身生产力而暂时失去一部分国际贸易利益的行为,可以被看做是对本国再生产的一种投入,在将来必然带来财富的大幅增加。李斯特正确地认识到一个国家的经济增长应该从长远的利益着想,而不应该只看重短期的增长,发达国家和欠发达国家寻求经济增长的道路是不同的。他的保护幼稚产业理论已经成为发展中国家寻求经济增长的理论依据。

总之,古典经济学的理论核心是经济增长产生于资本积累和劳动分工相互作用的思想,即资本积累进一步推动了生产专业化和劳动分工的发展,而劳动分工反过来通过提高总产出使得社会可生产更多的资本积累,让资本流向最有效率的生产领域,就会形成这种发展的良性循环。

任务 2　凯恩斯主义

在 1929 年至 1933 年间,人类历史上出现了最为深远的一次全球性经济大衰退,这被称之为大萧条(The Great Depression)。这次衰退具有波及范围广、持续时间长和破坏性大三大典型特征。大萧条的出现彻底粉碎了古典经济学的教条,即:自由放任、国家不干预经济生活的政策被解释为最好的政策。基于古典经济理论在现实中的失败,英国经济学家凯恩斯于 1936 年出版了《就业、利息和货币通论》一书,该书的出版成为了宏观经济学出现的标志,它也宣告了凯恩斯主义经济学或凯恩斯主义的诞生。

凯恩斯主义的理论体系是以解决就业问题为中心,而就业理论的逻辑起点是有效需求原理。其基本观点是:社会的就业量取决于有效需求,所谓有效需求,是指商品的总供给价格和总需求价格达到均衡时的总需求。当总需求价格大于总供给价格时,社会对商品的需求超过商品的供给,资本家就会增雇工人,扩大生产;反之,总需求价格小于总供给价格时,就会出现供过于求的状况,资本家或者被迫降价出售商品,或让一部分商品滞销,因无法实现其最低利润而裁减雇员,收缩生产。因此,就业量取决于总供给与总需求的均衡点,由于在短期内,生产成本和正常利润波动不大,因而资本家愿意供给的产量不会有很大变动,总供给基本是稳定的。这样，就业量实际上取决于总需求，这个与总供给相均衡的总需求就是有效需求。

凯恩斯进一步认为，由消费需求和投资需求构成的有效需求，其大小主要取决于消费倾向、资本边际效率、流动偏好三大基本心理因素以及货币数量。消费倾向是指消费在收入中所占的比例，它决定消费需求。一般来说，随着收入的增加，消费的增加往往赶不上收入的增加，呈现出"边际消费倾向递减"的规律，于是引起消费需求不足。投资需求是由资本边际效率和利息率这两个因素的对比关系所决定。资本边际效率，是指增加一笔投资所预期可得到的利润率，它会随着投资的增加而降低，从长期看，呈现"资本边际效率递减"的规律，从而减少投资的诱惑力。由于人们投资与否的前提条件是资本边际效率大于利率（此时才有利可图），当资本边际效率递减时，若利率能同比下降，才能保证投资不减，因此，利率就成为决定投资需求的关键因素。凯恩斯认为，利息率取决于流动偏好和货币数量，流动偏好是指人们愿意用货币形式保持自己的收入或财富这样一种心理因素，它决定了货币需求。在一定的货币供应量下，人们对货币的流动偏好越强，利息率就越高，而高利率将阻碍投资。这样在资本边际效率递减和存在流动偏好两个因素的作用下，使得投资需求不足。消费需求不足和投资需求不足将产生大量的失业，形成生产过剩的经济危机。因此解决失业和复兴经济的最好办法是政府干预经济，采取赤字财政政策和膨胀性的货币政策来扩大政府开支，降低利息率，从而刺激消费，增加投资，以提高有效需求，实现充分就业。

总之，凯恩斯认为，由于存在"三大基本心理规律"，从而既引起消费需求不足，又引起投资需求不足，使得总需求小于总供给，形成有效需求不足，导致了生产过剩的经济危机和失业，这是无法通过市场价格机制调节的。他进一步否定了通过利率的自动调节必然使储蓄全部转化为投资的理论，认为利率并不是取决于储蓄与投资，而是取决于流动偏好（货币的需求）和货币数量（货币的供给），储蓄与投资只能通过总收入的变化来达到平衡。不仅如此，他还否定了传统经济学认为可以保证充分就业的工资理论，认为传统理论忽视了实际工资与货币工资的区别，货币工资具有刚性，仅靠伸缩性的工资政策是不可能维持充分就业的。他承认资本主义社会除了自愿失业和摩擦性失业外，还存在着"非自愿失业"，原因就是有效需求不足，所以资本主义经济经常出现小于充分就业状态下的均衡。这样，凯恩斯在批判传统经济理论的同时，开创了总量分析的宏观经济学。

任务3　新古典经济增长理论

受英国古典政治经济学和 19 世纪 70 年代边际革命的影响，英国经济学家马歇尔（A. Marshall）于 1890 年出版了《经济学原理》，其中运用边际分析研究需求和供给，其核心是均衡价格。由马歇尔奠定的这一流派逐渐替代了古典经济学而成为主流经济学，又由于该理论中既有凯恩斯经济学的成分，也有古典经济学的成分，因此它被称为新古典经济学（Neo-classical Economics）。新古典经济学部分地继承了亚当·斯密的古典政治经济学，但却去掉了"政治"二字，且抛弃了亚当·斯密有关分工和专业化的经济思想。新古典经济学派主要包括奥地利学派、洛桑学派和剑桥学派。

在新古典经济学框架内，有关经济增长的著名理论是索洛—斯旺模型，它又被称为新古典经济增长模型或外生经济增长模型。由于新古典经济增长模型是在批判哈罗德—多马经济增长模型（Harrod—Domar Model）基础上提出来的，所以，我们将首先介绍 H-D 模型。

一、哈罗德-多马经济增长模型

英国经济学家哈罗德最早对凯恩斯理论长期化和动态化做出了开创性贡献。1939 年他发表的《论动态理论》首次提出了经济的动态均衡增长问题。在 1948 年出版的《动态经济学导论》一书中，哈罗德运用了动态分析方法引入时间因素，从连续的各个时期来分析维持长期经济增长的条件。就在同一时期，美国经济学家多马也进行了类似的研究，运用长期的、动态的方法分析了均衡增长的条件和途径。从此，人们将他们提出的经济增长模型称为哈罗德—多马经济增长模型（H-D 模型）。

H-D 模型的假设前提是：（1）全社会只生产一种产品；（2）储蓄 S 是国民收入 Y 的函数，即 $S=s\times Y$，其中 s 代表社会储蓄率；（3）生产过程中只使用劳动 L 和资本 K 两种生产要素；（4）劳动力按照固定不变的比率增长；（5）不存在技术进步和资本折旧；（6）生产规模报酬不变，即生产任一单位产品所需要的资本和劳动数量都是固定不变的。

哈罗德同时认为一个社会的资本存量（用 K 表示）和该社会的实际国民收入（用 Y 表示）之间存在一定的比例关系，这一比例被称为资本—产出比，我们以 v 表示。则有：$v=K/Y$。又由于 v 是属于外生变量所决定的不变常数，故有 $v=\Delta K/\Delta Y$，其中 ΔK 为资本增量，ΔY 为产出增量。再由于不存在折旧，资本增量 ΔK 全部来源于新的投资（用 I 表示），即 $\Delta K=I$，故有 $v=I/\Delta Y$。又因为根据凯恩斯主义的总供给与总需求相等实现均衡的条件，应当有 $I=S$，因而得到 $v=S/\Delta Y$。而根据本模型的假设（2）的 $S=s\times Y$，因此可以得到 $\Delta Y/Y=s/v$。它表明，当经济处于均衡时，国民收入增长率等于该社会的储蓄率除以资本—产出比。

H-D 模型反映了经济增长率和资本—产出比之间的关系。由于资本—产出比在相当长的时期中可以被视为常数，因此，该模型的结论是若要获得一定的增长率，就必须维持一定的能为投资所吸引的储蓄率；反之，若将一定的储蓄率形成的储蓄全部为投资所吸引，经济就必须保持一定的增长率。换句话说，在资本—产出比不变条件下，储蓄率越高，经济的增长率就越高；反之，储蓄率越低，经济的增长率就越低。

二、新古典经济增长模型

鉴于 H-D 模型得出的结果与二战后西方国家实际经济波动也不完全相符，因此，许多西方学者尝试建立新的模型，以便说明经济增长的动力，新古典经济增长模型由此产生。该模型最早是美国经济学家索洛（R. M. Solow）在 1956 年初发表的《经济增长的一个理论》一文中提出的。同年 11 月，英国经济学家斯旺（T. Swan）在《经济增长与资本积累》一文中提出了类似的模型，故一般称为索洛—斯旺模型。后来，英国经济学家米德（J. E. Meade）于 1961 年在《经济增长的一个新古典理论》一文中，也系统地提出了基本相同的模型，由于他们的模型和古典经济学家相同，把充分就业视为必然的趋势，因而被称为新古典经济增长模型。

新古典经济增长模型的基本假设条件包括以下几个方面：（1）社会只生产一种产品；（2）生产过程中只使用劳动 L 和资本 K 两种生产要素，这两种生产要素之间可以相互替代，但不能完全代替,因而每种要素的边际产量服从递减规律;(3)生产过程处于规模报酬不变阶段;(4)储蓄 S 是国民收入 Y 的函数,即 $S=s\times Y$,其中 s 代表社会储蓄率,它为常数;(5)劳动力按照一个固定不变的比率 n 增长;(6)不存在技术进步,也不存在资本折旧。

在上述假定下,索洛推导新古典经济增长模型的推导过程为:

假设总量生产函数为 $Y=F(K,L)$,其中,Y 代表总产出,K 代表总资本量,L 代表总劳动量。根据生产的规模报酬不变假设,有 $\lambda Y=F(\lambda K,\lambda L)$,令 $\lambda=1/L$,则有 $Y/L=F(K/L,L/L)$。记 $f(k)=F(K/L,1)$,则可以将生产函数写为 $y=f(k)$。其中,$y=Y/L$ 为人均产出。$k=K/L$ 为人均资本。由于 $Y=C+I$ 成立,即 $Y/L=C/L+I/L$ 成立,故加入时间因素则有 $f[k(t)]=C(t)/L(t)+I(t)/L(t)$。对 $k=K/L$ 求关于时间 t 的微分可得 $dk/dt=[L\times(dK/dt)-K\times(dL/dt)]/L^2$,即 $dk/dt=(dK/dt)/L-n\times k$,或写为 $(dK/dt)/L=dk/dt+n\times k$。因为 $dK/dt=I$,从而 $(dK/dt)/L=I/L$,故有 $I/L=dk/dt+n\times k$。将其代入前面的 $f[k(t)]=C(t)/L(t)+I(t)/L(t)$ 并略去 t 则有 $f(k)=C/L+dk/dt+n\times k$,由 $y=Y/L$ 有 $Y/L-C/L=dk/dt+n\times k$。再因为 $Y-C=S$,而 $S=s\times Y$,因而有 $s\times Y/L=dk/dt+n\times k$,再利用前面的 $Y/L=y=f(k)$,即可得 $s\times f(k)=dk/dt+n\times k$,此式就是该模型的基本方程。

索洛—斯旺模型的基本方程说明:一国的人均储蓄可以被用于人均资本的增加 dk/dt 以及每一个新增人口所配备的平均资本 $n\times k$,前者被称为资本的深化,后者被称为资本的广化。我们可以将该模型用图形的方式加以表述,如图 17.1 所示。

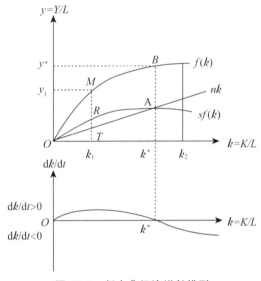

图 17.1 新古典经济增长模型

图 17.1 中,当 $k=k^*$ 时,$dk/dt=0$,即人均资本不发生变化,k 始终停留在自己所表示的水平上。相应地,y 也不发生变化而始终停留在自己所表示的水平上。由于 $y=Y/L$,当劳动力 L 按照 n 比率增长时,y 不变化,因此必有产出 Y 也按照 n 比率增长。此时,所有变量都处于均衡增长状态。那么,经济是否会始终稳定于 k^* 所代表的均衡状态的呢?答案是肯定的。因为若 $k<k^*$(如 k_1),则 k 在图中位于 k^* 的左侧,此时显然有 $dk/dt>0$,这意味着单位时间人均资本增量为正,它会导致人均资本 k 受到正的边际增量的影响而不断变大。所以,k 会不断趋近于 k^*。同理,若 $k>k^*$(如 k_2),则 k 在图中位于 k^* 的右侧,此时显然有 $dk/dt<0$,这意味着单位时间人均资本增量为负,它会导致人均资本 k 受到负的边际增量的影

响而不断变小,直至趋近于 k^*。

从图中,我们还可以看出,一国要想增加其均衡状态下的人均产出,可以有三种方法,即:(1)使得 $f(k)$ 曲线上移;(2)提高储蓄率 s;(3)降低人口增长率 n。然而,与 $H\text{-}D$ 模型相同,新古典经济增长模型仍然将技术视为外生,从而使得该理论在实践中具有很大的局限性。

任务 4 货币学派

货币学派是 20 世纪 50 至 60 年代,在美国出现的一个经济学流派,亦称货币主义,其创始人为美国芝加哥大学教授弗里德曼(Friedman)。第二次世界大战后,美英等发达资本主义国家,长期推行凯恩斯主义扩大有效需求的管理政策,虽然在刺激生产发展、延缓经济危机等方面起了一定作用,但同时却引起了持续的通货膨胀。弗里德曼从 20 世纪 50 年代起,以制止通货膨胀和反对国家干预经济相标榜,向凯恩斯主义的理论和政策主张提出挑战。他在 1956 年发表《货币数量论—重新表述》一文,对传统的货币数量说作了新的论述,为货币主义奠定了理论基础。此后,弗里德曼和他的同事们在理论细节方面不断进行琢磨补充,并且利用美国有关国民收入和货币金融的统计资料,进行了大量经济计量学方面的工作,为他的主要理论观点提供了论据。自 60 年代末期以来,美国的通货膨胀日益剧烈,特别是 1973—1974 年在所有发达资本主义国家出现的剧烈的物价上涨与高额的失业同时并存的"滞胀"现象,凯恩斯主义理论无法作出解释,更难提出对付这一进退维谷处境的对策。于是货币主义开始流行起来,并对美英等国的经济政策产生了重要影响。货币主义的代表在美国有哈伯格、布伦纳和安德森等人,在英国有莱德勒和帕金等人。

弗里德曼旨在重构被凯恩斯抛弃的货币数量理论,即货币中性(货币数量的变动仅仅影响名义变量,而不影响实际变量)。凯恩斯强调实际需求是货币和收入扰动的主要原因,但弗里德曼强调货币需求,从而货币流动速度 v 是稳定的。弗里德曼认为大萧条之所以严重是因为美国联邦储备委员会未能阻止货币存量的显著下降,因此,货币供给应依据产出增长而按既定的比率增长,从而确保长期的价格稳定。在 1968 年,他提出了附加预期的菲利普斯曲线(Phillips Curve),而菲尔普斯(Phelps)也于 1967 年提出了相似观点,从而否定了凯恩斯理论中菲利普斯曲线的权衡替换关系,即:弗里德曼否定了长期的通货膨胀率和失业率之间的权衡替换关系,认为二者长期中不存在此关系,而是垂直的菲利普斯曲线(Vertical Phillips Curve)。同时,弗里德曼还提出了自然失业率假说(Natural Rate of Unemployment Hypothesis)。

总之,弗里德曼的观点可以归结为以下五点:第一,政府仅能短期内消减失业率至自然失业率以下,而这又是因通胀未被公众完全预期到所致,公众的适应性预期(Adaptive Expectations)仅能慢慢赶上实际的通货膨胀;第二,任何想永久性降低失业率至自然失业率以下的企图结果都是反而加速了通货膨胀;第三,政府降低自然失业率的唯一办法是寻求供给管理政策(如改善劳动力市场结构和功能),而非需求管理政策;第四,通货膨胀是一种货币现象,自然失业率与任何通货膨胀率相容;第五,固定汇率下的世界性通货膨胀是一种国际货币现象(如美国在 20 世纪 60 年代末为给越战融资而大量印发美元所引致的通货膨胀与布雷顿森林体系崩溃)。

　　长期以来,凯恩斯主义者与货币学派一直争论着垂直的菲利普斯曲线,但到 20 世纪 70 年代中后期,滞胀摧毁了凯恩斯主义的长期中权衡替代的菲利普斯曲线,并证实了弗里德曼关于垂直的菲利普斯曲线的预言。尽管凯恩斯主义者坚持认为短期仍有必要干预经济,但多数人从此开始接受了货币学派的观点,弗里德曼成为了当时最有影响力的宏观经济学家。然而,由于凯恩斯主义吸收了货币学派的观点,以至于货币学派并未成为 20 世纪 60 年代末和 70 年代初的主要力量。

任务 5　供给学派

　　对凯恩斯主义提出挑战的另外一派被称为供给学派,它是 20 世纪 70 年代在美国兴起的一个经济学流派。该学派强调经济的供给方面,认为需求会自动适应供给的变化,因而得名。

　　供给学派的主要观点和政策主张是:

　　第一,肯定供给创造需求的萨伊定律。供给学派认为,社会的购买能力取决于社会的生产能力,而社会的生产能力就是社会的供给能力,人们在向社会提供商品的过程中自然会创造出多方面的需求。社会的供给能力越强,需求就越大,在信用货币制度下,不会出现购买力不足而发生商品过剩的问题。供给学派否定凯恩斯主义需求决定供给的理论和需求管理政策,他们认为经济发生滞胀完全是由于需求管理政策造成的,是需求过度和供给衰退的必然结果,其祸根就是凯恩斯需求决定供给的理论,因此必须坚决摈弃。

　　第二,反对政府对经济进行干预。供给学派认为在自由竞争的市场经济中供求总是均衡的,企业家的创业精神和自由经营活动是促进生产、增加供给的关键因素,而自由竞争的市场经济是企业家施展才能的最佳经济体制。国家干预不仅会破坏市场经济的自动调节机制,而且往往由于干预不当而损害经济中的供给力量,例如凯恩斯主义的国家调节政策以充分就业为首要目标,注重需求方面的短期效果,不注重供给方面的长期利益;注重收入再分配的调节,把以税收、公债形式从企业和个人那里征集的过多社会资财,通过财政的转移性支付变成了巨大的消费而损耗掉,降低了资本积累,阻碍了生产发展,削弱了供给能力。因此,政府过多地干预经济对国民经济有害而无益。

　　第三,主张通过减税刺激投资以增加供给。供给学派认为,在所有促进供给的刺激中,税率的变动是最重要、最有效的因素。税率变动影响着劳动力的供应及其结构,影响着储蓄、投资以及各种有形的经济活动。高税率因减少了人们的净收益而会挫伤劳动热情,人们缩减储蓄致使利率上升进而投资萎缩,生产增长开始变得缓慢,这引起商品供给不足。而减税不仅能将国民收入更多地积累在企业和个人手里,用以扩大储蓄与投资,增加供给,而且也不会影响政府的税收收入,因为决定税收总额的因素不仅是税率的高低,更主要的是课税基数的大小。

　　第四,重视智力资本而反对过多社会福利。供给学派认为,"一国实际收入的增长,取决于其有形资本与智力资本的积累,也取决于其劳动力的质量与努力程度。"因此,资本(特别是智力资本)是人类福利的源泉,应当鼓励人们进行智力投资。但若资本不足时,过多的福利只会产生不良作用,削弱了人们储蓄和投资和积极性,特别是压抑了积蓄智力资本的动力,滋长了穷人的依赖心理,使失业成本大大降低,人们不储蓄、不工作、不学习、不提高也能生存,这就不利于增加投资,不利于扩大就业,不利于鼓励进取,不利于刺激供给,不能达到真正的最大福利化社会。同时过多的福利扩大了政府的社会性支出,而排挤了私人的生产性支出,不利于消除赤字,不利于生产增长。总之,必须削减过多的社会福利。

第五,主张控制货币以反对通货膨胀。供给学派虽然同意货币主义的基本观点,但在控制货币数量增长的目的和措施上同货币学派大相径庭。供给学派认为,控制货币数量增长的目的不应只是与经济增长相适应,而是为了稳定货币价值。货币价值保持稳定,人们的通货膨胀心理就会消失。在安排货币收入时,人们就乐意保存货币,不去囤积物资;选择生产性投资,不做投机性投资。同时,货币价值稳定又是保证财政政策发挥,促进经济增长的必要条件。那么,如何保持货币价值稳定呢?货币学派的代表人物拉弗、万尼斯基、肯普等坚持认为必须恢复金本位制度。

在实践中,1980年和1981年,撒切尔夫人和里根总统相继执政,他们都采取了供给学派的政策建议。撒切尔夫人主要是实行国有企业的私有化,同时降低社会福利水平,而里根总统则采取了降低税负、解除管制、强化竞争、大力扶持小企业等一系列刺激供给方面积极性的政策,来提高企业家的积极性和发挥企业的活力。但是,两国经济并没有像计划所预期的那样顺利发展,大部分目标也未能实现。特别是在美国,计划实施不久,美国经济就陷入第二次世界大战后最严重的一次经济危机,联邦财政连年出现巨额赤字,导致了高利率和美元高汇价,这又使对外贸易连年出现创纪录的赤字。

总之,由于供给学派在理论方面和政策方面的失败,它并未对凯恩斯主义构成严重的威胁。

任务6 理性预期学派

对凯恩斯主义冲击最大的是理性预期学派(Rational Expectation School),该学派是20世纪70年代在美国出现的一个经济学流派,它是从货币主义学派中分化出来的,由美国经济学家穆斯(Muth)于1961年在《理性预期与价格变动理论》一文中首次提出。它假定:人们在进行预测时,总是以自己尽可能收集到的信息作为依据。穆斯的理性预期假说理论在当时曾被用于金融市场动态行为的分析,但从未被作为宏观经济动态分析的前提,所以对一般经济思想并未产生广泛影响。直至1972年,美国经济学家卢卡斯(Lucas)发表了《预期与货币中性》一文,首先将穆斯的理性预期假说同货币主义模型结合起来分析。之后,卢卡斯又和明尼苏达大学经济学家萨金特(Sargent)、华莱士(Wallace)等人发表了一系列论文,对理性预期假说作了进一步阐发,同时把理性预期引入宏观经济模型,并且用于理性预期整个理论体系的分析。从此,以卢卡斯为首的理性预期学派最终形成。

理性预期学派假设:(1)人们在有限信息下会进行理性预期,人们不会犯系统性错误(或称重复性错误);(2)市场出清,即价格和工资是弹性的;(3)吸收了总供给假说,认为劳动者和企业的理性决策反映了其最优化行为,同时,劳动力供给与企业产出取决于相对价格。

基于上述假设,卢卡斯认为产出偏离自然水平仅仅是因为决策主体对价格(通胀)预期错误作出的响应。结合弗里德曼和菲尔普斯的自然率假说,以及市场出清和理性预期假说,他说明了若通货膨胀是由于不完全信息而未被预期到,那么,短期中的菲利普斯曲线将引起产出偏离。他还认为若放弃古典理论中有关完全信息的假说,那么古典模型与菲利普斯曲线是相容的,即短期中通货膨胀率和失业率存在权衡替代关系。卢卡斯的总供给假说认为货币冲击能暂时影响实际变量,因为未预期到的货币是非中性的,在此框架下,卢卡斯(1975,1977)建立了经济周期的均衡货币解释。

理性预期学派的观点总体上可以归结为:

第一,固定货币规则无论是长期还是短期均不会影响实际变量,因为货币是中性的,政策是无效的,但随机或非系统的货币政策则会影响实际变量。

第二,由于理性预期,可信的货币政策会降低通胀预期。

第三,理性预期会导致动态不一致问题。该问题是指就货币政策目标来说,实行低通胀是最优的,然而低通胀政策是时间不一致的。这是由于存在的收入税、失业补贴等调节导致了劳动力市场扭曲,自然失业率过高,因而政策目标又具有扩大就业、增加产出的动机。根据附加预期的菲利普斯曲线,政府只能通过未预期到的通胀来实现扩大就业的目标。如果个体预期政府会实行低通胀政策,则政府的最优决策是相机抉择行事,实行较高的通胀,即政府有通胀倾向。又由于个体是理性预期,他们会预期到政府会采取欺骗行为,因而在预期目标中会把未来可能发生较高通胀这一情况考虑进去,结果这导致了均衡时的通胀率较高,而就业和产出仍然维持在自然率水平上。

第四,理性预期会导致李嘉图等价。所谓李嘉图等价是指政府支出无论是通过发行国债融资还是通过税收融资都没有任何区别,即债务和税收等价,因为在理性预期的决策者看来,国债仅仅是延迟的税收,当前为弥补财政赤字而发行的国债本息在将来必须通过更高的征税来偿还,而且税收的现值与当前的财政赤字相等。

第五,适当增加产出和减少失业的政策措施应当增强微观工人和企业刺激从而使之增加劳动力和产出供给。

第六,对宏观计量政策评估模型运用的卢卡斯批判。卢卡斯认为宏观计量模型不易用于预测可选的政策,因为模型参数会随着经济主体调整其预期和行为以适应新政策环境而改变。

总之,理性预期学派认为凯恩斯主义政策是无效的,政府不应当对经济进行干预。

任务7 实际经济周期

随着经济理论的发展,货币学派、供给学派和理性预期学派一起形成了新古典宏观经济学,其成员主要由理性预期学派的代表人物所构成。新古典经济学家由于在经济周期理论方面的不同看法又分为货币经济周期学派和实际经济周期学派,前者以卢卡斯为代表,后者以普雷斯科特为代表。但由于货币经济周期在理论上存在缺陷,而实践中又缺少经验支持,从20世纪80年代后期起,整合了经济增长理论与波动理论的实际经济周期理论(Real Business Cycle Theory,简称RBC)开始发展起来。其发展的现实背景是在20世纪70年代的石油危机之前,几乎所有的经济学家都集中研究需求面冲击以解释经济对充分就业的偏离,因为人们相信凯恩斯主义的财政政策和货币政策能够稳定经济从而消灭经济周期,但1973—

1974 年的石油冲击以及滞胀的出现使人们意识到实际的供给面冲击对产出的决定也是相当重要的。

实际经济周期理论建立的基本模型是完全的瓦尔拉斯形式的,因此也被称之为均衡经济周期模型。这一理论的基本假设与前提有:一是经济主体是理性的,也就是说在现有的资源约束下追求它们效用和利润的最大化;二是理性预期假设成立;三是市场有效性假设成立(即价格完全反映了价值);四是就业变动反映了工作时间的自愿变化,非自愿失业不存在,工作和闲暇在时间上具有高度替代性;五是货币中性假设成立。

基于这些假设,实际经济周期理论的主要观点为:

第一,以技术冲击为代表的真实因素冲击是经济周期的根源。宏观经济经常受到一些实际因素的冲击,如技术革新、战争、农业歉收等,它们使可利用的资源发生变动,这其中最重要的是技术冲击。技术进步率大幅度地随机波动使全要素生产率、工资率、利率等经济变量发生改变,从而使产出的长期增长路径也呈现出随机的跳跃性,因此经济中发生周期性波动。

第二,劳动供给的跨时替代构成了经济波动的核心传导机制。劳动的跨时替代使得对现期的冲击通过影响未来的劳动供给而影响未来的产出。当技术冲击引起全要素生产率波动时,按理性预期理论,各理性预期的经济主体会调整对劳动的供给和消费,从而会产生一个大的供给反应,导致产量和就业的波动。

第三,经济波动很大程度上表现为经济基本趋势本身的波动。经济波动是经济均衡本身的暂时性波动,而不是实际经济围绕基本趋势的波动,也不是实际经济对均衡的偏离,经济的短期波动和长期增长趋势是统一的。

第四,政府不应试图通过稳定政策来减少波动。原因在于货币政策并无实际效应,而财政政策则会扭曲产出以及使就业偏离企业和个人所选择的最优量。因此,政府干预无法实现既定目标,也会因减少不稳定性而同时造成福利的降低。

然而,实际经济周期理论面临着诸多挑战。一些经济学家认为 RBC 模型所描述的劳动跨期替代传导机制与实际经济波动基本无关。同时,RBC 认为技术冲击是主要的冲击来源,如果将经济扩张归结为技术进步,那么,认为经济衰退是由技术退步引起则很难令人信服。最后,对货币因素的忽视也使得 RBC 为经济学家所指责。

任务 8　新凯恩斯主义

如前所述,新古典宏观经济学家认为凯恩斯主义经济学在理论上是不恰当的,他们断言宏观经济学必须建立在厂商微观经济的基础上,并且主张应当用建立在市场始终出清和经济行为者始终实现最优化的假定基础之上的宏观经济理论来取代凯恩斯主义经济学。为解决所谓的"凯恩斯主义理论危机",从 20 世纪 80 年代中叶起,一批经济学家开始在凯恩斯主义基础上(如否认市场出清假说)吸取非凯恩斯主义的某些观点与方法(如吸收了自然率假说和理性预期假说)来完善传统的凯恩斯主义理论,新凯恩斯主义经济学由此(New Keynesian Economics)诞生。其主要代表人物有曼昆、萨墨斯、布兰查德、罗泰姆·伯格、阿克洛夫、斯蒂格利茨、泊南克等人。

新旧凯恩斯主义存在着重要差别,主要体现在新凯恩斯主义以工资和价格粘性取代了原凯恩斯主义的工资刚性假设来否认市场出清假说,并添加了原凯恩斯主义模型所忽略的两个假设:(1)经济当事人最大化原则(即厂商追逐利润最大化和家庭追求效用最大化);(2)理性预期假设。同时,努力研究其宏观经济的微观基础,探求市场失灵的微观原因。

基于此,新凯恩斯主义者得出的主要结论和政策主张是:

第一,由于合同、工会、效率工资和内部人—外部人模型约束而引起的工资粘性,以及菜单成本和协调失败所引起的价格粘性这两方面原因,市场通常是非出清的。

第二,工资和价格的粘性导致了货币是非中性的,进而政府的干预政策是有效的。

第三,自然率主要是受到总需求影响的,因而总需求管理是有效的。

任务9　新增长理论

自 20 世纪 80 年代中期以来,随着罗默(Paul Romer)和卢卡斯(Robert Lucas)为代表的新增长理论的出现,经济增长理论在经过 20 余年的沉寂之后再次焕发生机。新增长理论认为由于储蓄率、人口增长率、技术进步是由人们的行为决定的,也是可以通过政策等加以影响的,因而这些参数可以作为内生变量来考虑。这样,新古典经济增长模型的缺陷就得以被弥补。也正是因此,新增长理论中的有关经济增长模型也被称为内生经济增长模型。有关该理论模型的主要内容包括内生储蓄率、内生劳动供给和内生技术进步三部分。

一、内生储蓄率

早期的新古典增长模型假设储蓄率是外生的,卡斯(Cass,1965)和库普曼斯(Koopmans,1965)把拉姆塞(Ramsey)的消费者最优化分析引入到新古典增长理论中,因而提供了对储蓄率的一种内生决定:储蓄率取决于居民的消费选择或者说对现期消费和远期消费(储蓄)的偏好。内生储蓄率意味着资本积累速度和资本供给的内生决定,从而决定经济增长的一个投入要素(资本)从数量上得以在模型内加以说明。然而,Ramsey－Cass－Koopmans 模型对储蓄的内生性的技术处理并没有消除模型本身长期人均增长率。

二、内生劳动供给

内生经济增长模型通过把迁移、生育选择和劳动或闲暇选择分析整合进新古典模型中来使人口增长内生化。首先,考虑针对经济机会的移入(immigration)和移出(emigration),对于给定的出生率和死亡率而言,这一过程改变了人口及劳动力;其次,引入有关出生率的选择,这是容许人口和劳动力的内生决定的另一条渠道;最后,另一条与在一个增长框架中劳动供给的内生性有关的研究思路则涉及迁移及劳动或闲暇的选择——劳动力与人口不再相等。

三、内生技术进步

经济的长期增长必然离不开收益递增,新古典增长理论之所以不能很好地解释经济的持续增长,在于新古典经济增长模型的稳定均衡是以收益递减规律为基本前提的。内生经

济增长模型在理论上的主要突破在于把技术进步引入到模型中来,其消除新古典增长模型中报酬递减的途径有三种:

第一,要素报酬不变。新古典增长理论假设总量生产函数具有规模收益不变的性质,而内生经济增长模型的关键性质是资本报酬不再递减,其对新古典增长模型的关键修正在于将技术因子看成是经济的内生变量。在新古典增长理论的框架中,因为资本的边际生产力递减规律决定了资本的净增长上限必然为零,所以资本的边际生产力决定了资本投入量的上限,从而使得均衡增长状态的有效劳动的人均资本增长也等于零。如果能够避免资本边际生产力递减现象出现,则有可能使得均衡增长状态的有效劳动的人均资本能够持续增长。一个不存在递减报酬的最简单的生产函数是 AK 函数。Jones,L. & Manuelli,R.(1990)以及 Rebelo(1991)都论证了规模收益不变的生产技术足以保证经济实现内生增长。

第二,干中学与知识外溢。Arrow(1962)和 Sheshinski(1967)通过假设知识的创造是投资的一个副产品来消除掉报酬递减的趋势。Arrow 指出,人们是通过学习而获得知识的,技术进步是知识的产物、学习的结果,而学习又是经验的不断总结,经验的积累体现于技术进步之上。一方面一个增加了其物质资本的企业同时也学会了如何更有效率地生产,生产或投资的经验有助于生产率的提高——经验对生产率的这一正向影响被称为干中学(Learning—by—doing)或边投资边学(Learning—by—investing)。另一方面一个生产者的学习会通过一种知识的外溢过程传到另一个生产者,从而提高其他人的生产率。干中学和外溢效应抵消了单个生产者所面临的递减报酬,但社会水平上报酬是不变的。社会资本报酬这种不变性将产生内生增长。

第三,人力资本。柯布—道格拉斯生产函数对劳动生产要素的引入使得有关人力资本因素在经济增长中的作用的研究在技术上成为可能,但柯布—道格拉斯生产函数中的劳动投入是指一般的劳动投入,看不出不同质量或不同技术熟练程度的劳动投入对于产量所起的作用大小的差异,需要对生产要素的投入进行进一步的区分以说明人力投资在经济增长中的作用。Lucas(1988)引入了 Schultz 和 Becker 提出的人力资本概念,在借鉴 Romer(1986)的处理技术的基础上,对 Uzawa 的技术方程作了修改,建立了一个专业化人力资本积累的经济增长模型。

第四,研究和开发。将研发理论与不完全竞争整合进入增长理论中始于 Romer(1987;1990),Aghion & Howitt(1991)以及 Grossman & Helpman(1991)。在这些模型中,技术是有目的的研发活动的结果,而且这些活动获得了某种形式的事后垄断力量作为奖励。当前,新的研究也包括了技术扩散的模型。虽然对新发现的分析与领先经济中的技术进步率有关,对扩散的研究却属于分析后进经济在这一进步过程中如何通过模仿来分享好处。既然模仿比创新要来得便宜,扩散模型预测了一种与新古典增长模型的预测类似的条件收敛形式。

总之,新增长理论认为:技术创新是经济增长的源泉,劳动分工程度和专业化人力资本的积累水平是决定技术创新水平高低的最主要因素,政府实施的某些经济政策对一国的经济增长具有重要影响。

【案例分析】

案例 2 ● **蜜蜂的寓言**

18世纪初,英国医生曼德维尔出版了《蜜蜂的寓言》一书,在书中他把人类比喻成一个巨大的蜂巢,而把人比喻成这个蜂巢中的蜜蜂。最初,蜜蜂们——商人、律师、牧师、法官等等,都极力不择手段地满足自己卑鄙的私欲和虚荣,整个蜜蜂社会充满自私自利的败行和恶习。如:

律师们的艺术是在人们之间制造纠纷,

他们对于待法律,就像贼行窃那样审视店铺,

为的是找到可以利用的漏洞,

为他们的罪恶辩护。

医生们轻视病人的生命,

只是盯着虚荣和财富。商人们在市场上卖掉掺假的货物。

然而,正是他们的各种本领、为所欲为,却使整个社会繁荣昌盛:

无数的人们都在努力,

满足彼此的虚荣和欲望,

到处都充满邪恶,

但整个社会却变成了天堂。

在这种情况下,

穷人也过着好日子。

之所以,从恶行出发得到这种善的结果,是因为在这种以分工为基础的社会中,每个人都通过自己的劳动和活动来满足自己私利的需要。千百万穷人"必须拿起镰刀和铁铲劳动,并从事一切繁重的工作,这些不幸的人每天都累得精疲力竭,仅仅是为了填饱肚皮。"然而,他们之所以有这些工作,完全是因为富人们的奢侈。

奢侈驱使着百万穷汉劳作,

可憎的傲慢又养活着另外一百万穷汉。

嫉妒和虚荣,是产业的奖励者,

其产物正是食物、家具和衣服的变化无常,

这种奇怪而荒唐可笑的恶德,

竟然成为回转商业的车轮。

后来,"蜜蜂们"异想天开,要求改变自己的本性,去掉邪恶,要诚实做人。对这种无理的要求:

天神朱庇特愤然同意,

他去掉了咆哮蜂巢的欺诈,

恶棍们的愿望变成了现实,

就在邪恶离开了他们的同时,

诚实却充满了他们的心田。

结果却出乎人们的预料:"随着傲慢和奢侈的减少,一切艺术与技巧都相继丧失!"不仅使挥金如土的富豪绝迹,劳工大众也无处求生。"手工业者——不再有人订货;艺术家、木工、雕石工——全都没有工作而身无分文。"整个社会一片萧条……

在此案例中,为何蜂群会由兴盛转向了衰亡呢? 这则寓言反映了什么样的经济学思想呢?

分析:

在本项目案例1中,西方世界爆发经济大危机的根源是十分复杂的,不同的学派给出了不同的解释,比如:凯恩斯主义者认为其原因在于有效需求不足;货币学派则认为是货币供给量的显著下降;而实际经济周期理论则认为是技术等实际因素冲击所造成的。面对经济的周期性波动,凯恩斯主义者认为政府应当利用财政政策和货币政策对经济进行积极稳定,而反凯恩斯主义者则认为政府应当减少对经济的干预。总之,不同流派对政府政策有效性进行了长期的激烈争论。但从现实来看,在多数政府制定的有关经济政策过程中,政府干预与否都是相对而言的,唯一的区别在于政府在实施自由经济或干预经济方面的侧重有所不同。在案例2中,曼德维尔借助这个寓言想证明的是:国家的繁荣和人民的普遍幸福,只有顺应人的利己本性才能得以实现;否则,对人性的摧残和对美好事物的毁灭,就如同把一个伟大而繁荣的蜂巢变成一个诚实但贫困的蜂巢的行为一样愚蠢。该寓言所反映出的经济学思想正是凯恩斯主义的思想,即总需求决定论。换句话说,该寓言就是用有效需求不足来解释社会经济的衰落。凯恩斯本人也正是受此启发,在经济学上发动了一场"凯恩斯革命",建立了现代西方宏观经济学的体系框架。

【项目小结】

本项目介绍了宏观经济学的主要理论,它被分为古典经济增长理论、凯恩斯主义、新古典经济增长理论、货币学派、供给学派、理性预期学派、实际经济周期、新凯恩斯主义和新增长理论九个任务。

古典经济增长理论的内容包括重商主义、配第、重农学派、亚当·斯密、李嘉图和李斯特等有关经济增长的思想,其要点是:经济增长产生于资本积累和劳动分工相互作用的思想,即资本积累进一步推动了生产专业化和劳动分工的发展,而劳动分工反过来通过提高总产出使得社会可生产更多的资本积累,让资本流向最有效率的生产领域,就会形成这种发展的良性循环。

凯恩斯主义认为,由于存在"三大基本心理规律",从而既引起消费需求不足,又引起投资需求不足,使得总需求小于总供给,形成有效需求不足,导致了生产过剩的经济危机和失业,这是无法通过市场价格机制调节的。因此,政府应当进行积极干预以稳定经济。

新古典经济增长理论的内容包括哈罗德—多马经济增长模型和新古典经济增长模型,其要点是:物质资本和储蓄率在促进经济增长方面意义重大,人口扩张过快会对经济增长带来不利影响,特别地,索洛模型证明了经济存在实现长期稳定增长的均衡路径。

货币学派最早对凯恩斯主义提出了挑战,它认为:第一,政府仅能短期内消减失业率至自然失业率以下,而这又是因通胀未被公众完全预期到所致,公众的适应性预期(Adaptive Expectations)仅能慢慢赶上实际的通货膨胀;第二,任何想永久性降低失业率至自然失业率以下的企图结果都是反而加速了通货膨胀;第三,政府降低自然失业率的唯一办法是寻求供给管理政策,而非需求管理政策;第四,通货膨胀是一种货币现象,自然失业率与任何通货膨胀率相容;第五,固定汇率下的世界性通货膨胀是一种国际货币现象。

供给学派也对凯恩斯主义提出了挑战,其观点为:第一,肯定供给创造需求的萨伊定律;

第二,反对政府对经济进行干预;第三,主张通过减税刺激投资以增加供给;第四,重视智力资本,而反对过多社会福利;第五,主张控制货币以反对通货膨胀。

理性预期学派对凯恩斯主义的冲击最为严重,该学派认为:第一,固定货币规则无论是长期还是短期均不会影响实际变量,因为货币是中性的,政策是无效的,但随机或非系统的货币政策则会影响实际变量;第二,由于理性预期,可信的货币政策会降低通胀预期;第三,理性预期会导致动态不一致问题;第四,理性预期会导致李嘉图等价;第五,适当增加产出和减少失业的政策措施应当增强微观工人和企业刺激从而使之增加劳动力和产出供给;第六,宏观计量模型不易用于预测可选的政策,因为模型参数会随着经济主体调整其预期和行为以适应新政策环境而改变。

实际经济周期理论则从实际因素方面寻求解释经济波动的根源。该理论认为:第一,以技术冲击为代表的真实因素冲击是经济周期的根源;第二,劳动供给的跨时替代构成了经济波动的核心传导机制;第三,经济波动很大程度上表现为经济基本趋势本身的波动;第四,政府不应试图通过稳定政策来减少波动。

新凯恩斯主义在传统凯恩斯主义基础上(如否认市场出清假说)吸取非凯恩斯主义的某些观点与方法(如吸收了自然率假说和理性预期假说)来完善传统的凯恩斯主义理论,其结论是:第一,由于合同、工会、效率工资和内部人——外部人模型约束而引起的工资粘性,以及菜单成本和协调失败所引起的价格粘性这两方面原因,市场通常是非出清的;第二,工资和价格的粘性导致了货币是非中性的,进而政府的干预政策是有效的;第三,自然率主要是受到总需求影响的,因而总需求管理是有效的。

新增长理论通过技术等因素内生化来研究了经济增长问题,其理论模型的主要内容包括内生储蓄率、内生劳动供给和内生技术进步三部分。新增长理论认为:技术创新是经济增长的源泉,劳动分工程度和专业化人力资本的积累水平是决定技术创新水平高低的最主要因素,政府实施的某些经济政策对一国的经济增长具有重要影响。

【实训练习】

一、简答题

1.简述古典经济增长理论。

2.简述凯恩斯主义理论。

3.简述货币学派和供给学派的主要观点。

4.简述理性预期学派的主要观点。

5.简述实际经济周期理论。

二、论述题

1.什么是新古典经济增长模型?

2.说明新旧凯恩斯主义理论的联系和区别。

3.论述新增长理论的主要内容。

参考文献

［1］　高鸿业.西方经济学(微观部分).北京:中国人民大学出版社,2011 年第五版.

［2］　高鸿业.西方经济学(宏观部分).北京:中国人民大学出版社,2011 年第五版.

［3］　梁小民.西方经济学基础教程.北京:北京大学出版社,2003 年第二版.

［4］　张培刚,历以宁.微观与宏观经济学的产生和发展.长沙:湖南人民出版社,1996.

［5］　平新乔.微观经济学十八讲.北京:北京大学出版社,2001.

［6］　尹伯成.西方经济学简明教程.上海:上海人民出版社,2011 年第七版.

［7］　陈福明.经济学基础.北京:高等教育出版社,2011.

［8］　约瑟夫・E・斯蒂格利茨,卡尔・E・沃尔什.经济学(上、下册).北京:中国人民大学
　　　 出版社,2010 年第四版.

［9］　约瑟夫・E・斯蒂格利茨.《经济学》小品和案例.北京:中国人民大学出版社,1998.

［10］　N.格里高利・曼昆.经济学原理:微观经济学分册.北京:北京大学出版社,2012 年第
　　　　 六版.

［11］　N.格里高利・曼昆.经济学原理:宏观经济学分册.北京:北京大学出版社,2012 年第
　　　　 六版.

［12］　保罗・萨缪尔森,威廉・诺德豪斯.经济学.北京:人民邮电出版社,2004.

教师反馈表

感谢您一直以来对浙大版图书的支持和爱护。为了今后为您提供更好、更优秀的计算机图书,请您认真填写下面的意见反馈表,以便我们对本书做进一步的改进。如果您在阅读过程中遇到什么问题,或者有什么建议,请告诉我们,我们会真诚为您服务。如果您有出书需求,以及好的选题,也欢迎来电来函。

填表日期:_____年____月____日

教师姓名		所在学校名称			院　系	
性　　别	□男　□女	出生年月	职　务	职　称		
联系地址				邮　编	办公电话	
				手　机	家庭电话	
E-mail			QQ/MSN			

您是通过什么渠道知道本书的
□书店　　□经人推荐　　□网站介绍　　□图书目录　　□其他_____
您从哪里购买本书的
□书店　　□网站　　□邮购　　□学校统一订购　　□其他_____
您对本书的总体感觉是
□很满意　□满意　　□一般　　□不满意　　原因_____
具体来说,您觉得本书的封面设计　□很好　　□还行　　□不好　　□很差_____
　　　　　您觉得本书的纸张及印刷　□很好　　□还行　　□不好　　□很差_____
您觉得本书的技术含量　□很高　　□还可以　□一般　□很低　　□极低_____
您觉得本书的内容设置　□很好　　□还可以　□一般　□不太好　□很差_____
您觉得本书的实用价值　□很高　　□还可以　□一般　□很低　　□极低_____

目前主要教学专业、科研领域方向				
	主授课程	教材及所属出版社	学生人数	教材满意度
课程一:				□满意　□一般　□不满意
课程二:				□满意　□一般　□不满意

教学层次:　　□中职中专 □高职高专 □本科 □硕士 □博士 其他:_____

希望我们与您经常保持联系的方式(划√)	□电子邮件信息　□定期邮寄书目　□定期电话咨询
	□定期登门拜访　□通过教材科联络　□通过编辑联络

教材出版信息	
方向一	□准备写　□写作中　□已成稿　□已出版　□有讲义
方向二	□准备写　□写作中　□已成稿　□已出版　□有讲义

填表说明:本表可以直接邮寄至:杭州市天目山路 148 号浙江大学西溪校区内浙江大学出版社
联系人:吴昌雷　电话:0571－88273342　手机:13675830904 email:changlei_wu@zju.edu.cn